普通高等教育“十三五”规划教材

高等院校会计类系列教材

银行会计学

（修订版）

王金媛　主编

温　薇　贾晓晨　副主编
吕　琳　张启军

科学出版社

北　京

内 容 简 介

银行会计学是高等院校经济类专业的核心课程，是金融、会计专业重要的专业课程。本书以相关法律规章为依据，结合商业银行业务核算特点，在总结银行实践、教学实践并借鉴同行先进经验的基础上编写而成，全面、系统地阐述了我国银行会计的基本理论、会计学在银行业务中的具体运用，力求做到体系合理、概念准确、操作规范、理论联系实际。

本书适合作为高等院校金融学、会计学专业教学用书，也可以作为银行及相关人员的参考用书。

图书在版编目(CIP)数据

银行会计学/王金媛主编. —北京：科学出版社，2011
（普通高等教育“十三五”规划教材·高等院校会计类系列教材）
ISBN 978-7-03-030244-1

Ⅰ.①银… Ⅱ.①王… Ⅲ.①银行会计-高等学校-教材 Ⅳ. ①F830.42

中国版本图书馆 CIP 数据核字（2011）第 021425 号

责任编辑：任锋娟 / 责任校对：赵丽杰
责任印制：吕春珉 / 封面设计：东方人华平面设计部

科学出版社 出版
北京东黄城根北街 16 号
邮政编码：100717
http://www.sciencep.com
铭浩彩色印装有限公司印刷
科学出版社发行 各地新华书店经销
*
2011 年 3 月第 一 版 开本：787×1092 1/16
2019 年 8 月修 订 版 印张：20 1/4
2020 年 8 月第九次印刷 字数：456 000

定价：59.80 元

（如有印装质量问题，我社负责调换〈铭浩〉）
销售部电话 010-62136230 编辑部电话 010-62135763-2015（HF02）

修订版前言

为了帮助学生们加强基本理论知识的学习，2011 年我们根据《企业会计准则》《金融企业会计制度》《票据法》《支付结算管理办法》等相关法律法规，结合银行业务的运行，编写了《银行会计学》一书，受到众多高等院校和银行以及社会人士的好评。

银行作为具有数据、传输先进性的行业，早期就已经通过卫星传输数据，也是计算机化最早的行业之一。随着计算机、互联网以及大数据技术的飞速发展，互联网技术的发展又一次推进了银行业务的变革与发展，传统业务在更新，新的业务在萌生，银行的业务分为线上业务和线下业务，线下业务逐渐向线上业务转移。新的发展带来更多的机遇，也就有着更多的挑战，监督与服务的并行也就至关重要，加强服务的同时也要加强监督管理。由于银行业务在持续变革，联行业务与金融机构往来业务也作了相应的变革，税制的改革中银行的营业税也调整为增值税。基于以上考虑，本次修订更新了相应的内容，在原有基础上新增了稽核、检查和网络金融的相关内容，增加了电子商业汇票等的相关规定，根据现行税法修订了税费的核算，根据银行业务的变化将票据修改为新版等，完善了相关内容。

本书系统地阐述了银行会计的基本理论和方法，结合现代金融行业的特点构建了适合现代银行业的核算方法框架体系，准确地体现了会计制度的最新内容，在编写过程中力求做到理论精练、内容真实、体系合理、操作规范。在内容处理上，遵循适度、新颖、强化基础、突出应用的原则；在体系编排上，力求先易后难、循序渐进，理论与实践相结合，用实例阐释原理；在体例设计上，突出教学目标要求、提供复习思考题。同时，本书为了适应信息时代对银行会计发展的需要，旨在提高学生们学习的兴趣和增强综合分析理解能力，以快速适应银行业务操作。

本书共十三章，其中，第一章、第二章、第八章由温薇编写；第三章、第四章、第五章、第十二章由王金媛编写；第六章、第七章、第九章由吕琳编写；第十章、第十一章由贾晓晨编写；张启军编写了第十三章，参与了第五章、第十二章部分内容的编写。本书由王金媛统稿。

本书在编写过程中参考了国内外同行的许多研究成果，借鉴了很多专家学者的理论，得到了商业银行的业务人员的帮助，在此表示衷心的感谢。

由于现在银行业务日新月异的变革与发展，加之编写人员的水平有限，编写时间仓促，书中的错误和疏漏之处在所难免，敬请广大读者不吝赐教、批评指正。

编　者

2019 年 5 月

第一版前言

银行是现代经济的重要组成部分，是国民经济的综合部门，银行会计作为银行的一项业务工作，是银行经营管理的重要组成部分。银行会计学作为一门学科，是金融学专业的专业必修课之一。

随着金融体制创新及会计制度的不断变革，为了帮助学生们加强基本理论知识的学习，我们根据最新的《企业会计准则》、《金融企业会计制度》、《票据法》（支付结算管理办法）等相关法律法规为依据，结合银行业务的运行，编写了《银行会计学》一书。

本书系统地阐述了银行会计的基本理论和方法，结合现代金融行业的特点构建了适合现代银行业的核算方法框架体系，准确地体现了会计制度的最新内容，在编写过程中力求做到理论精练、内容真实、体系合理、操作规范。在内容处理上，遵循适度、新颖、强化基础、突出应用的原则；在体系编排上，力求先易后难、循序渐进，理论与实践相结合，用实例阐释原理；在体例设计上，突出教学目标要求、提供复习思考题。同时，本书为了适应信息时代对银行会计发展的需要，旨在提高学生们学习的兴趣和增强综合分析理解能力。

本书共十四章，其中第一章、第二章、第十二章由王虹编写，第三章、第四章、第五章、第七章、第十三章由王金媛编写，第六章、第十一章、第十四章由温薇编写，第八章、第九章、第十章由张倩编写，贾晓晨参与了第五章的编写，胡乃鹏参与了第十三章的编写。本书由王金媛统稿。

本书在编写过程中参考了国内外同行的许多研究成果，借鉴了很多专家学者的理论，得到了商业银行的业务人员的帮助，在此表示衷心的感谢。

由于现在银行业务日新月异的变革与发展，加之编写人员的水平有限，编写时间仓促，书中的错误和疏漏之处在所难免，敬请广大读者不吝赐教、批评指正。

编　者

目　　录

第一章　概论……1

第一节　银行会计的对象……1

一、银行会计概述……1

二、银行会计要素……2

第二节　银行会计的特征……4

一、反映国民经济活动的综合性……4

二、业务处理和会计核算的统一性……4

三、监督和服务的双重性……4

四、会计数据资料提供的及时性……5

五、会计数据处理、传输的先进性……5

第三节　银行会计的核算原则……5

一、客观性原则……5

二、一贯性原则……5

三、实质重于形式原则……6

四、可比性原则……6

五、及时性原则……6

六、明晰性原则……6

七、权责发生制原则……6

八、配比性原则……6

九、历史成本原则……7

十、谨慎性原则……7

十一、划分收益性支出与资本性支出原则……7

十二、相关性原则……7

十三、重要性原则……7

第四节　银行会计的工作组织……8

一、会计机构……8

二、会计制度……8

三、会计人员……9

本章小结……11

基本概念……12

复习思考题……12

第二章　基本核算方法……13

第一节　会计科目……13

一、会计科目的意义与作用……13

二、会计科目的设置原则……14
三、会计科目的分类……15
第二节　记账方法……17
一、银行记账方法的沿革……17
二、借贷记账法……18
三、表外科目的记账方法……20
第三节　会计凭证……20
一、会计凭证的作用……20
二、会计凭证的设置要求……21
三、会计凭证的种类和基本内容……22
四、会计凭证的处理……22
五、会计凭证和账表的整理、装订与保管……23
第四节　账务组织……24
一、账务处理系统……24
二、账务核对……25
第五节　会计报表……26
一、会计报表的作用……26
二、编制会计报表的基本要求……26
三、会计报表的种类及编制方法……27
本章小结……28
基本概念……28
复习思考题……28
第三章　存款业务……29
第一节　存款业务概述……29
一、存款业务核算的意义……29
二、存款资金的分类……29
三、存款业务核算的基本要求……30
四、银行结算账户……30
五、存款保险制度……33
第二节　现金出纳工作……33
一、现金出纳工作的概念及意义……33
二、现金出纳工作的任务……34
三、现金出纳工作的基本原则及要求……34
四、现金出纳的核算……35
五、现金保管和调运的处理……38
六、票币兑换业务……40
第三节　储蓄业务……40
一、储蓄存款概述……40
二、储蓄的种类……41

三、活期储蓄存款的核算……42
四、整存整取定期储蓄存款的核算……43
五、零存整取储蓄存款的核算……44
六、整存零取储蓄存款的核算……45
七、存本取息储蓄存款的核算……46
八、定活两便储蓄存款的核算……47
九、教育储蓄……47
十、通知存款储蓄……48
十一、储蓄结账处理……49
十二、储蓄事后业务监督……49
十三、储蓄存款挂失……50
第四节　对公业务的核算……51
一、银行账户的开立、变更与撤销……51
二、单位活期存款的处理……52
三、单位定期存款的处理……57
四、单位通知存款的处理……58
五、单位协定存款……59
第五节　存款利息计算……61
一、存款计息的基本规定……61
二、利率……61
三、计息方法及公式……62
四、个人利息所得税……62
五、储蓄存款利息核算……63
六、对公账户存款利息的核算……67
本章小结……70
基本概念……70
复习思考题……70
第四章　贷款业务核算……72
第一节　贷款业务概述……72
一、贷款业务核算的意义……72
二、贷款的种类……72
三、贷款业务核算的基本要求……74
第二节　贷款业务的核算……74
一、企业贷款发放的核算……74
二、企业贷款收息、收回的核算……75
三、个人贷款的核算……76
四、抵（质）押贷款的核算……77
五、票据贴现的核算……80
六、贷款展期、不良贷款的处理……82

第三节 贷款利息计算 84
一、基本规定 84
二、利率 84
三、计息的方法 85
四、单位贷款利息计算 86
五、个人贷款利息计算 88
六、贴现利息计算 89
本章小结 89
基本概念 90
复习思考题 90
第五章 支付结算业务 91
第一节 支付结算业务概述 91
一、支付结算业务核算的意义 91
二、支付结算的相关规定 91
三、我国现行的支付结算方式 94
四、票据及票据制度 94
第二节 银行支票 97
一、银行支票结算的基本规定 97
二、银行支票的业务处理手续 99
第三节 银行本票 105
一、银行本票结算的基本规定 105
二、银行本票的业务处理手续 105
第四节 银行汇票 109
一、银行汇票结算的基本规定 109
二、银行汇票的业务处理手续 110
第五节 商业汇票 116
一、商业汇票的基本规定 116
二、商业汇票的业务处理 118
第六节 汇兑结算 125
一、汇兑的基本规定 125
二、汇兑的业务处理手续 125
第七节 委托收款的核算 129
一、委托收款的基本规定 129
二、委托收款的业务处理手续 130
第八节 托收承付结算 134
一、托收承付的基本规定 134
二、托收承付业务的处理 136
第九节 信用卡业务 139
一、信用卡概述 139

二、信用卡的分类……139
三、信用卡的申请……140
四、信用卡的透支……140
五、信用卡发卡的业务核算……140
六、信用卡消费的业务核算……141
七、信用卡存取现金的业务核算……142
八、信用卡注销的业务核算……143
第十节　国内信用证……144
一、相关规定……144
二、信用证业务处理……145
本章小结……150
基本概念……151
复习思考题……151
第六章　现代化支付系统……152
第一节　支付系统概述……152
一、联行往来概述……152
二、现代化支付系统的概念及组成……155
三、现代化支付系统运行管理范围……155
第二节　大额实时支付系统……155
一、大额实时支付系统的作用……155
二、大额支付系统的业务范围……156
三、高额罚息贷款的处理……156
四、大额支付系统组织体系……157
五、大额支付系统业务管理规定……157
六、大额支付系统的主要业务处理流程和运行时序……158
七、大额支付业务的处理手续……159
八、银行汇票资金移存业务的处理手续……160
九、大额支付业务的撤销、退回……161
第三节　小额批量支付系统……162
一、小额批量支付系统概述……162
二、小额批量支付系统的业务范围……162
三、小额批量支付系统组织体系……163
四、小额批量支付系统业务管理规定……164
五、净借记限额管理……164
六、小额批量支付系统的基本业务处理流程……165
七、小额批量支付系统业务处理手续……165
八、日切和年终处理……171
九、轧差和资金清算……172
第四节　支票影像交换系统……173

一、支票影像交换系统概述……173
二、影像交换系统的参与者和运行时序……173
三、影像交换系统的基本规定……173
四、影像交换系统业务处理手续……174
本章小结……177
基本概念……178
复习思考题……178
第七章 外汇业务的核算……179
第一节 外汇业务概述……179
一、外汇和汇率……179
二、外汇业务的种类……180
三、外汇业务的核算原理与特点……181
第二节 外汇买卖业务……183
一、外汇买卖的类型……183
二、外汇买卖的账务核算……183
第三节 外汇存款业务……185
一、外汇存款业务的种类……185
二、个人外汇存款的核算……185
三、单位外汇存款的核算……186
第四节 外汇贷款业务……189
一、外汇贷款的概念……189
二、外汇贷款的对象……189
三、外汇贷款的分类……189
四、贷款的发放……189
五、贷款的计息……190
六、贷款的收回……190
第五节 外汇结算业务……191
一、国际信用证……191
二、进口代收和出口托收……194
三、国际汇兑……196
四、旅行支票……198
本章小结……199
基本概念……200
复习思考题……200
第八章 金融机构往来的核算……201
第一节 金融机构往来概述……201
一、金融机构往来的概念与意义……201
二、金融机构往来的内容……202
三、金融机构往来的核算要求……203

第二节 与中央银行往来核算 …… 204
一、商业银行在中央银行开立存款账户 …… 204
二、商业银行向中央银行领缴现金的核算 …… 204
三、商业银行向中央银行缴存存款的核算 …… 205
四、商业银行向中央银行借款的核算 …… 207
五、再贴现的核算 …… 208
六、商业银行大额汇划款项的核算 …… 209
第三节 同城票据交换 …… 212
一、同城票据交换的概念和意义 …… 212
二、票据交换的基本做法及账务处理 …… 212
三、同城票据交换退票的规定及账务处理 …… 214
第四节 同业往来清算 …… 215
一、商业银行跨系统往来核算 …… 215
二、同城同业往来核算 …… 216
三、同业拆借的核算 …… 217
本章小结 …… 219
基本概念 …… 219
复习思考题 …… 219
第九章 固定资产、无形资产和其他资产的核算 …… 220
第一节 固定资产的核算 …… 220
一、固定资产概述 …… 220
二、固定资产减值准备的核算 …… 222
三、固定资产增加的核算 …… 223
四、固定资产折旧的核算 …… 224
五、固定资产减少的核算 …… 227
第二节 无形资产的概念、分类及核算 …… 229
一、无形资产的概念及分类 …… 229
二、无形资产的核算 …… 230
第三节 其他资产的核算 …… 233
本章小结 …… 233
基本概念 …… 234
复习思考题 …… 234
第十章 财务损益和所有者权益的核算 …… 235
第一节 收入的核算 …… 235
一、收入的概念和构成 …… 235
二、营业收入的确认 …… 236
三、各项收入的账务处理 …… 237
第二节 支出的核算 …… 239
一、支出的概念和内容 …… 239

二、支出的确认与计量……241
三、营业支出的核算……241
第三节　利润的核算……244
一、利润的组成……244
二、本年利润结转的核算……246
第四节　所有者权益……247
一、实收资本的核算……247
二、资本公积的核算……248
三、盈余公积的核算……249
四、未分配利润的核算……250
本章小结……252
基本概念……253
复习思考题……253
第十一章　年度决算及财务会计报告……254
第一节　年度决算……254
一、年度决算的意义……254
二、年度决算的步骤和要求……255
三、年度决算的准备工作……256
四、年度决算日的工作……258
第二节　财务会计报告……259
一、财务会计报告及其意义……259
二、财务会计报告的构成……260
三、财务会计报告编制的基本要求……261
第三节　资产负债表……262
一、资产负债表的性质及作用……262
二、资产负债表的编制……264
第四节　损益表……265
一、损益表的含义及作用……265
二、损益表的编制……265
三、利润分配表……267
第五节　现金流量表……268
一、现金流量表的作用……268
二、现金流量表的格式……268
三、现金流量表的编制……271
本章小结……272
基本概念……273
复习思考题……273
第十二章　互联网金融……274
第一节　互联网金融概述……274

一、互联网金融的概念 …… 274
二、互联网金融的特点 …… 275
三、互联网金融模式的分类 …… 276
第二节　银行互联网支付 …… 277
一、中国支付结算系统的发展 …… 277
二、网络银行 …… 278
三、手机银行 …… 279
四、其他电子银行 …… 281
第三节　银行网络借贷 …… 282
一、网络贷款的分类 …… 282
二、网络贷款的管理 …… 283
本章小结 …… 286
基本概念 …… 287
复习思考题 …… 287
第十三章　会计稽核与监督 …… 288
第一节　会计稽核与监督概述 …… 288
一、商业银行会计稽核、监督的作用 …… 288
二、商业银行稽核、监督的管理体制 …… 289
三、稽核、监督工作的任务 …… 289
四、稽核、监督人员的职权和职责 …… 289
第二节　商业银行稽核 …… 290
一、商业银行现场稽核 …… 290
二、商业银行非现场稽核 …… 297
第三节　商业银行会计核算监督 …… 298
一、会计核算监督的意义和作用 …… 298
二、会计核算业务的监督内容和监督方式 …… 299
三、会计核算监督人员应具备的条件、职责与权利 …… 299
四、会计核算监督的内容 …… 300
五、监督工作管理 …… 301
本章小结 …… 302
基本概念 …… 303
复习思考题 …… 303
参考文献 …… 304

第一章　概　　论

学习目的与要求

1. 熟悉银行会计的特征
2. 掌握银行会计的核算原则
3. 掌握银行会计各个工作组织

会计是从社会生产实践中产生的，并随着生产的发展、生产关系的变革和经营管理水平的提高而不断发展和完善，反映和监督生产与再生产过程资金运动的经济管理活动。随着会计工作实践的发展，人们对会计产生和发展的历史，对会计的对象和任务、方法和技术等不断进行深入系统的研究，并上升到理论高度加以概括与认识，从而给出了比较科学和权威的定义。例如，美国会计学会将会计定义为："会计是确认、计量和传递经济信息以使信息的使用者据以判断和决策的过程。"会计反映和监督经济活动过程，核算和考核经济效益，分析和预测经济发展前景，在实施宏观经济决策、促进经济发展等方面都起着重要的作用。

银行会计是整个会计体系的一个分支，是将会计的基本理论和实践应用于银行的一项经济应用科学，根据会计学的基本原理和基本方法，研究会计在银行这一特定部门的对象、特征；阐述会计在银行经营活动的核算原则和要求；探讨银行会计的工作组织实施。

第一节　银行会计的对象

一、银行会计概述

银行会计是以货币为主要计量单位，采用专门方法，对银行的经营活动过程进行连续、全面、系统的核算和监督，为银行的经营管理者及有关方面提供一系列信息的专业会计。

银行会计是我国社会主义金融事业的重要组成部分，它以辩证唯物论的立场、观点和方法为指导，以国际通用的会计准则为依据，研究会计在银行业这一特殊行业的对象、特点、作用和方法，反映会计改革和金融创新的研究成果，论述各项金融业务的实际操作，探讨资金往来、成本核算、金融电算化等一些新课题，不断总结和反映实践经验，丰富和发展银行会计理论，促进银行会计工作不断发展，更好地为实现我国社会主义现代化建设服务。

银行会计的对象是指银行会计反映和监督的内容，就是银行能以货币计量的各项业务活动和资金活动。银行的各项业务包括存款、贷款、结算、货币发行、现金出纳、票据承兑和贴现、金银收兑、经理国库、外汇买卖、证券投资、信托、租赁以及各项业务收支与费用开支等。这些货币资金的收支必须通过会计来进行记录、计算、检查与分析，且财务成果和经营业绩也要依靠会计来进行核算和监督。因此，银行会计就成为银行经营管理信息系统的重要组成部分。

银行会计除具有上述职能之外，还具有参与银行经营过程的控制、预测、决策等能动管理功能，是银行经营管理工作的重要组成部分。金融是现代经济的核心，是国民经济的综合服务部门和宏观经济管理部门，是连接生产、交换、分配和消费的枢纽，在国民经济中发挥着重要的作用。随着我国的市场经济体制不断完善，已经初步形成了以中国人民银行（中央银行）为领导，包括政策性银行、股份制商业银行、城市商业银行、城乡金融合作组织（信用社）多种金融机构并存的社会主义银行机构体系。中国人民银行作为中央银行，专门行使中央银行职能，是“银行的银行”，负责依法制定和执行货币政策，掌管货币发行和流通，经理国家金库，管理金融市场，监管金融机构，通过领导、管理、协调、监督、稽核各商业银行和其他金融机构的业务工作，来实施金融宏观控制，调节社会经济活动。商业银行和其他金融机构是独立核算的经济组织，是金融企业，实行自主经营、自担风险、自负盈亏、自我约束的经营原则，依照国家法律、行政法规独立行使职权，在国家规定的业务范围内，开展银行的各种营运业务，通过吸收存款、发放贷款、办理支付结算、进行现金收付、发行买卖债券等基本业务来调节经济生活、促进经济发展。银行之间通过资金调拨、资金拆借、外汇买卖、国际金融机构往来，融通资金，引导和分配资金。银行分配的资金主要包括各种贷出资金、对外投资、现金资产、固定资产、无形资产、递延资产、拆出和借出资金以及在联行中被占用间歇资金等。

二、银行会计要素

银行的资金筹集和分配是随着银行业务的开展和财务活动的进行，使资产、负债不断发生更替增减变化。这种更替增减变化的主要形式包括金融企业间的存取借还的资金融通，汇划款项的划拨清算以及财务收入和支出。而这几种主要形式所发生的资金数量上的增减变化及其结果构成了银行会计对象的具体内容，都需要利用银行会计进行连续、系统和完整的核算，并进行监督和分析检查。依照我国财政部2001年11月27日颁布的《金融企业会计制度》将银行会计要素定义为六个，即资产、负债、所有者权益、收入、成本与费用、利润。其中资产、负债和所有者权益是企业财务状况的静态反映，属存量要素；收入、成本与费用、利润则从动态方面来反映企业的经营成果，属增量要素。

1. 资产

银行的资产是银行拥有或者控制的能以货币计量的经济资源，该资源预期会给银行带来经济利益。

银行的资产按流动性进行分类，主要分为流动资产、长期投资、固定资产、无形资产和其他资产。对于贷款业务，按发放贷款的期限划分为短期贷款、中期贷款和长期贷款。

2. 负债

银行的负债是银行承担的能以货币计量的现实义务，履行该义务预期会导致经济利益流出银行。

银行的负债按流动性可分为流动负债和长期负债。

3. 所有者权益

银行的所有者权益是指所有者在银行资产中享有的经济利益，其金额为资产减去负债后的余额，也称净资产。银行的所有者权益包括实收资本（或股本）、资本公积、盈余公积和未分配利润以及一般准备。

4. 收入

银行的收入是指提供金融商品服务以及提供劳务或让渡资产使用权等日常活动中形成的经济利益的总流入。

银行的收入主要包括在经营业务过程中实现的营业收入，如贷款利息收入、金融企业往来收入、银行对外投资实现的投资收益、中间业务收入，以及取得的与业务经营无直接关系的营业外收入，如固定资产盘盈、出纳长款收入。

5. 成本与费用

银行的费用是指银行为销售商品、提供劳务等日常活动所发生的经济利益的流出。银行的成本与费用不包括为第三方或客户垫付的款项。

银行的营业成本是指银行在业务经营过程中发生的与业务经营有关的支出，包括利息支出、金融企业往来支出、手续费等。银行的营业费用是指银行在业务经营及管理工作中发生的各种费用，包括业务宣传费、业务招待费、邮电费、电子设备运转费、保险费、差旅费、职工教育费、同城清算费等。

6. 利润

银行的利润是指银行在一定会计结算期间的经营成果。一定会计结算期内银行的收入如果大于费用便为盈利；如果收入小于费用则为亏损。银行的利润包括营业利润、利润总额和净利润。

营业利润是指银行营业收入减去营业成本和营业费用加上投资净收益后的金额。

利润总额是指银行营业利润减去营业税金及附加，加上营业外收入，减去营业外支出后的金额。

净利润是指银行扣除资产损失后的利润总额减去所得税后的金额。

综上所述，银行会计的对象就是按会计要素对内容的分类，也就是银行业务活动和财务活动中以货币为计量单位来核算和监督的银行资金的筹集和分配的增减变化过程和结果。

第二节　银行会计的特征

银行作为特殊的金融企业与其他企业既有相同点又有不同点。银行作为国民经济的综合部门和经济管理部门，运用货币这一特殊形式融通和分配资金，通过吸收存款、发放贷款、办理储蓄、转账结算、现金收付、资金划拨、外汇交易、票据贴现、信托投资、发行债券、证券交易等基本业务发挥金融企业的职能作用。银行利用会计这一工具，直接办理和实现各项金融业务，反映和监督国民经济的资金运动，通过核算、分析、检查、预测等方法，为国民经济发展提供数据资料，为国家宏观经济管理和微观经济搞活服务，使金融企业真正成为社会资金活动的枢纽。具体地说，银行会计同国民经济其他部门的行业会计比较，具有下面几个特征。

一、反映国民经济活动的综合性

通过会计核算，既实现了银行的业务活动，同时也记载和反映了银行的业务和财务情况。另外，银行会计核算面向国民经济各部门、各单位、各企业，以及广大人民群众，具有很强的社会性。从整个社会再生产过程来考察，银行的业务活动是由国民经济各部门、各单位的经济活动引起的，银行会计核算的内容是全国范围的商品生产、流通与分配的情况，提供的会计信息具有综合性。

二、业务处理和会计核算的统一性

银行是经营货币与信用业务的经济机构，它的业务活动直接表现为货币资金的运动。银行会计部门处在银行业务活动的第一线，它的业务的实现是通过会计核算最终完成的，即在处理各项业务的同时，必须通过会计进行记载、核算和监督，既处理了银行业务，又进行了会计核算。例如，银行的各项存款业务要通过会计部门办理存取手续才能完成，银行的各项贷款发放和收回手续要通过会计部门来具体实现，银行的各项支付结算业务要通过会计部门办理资金划拨和结算手续来完成。因此，银行的业务活动和会计核算具有统一性。

三、监督和服务的双重性

银行是国民经济的综合部门，是社会资金活动的枢纽。银行与国民经济各部门以及社会公众有着广泛的货币信用联系，银行会计为顾客服务的工作质量，直接关系着银行的声誉。因此，银行会计在业务核算过程中既要为客户提供高质量的金融服务，加速资金周转，也要加强会计监督。一方面，监督资金是否合理收付，保证国家财经法规和各项规章制度得到有效执行；另一方面，监督资金的安全运行，防范各种贪污、盗窃、诈骗案件的发生。同时，必须监督和抵制一切非法的业务活动，为国家守关把口，保卫国家财产安全，从而真正发挥银行会计监督的作用。此外，银行是国家第三产业的重要部门，属于服务行业，要履行优质、文明、高效的职责，千方百计为客户着想，急客户之

所急，帮客户之所需，提供各种方便，减少不必要环节，全心全意为客户服务。这就使得银行会计既发挥监督作用，又履行服务职能，具有监督和服务的双重性。

四、会计数据资料提供的及时性

银行与国民经济各部门、各单位、各企业具有密切的联系，涉及面广、影响力大、政策性强。会计数据资料和信息提供是否准确、及时，对国民经济有关部门和投资者至关重要，也是国家了解国民经济活动情况、制定政策、进行经济决策的依据。因此，要求银行会计必须采用特定的核算形式，从制度上保证会计数据资料的准确性和及时性。这种特定的核算形式要求当日业务当日处理完毕，在核对当日账务正确无误的基础上，编制当日的会计报表（日计表），以准确、及时地反映当日的业务活动以及由此产生的财务收支情况。按日提供会计报表，是其他任何行业会计所不具备的。

五、会计数据处理、传输的先进性

银行会计工作业务数量大、时间性要求强、核算程序多，原先的手工操作远远满足不了核算的需要。随着科学技术的进步、计算机技术的迅速发展，银行会计工作广泛地采用了计算机操作处理和管理，不仅在每个银行基层行处对业务的处理实行计算机化，而且在银行系统内分支行处采用计算机联网方式处理，通过电子联行、电子汇兑、天地对接、卫星传输等先进方式达到银行会计数据传输的网络化。银行的批发业务、零售业务、信用卡业务以及调拨融资业务全部纳入计算机处理。目前银行会计的计算机化程度在全国各行业中已处于领先地位，随着科技的发展，银行计算机化核算将迈入一个新的发展阶段。

第三节 银行会计的核算原则

会计的核算原则是会计核算的行为规范，是对会计核算的基本要求，是做好会计工作必须遵循的标准。根据国际通用的会计准则和金融企业会计制度的规定，银行会计的核算必须遵循以下会计原则。

一、客观性原则

客观性原则也称真实性原则，是会计核算的基本要求，就是要求银行的会计核算应当以实际发生的交易或事项为依据进行会计确认、计量和报告，如实反映符合确认和计量要求的各项会计要素及其相关信息，保证会计信息真实可靠、内容完整。

二、一贯性原则

一贯性原则也称一致性原则，即要求银行会计的核算应当以持续、正常的经营活动为前提，在各会计结算期间所采用的会计核算方法应当保持一致，不得随意变更。如确实有必要变更，应当将变更的内容和理由、变更的累积影响数，以及累积影响数不能合理确定的理由等在会计报表附注中予以说明。

三、实质重于形式原则

实质重于形式原则是指银行会计的核算应当按照交易或事项的实质和经济实质进行会计确认、计量和报告，不应当以交易或事项的法律形式为依据。

四、可比性原则

可比性原则是指银行会计核算应当按照规定的会计处理方法进行，会计指标口径一致，相互可比。要求在选择会计处理方法时，不同时期发生的相同或者相似的交易或者事项，应当采用一致的会计政策，不得随意变更，从而发现问题、找出差距、改进工作，充分发挥会计信息的作用。

五、及时性原则

及时性原则是指银行的会计核算应当及时进行，各项业务随来随办，会计凭证及时传递不积压，款项及时划拨不压款，账务记载及时不拖后，报表及时提供不延误。银行会计的核算应当及时进行，不得提前或延后。银行会计核算的意义在于及时为会计信息使用者提供可靠的决策信息。在会计核算过程中坚持这一基本原则，一是要及时收集会计信息，二是要及时处理会计信息，三是要及时传递会计信息。

六、明晰性原则

明晰性原则是指银行的会计核算应当清晰明了，便于理解和利用。明晰性原则要求银行会计核算的资料和信息简明、易懂、清楚，无论是银行管理部门还是信息使用者，都能充分理解、利用会计资料和信息，避免含糊不清，发挥信息的使用价值。

七、权责发生制原则

权责发生制原则是指银行会计的核算应当是以权益和责任是否发生为标准来确定本期收益和费用的原则。在本期的收入和费用处理时，凡是不属于当期的收入和费用，即使款项已经在本期收付，也不应当作为本期的收入和费用。

权责发生制主要是解决收入和费用何时予以确认，确认多少的问题，它不以款项的实际收付为依据，而是以收入和费用应收应付为标准，所以权责发生制也成称应计制或应收应付制。

权责发生制能够比较准确地反映银行特定会计期间真实的财务状况和经营成果，正确计算各期的收益和费用，是一项重要的会计原则。

八、配比性原则

配比性原则是指银行会计的核算时，收入要与其相对应的成本、费用相互配比。配比性原则要求一个会计期间的各项收入与其相关的成本、费用，应当在该会计期间内确认、计量。配比原则的目的是正确确定期间经营成果。

九、历史成本原则

历史成本原则又称实际成本原则，是指在银行会计核算中，对各项财产物资在取得时应当按照实际成本计量。各项财产如果发生减值，应当按照规定计提相应减值准备。除法律、行政法规和国家统一的会计制度另有规定外，各银行一律不得自行调整其账面价值。按照历史成本原则，资产应按取得时发生的实际成本或评估确认的价格入账；负债应按形成负债时由合同、制度、法规所确认的金额入账；所有者权益应按形成投资时确认的金额入账。

十、谨慎性原则

谨慎性原则又称稳健性原则，是指银行会计的核算应遵循谨慎态度，尽可能选择风险小、较稳妥的方法，合理预计可能发生的损失和费用。按照谨慎性原则，不得多计资产或收益，也不得少计负债或费用。银行会计的核算中，对应收账款计提坏账准备，对逾期贷款计提呆账准备，对长期投资计提投资风险准备，这些都是谨慎性原则的具体表现。

十一、划分收益性支出与资本性支出原则

划分收益性支出与资本性支出原则是指银行会计的核算中，应严格区分收益性支出与资本性支出的界限，以正确计算当期损益。凡支出的效益仅与几个会计年度相关的，应当作为资本性支出，分期计入损益。划分收益性支出与资本性支出的目的主要在于正确确定银行的当期收益。

十二、相关性原则

相关性原则是指银行会计的资料和信息必须符合经济管理的需要，必须满足各有关方面了解银行的财务状况、经营成果和现金流量，满足银行加强内部经营管理的需要。按照相关性原则，银行提供的资料和信息应当满足信息使用者的要求，能够帮助信息使用者把过去、现在、将来的变化结合起来，进行决策。

十三、重要性原则

重要性原则是指银行会计的核算中，对经济业务或会计事项应区别重要程度，采用不同的会计处理方法和程序。对资产、负债、损益等有较大影响，影响财务会计报告使用者作出合理判断的重要会计事项，必须按照规定的会计方法和程序进行处理，并在财务会计报告中予以充分的披露；对于次要的会计事项，在不影响会计信息真实性和不至于误导会计信息使用者作出正确判断的前提下，可适当简化处理。

第四节　银行会计的工作组织

银行会计的工作组织，就是根据《中华人民共和国会计法》（以下简称《会计法》）、中国人民银行的《银行会计基本规范指导意见》、财政部的《金融保险企业财务制度》的规定要求，在银行系统内部设置负责会计工作的职能机构，建立和健全会计的规章制度，配备必要的会计人员，按照会计管理的客观规律，把会计工作科学地组织起来，使会计工作有领导、有组织、有秩序地进行，从而保证会计工作任务的顺利完成，发挥会计的职能作用。

银行会计工作的组织，必须符合国家对会计工作的统一要求，保证国家方针、政策、法规的贯彻执行，有利于加强对会计工作的领导，有利于完成和实现银行业务，有利于提高工作效率和质量，有利于保障会计人员行使职权。必须在保证核算质量的前提下，减少核算程序、简化核算手续、缩短处理时间、减轻人员负担，并为全面实现会计电算化创造条件。

一、会计机构

银行的会计机构是指根据会计工作需要设置的职能部门，包括会计管理部门、会计控制部门、后台处理部门和基层会计机构。会计机构是银行职能机构体系中的重要组成部分。会计管理部门是指组织会计结算业务和财务核算的管理部门，是会计工作的主管部门，包括各级会计结算管理部门和财务管理部门。会计控制部门是指对会计结算业务处理过程和结果进行监督、控制的部门。后台处理部门是指对本行实际发生的经济业务进行后台集中会计核算和业务处理的操作运行部门。基层会计机构是指对外办理会计结算业务的业务部门或基层营业机构。

银行会计机构的设置，还应当与管理体制、任务要求和业务量繁简相适应。就目前情况看，银行的会计机构按照办理业务的对象不同又可分为两种类型：一种是不直接对外办理业务的银行内部会计工作的领导管理机构，如中央银行、政策性银行、股份制商业银行及城乡合作金融组织的总行、分行、中心支行设置的会计司（部、局）、会计处、会计科等；另一种是直接对外办理业务的基层行处，如县（市）支行、城市各区银行的会计科、股等会计机构。根据业务工作的特点、工作量的大小，寻求合理的劳动组织，明确会计人员的职责任务，在分工的基础上，按合理的操作程序进行各自的分内工作并加强协调配合，提高会计工作效率和质量。

各级行处的会计工作必须在行长领导下，由会计部门具体负责，同时也要接受上级银行会计部门的指导、检查和监督。银行会计部门办理的财务收支和会计事务，应当依法接受审计机关的审计监督。

二、会计制度

银行的会计制度是组织和开展银行会计工作必须遵循的规范和准则。它对于保证会计工作有组织、有秩序地进行具有重要的意义。因此，科学地制定并认真地贯彻执行银行会计制度，是组织和管理银行会计工作的重要内容之一，也是银行内部控制制度这一系统工程的一项重要环节。

我国的会计制度是财政部通过一定的行政程序制定的、具有一定强制性的会计工作规范。我国银行会计制度的制定是财政部借鉴国际惯例，按照国际通行的会计准则，以《会计法》为依据，结合银行业务的特点和经营管理的需要统一制定的，包括由财政部颁布的《企业会计准则》《企业财务通则》以及由财政部和中国人民银行联合制定的《金融企业会计制度》《金融保险企业财务制度》《全国银行统一会计基本制度》等。《金融企业会计制度》和《中国人民银行会计制度》是银行业的基本制度，银行必须严格执行，以保证会计制度的统一性和严肃性。同时根据银行“统一领导、分级管理”的原则，可结合各银行的具体情况，由各分行在不违背基本制度的前提下，根据辖内的不同情况，进行必要的补充和调整，并报总行备案后颁布实施。

银行会计制度对全行具有约束力。各级行、处都要严肃认真贯彻执行，在执行过程中，对于发现统一或补充规定中有不够完善或与实际工作不相适应之处，应及时反映，建议会计制度制定部门研究修改。在未修改前，仍必须按原规定执行，下级行不得任意修改或废除。

银行会计制度的设计要做到通俗易懂、简明适用、讲求实效、易于操作、便于管理、方便客户。在保持相对稳定的前提下，在不断总结实践经验的基础上，要不断改革和创新，使之更趋于完善，更符合客观实际，满足会计工作的需要，在会计工作中发挥更大的作用。

三、会计人员

银行的各级会计机构，都是由一定的会计人员组成，各级会计机构的会计工作，也都必须通过会计人员来实现和完成。因此，银行会计部门配备具有一定政策水平和足够数量的会计人员，是做好银行会计工作、充分发挥会计职能作用的决定性因素。银行的会计人员包括会计主管和一般会计人员。会计主管是指各级会计管理部门、会计控制部门和后台处理部门负责人，以及基层会计机构会计业务负责人。一般会计人员是指从事会计、结算、出纳、储蓄、财务等业务的一般管理人员和业务处理人员，包括经办、复核、授权、监督、检查辅导、制度管理、参数管理、风险管理、财务管理等从事会计管理或账务工作的人员，在工作上受会计主管的管理和指导。

对于担任银行会计机构负责人（会计主管人员），除了具备从事会计工作所需要的专业能力外，还应当具备会计师以上专业技术职务资格或从事会计工作三年以上。

银行的会计工作，是银行的一项重要的基础性工作，会计工作人员要求政策性强、业务素质高、遵守职业道德、熟悉行政法规和金融制度、具有强烈的责任感和为客户服务的意识，能为客户和其他业务部门提供高效、优质的专业化服务。为了使银行会计人员的工作有明确的法律规范和制度规范，做好银行会计工作，《会计法》和银行的财务会计制度规定了银行会计人员的基本职责、权限及法律责任。

1. 会计人员的基本职责

1）按照国家法律、法规和人民银行各项规章制度的规定，进行会计核算，维护财经纪律，实行会计监督。

2）依据岗位职责，认真办理会计核算，积极组织、推动和保证会计工作各项规章制度、办法贯彻执行。

3）做到实事求是，客观公正，同违法乱纪行为作斗争。接受监事会、审计部门等内部机构，及审计、财政和税务等外部机构依照法律和国家有关会计法规的监督。

4）坚持诚信原则，办理会计事务实事求是、客观公正、诚信为本、不做假账、不违规操作。

5）保守本行的商业秘密，除法律和本行制度规定以外，不得私自向外界提供或者泄露会计信息。

2. 会计人员的权限

1）有权要求各开户单位及银行其他业务部门，认真执行财经纪律和银行的有关规章制度、办法。如有违反，会计人员有权制止和纠正，对于违反政策、法规、弄虚作假、营私舞弊的行为，会计人员有权拒绝办理、拒绝报销，对于违法乱纪的，会计人员有权拒绝受理，并向上级和有关部门报告。

2）有权越级反映。会计人员在行使职权过程中，对违反国家政策、财经纪律和财务制度的事项，同本行（处）领导意见不一致时，如领导坚持办理的，会计人员可以执行，但有权向上级行提出书面报告，请求处理。

3）有权对本行各职能部门在资金使用、财产管理、财务收支等方面实行会计监督。各级行处的领导和有关人员应支持会计人员行使工作权限，如有的人对会计人员行使职权进行刁难或打击报复，上级行要严肃处理。

3. 会计人员的法律责任

根据《会计法》的规定，会计人员在行使职责和权限的同时，还要承担相应的法律责任。

1）会计人员不依法设置会计账簿或私设会计账簿、未按规定填制取得原始凭证、未经审核的会计凭证登记会计账簿、随意变更会计处理方法、向外提供财务会计报告编制依据不一致、未按规定保管会计资料造成损失的要进行经济处罚，情节严重的五年内不得从事会计工作；构成犯罪的，依法追究刑事责任。

2）因有提供虚假财务会计报告，做假账，隐匿或者故意销毁会计凭证、会计账簿、财务会计报告、贪污、挪用公款、职务侵占等与会计职务有关违法行为要依法追究刑事责任，并不得再从事会计工作。

3）伪造、变造会计凭证、会计账簿，编制虚假财务会计报告，尚不构成犯罪的，给予行政处分；构成犯罪的，依法追究刑事责任。

4）授意、指使、强令会计机构、会计人员及其他人员伪造、故意销毁依法应保存

的会计凭证、会计账簿、财务会计报告，构成犯罪的，依法追究刑事责任；尚不构成犯罪的要处以经济处罚，并依法给予行政处分。

4. 会计人员的工作变动

会计人员工作调动或者因故离职，必须办理交接手续，以明确责任，保证会计工作顺利进行。没有办清交接手续的，不得调动或离职。会计人员的交接，必须在监交人员监督下进行。会计主管的交接，由各级行领导或指定专人监交，必要时主管单位可以派人会同监交；一般会计人员调动，由会计主管监交。交接时要做到下面几个方面。

1）移交人登记交接记录簿或造具移交清册，详列移交人保管及使用的一切凭证、账簿、报表、业务印章、密押、印鉴、现金、有价单证、档案、文件资料及其他应交物件。会计主管还需移交前一日的日计表。移交人对于账务的差错、悬案和账务以外的未了事项，以及本岗位或本部门会计工作中存在和需要解决的问题，写成书面材料具体说明。

2）接交人根据交接记录簿或移交清册所列事项和金额，进行账账、账据、账实、账款核对，逐项点收、核对移交物品、文件；对交接书面材料说明的情况和问题逐项进行确认。所有交接事项核对时必须双方签章证明。

3）交接记录簿、移交清册和书面说明等由交接双方和监交人共同盖章后，列入会计档案保管。

4）使用会计系统的操作人员调动时，应及时注销其相应的柜员操作权限；临时离职的，也应采取相应的系统控制措施。

本 章 小 结

银行会计学是我国会计学的重要组成部分，是一门经济应用科学，是根据会计学的基本原理和基本方法，研究会计在银行这一特定部门的对象、特征；阐述会计在银行经营活动的核算原则和要求；探讨银行会计的工作组织。

在我国社会主义制度下，银行是现代经济的核心，既是国家管理金融的工作机构，又是经营金融业务的经济组织。在我国经济发展和经济体制改革中，已经初步形成了以中国人民银行（中央银行）为领导，包括政策性银行、国有独资商业银行、股份制商业银行、城市商业银行、城乡金融合作组织（信用社）多种金融机构并存的社会主义银行机构体系。

银行的资金筹集和分配，随着银行营运业务的开展和财务活动的进行，不断发生资金的存、取、借、还的更替变化，这种更替变化的主要形式，集中表现为整个银行系统间的各种存款的存入和提取，各种贷款、投资的投放和回收，各种资金款项的汇出和解付以及财务上的收入和支出。银行的会计要素可以划分为资产、负债、所有者权益、收入、成本与费用、利润六个方面。

银行会计同国民经济其他部门的行业会计相比较，具有如下的特征：反映国民经济活力的综合性；业务处理和会计核算的统一性；监督和服务的双重性；会计数据资料提供的及时性；会计数据处理、传输的先进性。

银行会计的核算原则主要有：客观性原则、一贯性原则、实质重于形式原则、可比性原则、及时性原则、明晰性原则、权责发生制原则、配比性原则、历史成本原则、谨慎性原则、划分收益性支出与资本性支出原则、相关性原则、重要性原则。

银行的会计机构是指根据会计工作需要设置的职能部门，包括会计管理部门、会计控制部门、后台处理部门和基层会计机构。它是整个银行工作的重要组成部分。银行的会计制度就是组织和从事会计工作所必须遵循的具体规矩和准则，是会计人员履行职责、行使权限、做好会计工作的行为规范和约束。会计工作人员要求政策性强、业务素质高、遵守职业道德、熟悉行政法规和金融制度、具有强烈的责任感和为客户服务的意识。

基本概念

银行会计　会计要素　权责发生制　工作组织

复习思考题

1. 银行会计的概念是什么？有哪些会计要素？
2. 银行会计有哪些特征？
3. 银行会计的核算原则是什么？
4. 什么是银行会计的工作组织？具体包括哪些内容？

第二章　基本核算方法

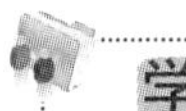

学习目的与要求

1. 了解会计科目的作用
2. 熟悉会计科目的分类
3. 掌握借贷记账法的使用
4. 熟悉会计凭证的分类
5. 掌握账务组织的内容
6. 掌握账务处理和账务核对的程序

第一节　会 计 科 目

一、会计科目的意义与作用

会计科目是对会计对象的具体内容进行分类核算和监督的一种方法，是设置账户、归集和记录各项经济业务的根据。科学设置会计科目，建立完整的会计科目体系，是正确组织会计核算，提高会计核算质量和效率的前提。它是总括反映、监督各项业务和财务活动的一种方法。银行会计科目贯穿于会计核算的始终，在会计核算中占有重要的地位，起着重要的作用。

1. 会计核算的基础和纽带

会计科目是经济业务分类的基础，是总括分类反映银行业务、财务活动的方法，在会计核算中，从编制会计凭证、登记账簿，到编制会计报表都离不开会计科目，也就是说，会计科目将各种核算方法连接起来，形成一个有机的核算体系，确保会计核算科学有序地进行。因此，会计科目在会计核算中发挥着纽带的作用。

2. 取得系统资料的保证

银行是国民经济的综合部门，是国民经济中资金活动的枢纽。银行的一切业务和财务活动都是按照国家的政策、法规和有关要求组织实现的，所有这些经济活动都是利用会计科目进行分类反映的。银行的会计科目，既反映银行本身的资金活动情况，又反映国民经济各部门的资金变化情况，考核有关业务和财务活动的执行情况。

3. 统一核算口径的基础

会计科目是区分经济业务的标志。因此，根据不同经济特征的经济业务，给予一定的名称代号，规定一定的核算内容。这样，就便于银行各行处对其办理的众多业务，按照相同口径进行归类核算，以便各行处都能取得统一口径的核算资料，为有关方面进行宏观、微观经济决策、预测服务。

二、会计科目的设置原则

银行作为金融机构体系的一个组成部分，其会计科目的设置，原则上要根据企业会计准则的要求及金融企业的实际情况，符合会计核算要求，要有利于对会计对象的反映和监督，有利于国家宏观管理调控的需求，有利于对会计对象的输出和提供，有利于金融企业经营与管理。在具体设置时，应科学合理。

1. 按政策要求设置会计科目

银行是国民经济的综合部门，是全社会资金活动的总枢纽，它与国民经济各部门、各单位，乃至个人发生着密切的经济联系。可以说，银行会计所反映和监督的业务活动，集中反映了整个国民经济的运行情况，集中反映了全社会的资金流进流出情况。因此，应按照国家有关方针、政策的要求设置会计科目，通过运用会计核算资料，分析检查政策的贯彻执行情况，作为制定新的政策的重要参考。

2. 按业务特点设置会计科目

目前在我国，银行作为经营货币信用业务的特殊行业，其业务分工有较大的区别，为了适应不同业务的核算需要，应按照不同业务的特点设置专门的会计科目。另外，为了宏观管理需要，财政部和中国人民银行还联合制定了全国统一会计科目。因此，各家银行在设置会计科目时，还应考虑与统一会计科目相衔接，以便于归类和汇总，满足全国银行统一会计核算的需要。

3. 按核算需要设置会计科目

会计科目是经济业务分类的标志，设置科目应名称准确、含义清楚、界限分明，以便于正确核算。另外，设置科目还应繁简适宜、多寡适中，既能满足会计核算的需要，又有利于减轻会计人员的工作负担，以便会计人员集中精力搞好会计核算和加强会计管理。还有，设置会计科目也应与信贷、计划、统计等部门的有关经济指标的口径尽量一致，以便相互联系、相互适宜、相互衔接和相互利用。

4. 按国际通则设置会计科目

建立、完善和发展我国社会主义市场经济，需要加大改革开放的力度，扩大对外交往。为了适应改革开放的需要，设置会计科目应采用国际会计的通用标准，按权责发生制、稳健性要求设置会计科目，以与国际通行的做法相一致，促进改革开放，扩大国际交流。

此外，还应按照“统一领导、分级管理”的原则设置会计科目。全国银行统一会计科目由财政部和中国人民银行总行联合制定，各系统银行的会计科目由各自的总行制定，并应明确其与全国银行统一会计科目的归属。会计科目的名称、代号、核算内容、账务处理和排列次序由总行统一规定，修改和解释权归总行，所属行业职能遵照执行，无权随意合并、更改其内容。但考虑到各地区的具体情况不同，为了适应各该地区的需要，升级分行可增设辖内专用会计科目，但上报会计报表时，应并入总行统一制定的有关会计科目内，以便统一归口管理。

三、会计科目的分类

会计科目分为一级科目和二级科目，科目下设置账户。一级会计科目、全国范围内使用的二级会计科目和损益类账户的设置由总行统一制定。

会计科目的分类，就是按会计科目的资金性质和业务特点进行的，以适应经营管理和核算的需要。将统一制定的会计科目，按其性质和用途的不同，进行分类排列，使之构成一个完整的体系。

会计科目一般有两种分类方法：一种是按会计科目与资产负债表的关系分类，分为表内科目与表外科目；另一种是按会计科目所反映的经济内容分类，即按会计要素分类。我国财政部和中国人民银行联合制定的银行业的会计科目分为以下五类。

1. 资产类

资产类科目反映银行业的资金占用与分布情况，包括各种资产、债权和其他权利，可分为流动资产、长期投资、固定资产、无形资产和其他资产等科目。

2. 负债类

负债类科目反映银行业的资金取得与形成的渠道，包括各种债务、应付款项和其他应偿付的债务，可分为流动负债与长期负债。银行业的负债，主要是银行吸收的各种存款，这是形成银行业资产的主要资金来源，一般占其资产的80%以上。

3. 资产负债共同类

资产负债类科目反映和核算银行发生的资金往来业务的科目，主要包括各级联行往来、辖内往来、外汇买卖、清算资金往来、资金调拨、外汇营运资金等科目。它们的共性是：在账户中反映时，属于负债记贷方，属于资产记借方，余额轧差反映。

4. 所有者权益类

所有者权益类科目反映投资者权益，可分为实收资本、资本公积、盈余公积、本年利润和利润分配等科目。

5. 损益类

损益类科目反映银行业的财务收支及经营成果，包括银行业的收入、支出和费用等科目。

银行会计科目表如附式 2-1 所示。

附式 2-1

银行会计科目表

序号	编号	会计科目	序号	编号	会计科目
		一、资产类	32	1523	投资性房地产减值准备
1	1001	库存现金	33	1601	固定资产
2	1003	存放中央银行款项	34	1602	累计折旧
3	1011	存放同业	35	1603	固定资产减值准备
4	1012	存放同业坏账准备	36	1604	在建工程
5	1031	存出保证金	37	1606	固定资产清理
6	1101	交易性金融资产	38	1607	在建工程减值准备
7	1111	买入返售金融资产	39	1701	无形资产
8	1112	买入返售金融资产坏账准备	40	1702	累计摊销
9	1123	预付账款	41	1703	无形资产减值准备
10	1124	应收手续费及佣金	42	1801	长期待摊费用
11	1131	应收股利	43	1811	递延所得税资产
12	1132	应收利息	44	1901	待处理财产损溢
13	1221	其他应收款	45	1902	其他资产
14	1231	坏账准备			二、负债类
15	1301	贴现资产	46	2002	存入保证金
16	1302	拆出资金	47	2003	拆入资金
17	1303	贷款	48	2004	向中央银行借款
18	1311	代理兑付证券	49	2011	吸收存款
19	1321	代理业务资产	50	2012	同业存放
20	1431	贵金属	51	2021	贴现负债
21	1432	贵金属跌价准备	52	2101	交易性金融负债
22	1441	抵债资产	53	2111	卖出回购金融资产款
23	1442	抵债资产减值准备	54	2202	应付手续费及佣金
24	1501	持有至到期投资	55	2211	应付职工薪酬
25	1502	持有至到期投资减值准备	56	2221	应交税费
26	1503	可供出售金融资产	57	2231	应付利息
27	1505	贷款及应收款项类投资	58	2232	应付股利
28	1511	长期股权投资	59	2241	其他应付款
29	1512	长期股权投资减值准备	60	2271	资金清算应付款
30	1521	投资性房地产	61	2272	开出本票
31	1522	投资性房地产累计折旧	62	2273	应付利息税

续表

序号	编号	会计科目	序号	编号	会计科目
63	2312	代理承销证券款	87	4012	一般准备
64	2313	代理兑付证券款	88	4101	盈余公积
65	2314	代理业务负债	89	4103	本年利润
66	2401	递延收益	90	4104	利润分配
67	2502	应付债券	91	4201	库存股
68	2801	预计负债			五、损益类
69	2901	递延所得税负债	92	6011	利息收入
		三、资产负债共同类	93	6012	金融机构往来利息收入
70	3001	清算资金往来	94	6021	手续费及佣金收入
71	3002	货币兑换	95	6022	外汇业务收入
72	3003	代客外汇买卖	96	6051	其他业务收入
73	3004	代理业务清算	97	6061	汇兑损益
74	3005	系统内往来	98	6101	公允价值变动损益
75	3007	异地通汇来账	99	6111	投资收益
76	3008	银行卡跨行资金往来	100	6301	营业外收入
77	3009	汇差资金划拨	101	6402	其他业务成本
78	3010	辖内往来	102	6403	营业税金及附加
79	3011	营运资金	103	6411	利息支出
80	3012	外汇买卖	104	6412	金融机构往来利息支出
81	3013	代理证券业务	105	6421	手续费及佣金支出
82	3101	衍生工具	106	6422	外汇业务支出
83	3201	套期工具	107	6601	业务及管理费
84	3202	被套期项目	108	6701	资产减值损失
		四、所有者权益类	109	6711	营业外支出
85	4001	实收资本	110	6801	所得税
86	4002	资本公积	111	6901	以前年度损益调整

第二节　记 账 方 法

一、银行记账方法的沿革

记账方法是按一定的记账规则，使用一定的记账符号，对经济业务进行整理、分类和登记会计账簿的一种专门方法。它是随着会计的产生、发展而日臻完善的一种处理经济业务的特定技术方法，最初是单式记账法，后来逐步演变为复式记账法。记账方法在会计核算体系中占据重要地位。

自从1948年12月中国人民银行成立以来，记账方法曾先后多次变更。建行之初，采用复式收付记账法；1949年11月第一届全国会计工作会议制定了全国银行统一会计制度，规定银行统一采用借贷记账法；1950年又改用以科目为主的收付记账法；1954年再次改为借贷记账法；1965年又改为不设现金科目的现金收付记账法；1979年则改为以资金为主体的资金收付记账法；1980年中国银行改为借贷记账法；1987年4月，人民银行总行颁布《全国银行统一会计基本制度》，规定银行的记账方法根据复式记账原理，采用资金收付记账法或借贷记账法，并指导交通银行及新成立的商业银行采用借贷记账法，其余专业银行包括信用社均采用资金收付记账法。随着金融改革的进一步深化，会计核算方法与国际惯例接轨已势在必行，1993年颁布的《金融企业会计制度》规定，从1993年7月1日起，全国银行统一采用借贷记账法。至此，银行记账方法得以固定。

二、借贷记账法

借贷记账法是根据复式记账原理，以资产等于负债加所有者权益的平衡公式为基础，及“借”“贷”两个字作为记账符号，以“有借必有贷，借贷必相等”作为记账准则来记录经济业务的一种复式记账法。从这一概念出发可以看出其主要内容包括记账主体、记账符号、记账准则和试算平衡这四个方面。

1. 记账主体

借贷记账法是以科目为主，根据复式记账的平衡原理，将反映银行会计对象的会计科目划分为资产、负债、所有者权益和损益四大类，经济业务发生后，根据其内容的联系，以科目的性质为依据，来确定其记账方向及其对应关系。

2. 记账符号

借贷记账法是以“借”“贷”两字作为记账符号，反映资金增减变化情况的。因此，每个会计科目所属账户的账页，都区分为贷方、借方和余额三个基本栏次，通常是借方在左，贷方在右，其中一方用以记录经济业务数额的增加，而另一方则用以记录经济业务数额的减少。究竟哪方记增加，何方记减少，这要究其是什么性质的资金、应该记入什么性质的账户来确定。

资产类账户，从借方开始记账，资产增加记借方，资产减少记贷方，余额在借方，表示期末资产的数量。期末余额的计算公式是：

期末借方余额＝期初借方余额＋本期借方发生额－本期贷方发生额

负债类及所有者权益类账户，从贷方开始记账，负债、权益增加记贷方，负债、权益减少记借方，余额在贷方，表示期末负债、权益的数额。期末余额的计算公式是：

期末贷方余额＝期初贷方余额＋本期贷方发生额－本期借方发生额

损益类账户，其损失视同资产类账户处理，收益则视同负债类账户处理。上述各类账户的记账方向，归纳如表1-1所示。

表 1-1　各类账户记账方向

借方	贷方
资产增加	负债增加
负债减少	资产减少
损失增加	收益增加
收益减少	损失减少
余额表示资产或损失的数额	余额表示负债、所有者权益或收益的数额

3. 记账准则

借贷记账法以“有借必有贷，借贷必相等”作为记账准则。当经济业务发生时，同时要引起至少两个账户发生变化，根据所涉及资金年增减变化的内在联系，在确定应记科目的基础上，以同等的金额记入一个账户的借方，另一个或两个账户的贷方；或者记入一个账户的贷方，另一个或两个账户的借方。有借方必有贷方，借贷双方金额必须相等。现举例说明如下。

【例 2-1】　发放给城东化工厂短期流动资金贷款 100 000 元，转入其存款账户。

借：短期贷款——城东化工厂贷款账户　　100 000.00（资产增加）

　　贷：活期存款——城东化工厂存款账户　　100 000.00（负债增加）

【例 2-2】　星光机械厂用存款归还短期流动资金贷款 50 000 元。

借：活期存款——星光机械厂存款户　　50 000.00（负债减少）

　　贷：短期贷款——星光机械厂贷款户　　50 000.00（资产减少）

【例 2-3】　从中央银行提取现金 200 000 元。

借：现金　　200 000.00（资产增加）

　　贷：存放中央银行款项　　200 000.00（资产减少）

【例 2-4】　龙江批发厂要求从其存款账户转存定期存款 150 000 元。

借：活期存款——龙江批发厂存款户　　150 000.00（负债减少）

　　贷：定期存款——龙江批发厂存款户　　150 000.00（负债增加）

上述四个例题，概括了银行所有经济业务所引起的资金变化的四种类型：资产与负债账户之间的变化，等额同时增加或等额同时减少；资产账户之间的变化一方增加，一方减少；负债账户之间的变化，亦是一方增加，一方减少。由于资产与负债的性质相反，两类不同性质的账户中借方和贷方所具含义是各不相同的。资产性质的账户的借方记账的内容表示资产数额的增加，其贷方记账的内容表示资产数额的减少，负债性质的账户其贷方记载的内容表示负债数额的增加，其借方记账的内容表示负债的减少。所以，运用借贷记账法在记载反映银行的经济业务时，首先应确定经济业务所涉及的是哪几个账户，进而再确定它所涉及的账户是什么性质的账户，是记增加数，还是记减少数，然后确定记入有关账户的借方或贷方。显然，银行经济业务所引起的资金运动变化是有规律的，这就为银行有规律地记账奠定了基础。

4. 试算平衡

借贷记账法是根据复式记账原理，按照“资产＝负债＋所有者权益”的平衡理论来检查和平衡账务的。由于处理每笔业务都是坚持“有借必有贷，借贷必相等”的记账准则，这就保证了每一笔经济业务会计分录的借贷两方发生额必然相等。那么，每天或一定时期发生的所有经济业务都全部登记入账后，分别加总其全部账户的借方、贷方发生额，理应保持平衡关系。同时，根据“资产＝负债＋所有者权益”的平衡原理和因各账户的余额是在平衡会计分录（编制在会计凭证上）的基础上计算出来的余额，所以，当每天或一定时期发生的所有经济业务都全部登记入账并结出余额后，分别汇总全部账户的借方、贷方余额，也应该是平衡的。这就是说，如果完全按照借贷记账法的原理处理经济业务，无论是每项经济业务的发生额，还是在一定期间的全部经济业务的累计发生额，乃至各账户的期末余额，其借贷双方都能自始至终自动保持平衡。列式如下：

各科目借方发生额合计＝各科目贷方发生额合计

各科目借方余额合计＝各科目贷方余额合计

三、表外科目的记账方法

表外科目核算业务确已发生而尚未涉及资金增减、需要记载实物库存数量变化和备忘登记的事项。这些业务虽不通过账内核算，当时不引起银行资金的实际收付，但银行对外已经承担了经济责任，也需要另外设置一些表外科目进行登记和反映。如未发行的国家债券、重要空白凭证、待结算凭证、银行承兑汇票、代保管的有价值物品等就是用表外科目进行登记和反映的。对于表外业务的记载，我国金融企业目前采用单式收付记账方法，即以收入和付出作为记账符号。科目涉及的业务事项发生时，记收入；注销或冲减时，记付出；余额表示尚未结清的业务事项。各科目只单方面反映自身的增减变动，不涉及其他科目，也不存在科目间的平衡关系，账务核对采取账实核对方式。

表外科目中重要空白凭证按 1 份 1 元进行账务记载，其他按实际金额登记。

【例 2-5】 柜员领回重要空白凭证转账支票 1 000 张。

收：重要空白凭证——转账支票　　1 000.00

【例 2-6】 某公司购买重要空白凭证转账支票 50 张，进行表外账务记载。

付：重要空白凭证——转账支票　　50.00

第三节　会 计 凭 证

一、会计凭证的作用

会计凭证是记录各项业务与财务活动的书面证明，是办理资金收付和账务处理的依据，也是进行账务核算、核对、结账和进行事后稽核，以明确经济责任的原始记录。原始凭证是在经济业务发生时取得或填制的，用以记录和证明经济业务的发生或完成情况的原始依据。银行会计凭证是根据原始凭证编制或用原始凭证代替的凭证，它是登记账簿的直接依据，随着会计核算的进行，银行的会计凭证需要在其内部组织必要的传递，办理有关手续，所以又叫传票。

银行的会计凭证种类繁多、千差万别，既有外来的，也有内部自行填制的；既有单式的，也有复式的；既有表内科目使用的，也有表外科目使用的；既有对外营运业务使用的，也有内部管理使用的，但无论哪一种凭证，在金融企业会计工作中都发挥着重要作用。填制和审核会计凭证是银行会计核算的起点，它对组织会计核算、维护国家财产安全和确保核算质量有着重要的作用。

1. 会计核算的基础

银行业务活动的过程，也就是进行会计核算的过程。尽管银行的业务种类多、数量大，但通过分类填制、严格审核和组织传递会计凭证，将业务处理过程中的各个环节有机地联系起来，保障其业务活动的会计核算工作按照一定的程序有条不紊地进行。

2. 保证财产安全的手段

会计凭证是各项业务和财务活动的真实记录，对会计凭证的填制和审核，直接体现党和国家的方针政策的落实情况，通过会计凭证反映的业务活动和财务活动可以了解金融企业是否违反财经纪律和经济法规，是否违反党和国家的方针政策。同时，由于会计凭证必须是客观实际的真实反映，必须具有真实性，经过账务处理后，账据、账证必须符合，这样才能够保证国家财产的安全。

3. 事后检查工作的根据

会计凭证无论是记账凭证，还是原始凭证，都必须盖有会计人员和单位的印章，记账凭证盖有记账员、复核员、会计主管的印章，原始凭证盖有经办人员、审核人员及单位公章，这样就可以明确了经济责任，具有法律效力，当发生问题或者纠纷的时候可以作为证明。

二、会计凭证的设置要求

根据长期的会计工作实践经验，设置会计凭证应注意下面几个基本要求。

1）适应业务需要。银行业务种类繁多，且各具特点。为了适应各种业务的不同需要，应根据银行业务的特点，按一般凭证内容的要求设置一定的基本凭证，同时又按某些业务的特殊需要设置一些专用凭证，以明确反映银行的各种不同的业务。

2）内容简明适用。毫无疑问，会计凭证的内容应具备进行核算时所必需的事项，以明确反映每一笔业务活动的情况。但也不可忽视客户和银行填写使用时的方便，以避免不必要的工作量。因此，设置会计凭证还应力求做到简明适用、规范标准。

3）尽量方便客户。银行的业务活动，一般都是由客户主动提交会计凭证，申请银行办理的，为了方便客户，缩短办理业务的时间，以加快资金周转和减少会计工作量，集中精力搞好核算工作，应从必要和可能出发，尽可能利用客户来行办理业务时提交的会计凭证进行会计核算。

三、会计凭证的种类和基本内容

1. 会计凭证的种类

银行会计凭证的种类可以从不同的角度和内容来划分。按照格式和用途的不同，可以分为通用的基本凭证和专用的特定凭证；按照核算方法的不同，可以分为表内科目凭证和表外科目凭证；按照表面形式不同，可以分为单式凭证和复式凭证。按格式和用途来划分会计凭证是我国银行主要的划分方式。

基本凭证是银行业根据原始凭证及业务事项自行编制的传票。基本凭证按其性质的不同，可以分为八种：现金借方传票、现金贷方传票、转账借方传票、转账贷方传票、特种转账借方传票、特种转账贷方传票、表外科目收入传票和表外科目付出传票。特定凭证是根据某项业务的特殊需要而制定的专用凭证，一般由银行统一设置印制，客户购买填写，提交银行据以办理业务，如各种结算凭证、贷款凭证和国库凭证等。但也有由银行自行填定，据以办理业务的，如结算联行凭证中的银行汇票、银行本票、定期存单和联行报单等。特定凭证多采用一式数联，以便于银行和客户根据有关联次处理业务和账务。

2. 会计凭证的基本内容

会计凭证的基本内容是使其合理合法与有效的基础。虽然金融企业的各种凭证种类不一、结构有别、用途各异，但一般应具备下列基本要素。

1）年、月、日（特定凭证代替传票时，应注明记账日期）。

2）收、付款单位的户名和账号。

3）收、付款单位开户行的名称和行号。

4）人民币或外币符号和大小写金额及借贷方向。

5）款项来源、用途或摘要及附件的张数。

6）会计分录和凭证编号。

7）单位按照有关规定的印章。

8）银行及有关工作人员的印章。

四、会计凭证的处理

会计凭证的处理，是指从银行受理或填制凭证开始，经过审核、传递（含记账），到整理装订保管为止的处理过程，也称会计凭证的处理程序。

记账过程中，纸凭证转电子信息，或电子信息转为纸凭证，均不得改变凭证基本要素和内容。会计凭证由客户填写的，未经客户授权，银行工作人员不得代办。

1. 会计凭证的编制

填制会计凭证是进行会计核算的起点，凭证填制正确与否，直接影响会计核算的质量。因此，必须认真地填制会计凭证，要求做到要素齐全、内容真实、数字正确、字迹清晰、书写规范、手续完备、不得任意涂改。由此，编制会计凭证时应注意以下几点要求。

1）不同业务应填制适应各业务种类的会计凭证。

2）填制凭证要求做到标准化、规范化，要素齐全、数字正确、字迹清晰、不错漏、不潦草，防止涂改。

3）除单联式凭证（如基本凭证）可以分别填制外，多联式专用凭证要一式数联套写，不得分张填单。

4）对外传递的会计凭证，单位名称应填写全称，出省、出县（市）的凭证，应在单位全称前冠以省名、县（市）名。

2. 会计凭证的审核

审核会计凭证是确认凭证的真实性、准确性、合法性和有效性，反映和监督经济业务的主要步骤。其审核的内容，一般有以下几个方面。

1）是否属本行受理的凭证。

2）凭证上记载的业务事项是否符合有关政策规定，能否办理。

3）凭证的填写是否符合规定要求，有无遗漏、错误之处。

4）凭证上的签章是否符合规定要求，签章是否有效。

5）凭证填好后，是否及时办理结算，凭证是否在有效期之内。

经过审核符合规定要求的凭证就可凭以处理账务和科学地进行传递。

3. 会计凭证的传递

会计凭证的传递是指从会计部门填制或受理会计凭证开始，经审查、签章、记账，直至将凭证整理、装订、保管为止的全过程。会计凭证传递的质量，直接关系到各单位的资金周转、国家财产的安全和银行会计工作的质量与效率。因此，会计凭证传递要紧凑严密、科学合理，设置必要环节，去掉多余环节，避免无人负责和迟缓现象的发生。

会计凭证的传递程序除联行凭证由各家银行总行规定外，其他会计凭证的传递程序，均由各省、（直辖）市、自治区（或县支行）规定，但无论是哪一级银行规定的会计凭证传递程序，均应坚持以下处理原则：先外后内，先急后缓；现金收入，先收款后记账，现金付出，先记账后付款；转账业务，先借后贷等。此外，除某些特殊规定外，一律不得在银行柜台外组织会计凭证的传递，以免发生流弊，造成资金损失。

五、会计凭证和账表的整理、装订与保管

会计凭证是会计档案的重要资料，为保证会计凭证完整无缺和便于事后考查，核算完毕的凭证应按日进行整理装订成册，妥善保管。装订时，按照业务流水顺序整理，加上传票封面、封底，然后编列传票总号，装订成册。传票封面上应填上有关内容，并在

结绳处加封盖章。

会计凭证每日经缩微扫描存储于光盘等介质后，能满足保管、查阅需要的，可不经装订，直接装入专用袋塑封保管，在袋上注明日期、凭证和附件张数等。

对已经装订成册并已在封面上编写号码的传票和其他账表，应及时登记“会计档案登记簿”，入库保管。调阅传票和销毁超过规定保管年限的传票和账表，必须按规定手续经过批准后，方能办理。

日计表按月装订；月计表按季或年装订；季度报表、年度决算表按年装订；基本账簿、余额表按月装订；各种登记簿、销讫的卡片账，可根据数量多少按月、季或年装订，特殊情况下可按实际需要装订。账页装订成册，要填写“账首”和“账页目录”，并另加封面、封底，在装订处加封，由装订人员在加封处盖章，并登记会计档案保管登记簿入库保管。

第四节　账 务 组 织

一、账务处理系统

会计账务组织是指金融企业会计部门经办业务时，从编制及审核凭证开始，通过科目分类，采用特定方法，进行账簿登记与核对，直到轧平账务，编制当日会计报表（日计表）为止的全部过程所采用的方法和步骤。

银行会计核算的账务组织包括明细核算和综合核算两个系统。明细核算是对每个会计科目所属账户进行的核算，是综合核算的具体化，反映各单位、各种资金增减变动的明细情况，对综合核算起补充作用；综合核算是按会计科目进行核算，是明细核算的概括，反映各系统、各类资金增减变化的总括的情况，对明细核算起统驭作用。

1. 明细核算

明细核算是各科目的详细记录，它是在每个会计科目下，设立明细账户，以具体反映各账户资金增减变化及其结果的详细情况。明细账户由分户账、余额表和登记簿组成。

（1）分户账

分户账是分账户连续记载各类会计事项的明细记录，具体地反映经济业务的明细分类账簿，是与开户单位对账的依据。它按单位或具体对象立户，根据传票连续记载，具体核算和监督各个账户的资金活动情况。

（2）余额表

余额表是反映每日营业终了各账户最后余额的账簿，是核对总账与分户账余额和计算利息的重要工具。

（3）登记簿

登记簿是适应某些业务需要设置的，起备忘、控制和管理作用的辅助性账簿，用来登记主要账簿未能或不必记录而需要查考的业务事项，也可以用来统驭卡片账和控制重要凭证、有价单证和实物等。

2. 综合核算

综合核算是以会计科目为基础，综合、概括地反映各科目的资金增减变动情况，是明细核算的总括反映。综合核算由科目日结单、总账、日计表组成。

（1）科目日结单

科目日结单是每个会计科目当天借贷方发生额和传票张数的汇总记录，也有称其为总传票的，是登记总账的依据，也是轧平当天账务的工具。

（2）总账

总账是按科目设立，每日按会计科目借、贷发生额分别记载，并结出余额的账表。它是综合核算同明细核算相互核对和统驭明细分户账的主要工具，也是编制各种会计报表和核对利息积数的依据。

（3）日计表

日计表是综合反映各科目当日发生额和余额的报表，也是轧平当日全部账务的主要工具。日计表主要由科目名称，借、贷方发生额和借、贷方余额组成。

二、账务核对

账务核对是账务处理的重要环节，是防止账务差错，保证核算正确和资金安全的重要措施。银行的账务核对，从时间上划分，可分为每日核对和定期核对；从内容上划分，可分为账账核对、账款核对、账实核对、账表核对、账据核对、账簿核对、账卡（折）核对和内外账务核对八个方面。

1. 每日核对

每日会计核算结束后，账务核对的内容主要是下面几个方面。

1）总分核对。总账各科目余额、总账各科目发生额合计借贷相等，总账各科目余额与相应科目分户账或余额表对应各账户余额合计核对相符。

2）账表核对。余额表各账户余额合计与日计表对应各科目余额核对相符。

3）账款核对。现金收入付出日记簿的合计数应与现金科目总账的借方贷方发生额核对相符；现金库存簿的现金库存数应与实际库存现金和现金科目总账的余额核对相符。

4）账实核对。业务部门已领用未发出的有价单证，应每日进行账、实核对，保持账实相符。

2. 定期核对

定期核对是指按规定日期对未纳入每日核对的账务所进行的核对查实工作。主要的内容包括下面几个方面。

1）各种贷款借据要按月与该科目分户账逐笔勾对相符。

2）库房中各种有价单证、重要空白凭证等，应每月账实、账簿核对相符。

3）贵金属分户账与出纳部门的有关保管登记簿核对相符。

4）固定资产及折旧在年终决算前账、卡、簿、实核对相符。

第五节 会 计 报 表

一、会计报表的作用

会计报表是会计核算工作的数字总结，是对银行各项业务活动和财务收支等会计信息资料综合反映的书面报告，也是各方信息使用者对银行各项业务状况、财务收支以及资金运用、费用成本、盈利收益、税款缴纳等情况进行审查、监督的重要依据。银行会计报表的作用可归纳如下。

1. 综合反映银行业务、财务活动情况

日常会计核算中，金融企业通过编制会计凭证，登记账簿等核算环节，可以提供每个科目和每个账户的核算资料。但这些资料分散于账簿和账户之中，不能全面、综合地反映一定时期的各种业务活动，以及由此而引起的资产、负债的增减变化、财政收支及其成果等情况。会计报表逐级汇总，可以综合反映国民经济各部门的经济活动情况。

2. 检查政策和考核计划的执行情况

银行各行处在业务经营过程中，正确贯彻执行有关政策，是搞好银行会计工作的根本保证。银行的综合信贷计划是国民经济的重要组成部分，体现了国家和中央银行宏观调控精神。现金出纳计划也是国民经济计划的一个组成部分，体现了不同国家在不同时期货币政策精神。财务收支计划，则反映和控制着银行各级行经营活动的最终财务成果。上述三大计划是银行根据国家方针政策和客观经济规律的要求制定的。计划的执行过程与结果，反映了方针政策与整个国民经济计划的执行情况。

3. 为上级行指导工作提供可靠依据

会计报表系统、全面、完整和集中地反映了各级行的业务、财务活动情况，因此，上级行就可以利用下级行报送的报表资料，分析其资金的积聚和运用情况，帮助其总结经验，发现问题、采取措施、及时解决、以提高其经营管理水平。

4. 检查与监督日常的会计核算工作

会计报表是根据日常核算资料汇总编制的，编制会计报表的过程，就是对日常会计核算资料系统地进行归纳、整理的过程。通过编制会计报表，可以检查日常账务记载的完整性和正确性，会计报表是平衡账务、检查与监督日常核算工作的工具。

二、编制会计报表的基本要求

为了充分发挥会计报表的作用，编制会计报表必须符合以下要求。

1. 内容完整

各种会计报表和报表中应填列的内容，是银行经营管理所必须掌握的资料，必须按照制度统一规定的报表种类、格式和内容认真填报，保证完整无缺，不得漏填、漏报或任意取舍，破坏其完整性，以提供系统完整的经济指标。

2. 数字真实

会计核算资料的基本要求之一是反映真实、数字准确，并且会计报表还是提供上级行和有关部门作指导工作时用的，如果其依据不足、计算有误，就不能真实地反映银行的经营活动情况，上级行无法做出正确的判断，更不能对各行处的工作进行正确指导。

3. 编报及时

会计核算资料的另一个基本要求是反映及时，这是从时间方面提出的要求。会计报表报送及时，可以使上级主管部门了解和掌握金融企业的业务活动状况和财务收支情况，适时作出宏观经济政策，指导工作。

三、会计报表的种类及编制方法

编制会计报表是为了全面反映银行业务、财务活动情况，了解和研究存在的问题，因此，会计报表的种类及内容的设置，应从实际出发，做到简明、扼要、适用，以保证报表的实效性。以编报时间划分，银行会计报表分为年度报表、半年度报表、季度报表和月度报表。

1. 年度报表

年度报表是指年度终了对外提供的财务会计报表，是全行全年业务状况和财务成果的数字总结，要求逐级汇总上报至总行。银行财务会计报表，至少应包括会计报表、会计报表附注，需要编制财务情况说明书的银行，还应当包括财务情况说明书。年度报表应包括资产负债表、损益表、现金流量表及相关附表。

2. 半年度报表

半年度报表是指在每个会计年度的前六个月结束后对外提供的财务会计报表。半年度报表，应当包括会计报表和会计报表附注中有关重大事项的说明，会计报表至少应当包括资产负债表、损益表。半年度财务会计报表报出前发生的资产负债表日后事项、或有事项等，除特别重大事项外，可不作调整或披露。

3. 季度报表

季度报表是指季度终了银行对外提供的财务会计报表。季度会计报表通常仅指会计报表，会计报表至少应当包括资产负债表和损益表。

4. 月度报表

月度报表是银行月度终了提供的财务会计报表。月度会计报表编报内容与季度会计报表相同。

本章小结

银行会计科目是对银行各项业务和财务活动按照不同的经济特征进行分类的名称。银行会计科目在会计核算中起着重要的作用。

借贷记账法是银行表内业务的记账方法，表外业务采用单式收付记账法。

会计凭证对组织会计核算、维护国家财产安全和确保核算质量有着重要的作用，是组织核算工作的工具；保证财产安全的手段；事后检查工作的根据。

银行会计凭证采用通用的基本凭证和专用的特定凭证。会计凭证的处理，要按照相应的规范进行整理、装订和保管。

银行会计核算的账务组织包括明细核算和综合核算两个系统。

银行的账务核对，从时间上划分，可分为每日核对和定期核对；从内容上划分，可分为账账核对、账款核对、账实核对、账表核对、账据核对、账簿核对、账卡（折）核对和内外账务核对八个方面。

银行会计报表的作用主要归纳为：综合反映银行业务、财务活动情况；检查政策和考核计划的执行情况。编制会计报表要做到：内容完整；数字真实；编报及时。

银行会计报表分为年度报表、半年度报表、季度报表和月度报表。

基本概念

借贷记账法　表外科目　记账凭证　账务组织　明细核算　综合核算
账务核对　编报及时

复习思考题

1. 什么是会计凭证？如何进行会计凭证的审查？会计凭证应如何传递？
2. 什么是账务组织？包括哪些内容？阐述明细核算与综合核算的区别与联系。
3. 现金科目日结单如何编制？
4. 错账冲正有哪些方法？各在什么情况下使用？
5. 简述会计报表的基本要求及种类。

第三章 存款业务

学习目的与要求

1. 掌握银行结算账户的种类
2. 掌握出纳的相关规定及核算
3. 了解出纳的基本业务技能
4. 掌握储蓄业务的种类和核算
5. 理解银行账户的开立、变更与撤销
6. 掌握单位存款的种类和核算
7. 理解存款利息的基本规定
8. 掌握存款利息的核算

第一节 存款业务概述

一、存款业务核算的意义

存款业务是银行以信用方式吸收与再分配社会闲置资金的活动，是银行主要的经营业务，是立行之本。存款业务是银行负债中的最重要构成部分，积极地吸纳存款才能增加银行的资金来源，增强信贷资金的力量。存款是银行赖以生存的基本条件，通过银行的吸收存款业务，可以充分地将大量的、分散的社会闲散资金聚成巨大的货币力量，再通过发放贷款把资金发放给生产经营单位，从而促进市场经济的发展。

二、存款资金的分类

1. 按存款资金的来源划分，可分为原始存款和派生存款

原始存款也称现金存款、直接存款，即企事业单位或个人将现金存放到银行，增加存款资金。原始存款包括企业存款和私人存款以及银行之间的存款。原始存款不会引起社会的货币供应量的变化，仅仅是流通中的现金变成了银行的活期存款。派生存款，也称间接存款，即银行以贷款、贴现或投资活动方式引申而来的存款。这种存款的增加，会增加社会的货币供应量。

2. 按存款资金主体及其性质划分，可分为单位存款、个人存款

单位存款是指一般性企业、事业、机关、社会团体、部队以及个体工商户等单位，在商业银行或其他金融机构办理的各项存款。它按期限可分为单位活期存款、单位协定

存款、单位通知存款、单位定期存款等；按存款主体分可分为工业、农业、建筑业、商业、房地产业、集体企业、其他存款等。

个人存款是指个人（自然人）在商业银行或其他金融机构办理的各项存款。它按是否具有结算功能分为个人结算存款和储蓄存款。

储蓄存款按照期限分为活期储蓄、定期储蓄、定活两便储蓄、通知存款储蓄等。

3. 按存款的币种划分，分为人民币存款和外币存款

人民币存款是指单位和居民个人以人民币存入银行形成的存款。

外币存款是指单位和居民个人将其持有的外币资金存入银行形成的存款。

三、存款业务核算的基本要求

银行的存贷款业务，直接面对社会各单位、各部门以及个人，政策性强、涉及面广且分散，因此银行在办理存款业务核算时，必须做到以下几点。

1. 维护和监督并举

贯彻金融方针法令，维护存款人的正当权益，并对存款人的业务的合理合法性进行监督。银行的存款业务，是一种信用行为。银行在办理存款业务时，必须认真贯彻国家金融方针、政策、法令及法规，维护债权人的正当权益。对吸收的各项存款，均不论期限长短，保护存款人的利益，保证客户资金合法的支配权，除依国家有关法律、行政法规，可由银行执行查询、扣款或冻结外，银行不得对客户的款项进行转移或将存款信息外泄。银行是综合部门，还肩负着对经济活动的合理合法性的进行监督的任务，对符合国家政策法令的经济活动给予支持、对于违反国家财经政策和制度的行为坚决抵制和制止，以充分发挥银行的服务和监督作用。

2. 准确及时地办理存款业务

为了正确记录和反映银行吸收存款的情况，单位和个人办理存款业务时，必须在银行开立存款账户，银行对单位开立账户时要严格审批手续，同时在办理资金收付过程中，认真执行国家有关政策、办法及规定，加强账面监督，准确及时地办理各项存款业务，并且做到账目清楚，符合手续，数字准确，记载及时，保护存款人合法权益。

3. 认真执行利率政策，准确核计存款利息

存款有息是国家的政策，是对信用存款的资金补偿。存款利息关系到银行的成本支出，能否正确计算存款利息，不仅影响银行的经营利润，也会影响到客户的经济利益。

四、银行结算账户

银行结算账户按存款人分为单位银行结算账户和个人银行结算账户。

单位银行结算账户又称为对公账户，是存款人以单位名称开立的银行结算账户。单位银行结算账户按用途分为基本存款账户、一般存款账户、专用存款账户、临时存款账

户。个体工商户凭营业执照以字号或经营者姓名开立的银行结算账户纳入单位银行结算账户管理。单位银行结算账户的存款人只能在银行开立一个基本存款账户。

个人银行结算账户是存款人凭个人身份证件以自然人名称开立的银行结算账户。用于办理资金收付结算的人民币活期存款账户。邮政储蓄机构办理银行卡业务开立的账户纳入个人银行结算账户管理。

1. 单位结算账户的种类

按中国人民银行制定的《人民币银行结算账户管理办法》的规定，银行的存款账户分为基本存款账户、一般存款账户、临时存款账户和专用存款账户。

（1）基本存款账户

单位和个人在银行开立的主要存款账户，是它们办理日常转账结算和现金收付的账户。基本存款账户是存款人的基础账户。存款人日常经营活动的资金收付及其工资、奖金和现金的支取，应通过该账户办理。

可以申请开立基本存款账户的存款人有：企业法人；非法人企业；机关、事业单位；团级（含）以上军队、武警部队及分散执勤的支（分）队；社会团体；民办非企业组织；异地常设机构；外国驻华机构；个体工商户；居民委员会、村民委员会、社区委员会；单位设立的独立核算的附属机构；其他组织。

（2）一般存款账户

一般存款账户是存款人因借款或其他结算需要、在基本存款账户开户银行以外的银行营业机构开立的银行结算账户。一般存款账户用于办理借款转存、归还借款的款项转入，也可办理转账结算和现金缴存，但不能办理现金的支取。

（3）临时存款账户

临时存款账户是存款人因临时经营活动需要并在规定期限内使用而开立的银行结算账户。用于办理临时机构以及存款人临时经营活动的资金收付。临时存款账户最长有效期不得超过 2 年。临时存款账户支取现金按照国家的现金管理规定办理。

存款人在以下情况可以申请开立临时存款账户：设立临时机构；异地临时经营活动；注册验资。

（4）专用存款账户

专用存款账户是存款人按照法律、行政法规和规章，对其特定用途资金进行专项管理和使用而开立的银行结算账户，用于办理各项专用资金的收付。

可以申请开立专用存款账户的资金有：基本建设资金；更新改造资金；财政预算外资金；粮、棉、油收购资金；证券交易结算资金；期货交易保证金；信托基金；金融机构存放同业资金；政策性房地产开发资金；单位银行卡备用金；住房基金；社会保障基金；收入汇缴资金和业务支出资金；党、团、工会设在单位的组织机构经费；其他需要专项管理和使用的资金。

收入汇缴资金和业务支出资金，是指基本存款账户存款人附属的非独立核算单位或派出机构发生的收入和支出的资金。 因收入汇缴资金和业务支出资金开立的专用存款账户，应使用隶属单位的名称。

2. 单位结算账户的管理

《人民币银行结算账户管理办法》规定，单位存款账户的管理权下放到业务银行。人民银行负责监督、稽核银行账户的设置和开立，协调和仲裁银行账户开立及使用方面的争议。各商业银行的分支机构负责按规定审查、办理开户和销户，建立健全开、销户制度，建立账户管理档案，定期与存款人对账。

各单位的业务人员到各商业银行等金融机构开立账户后，银行业务人员应及时向人民银行报送相关资料，人民银行进行审核后予以核准，基本存款账户人民银行核发开户许可证。人民银行对下列单位银行结算账户实行核准制度：基本存款账户、临时存款账户（因注册验资和增资验资开立的除外）、预算单位专用存款账户、合格境外机构投资者在境内从事证券投资开立的人民币特殊账户和人民币结算资金账户。上述银行结算账户统称核准类银行结算账户。开户许可证是中国人民银行依法准予申请人在银行开立核准类银行结算账户的行政许可证件，是核准类银行结算账户合法性的有效证明。

存款人开立单位银行结算账户，自正式开立之日起 3 个工作日后，方可办理付款业务，注册验资账户转为基本存款账户和因借款开立的账户及一般存款账户除外。银行为存款人开立一般存款账户、专用存款账户和临时存款账户的，应自开户之日起 3 个工作日内书面通知基本存款账户开户银行。

3. 个人结算账户

个人结算账户是自然人因投资、消费、结算等而开立的可办理支付结算业务的存款账户。使用支票、信用卡等信用支付工具的；办理汇兑、定期借记、定期贷记、借记卡等结算业务的都可以申请开立个人结算账户。自然人可根据需要申请开立个人银行结算账户，也可以在已开立的储蓄账户中选择并向开户银行申请确认为个人结算账户，储蓄账户仅限于办理现金存取业务，不得办理转账结算。

个人结算账户用于办理个人转账收付和现金存取。下列款项可以转入个人结算账户：工资、奖金收入；稿费、演出费等劳务收入；债券、期货、信托等投资的本金和收益；个人债权或产权转让收益；个人贷款转存；证券交易结算资金和期货交易保证金；继承、赠与款项；保险理赔、保费退还等款项；纳税退还；农、副、矿产品销售收入；其他合法款项。

单位从其结算账户支付给个人结算账户的款项，每笔超过 5 万元的，应向其开户银行提供下列付款依据：代发工资协议和收款人清单；奖励证明；新闻出版、演出主办等单位与收款人签订的劳务合同或支付给个人款项的证明；证券公司、期货公司、信托投资公司、奖券发行或承销部门支付或退还给自然人款项的证明；债权或产权转让协议；借款合同；保险公司的证明；税收征管部门的证明；农、副、矿产品购销合同；其他合法款项的证明。从单位结算账户支付给个人结算账户的款项应纳税的，税收代扣单位付款时应向其开户银行提供完税证明，下面的两种情况也要出示以上证明：个人持出票人为单位的支票向开户银行委托收款，将款项转入其个人结算账户的；个人持申请人为单位的银行汇票和银行本票向开户银行提示付款，将款项转入其个人结算账户的。

存款人申请开立个人结算账户，应向银行出具身份证或下列证明文件。

1）居住在境内的中国公民，可出具身份证、户口簿、护照。

2）军队（武装警察）离退休干部或在解放军军事院校学习的现役军人，可出具离休干部荣誉证、军官退休证、文职干部退休证或军事院校学员证。

3）居住在境内或境外的中国籍的华侨，可出具中国护照。

4）外国边民在我国边境地区的银行开立个人账户，可出具所在国制发的《边民出入境通行证》。

5）获得在中国永久居留资格的外国人，可出具外国人永久居留证。

五、存款保险制度

存款保险，是指投保机构向存款保险基金管理机构交纳保费，形成存款保险基金，存款保险基金管理机构依照本条例的规定向存款人偿付被保险存款，并采取必要措施维护存款以及存款保险基金安全的制度。为了建立和规范存款保险制度，依法保护存款人的合法权益，及时防范和化解金融风险，维护金融稳定，制定存款保险条例。在中华人民共和国境内设立的商业银行、农村合作银行、农村信用合作社等吸收存款的银行业金融机构（以下统称投保机构），应当依照本条例的规定投保存款保险。

被保险存款包括投保机构吸收的人民币存款和外币存款。但是，金融机构同业存款、投保机构的高级管理人员在本投保机构的存款以及存款保险基金管理机构规定不予保险的其他存款除外。存款保险实行限额偿付，最高偿付限额为人民币 50 万元。中国人民银行会同国务院有关部门可以根据经济发展、存款结构变化、金融风险状况等因素调整最高偿付限额，报国务院批准后公布执行。同一存款人在同一家投保机构所有被保险存款账户的存款本金和利息合并计算的资金数额在最高偿付限额以内的，实行全额偿付；超出最高偿付限额的部分，依法从投保机构清算财产中受偿。存款保险基金管理机构偿付存款人的被保险存款后，即在偿付金额范围内取得该存款人对投保机构相同清偿顺序的债权。

第二节 现金出纳工作

一、现金出纳工作的概念及意义

现金是指现实购买力或清偿力的现行通货。我国法定的现行通货是人民币，银行是全国的现金出纳中心。现金出纳工作是指银行办理现金、外币、有价证券和贵金属的收付、保管、调运以及损伤票币的兑换等工作的总称。

根据国家的方针政策和现金管理的有关规定，银行对机关、团体、部队、学校、企业等单位，因支付工资、奖金、采购农副产品和其他零星开支以及收兑个人金银等付出现金；同时，通过企业组织商品零售和劳务供应以及财政税收和银行吸收居民储蓄等方式收回现金。这样，银行在调节货币流通和满足市场正常现金需要的基础上，成为现金投放和回笼的唯一渠道，成为全国范围的现金出纳中心。

二、现金出纳工作的任务

银行的现金出纳工作是实现其基本职能的重要环节，其主要任务包括下面几个方面。

1）办理现金收付、兑换、整点工作，为客户提供优质服务。

2）办理现金的保管、调运业务，保证银行资产安全。科学核定与调剂库存（备用金），保证支付、减少资金占压、提高经营效益。

3）根据市场经济活动和业务需要，调剂市场各种票币的比例，做好现金回笼和供应工作。

4）办理有价证券的监制、发行和销毁业务。

5）按照国家规定，办理金银收购、配售业务，开展金银回收和节约代用工作。

6）负责人民币票样管理，宣传爱护人民币和反假钞工作。

7）负责现金业务信息的收集与反馈，为科学决策和强化管理提供依据。

三、现金出纳工作的基本原则及要求

1. 现金出纳工作的基本原则

现金出纳工作有着特殊的性质，为确保现金出纳工作任务的完成，必须建立手续严密、责任分明、准确及时的责任制度，并坚持按照操作规定办理业务。

1）现金业务必须坚持“当日核对、双人管库、双人守库、双人调款、双人押运”的原则。以便互相帮助和互相监督，防止差错和事故的发生。如果发生意外情况，也便于互相协商和及时处理，以保护经办人员和国家财产的安全。

2）收入现金必须坚持“先收款后记账”，付出现金必须坚持“先记账后付款”的原则。这一原则要求银行对客户交存的现金，必须先经出纳人员收妥后才能登记客户的分户账；客户支取现金时，必须先经会计人员审核登记分户账后，才由出纳人员付款。以保证客户缴存的现金正确无误，才能将现金收入业务记录在客户的账面；客户账面有款且现金支票正确无误的情况下，才能办理现金的支取。对收购金银的业务，在未收妥实物前不能付款；配售金银时，没有收妥款项则不能把实物交付给客户。此外，收付现金必须做到先点捆、核捆，核准封签，再散把点数；拆捆时，先确认每捆十把，再拆捆；做到现金实物与记账凭证、现金调拨单或现金存、缴款单核对相符。

3）坚持复核制度的原则。实行复核制原则应坚持“钱账分管、双人临柜、换人复核”。现金收付，必须坚持收款复点、付款复核的原则，以免发生差错，给银行资产和信誉造成损失。因此，对外办理业务的行处要配备足够的专职或兼职的复核人员。柜员制的营业网点大额款项必须换人复核。

4）坚持交接手续和查库的原则。出纳人员负责保管现金并负责登记有关账目，出纳人员交接款项或调换工作时，必须按规定办理交接手续，以便分清责任。对库房的管理，除必须坚持双人管库，还要坚持定期和不定期的查库制度，以确保银行财产的安全

完整，保证账款相符。

5）办理现金业务操作坚持在有效监控和客户视线以内操作的原则。做到当面点准，一笔一清、一户一清。从上级行调入的他行整捆现金应在有效监控下拆捆清点准确后才能对外支付。明确了出纳人员各自的职责，才能保证出纳工作的核算与监督的正常进行。

2. 现金出纳工作的要求

1）正确反映现金收入的来源和用途。在现金出纳工作中，现金收付凭证是办理和实现现金收付的唯一依据，也是统计现金的投放和回笼，正确反映现金收支计划执行情况的基础。因此，银行会计部门应密切配合计划管理人员和现金出纳人员，按照现金管理有关规定和受理凭证的要求，统一口径、严加审核。对于符合规定的现金收入和现金付出，要迅速地履行手续；对于不符合规定的现金收入和现金付出，特别是来源不清、用途不明的现金收付凭证，应不予办理。

2）维护国家现金管理制度，制止不合理的现金支出。银行支付给各单位的现金，是对市场的现金投放。如果支付了计划外的现金或被套取了不属于现金使用范围的现金，就会在不同程度上影响市场正常的现金需要，增加计划外购买力。银行业务人员，要严格按照现金管理的有关规定，认真审查现金用途，在规定的现金使用范围内支付。对于某些不符合政策和现金管理规定的现金支付凭证，应拒绝办理。

3）认真组织账款核对，确保现金资产安全。现金出纳工作，是直接经管现款的工作，责任重大。任何疏忽大意，都会导致银行资产的直接损失。因此，出纳人员必须认真做好点款记账的工作。每日营业终了，现金收付工作结束后，会计部门应会同出纳部门认真组织账款的核对，确保账款绝对相符。

3. 现金出纳业务的其他相关规定

开户单位可以在下列范围内使用现金：职工工资、津贴；个人劳务报酬；根据国家规定颁发给个人的科学技术、文化艺术、体育等各种奖金；各种劳保、福利费用以及国家规定的对个人的其他支出；向个人收购农副产品和其他物资的价款；出差人员必须随身携带的差旅费；结算起点以下的零星支出；中国人民银行确定需要支付现金的其他支出。结算起点定为1 000元，结算起点的调整，由中国人民银行确定，报国务院备案。

四、现金出纳的核算

现金出纳业务必须根据规定的凭证办理，这些凭证有：现金存、缴款单，现金支票，现金收入凭证，现金付出凭证等。银行除设置现金总账以外，还应设置现金收入日记簿和现金付出日记簿，进行序时核算。

1. 现金收入的处理

客户向银行交存现金时，填制一式三联的现金存、缴款单，连同现金交银行出纳部门。收款员收到现金存、缴款单和现金后，应先审查凭证日期、账号、户名、款项来源填写是否齐全，大小写金额是否一致，凭证各联次项目是否一致，有无涂改。审核无误后，即当面点收款项。款项收妥后，收款员应在三联的现金存、缴款单上分别加盖名章，交复核员审核凭证、复点无误后，在凭证上加盖“现金收讫”章及复核员名章。以上手续完成后，现金存、缴款单第一联（回单联）退还交款人，第二联随时或分批送有关会计专柜代现金收入凭证，第三联由出纳部门留存，凭以登记现金收入日记簿。会计部门收到第二联现金存、缴款单后，凭此记入交款人分户账。会计分录：

借：现金

　　贷：××存款——存款人户

2. 现金付出的处理

为了保证对外营业的现金支付，每日营业开始前，银行的出纳付款员应准备一定数额的备付现金，以便对客户办理付款。

提取现金的客户将现金支票（见附式 3-1）或其他支款凭证先交到银行的会计专柜，会计人员收到现金支票后，按支付结算的规定审核并确认现金支票或其他支款凭证正确无误后，会计部门将留下的现金支票（或其他支款凭证）代替现金付出凭证进行账务处理（附式 3-1 和附式 3-2），会计分录：

借：××存款——取款人基本存款户

　　贷：现金

经复核员审核无误后，在现金支票上标注号码，并将同号码铜牌交给取款人，凭以向出纳部门领取现金，将凭证转到出纳部门凭以付款。

出纳员接到会计部门转来的凭证后，复审支票除印鉴外所有内容，并检查记账员、复核员是否已盖章、有无记录差错等。然后，付款员登记现金付出日记簿，在凭证上加盖名章。现金和凭证一并交复核员复点。复核员复点相符后，在凭证上加盖“现金付讫”章及名章。叫取款人名称、问清所取款项数额、核对铜牌号，收回铜牌，再将款项点交取款人，凭证分批送回会计专柜。

附式 3-1

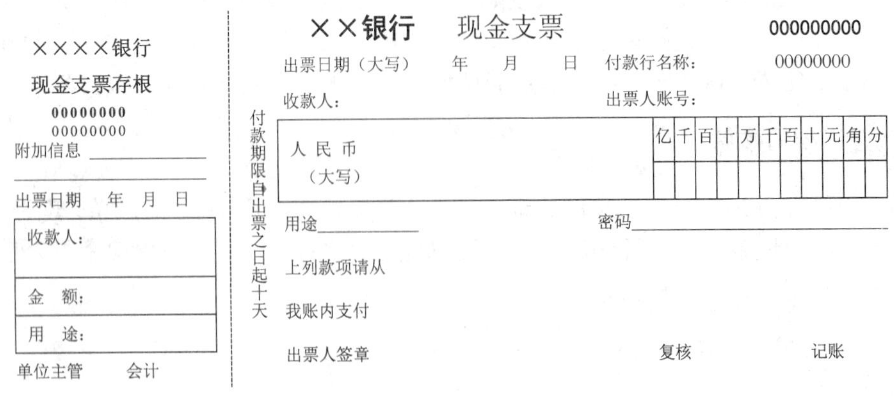

××××银行

现金支票存根

00000000

00000000

附加信息 ____________

出票日期　年　月　日

收款人：

金　额：

用　途：

单位主管　　会计

××银行　现金支票　　000000000

出票日期（大写）　年　月　日　付款行名称：　00000000

收款人：　　出票人账号：

付款期限自出票之日起十天

人民币（大写）	亿	千	百	十	万	千	百	十	元	角	分

用途__________　　密码__________

上列款项请从

我账内支付

出票人签章　　复核　　记账

8cm×22.5cm 正联共 17cm（大写金额栏加红水纹）

附式 3-2

附加信息：	收款人签章 年 月 日
	身份证件名称： 发证机关：
	号码

（贴粘单处）

根据《中华人民共和国票据法》等法律法规的规定，签发空头支票由中国人民银行处以票面金额5%但不低于1 000元的罚款

以上现金付出程序，遵循了先记账、后付款的原则。款项付出后，须由付款人当面或在监控器下点清，银行封签出门无效。

3. 营业终了现金收付的汇总核对

每日营业终了时，柜员清点库存现金与现金库存登记簿核对是否相符。部门有关负责人清点库存现金再次核对与现金库存登记簿是否相符。

综合员汇总每个柜员的收付款日记簿，结出总现金库存登记簿，收款总数与会计部门现金科目总账的借方发生额核对；付款总数与会计部门现金科目总账的贷方发生额核对；汇总库存数与会计部门现金科目总账的余额核对。

办理现金业务必须坚持“日清日结”，做到账款、账实、账账相符。出纳部门中午如停止营业，要进行账款核对。

4. 出纳错款的处理

现金错款是由于出纳业务现金错款、自助设备错款、事故错款、突发事件现金损失以及其他原因导致的现金溢余和短缺。现金溢余又称为长款；现金短缺又称为短款。出纳错款是指出纳人员在办理现金收付过程中发生的现金多缺，致使账款不符的情况发生。在实际工作中，要认真按操作要求办理业务，力求做到现金收付手续严密、数字准确、不出差错，一旦发生差错，出纳人员应及时、认真查找，并及时向领导汇报。长款不能寄库，短款不能空库，不能以长补短。发生长款应及时查明原因退还原主，如确实无法查明原因，应按规定入账，不能侵占，否则以贪污论处；发生短款不能自补不报，应及时查找收回，力求挽回损失，如确实无法查明，应根据实际情况进行处理。

（1）出纳长款的处理

发生长款时，如当日未能查明原因，应由相应部门出具证明，经主管部门负责人批准后，填制现金收入凭证，记入其他应付款项，会计分录：

借：现金

　　贷：其他应付款——待处理出纳长款

待查明原因后，进行账务处理，冲减其他应付款。属于客户多交或银行少付的，应及时退还原主，会计分录：

借：其他应付款——待处理出纳长款

　　贷：现金

经查找，确实无法查清，经批准后，可转做银行营业外收入，会计分录：

借：其他应付款——待处理出纳长款

　　贷：营业外收入——出纳长款收入

（2）出纳短款的处理

发生短款时，如当日未能查清和找回，应由相应部门出具证明，经行长批准，会计部门凭此填制其他应收款科目借方凭证及现金付出凭证转账，会计分录：

借：其他应收款——待处理出纳短款

　　贷：现金

经查明原因，追回短款时，会计分录：

借：现金

　　贷：其他应收款——待处理出纳短款

短款经过认真查找，确实无法收回时，属于技术性短款或误收确实难以辨认的假币等，按规定的审批手续予以报损，会计分录：

借：营业外支出——出纳短款支出

　　贷：其他应收款——待处理出纳短款

现金长短款额度较大时，部门负责人或主管行长无审批权限的要及时上报到上级部门，相应审批手续当日内逐级上报审批。

责任事故错款，应追究责任人的经济责任，并视情节给予相应的处分；如属于玩忽职守、贪污、自盗、挪用性质的，应向有关人员追回款项，并给予相应的处分；触犯刑律的，移交司法部门处理。

五、现金保管和调运的处理

1. 现金的保管

银行的现金和金银及有价证券等贵重物品，由出纳库房保管。库房管理是出纳工作的主要任务之一，必须做好库房保卫工作，严格执行库房管理制度，保证国家财产不受损失。库房管理必须做到下面几个方面。

1）各级行处应设置出纳专用库房，并配备至少两名责任心强的人员负责管库工作。库房应力求坚固，有必要的通风、防火等安全设施，没有库房的基层处所，应设置保险柜，切实做好库款的安全保卫工作。

2）业务库款和发行库款应分别列账、分别保管，严格划分，不能相互混淆。

3）管库员要明确分工，任何情况下不得一人二职。库房的钥匙、密码应分人掌管，掌管密码的人员变更时，必须更换密码，并同时更换密码副本；每把专用库房门锁必须配备两套钥匙，一套为使用钥匙，一套为备用钥匙，两把钥匙实行专人保管；替班人员只能固定接触钥匙或密码中的一种。

4）必须严格出入库制度。出入库必须同进同出，一人不能单独进出库房或在库内工作，真正做到同进、同出、同开、同锁、同在。出入库的款项、实物必须相互复核。库房除管库员外，其他人员未经负责人批准一律不能进入。每日营业终了，所有现金、金银、外币和有价证券等贵重物品，都必须入库保管。凡入库保管的物品，出入库都必须按规定的手续和凭证办理。库内保管的现金、金银等必须有账记载，要做到账款、账实相符，严格禁止白条抵作库存。

5）设立定期或不定期的查库制度，每日的营业款要加强检查。查库要查对库存实物、要检查库房管理制度的贯彻执行情况，还要定期通过录像监督库房情况等。

2. 现金的调运

现金的调运业务包括系统内现金调缴款、网点调缴款和向人民银行调缴款。现金调缴必须由相关业务负责人授权、审批，并在相关业务凭证上签章确认；款包交接时交出前必须核对接收人是否为被授权人，接收时必须检查款箱及封签无误。银行运送现金、金银等贵重物品，应由两人以上负责押运，不得委托他人捎带。办理现金调缴必须做到实调实缴，保证账实一致相符，严禁现金业务在账务核算上形成在途。

（1）向上级行调款

调款网点向上级行上报需调款的金额及币种，并提交现金调款单或现金支票。

上级行接到调款网点提交现金调款单或现金支票后审核类同出纳付款操作。出纳员审核现金调款单记载要素后，加盖个人名章，经所属部门业务负责人审核签章后，配付现金和现金调款单一起交复核员。复核员审核现金调款单核现金无误后，加盖个人名章及当日现金付讫章登记现金付出日记账，将凭证和现金交出纳调缴款员。会计分录：

借：系统内往来（辖内往来）——调款网点

　　贷：现金

调款网点审核凭证及清点现金无误后，在凭证上签章，并进行账务记载，登记现金收入日记簿。会计分录：

借：现金

　　贷：系统内往来（辖内往来）

（2）向上级行缴款

缴款网点向上级行上报需填写现金存、缴款单。

上级行接到缴款网点提交现金存、缴款单审核采取参照出纳收款操作。出纳员清点现金，审核现金存、缴款单记载要素后，加盖个人名章，将现金和现金调款单一起交复核员。复核员审核现金存、缴款单核及现金无误后，加盖个人名章及当日现金收讫章，登记现金收入日记账。会计分录：

借：现金

　　贷：系统内往来（辖内往来）——缴款网点

缴款网点人员在返回的存、缴款单签章，并进行账务记载，登记现金付出日记簿。

会计分录：

借：系统内往来（辖内往来）

贷：现金

六、票币兑换业务

1. 票币兑换的基本规定

残缺、污损人民币是指票面撕裂、损缺，或因自然磨损、侵蚀，外观、质地受损，颜色变化，图案不清晰，防伪特征受损，不宜再继续流通使用的人民币。兑换人民币应根据人民银行相关规定进行办理，凡办理人民币存取款业务的金融机构应无偿为公众兑换残缺、污损人民币，不得拒绝兑换。

2. 残损人民币兑换的业务核算

客户的残损人民币兑换后，业务人员应当面将带有本行行名的“全额”或“半额”戳记加盖在票面上；残缺污损人民币硬币当面使用专用袋密封保管，并在袋外封签上加盖“兑换”戳记。定期向人民银行缴存。会计分录：

借：存放中央银行款项

贷：现金

第三节　储蓄业务

一、储蓄存款概述

1. 储蓄存款的意义

储蓄存款是指城乡居民个人将自己的结余或待用的货币资金存入储蓄机构的一种信用活动。储蓄是聚集零星钱财，将其存放银行生息，将货币使用权让渡给银行的一种信用行为。储蓄存款是银行通过信用方式对广大居民的货币收入进行集中和再分配的一种重要的形式。大力开展储蓄业务利国、利民、利己。

2. 储蓄存款原则

为了正确执行国家保护和鼓励人民储蓄的政策，银行对个人储蓄存款实行“存款自愿、取款自由、存款有息、为储户保密”的原则。

1）存款自愿，取款自由。储户存款存多少，存期长短，存入哪家银行，何时存取，都由储户自己决定。对定期存款，也可以按照储蓄管理规定办理提前支取。

2）存款有息。银行对储户的各种储蓄存款都应该按照规定计付利息。

3）为储户保密。银行有责任对储户的存款情况保密，体现了宪法保护公民储蓄所有权的一项重要措施。公安、司法机关因审查案件需要查询有关个人储蓄资料时，应按规定提出经县支行以上书面查询公函，由指定的储蓄所提供情况，非有权查询单位不得向银行查询储蓄存款情况，如有违反上述原则规定的现象，应视情节轻重追究责任。

二、储蓄的种类

根据居民个人经济收入和消费的特点以及金融机构聚集和运用资金的需要，储蓄的种类有以下几种。

1. 活期储蓄

活期储蓄不固定存款期限，随时可以存取，每次存取金额不限的一种储蓄存款，适用于居民个人生活待用资金和单位互助储蓄存款项的存储。

2. 定期储蓄

定期储蓄在存款时约定存款期限，一次或在存期之内分次存入本金，到期整笔或分期平均支取本金或利息的一种储蓄存款，适用于居民个人生活节余款和有计划地积累或使用的款项。

定期储蓄根据其款项存取特点又可以划分为整存整取、零存整取、存本取息、整存零取四种。

（1）整存整取

整存整取储蓄存款是一次存入一定数额本金，约定期限，到期一次支取本息的储蓄存款；它适用于节余款项的存储。

（2）零存整取

零存整取储蓄存款是开户时约定期限，存期内按月存入固定存额，（中途漏存仍可续存；未存月份应在次月补存）到期一次支取本金和利息的储蓄存款。它适用于储户欲积零成整的储蓄。

（3）存本取息

存本取息储蓄存款是一次存入本金，存期内按固定期限分次支取利息，到期一次支取本金的储蓄存款。它适用于储户有整笔收入，不动用本金，而按期支取利息以安排生活的储蓄。

（4）整存零取

整存零取储蓄存款是一次存入，约定期限，存期内按固定期限分次支取分次提取本金，到期一次计付利息的储蓄存款。它适用于储户有较大数额收入，而需分期陆续使用的储蓄。

3. 定活两便储蓄

定活两便储蓄是开户时不确定存期，储户可以随时提取，利率随存期长短而变动的一种储蓄存款。这种储蓄既有活期储蓄随时可取的灵活性，又可在达到一定存期时，享受相应存期定期储蓄存款利率按一定比例折扣的优惠。

4. 通知存款储蓄

通知存款储蓄是存款人存入款项时，不约定存期，支取时需提前通知银行，约定支取存款日期和金额后方能支取的存款。

除上述储蓄存款以外，各地还可根据当地情况，经批准后办理其他种类的储蓄存款。

三、活期储蓄存款的核算

活期储蓄存款1元起存，多存不限，开户时由储蓄机构发给存折，预留密码，凭存折和密码存取款项。储户也可预留印鉴，凭印鉴支取。

1. 存入

（1）开户

储户第一次存入活期存款即开户应由储户填写活期储蓄存款凭条，连同现金、本人身份证一并交由柜员办理手续，若为受委托代理人，还应出示代理人身份证件。经审查凭条、清点现金核对身份证件无误后，打印储蓄存款凭证、存折，在储蓄存折上加盖骑缝章，在存折、储蓄存款凭证上加盖个人名章。柜员将现金、存折、储蓄存款凭证交复核员复核，复核无误后，在存折上加盖储蓄业务公章、通存通兑章及个人名章，在储蓄存款凭证上加盖现金收讫章及个人名章，由柜员将储蓄存款凭证交储户签字确认，柜员确认储户签字内容无误后，将存折、储蓄存款凭证交客户。存款凭条代现金收入传票，同时登记表外账务。会计分录：

借：现金

　　贷：活期储蓄存款——×××

付：重要空白凭证——活期存折

（2）续存

储户来所续存时，也应提交存款凭条，并连同现金、存折一并交与柜员，经审核无误后，除不再另开账户及存折外，其余收款、记账、打印折等处理方法基本与开户手续相同。

2. 支取

储户来所支取存款时，应填写活期取款凭条，凭印鉴、密码支取的还要在凭条上加盖印鉴，输入密码，连同存折交柜员。

柜员根据凭条核对账、折及印鉴、密码无误后，以取款凭条代现金付出传票。会计分录：

借：活期储蓄存款——×××

　　贷：现金

经复核账、折内容无误，配款，并在取款凭条上加盖现金付讫及名章后，将现金及存折交储户。

3. 结息

储蓄活期存款按季度计算利息，于每季末 20 日结息，计息的期间是从上季（年）末月 21 日至本季（年）末月 20 日。

储蓄活期存款结息采取“日积数”法计算利息，日积数是结息期间经常变动的活期存款按日累加的和，可看作是一天的存款，所以使用日利率。活期存款结息按结息日或销户日挂牌公告的活期存款利率计付利息。利息计算公式为

到期利息＝存款余额日积数×结计日挂牌公告的活期储蓄存款日利率

会计分录：

借：利息支出——个人活期利息支出

　　贷：活期储蓄存款——×××

4. 清户

清户也称销户，是指储户将存款全部支取并结计利息。储户应根据存折上的最后余额填写取款凭条，经办员除办理一般支取手续外，还应计算上次结息日到清户日期间的利息，同时按规定代扣储蓄利息所得税（由银行代扣代缴）。

结息时填制两联利息清单，一联留存，于营业终了后，据以汇总编制利息支出科目传票，另一联连同本、息交给储户。会计分录：

借：活期储蓄存款——×××

　　利息支出——个人活期利息支出

　　贷：现金

清户时，还应在取款凭条及存折上加盖“结清”戳记，作为取款凭条附件，同时销记开销户登记簿，结清户账页另行保管。

四、整存整取定期储蓄存款的核算

整存整取储蓄 50 元起存，多存不限，存期分三个月、半年、一年、二年、三年、五年六个档次，本金一次存入，由储蓄机构发给存单，到期凭存单支取本息。储户可以在存款时与银行约定，由银行在存款到期时自动转存。整存整取储蓄未到期，储户可提前支取；也可以办理部分提前支取，以一次为限。

1. 开户

储户第一次存入整存整取储蓄存款（即开户）应由储户填写定期储蓄存款凭证，连同现金、身份证一并交由柜员办理。经审查凭条、预留印鉴、清点现金无误后，记账并打印储蓄存款凭证、存折（单），在储蓄存折上加盖骑缝章，在存折（单）、储蓄存款凭证上加盖个人名章。柜员将现金、存折（单）、储蓄存款凭证交复核员复核，复核无误后，在存折上加盖储蓄业务公章、通存通兑章及个人名章，在储蓄存款凭证上加盖现金收讫章及个人名章，由操作员将储蓄存款凭证交储户签字确认，操作员确认储户签字内容无误后，将存折（单）交客户。存款凭证代现金收入传票，同时登记表外账务。会计

分录：

借：现金

　　贷：定期储蓄存款——整存整取——×××

付：重要空白凭证——××存单（折）

2. 支取

（1）到期和过期支取

储户持到期或过期的存单来行取款时，经办员应审查存单上的公章，确认是由本行签发时，核对账号、户名、印鉴或密码、金额后，并加盖“结清”戳记。经复核无误后，根据本息金额合计付款。以存单代现金付出传票，利息支出科目传票可在营业终了时汇总编制。会计分录：

借：定期储蓄存款——整存整取——×××

　　利息支出——定期储蓄利息支出

　　贷：现金

配款后，利息清单一联交储户，另一联作利息支出传票附件。账务记载完毕销记开销户登记簿。

（2）提前支取

储户要求提前支取存款时应交验身份证件，并将证件名称、发证机关及号码记录在存单背面，凭印鉴支取的，还应加盖储户预留印鉴，经办员验对后的凭证审查同到期支取，审核无误后在存单及卡片账上加盖“提前支取”戳记，按提前支取的规定计付利息，其余手续与到期支取相同。

若储户要求提前支取一部分存款时，采取满付实收、更换新存单的做法，即对原存单本金视同一次付出，同时按规定计付提前支取部分利息。为便于日后查考，需在原存单及卡片账上注明“部分支取××元”，新存单上注明“由××号存单部分转存”字样以及原存入日，同时在开销户登记簿上作相应注明。其他手续与到期支取及存入时手续相同。会计分录：

借：定期储蓄存款——整存整取——×××（全额）

　　利息支出——个人定期利息支出（提前支取部分利息）

　　贷：现金

借：现金

　　贷：定期储蓄存款——整存整取——×××（未支取本金部分金额）

付：重要空白凭证——××存单

五、零存整取储蓄存款的核算

零存整取储蓄存款每月固定存额，5 元起存，存期分一年、三年、五年，存款金额由储户自定，每月存入一次，中途如有漏存，可以次月补齐，未补存者，到期支取时按实存金额和实际存期计息。

1. 存入

（1）开户

储户第一次存入零存整取储蓄存款（即开户）应由储户填写定期储蓄存款凭证，连同现金、身份证一并交由柜员办理手续。操作手续同整存整取开户。会计分录：

借：现金

　　贷：定期储蓄存款——零存整取——×××

付：重要空白凭证——××存折

存折加盖业务公章后交储户。

（2）续存

在存期内储户续存时，应填制定期储蓄存款凭条，与存折、现金一并交经办员，核对并点收现金无误后，登记存折，操作手续与开户基本相同。会计分录：

借：现金

　　贷：定期储蓄存款——零存整取——×××

2. 支取

（1）到期支取

到期支取时，储户应将存折交与经办员，经办员验明存折确系本所签发并已到期，经账、折核对后，计算利息，注销存折、登记分户账及销记开销户登记簿，并在存折和分户账上加盖“结清”戳记，以存折代现金付出传票。会计分录：

借：定期储蓄存款——整存整取——×××

　　利息支出——个人定期利息支出

　　贷：现金

（2）过期支取

储户持过期零存整取存折前来支取存款，除按规定计算到期利息和过期利息外，其余手续及分录与到期支取相同。

（3）提前支取

储户提前支取零存整取储蓄存款时，应提交身份证件，经办员审查无误后，办理提前支取手续，在存折和分户账上加盖“提前支取”戳记，按提前支取的计算规定计算利息，其余手续与到期支取相同。零存整取储蓄存款只能全部提前支取，不能部分提前支取，分录与到期支取相同。

六、整存零取储蓄存款的核算

整存零取 1 000 元起存，存期为一年、三年、五年，由银行发给存单，凭存单分次支取本金，支取期为一个月、三个月、半年一次，由储户与银行协商确定，利息于存款到期结算时一并计付。

1. 开户

开户时应由储户提出申请，并填制存款凭证，经办员审核身份证件、存入金额、期限以及支取的次数和时间无误后，操作同整存整取开户。会计分录：

借：现金

　　贷：定期储蓄存款——整存零取——×××

付：重要空白凭证——××存单（折）

2. 分次支取

储户按约定时间来行取款，应填交定期整存零取储蓄取款凭条，连同存单一同交经办员，经办员应审查存单上的公章，确认是由本行签发时，核对账号、户名、印鉴或密码、金额后，计付利息，取款凭条代现金付出传票。会计分录：

借：定期储蓄存款——整存零取——×××

　　贷：现金

若储户要求部分提前支取，可提前支取一至二次，但须在以后月份内停支一至二次，其余支取日期按原定不变。

3. 结清

储户于存款期满最后一次取款时，除按分次取款手续处理外，还应计付利息，并在原存单上加盖“结清”戳记作为取款凭条附件。如果提前支取全部余额，则根据实存金额及实存日期按规定利率计算；如果过期支取按规定利率加付过期利息，若提前支取按活期计付利息。

七、存本取息储蓄存款的核算

存本取息 5 000 元起存，存期分一年、三年、五年，由储蓄机构发给存款凭证，到期一次支取本金，利息凭存单分期支取，一个月或几个月取息一次均可，由储户与银行协商确定。

1. 开户

开户时应由储户提出申请，并填制存款凭证，注明姓名、存期及每次取息的日期，审核无误后，操作同整存整取开户。会计分录：

借：现金

　　贷：定期储蓄存款——存本取息——×××

付：重要空白凭证——××存单（折）

2. 支取利息

存期内储户按约定时间来银行支取利息时，持存单并按每次应支取利息数填交一联定期存本取息储蓄取息凭条，经审核无误后，凭以登记账卡、存单并支付现金。

会计分录：

借：利息支出——借蓄定期利息支出

　　贷：现金

如到取息日储户未来行支取，以后随时可以支取利息。

3. 到期支取

存款到期，储户支取最后一次利息的手续同前一样，对本金则凭存单支取。同时在存单及账卡上加盖“结清”戳记，并据以销记开销户登记簿。会计分录：

借：定期储蓄存款——存本取息——×××

　　利息支出——储蓄定期利息支出

　　贷：现金

4. 提前支取

储户如果要求提前支取本金时，可凭有关身份证件来行办理。存本取息储蓄存款只允许全部提前支取，不办理部分提前支取。提前支取的利息按规定计算。但对于已支取的利息金额，应用红数冲回，即编制红字现金付出传票记账。会计分录：

借：利息支出——储蓄定期利息支出（红字）

　　贷：现金（红字）

然后，按提前支取利息规定计算应付的利息，与本金一并支付给储户。会计分录：

借：利息支出——储蓄定期利息支出

　　定期储蓄存款——存本取息——×××

　　贷：现金

冲回的已支付利息应从计算的应支付利息中扣除。如果红字冲回的已支付利息大于计算的提前支取利息，应从本金中扣除，然后办理付款手续。

八、定活两便储蓄存款的核算

定活两便储蓄存款 50 元起存，由储蓄机构发给存单，存期不限。实际存期一年以内的，利息按实际存期的整存整取储蓄存款利率打一定折扣计算。存期不满三个月的，按实存天数计付活期利息；存期三个月以上（含三个月）不满半年的，按支取日整存整取三个月存款利率打六折计算；存期满半年不满一年的，按支取日整存整取六个月存款利率打六折计算；存期在一年以上，无论存期多长，整个存期一律按支取日整存整取一年期存款利率打六折计算；打折后低于活期存款利率时，按活期存款利率计息。

开户和销户手续同整存整取定期储蓄存款。

九、教育储蓄

教育储蓄是以储蓄方式，为子女接受非义务教育（指九年义务教育之外的全日制高中、大中专、大学本科、硕士和博士研究生）积蓄资金，是零存整取定期存款的一种。开办对象为在校四年级（含）以上学生。有储户特定、存期灵活、总额控制；利率优惠、利息免税的特点。能积零成整，满足中低收入家庭每月固定小额存储，积蓄资金，解决子女非义务教育支出需要。

教育储蓄存期分为一年、三年、六年三种，50 元起存，本金合计的最高限额为 2 万元。开户时约定每月固定存入的金额，分月存入，中途如有漏存，应在次月补齐，未补存者按零存整取定期储蓄存款的有关规定办理。

教育储蓄凭“证明”享受优惠利率。储户到期支取教育储蓄时，凭学校提供的正在接受非义务教育的学生身份证明，可享受教育储蓄利率。即一年期、三年期教育储蓄按开户日同期同档次整存整取定期储蓄存款利率计息；六年期按开户日五年期整存整取定期储蓄存款利率计息；按开户日利率计息；免征储蓄存款利息所得税；储户如不能提供正在接受非义务教育的学生身份证明，则不能享受教育储蓄利率，按零存整取定期储蓄存款计息方式办理。

1. 开户及续存

除参照零存整取储蓄存款办理外，还要有符合教育储蓄开户规定的客户本人户口簿或居民身份证，到营业网点以本人姓名开户，如有代理人还要有代理人的有效身份证件。

2. 销户

除参照零存整取储蓄存款办理外，还要有学校开出的录取通知书或正在接受非义务教育的学生证明。网点人员办理业务后要在学校开出的录取通知书或正在接受非义务教育的学生证明上加盖“已享受教育储蓄优惠”等字样的印章。

十、通知存款储蓄

1. 通知存款储蓄的有关规定

1）通知存款储蓄必须一次性全额存入，最低起存金额为 5 万元，存入的方式分为现金和转账两种。

2）通知存款储蓄不论存期长短，按存款人提前通知的期限划分，分为一天通知存款和七天通知存款两个品种。

3）通知存款储蓄的支取可一次或分次进行，最低支取额为 5 万元，支取存款利随本清。

4）通知存款储蓄凭证不得作为质押的权利凭证。

2. 存款存入的处理

存入通知存款时由客户选择通知存款的品种，手续比照定期整存整取存款处理。

3. 通知与支付存款的处理

（1）通知

存款人需提前通知银行约定支取通知存款，若因故取消通知，则由存款人向银行取消通知书，经银行审核无误，便可对存款人的通知进行注销。

（2）支付存款

存款人是否预约，如未预约支取部分期按活期利率计算，按规定的利率计算利息，打印利息凭证。业务处理可比照整存整取部分提前支取。手续比照定期整存整取存款处理。

若储蓄通知存款部分支取后，其留存部分低于5万元起存金额时，应予以清户，其利息按清户日活期存款利率计算；对存款留存部分金额大于5万元的，应为存款人以留存金额、原起息日期、原约定的存款品种打印新的通知存款凭证交取款人，同时注销重要空白凭证表外科目。

十一、储蓄结账处理

1. 储蓄所的结账及账务核对

1）每日营业终了时，柜员清点库存现金与现金库存登记簿核对是否相符。部门有关负责人清点库存现金，再次核对是否与现金库存登记簿相符。

2）核对重要空白凭证。储蓄日报表中的储蓄开销户数，应与新开户的账户及收回的存单（折）核对相符，重要空白凭证的本日结存数，应与本日各种重要凭证的实际结存数相符。

2. 管理行的账务处理

基层储蓄所的业务是管理行业务的一部分，每日营业终了，应将储蓄所的业务并入管理行储蓄业务中，账务合并方式有并账式和并表式两种。

（1）并账式的处理

业务量小或没有单独立账能力的网点，采取并账式处理。管理行收到储蓄所填送的传票和储蓄日报表，经审核无误，对各储蓄存款科目应按储蓄所分别立账，并根据储蓄传票汇总数登记有关账户。管理行轧账时，将储蓄传票视同本身传票一起处理。

（2）并表式的处理

业务量大的网点，自己有一套独立完整的账务体系，可采用并表方式。管理行对储蓄所账务不设分户账，将日报表同管理行同日的日报表合并，编制全辖汇总日计表。

十二、储蓄事后业务监督

储蓄事后复核监督必须贯彻时间、空间、人员三分离的原则。对储蓄账务进行事后复核监督，是保证账务正确的有效方法。其监督基本内容包括以下几个方面。

1）各储蓄网点的储蓄政策、原则和规章制度的贯彻执行情况。

2）审核储蓄账务，保证各种账表、账账相符。

3）对业务凭证的正确性、完整性、真实性、合法性进行检查。

4）各储蓄网点的重要空白凭证的领入、发放、使用和库存是否正确。

5）各储蓄网点的库存现金或业务备用金的请领、上缴、收付和库存现金的账务处理情况。

6）各储蓄网点在支付利息时是否做到准确无误。

7）按照业务印章管理的有关规定，审核业务公章、收付讫章、个人名章是否齐全、清晰，附件是否加盖“附件”章，有无遗漏和串用。收、付讫章的日期是否正确。

8）审核大额存取款、提前支取、特殊业务、长期不动户等手续是否健全、有效，操作是否准确。交易冲、补账业务的冲、补账传票上是否注明冲、补账原因，内容是否准确。

9）审核需授权的业务是否有授权人签字。

10）审核通存通兑业务是否符合规定，是否超限额。

11）吸收存款是否有公款私存现象，是否执行实名制的有关规定。

12）审核是否执行记账规则。打印记录是否清晰、完整，日期是否准确，大小写金额是否一致。

13）对其他项目进行监督。

十三、储蓄存款挂失

办理存单（折）挂失，是储蓄所（柜）在储户存单（折）丢失、损毁、被盗等情况下，为保护储户的利益，防止存款被冒领而设立的储蓄业务。储蓄存单（折）是储户据以向银行提取存款本金和利息的重要凭证。挂失的存单（折）储蓄所（柜）并未收回，很可能再度出现并要求银行支付。因此，银行储蓄所（柜）接受储户申请挂失，必须慎重，并严格执行挂失手续。

储户的存单（折）如有遗失，必须持本人身份证或其他可证明本人身份的证件，并提供姓名、存款时间、存款种类、存款金额、账号及住址等有关情况，书面向原储蓄机构正式声明挂失止付。储蓄机构在确认该笔存款未被支取的前提下，方可受理挂失手续，否则不予受理。

1）储蓄存款挂失的方式有两种。一种是储户申请书面挂失。储户申请存单、存折、密码、印鉴等挂失，必须填写储蓄存款挂失申请书一式三联，并出示挂失人身份证明，经银行经办人员核对无误后，方可正式受理。另一种是储户申请口头挂失。如储户因特殊情况，当时不能向原储蓄机构申请书面挂失手续，而用口头、电话、电报、信函挂失，银行经办人员必须依据储户提供的情况，核实确有该笔存款，且尚未支取，方可受理挂失。而挂失人必须在挂失三天内补办书面挂失手续，否则挂失不再有效。若存款在挂失前或挂失失效后被他人支取，储蓄机构不负责任。

2）储蓄存款挂失的种类有两种：存单、存折、卡挂失；密码挂失、印鉴挂失。

3）挂失申请书每份填写一个存单（折）。如一个储户同时挂失多张存单、存折，必须按挂失的存单、存折张数填写挂失申请书，银行按申请书份数收费。凡申请办理口头挂失，按每笔收取手续费。储户撤销挂失时，已收手续费一律不退。

4）储户委托他人申请挂失。如存单、存折挂失储户本人不能前往原储蓄机构办理存单、存折的挂失申请时，可委托他人代为办理挂失手续。被委托人除提供委托人的姓名、账号、储蓄种类、金额、日期、住址等有关情况外，还须出示被委托人身份证明及其委托人的身份证件、委托证明书。储蓄网点经办人员抽出该户分户账核实无误且款项尚未被支取，方可受理挂失申请，否则不予受理。

5）储蓄网点受理储户书面挂失期满后，储户方可持挂失申请来网点补领新存单（折）或提取现金。储蓄所（柜）应结清旧户另立新户，并由储户在挂失申请书上签收。开出的新存单（折）上必须注明原单（折）账号及“挂失补发”字样，存期和利率按原存单（折）不变。

6）储户存款属长期不动户已列入单独管理的，办理挂失手续时，要进行严格审查，并经部门主管批准方可受理。

7）存款人死亡后，继承人申请挂失，经核实存款确未被支取，继承人须根据公证处签发的合法继承权证明书，办理挂失支取手续。

8）储户的挂失申请书丢失，须按存单、存折再次办理挂失手续。

9）储户因财产纠纷挂失的，不予受理。

第四节　对公业务的核算

一、银行账户的开立、变更与撤销

1. 单位结算账户的开立

存款人办理存款时，首先必须在银行开立账户。存款人申请开立账户时，应向银行填制开立银行结算账户申请书，提供有关规定的证件，递交盖有存款人预留印章的印鉴卡片。对存款人开立基本存款账户的，必须持有人民银行核准的开户许可证。经开户银行审核无误后，同意开户即可确定科目账号、开立账户、登记开销户登记簿。

开立结算账户时，按规定审查存款人提交的开户资料原件及复印件是否真实、完整、合规；其填写的“开立单位银行结算账户申请书”要素及签章是否完整、齐全；预留银行印鉴是否正确、清晰，办理开立账户的经办人是否为法人（单位负责人）或法人（单位负责人）授权人，是否提供有效身份证件；如果授权他人办理的，是否提供法人（单位负责人）授权书及被授权人有效身份证件。

2. 单位结算账户的变更

存款人更改名称，但不改变开户银行及账号的，应于5个工作日内向开户银行提出银行结算账户的变更申请，并出具有关部门的证明文件。单位的法定代表人或主要负责人、住址以及其他开户资料发生变更时，应于5个工作日内书面通知开户银行并提供有关证明。存款人申请办理银行结算账户信息变更时，需提供相关证明文件及填写“变更银行结算账户申请书”，并加盖单位公章。

3. 单位结算账户的撤销

存款账户撤销是指存款人因开户资格或其他原因终止银行结算账户使用的行为。有下列情形之一的，存款人应向开户银行提出撤销银行结算账户的申请。

1）被撤并、解散、宣告破产或关闭的。

2）注销、被吊销营业执照的。

3）因迁址需要变更开户银行的。

4）其他原因需要撤销银行结算账户的。

存款人有本条第1）、2）项情形的，应于5个工作日内向开户银行提出撤销银行结算账户的申请；存款人超过规定期限未主动办理撤销银行结算账户手续的，银行有权停止其银行结算账户的对外支付；此种情况撤销银行结算账户的，应先撤销一般存款账户、专用存款账户、临时存款账户，将账户资金转入基本存款账户后，方可办理基本存款账户的撤销。

存款人尚未清偿其开户银行债务的，不得申请撤销该账户。未获得工商行政管理部门核准登记的单位，在验资期满后，应向银行申请撤销注册验资临时存款账户，其账户资金应退还给原汇款人账户。注册验资资金以现金方式存入，出资人需提取现金的，应出具缴存现金时的现金缴款单原件及其有效身份证件。

存款人撤销银行结算账户，开户银行必须与其核对银行结算账户存款余额，相符后，对计息的存款账户要结清利息；收回各种重要空白票据及结算凭证，存款人是基本存款账户第1）、2）项情形的收回开户许可证副本，存款人是基本存款账户第3）、4）项情形的归还开户许可证副本给存款人，银行核对无误后方可办理销户手续。对收回的各种重要空白凭证当面剪角作废或加盖作废戳记，统一销毁或作销户记账凭证附件。存款人未按规定交回各种重要空白票据及结算凭证的，应出具有关证明，造成损失的，由其自行承担。存款人申请撤销银行结算账户时，应填写“撤销银行结算账户申请书”并加盖单位公章。银行撤销单位银行结算账户时应在其基本存款账户开户登记证上注明销户日期并签章，同时于撤销银行结算账户之日起2个工作日内，向中国人民银行报告。

存款人申请临时存款账户展期，变更、撤销单位银行结算账户以及补（换）发开户许可证时，可由法定代表人或单位负责人直接办理，也可授权他人办理。由法定代表人或单位负责人直接办理的，除出具相应的证明文件外，还应出具法定代表人或单位负责人的身份证件；授权他人办理的，除出具相应的证明文件外，还应出具法定代表人或单位负责人的身份证件及其出具的授权书，以及被授权人的身份证件。

二、单位活期存款的处理

单位活期存款是指客户办理存款业务时，凭支票可以随时支取的存款。此项存款的特点是不受时间限制，可根据需要随时办理，利率较低，适用于单位经营业务中的资金收支。

银行会计人员在办理活期存款业务时，要根据不同的存款业务和不同账户的存款分别进行处理。

1. 现金存取款业务的处理

现金业务的办理应遵循中国人民银行现金管理的规定，执行大额现金收支备案、大额支出审批制度，并遵守“现金收入业务，先收款后记账，现金付出业务，先记账后付款”的原则。

（1）现金存入

单位向银行交存现金时，应填写一式三联的现金存、缴款单，连同现金交银行出纳部门。银行出纳人员点收现金无误后，认真审查存款凭证是否合法、有效。即凭证上填写的日期、账号、户名、开户银行、金额、券别明细、款项来源等要素是否完整、准确，有无涂改；大小写金额是否相符；各联张数是否齐全，内容是否套写一致。无误后，将现金存、缴款凭证回单联加盖“现金收讫”章后，退还存款人，以一联现金存款单登记现金收入日记簿，另一联转交会计部门记账。

1）存款人在本行开户时，会计分录：

借：现金

　　贷：××科目——××单位存款户

2）存款人在他行开户时，会计分录：

借：现金

　　贷：辖内往来——通兑清算户

他行的账务处理为：

借：辖内往来

　　贷：××科目——存款人户

（2）现金支取

单位向银行支取现金时，应填写取款凭证，如现金支票。银行受理后，应按现金管理和支付结算要求认真审查凭证是否合法、有效；有无涂改；大小写金额是否相符；大额现金支付是否经有权人审批、签章。无误后，按不同的情况进行账务处理。会计分录：

1）取款人在本行开户时，会计分录：

借：××科目——取款人户

　　贷：现金

2）取款人在他行开户时，会计分录：

借：辖内往来——通兑清算户

　　贷：现金

他行的账务处理为：

借：××科目——取款人户

　　贷：辖内往来——通兑清算户

记账后，柜员在现金支票上加盖现金付讫章及个人名章，核对取款人的信息后，将款项交付取款人当面验收。

2. 转账存取款的处理

转账存取即转账存入和转账付款，银行受理客户提交的转账凭证应按支付结算的要求认真审查，以防范结算风险。转账业务按交易双方开户行的不同一般分为：收、付款单位在同一行处开户的转账（俗称内转）；收、付款单位在同一城市两个行处开户的转账；收、付款单位在异地两个地区行处开户的转账。对于交易双方在异地两个银行开户的账务处理，参见支付结算。

（1）交易双方在同一银行开户的转账存取款业务的处理

存款人转存转账支票时，应依转账支票的项目填写一式三联进账单，并在转账支票背面加盖收款人印章后，将进账单连同支票交其开户行；付款人向开户行交转账支票要求支款时，也依支票项目编制一式三联进账单，将支票连同进账单一并交其开户行。银行收到客户交来的凭证，按支付结算的规定进行认真审核，无误后，以转账支票为借方传票，进账单为贷方传票进行转账，会计分录：

借：××科目——付款人户

　　贷：××科目——收款人户

转账后，将进账单的收款通知联交给客户。

（2）收、付款单位在两个行处开户的转账业务处理

业务银行受理存款人转账存入的款项时，应以审核无误的有关凭证作借、贷方记账凭证办理转账。会计分录：

1）借方账户在本网点开户、贷方账户在其他网点开户：

借：××科目——付款人

　　贷：同城交换清算或清算资金往来

2）贷方账户在本网点开户、借方账户在其他银行网点开户：

票据提出时：

借：存放中央银行款项等

　　贷：同城交换清算或清算资金往来

隔场交换清算无退票时：

借：同城交换清算或清算资金往来

　　贷：××科目——收款人户

隔场交换、清算有退票时：

借：同城交换清算或清算资金往来

　　贷：存放中央银行款项等

3）收到提回借方款项

借：同城交换清算或清算资金往来

　　贷：存放中央银行款项等

借：××科目——付款人户

　　贷：同城交换清算或清算资金往来

4）收到从人民银行提回贷方款项

借：存放中央银行款项等

　　贷：同城交换清算或清算资金往来

借：同城交换清算或清算资金往来

　　贷：××科目——收款人户

（3）收、付款单位在同一管辖行两个网点开户的转账业务处理

收到客户交存的转账支票时和一式三联进账单，按支付结算的规定进行认真审核，无误后，行内交换至管辖行，管辖行根据票据再以行内交换方式将进账单或支票转至接受网点。

1）借方账户在本网点开户、贷方账户在本管辖行其他网点开户：

借：××科目——付款人户

　　贷：辖内往来

2）贷方账户在本网点开户、借方账户在本管辖行其他网点开户，确认对方付款后：

借：辖内往来

　　贷：××科目——收款人户

3）收到从本管辖行其他网点提回借方款项：

借：××科目——付款人户

　　贷：辖内往来

4）收到从本管辖行其他网点提回贷方款项：

借：辖内往来

　　贷：××科目——收款人户

3. 对账

对账即银行会计部门将为客户记载的存取款账务与存款人的账务进行核对（附式 3-3）。这是保证银行与单位账务正确及维护国家资金安全的重要措施。

附式 3-3

银行存款差额调节表

2018 年 12 月 31 日

<table>
<tr><th colspan="2">企业未达</th><th>借方</th><th>贷方</th><th colspan="2">银行未达</th><th>借方</th><th>贷方</th></tr>
<tr><td rowspan="6">银行对账单有，但企业还没有入账的款项</td><td>银行已记账</td><td>1 400</td><td></td><td rowspan="6">企业账面有，但银行还没有入账的款项</td><td>企业已记账</td><td>1 600</td><td></td></tr>
<tr><td>银行已记账</td><td></td><td>3 000</td><td>企业已记账</td><td></td><td>350</td></tr>
<tr><td></td><td></td><td></td><td></td><td></td><td></td></tr>
<tr><td></td><td></td><td></td><td></td><td></td><td></td></tr>
<tr><td></td><td></td><td></td><td></td><td></td><td></td></tr>
<tr><td>小计</td><td>1 400</td><td>3 000</td><td>小计</td><td>1 600</td><td>350</td></tr>
<tr><td colspan="2">银行对账单余额</td><td colspan="2">6 800</td><td colspan="2">企业账面余额</td><td colspan="2">6 450</td></tr>
<tr><td colspan="2">加：企业未达借方小计</td><td colspan="2">1 400</td><td colspan="2">加：银行未达贷方小计</td><td colspan="2">350</td></tr>
<tr><td colspan="2">减：企业未达贷方小计</td><td colspan="2">3 000</td><td colspan="2">减：银行未达借方小计</td><td colspan="2">1 600</td></tr>
<tr><td colspan="2">相抵差额</td><td colspan="2">5 200</td><td colspan="2">相抵差额</td><td colspan="2">5 200</td></tr>
</table>

（1）随时对账

支票存款账户的账务记载，银行采用分户账与对账单套写账页，会计每记满一页或

计算机打印的满页账页，就将账页的对账联交给存款人。存款人则以该对账单与其记载的银行往来账项逐笔进行勾对，发现问题，及时到银行查明更正。使用逐笔核对发生额的方法，可防止双方账务记载中的错误。

（2）定期对账

银行与单位发生往来，双方分别于不同时间和地点记账，导致在一定的期间内双方账户余额不等。因此，除随时对账核对发生额外，银行还应于每季（月）末与开户单位核对存款余额，在每年的 11 月末进行全面的账务核对。每季（月）末，银行根据存款人账户的余额向单位交付一式两联余额对账单。单位核对时应将双方账务中的未达账项列入对账单，并分别加计双方合计余额进行核对，核对相符，将对账单第二联退还银行；核对不符，应及时到银行查明更正。对长期与银行账务不符的存款人，银行应主动热情地帮助查找，限期查清。银行对单位退回的对账单回单联应妥善保管。

4. 睡眠户的核算

银行对一年未发生收付活动且未欠开户银行债务的单位银行结算账户和应撤销而未办理销户手续的单位银行结算账户，应通知单位自发出通知之日起 30 日内办理销户手续，逾期视同自愿销户，未划转款项列入久悬未取专户管理。款项在长期不动户中一年继续不动的，在年末转入银行的营业外收入，客户若来行支取，凭相关手续办理支取。

结转睡眠户时，同时要登记“睡眠户处理情况登记簿”。会计分录：

借：××存款——××单位

　　贷：其他应付款项——长期不动户

经批准转入营业外收入时，同时要登记“睡眠户处理情况登记簿”“销户登记簿”。会计分录：

借：其他应付款项——长期不动户

　　贷：营业外收入——清理睡眠户

客户来行支取已转入睡眠户的存款时，经办行应核对“销户登记簿”“睡眠户处理情况登记簿”，同时核对客户提交的函件、预留银行印鉴等相应手续，补计该户存款实际应计利息，将款项返还入企业账户后，登记“睡眠户处理情况登记簿”。

未计入营业外收入时，会计分录：

借：其他应付款项——长期不动户

　　贷：××存款——××单位

已计入营业外收入，未隔年时，会计分录：

借：营业外收入——清理睡眠户

　　贷：××存款——××单位

已计入营业外收入，并已经隔年时，会计分录：

借：上年损益调整

　　贷：××存款——××单位

三、单位定期存款的处理

单位定期存款是单位在存入存款时约定期限、利率，到期支取本息的一种存款业务。单位定期存款的期限分三个月、半年、一年、二年、三年、五年六个档次；起存金额1万元，多存不限。存款单位存入定期存款，只能以转账方式将存款从基本存款账户转入其本行的定期存款账户，即若想在某一个银行建立定期存款账户，就要在这个银行开立一个活期存款账户。单位支取定期存款只能以转账方式将存款转入其基本存款账户，不得将定期存款用于结算或从定期存款账户中提取现金。企业办理定期存款业务，需要在该银行网点开立单位银行结算账户。

1. 存入存款的处理

单位办理定期存款时，应以存款金额填写一式三联进账单，连同转账支票交开户银行。经银行审查凭证无误后，银行按存款人的要求开出“单位定期存款证实书”一式二联，以第二联存款证实书进行转账。会计分录：

借：××科目——××单位

　　贷：单位定期存款——××单位

付：重要空白凭证——单位定期存款证实书

最后将存款证实书第一联盖银行专用章后交存款人，存款证实书第二联为银行留存。

2. 支取存款的处理

单位定期存款根据支取的不同情况分为全额到期和过期支取、全额提前支取、部分提前支取三种。存款单位支取定期存款只能以转账方式转入其单位银行结算账户，不得将定期存款账户用于结算或从定期存款账户中支取现金。

定期存款存期较长，一次存入，一次支取。由于定期存款的存期较长，本金金额较大，利率高于活期存款，所以到期还本付息时，一次支付的利息金额也较大，使银行在定期存款到期的年度内“利息支出”突增，各年的成本不均衡。为了适应权责发生制原则和保证财务成果的均衡性及可比性，对定期存款利息，采取按季度预提办法进行核算。预提时，填制借、贷方记账凭证各一联。会计分录：

借：利息支出——××存款利息支出

　　贷：应付利息——应付××存款利息

（1）全额到期支取和过期支取

单位支取到期和过期定期存款时，应依单位定期存款开户证实书，填写一式三联的进账单，连同单位定期存款开户证实书一并交存款银行。银行受理凭证，审核凭证确系本行的存款，按规定的利率计算单位的存款利息，然后进行账务处理。

1）方式一：先将利息转入定期存款账户。

借：应付利息（按季度计提的利息）

　　利息支出——单位定期存款利息支出（最后一次结息至支取日利息）

　　贷：单位定期存款——存款人户

支付存款时，会计分录

借：单位定期存款——存款人户（本利和）

　　贷：××存款——存款人活期存款户

2）方式二：将利息转入该单位结算账户。

借：应付利息（按季度计提的利息）

　　利息支出——单位定期存款利息支出（最后一次结息至支取日利息）

　　贷：××存款——存款人活期存款户

支付存款时，会计分录

借：单位定期存款——存款人户（本金）

　　贷：××存款——存款人活期存款户

（2）全额提前支取

单位存入定期存款后，若有急需可提前支取存款。对于全额提前支取的，银行应按规定以支取日挂牌公布的活期存款利率计算利息，并将利息计入活期存款账户或计入存款本金，再进行支取的处理。处理手续与全额到期支取相同。计提利息季度末统一调整。

将利息转入定期存款账户方式的会计分录：

借：利息支出——单位定期存款利息支出

　　贷：单位定期存款——存款人户

借：单位定期存款——存款人户（本利和）

　　贷：××存款——存款人活期存款户

（3）部分提前支取

单位的定期存款，若有急需可办理提前支取。支取款项后的剩余定期存款不低于定期存款起存金额时，则部分提前支取金额按支取日挂牌公告的活期存款利率计算利息，剩余定期存款金额按原存日、存期、利率另开新定期存款证实书；若部分支取后所剩的定期存款金额不足定期存款起存金额时，按支取日活期存款利率计算利息，并对该项存款予以清户，提前支取部分会计处理与全额支取相同，未支取部分重新打印定期存款开户证实书，按留存金额和原存款日打印。业务处理手续及会计分录类同全额提前支取。

四、单位通知存款的处理

单位通知存款是指存款人存入款项时，不约定存期，支取时需提前通知银行，约定支取存款日期和金额后方能支取的存款。

1. 单位通知存款的有关规定

1）单位通知存款必须一次性全额存入，最低起存金额为50万元，存入的方式分为现金和转账两种。

2）单位通知存款不论存期长短，按存款人提前通知的期限划分，分为1天通知存款和7天通知存款两个品种。

3）单位通知存款的支取可一次或分次进行，最低支取额为10万元，支取存款利随本清，支取的存款本息，只能转入存款人的其他存款户，不得支取现金。

4）通知存款按支取日挂牌公告的同档次通知存款利率和实际存期计息，利随本清。

5）通知存款如遇下述情况，按活期存款利率计息：实际存期不足通知期限的，按活期存款利率计息；未提前通知而支取的，支取部分按活期存款利率计息；已办理通知手续而提前支取或逾期支取的，支取部分按活期存款利率计息；支取金额不足或超过约定金额的，不足或超过部分按活期存款利率计息；支取金额不足最低支取金额的，按活期存款利率计息。

2. 存款存入的处理

单位存入通知存款时，其会计处理与单位定期存款相同，只是在单位定期存款科目下，开立“通知存款”1天或7天通知分户，用于核算单位通知存款业务。银行为存款人开立的“单位定期存款开户证实书”上注明“通知存款”字样，以及通知品种，但不注明存期和利率，证实书只能作为存款证明，不得作为质押的权利凭证。

3. 通知与支取存款的处理

（1）通知

存款人提前通知银行约定支取通知存款时，应向银行提交“单位通知存款取款通知书”，经银行审核无误后，登记单位通知存款支取提前通知登记簿。若单位因故取消通知，则由存款人向银行提交单位通知存款取消通知书，经银行审核无误，便可对存款人的通知进行注销。

（2）支取存款

存款人在正常约定的期限来行支取存款时，应依单位通知存款证实书，填写一式三联的进账单，连同存款证实书一并交存款银行。银行收到凭证后应按规定认真审查：存款证实书是否本行签发；凭证内容是否齐全，有无涂改；支付凭证填写内容是否正确；大小写金额是否相符；预留银行印鉴是否清楚、真实等，经审核凭证无误后，即可办理支付手续。按规定的利率计算利息，打印利息凭证，注销存款证实书，并以支付凭证为借方传票进行转账。分次支取时注销存款证实书，未支取部分重新打印定期存款开户证实书，按留存金额和原存款日打印。会计分录为：

借：单位定期存款——通知存款×天户

借：利息支出——单位通知存款利息

　　贷：××存款——存款人活期存款户

若单位通知存款部分支取后，其留存部分低于50万元起存金额时，应予以注销，利息按清户日活期存款利率计算；对存款留存部分金额大于50万元的，应为存款人以留存金额、原起息日期、原约定的存款品种打印新的通知存款证实书交取款人，同时注销重要空白凭证表外科目。

五、单位协定存款

单位协定存款是指存款单位与开户行约定在基本存款账户或一般存款账户之上开

立协定存款账户，并约定结算户的基本存款额度，由开户行将超出基本存款额度的存款按结息日或销户日人民银行公布的协定存款利率给付利息的一种存款。

1. 单位协定存款的有关规定

单位协定存款起存额度不低于人民币 1 万元。协定存款收益率高于活期存款，流动性和活期存款账户基本相同。

人民币协定存款适合于资金结算频率高、流量大的企事业单位客户。因此，协定存款业务手续简便，利率合理，既有一般结算账户的结算便利，又能享受比一般活期存款高的利息收入。凡符合开立基本存款账户或一般存款账户的企业、事业单位均可开立协定存款账户。凡申请开立协定存款账户的单位，须同时开立基本存款账户或一般存款账户。

2. 单位协定存款的处理

（1）开户

单位应与开户行签订《协定存款合同》，合同期限最长为一年（含一年），到期任何一方如未提出终止或修改，则自动延期。需先建立用于正常经济活动会计核算的活期存款账户，同时建立协定存款账户；如单位已有存款账户，则将原有的结算账户作为基准账户，为其办理协定存款手续。

（2）存入

按协定存款协议，填制业务凭证，注明协定期限、协定金额。一联凭证经存款人签字确认后交综合员保管装订，另一联凭证做回单交存款人。

（3）支取

协定存款账户的活期存款账户视同一般结算账户管理使用，可用于现金转账业务支出，活期存款账户、协定存款账户均不得透支，协定存款账户作为原活期存款账户的后备存款账户，不直接发生经济活动，资金不得对外支付。

（4）期满

协定存款合同期满，若单位提出终止合同，应办理协定存款户销户，将协定存款户的存款本息结清后，全部转入基本存款账户或一般存款账户中。结清原活期存款账户，协定存款账户也必须同时结清。在合同期内原则上客户不得要求清户，如有特殊情况，须提出书面声明，银行审核无误后，办理销户手续。

（5）销户注意事项

1）协定存款合同期满，若单位提出终止合同，应办理协定存款户销户，将协定存款账户的存款本息结清后，全部转入基本存款账户或一般存款账户中。与协定存款账户绑定的活期存款账户销户，协定存款账户也必须同时结清。

2）协定存款余额两年以上（含两年）低于起存金额的，将利息结清后，作为一般账户处理，不再享受优惠利率。

3）合同期满，如双方均未提出终止或修改合同，视为合同自动延期。

第五节　存款利息计算

银行对存款计付利息，是国民收入（或个人纯收入）再分配的一种形式，是保证存贷款人合法权益的具体措施。它有利于促进企业改善经营管理，节约使用资金。能否正确计算存款利息，不仅影响银行内部的经济核算、财务收支、利润水平，还会直接影响单位的经济利益。

一、存款计息的基本规定

1）本金以“元”为起点计息，元以下角、分不计息。利息金额计算至分位，分以下四舍五入。分段计息时，各段利息应计算至厘位，加总后厘位四舍五入计至分位。计算机内的利率文件以年利率储存，小数点后保留五位。

2）各种存款除活期存款（按季结息）、定期储蓄存款的到期约定自动转存以外，不计复息。活期存款按实际天数按季结息，每季末月的二十日为结息日，次日列账。

3）计算存期应采用“算头不算尾”的方法，即存期由存款存入银行的当日算至取款的前一日为止，取款当日不计利息。2 月 28 日支取闰年 2 月 29 日存入的到期存款不算提前支取；到期日遇零售营业网点假期日不对外营业时，客户在假期日的前一天支取均不算提前支取，按到期计息，柜员应摘录客户的身份证件。

4）定期存款的存期可以按全年 360 天计算，不论大月、小月、平月和闰月，每月均按 30 天计算，不足一个月的零头天数，按实际天数计算；也可以分大小月，按实际天数来计算。

5）定期存款计算利息一律按“对年、对月、对日”计算。如到期日为该月所没有的，以月底日为到期日。闰年 2 月 29 日存入，次年 2 月 28 日支取，视同存满一年。

6）利息结计的执行。活期存款在存期内遇利率调整，按结息日挂牌公告的活期存款利率计付利息。未到结息日销户者，按销户日挂牌公告的活期存款利率计付利息。

各种定期存款在原定存期内，按开户日所定利率计付利息。如果提前支取，其提前支取部分按支取日挂牌公告的活期存款利率计付利息；未提前支取部分，仍按原存款所定利率计息。如果逾期支取，其逾期部分按支取日挂牌公告的活期存款利率计息。

二、利率

存款利率是存款利息率的简称，是指在一定时期内的利息额同储蓄存款额的比率。利率分为年利率、月利率和日利率三种。

1. 利率的表示方法

年利率以百分之几表示，如存款年利率为 2.25%，即 100 元的存款额一年的利息为 2.25 元。月利率以千分之几表示，如存款月利率为 1.5‰，即 1 000 元存款一个月的利息为 1.5 元。日利率以万分之几表示，如存款是日利率为 1‱，即 10 000 元存款一天的利息为 1 元。

2. 利率的换算公式

在实际结息时经常需要把年利率换算成月利率，或把年（月）利率换算成日利率。

月利率＝年利率/12

日利率＝年利率/360

日利率＝月利率/30

存款利率是对国民经济发展起重要作用的经济杠杆之一。在我国，存款利率是由国家授权中国人民银行统一规定的，各商业银行不得自行变更，也不得随意减免利息，但可在国家允许的范围内实行浮动利率或优惠利率。利率的调整由国家统一进行。

三、计息方法及公式

存款利息计算可采用积数计息法和逐笔计息两种方法。

1. 积数计息法

积数是指结息期间经常变动的存款余额按日累加的和。积数计息法按实际天数每日累计账户余额，以累计积数乘以日利率计算利息。存款天数按实际天数计算。计息公式为

利息＝累计计息积数×日利率

其中，累计计息积数＝每日余额合计数。

2. 逐笔计息法

逐笔计息法是指按预先确定的计息公式逐笔计算利息。

计息期为整年（月）的，计息公式为

利息＝本金×年（月）数×年（月）利率

计息期有整年（月）又有零头天数的，计息公式为

利息＝本金×年（月）数×年（月）利率＋本金×零头天数×当日活期挂牌日利率

同时，银行可选择将计息期全部化为实际天数计算利息，即每年为365天（闰年366天），每月为当月公历实际天数，计息公式为

利息＝本金×实际天数×日利率

四、个人利息所得税

个人利息所得税是指凡个人从中国境内营业网点取得的人民币、外币储蓄存款利息所得，均应计算缴纳储蓄存款利息所得个人所得税，由业务银行代扣代缴。

对1999年11月1日后储蓄存款利息所得征收个人所得税，适用国家规定的比例税率分段计算个人所得税。在1999年11月1日～2007年8月14日期间产生的储蓄存款利息所得，适用20%的比例税率；在2007年8月15日～2008年10月8日期间产生的储蓄存款利息所得，适用5%的比例税率；2008年10月9日起产生的储蓄存款利息所得，暂不缴纳利息所得税。

对个人取得的教育储蓄存款利息所得以及国务院、财政部确定的其他专项储蓄存款

或储蓄性专项基金存款的利息所得，免征个人所得税。

来自税收协定缔约国的居民从中国境内储蓄机构取得的储蓄存款利息所得，按照税收协定规定的税率征收个人所得税。

五、储蓄存款利息核算

1. 储蓄活期存款

目前活期储蓄存款每季结息一次，每季末月20日（3、6、9、12月的20日）为结息日，计息的期间是从上季（年）末月21日至本季（年）末月20日，即结息时应把结息日当天计算在内，下季度的利息从结息日的次日开始算起。

按结息或清户日挂牌公告的活期储蓄存款利率计付利息。结息后的利息并入本金起息，元以下尾数不计息。

储蓄活期存款结息采取“日积数”法计算利息，日积数是结息期间经常变动的活期存款按日累加的合计便可看作是一天的存款所以使用日利率。利息计算公式为

到期利息＝存款余额日积数×结息日挂牌公告的活期储蓄存款日利率

会计分录：

借：利息支出——个人活期利息支出

　　贷：活期储蓄存款——×××

2. 整存整取存款

（1）到期支取

利息计算公式为

到期利息＝本金×存期×开户日整存整取定期储蓄存款利率

【例 3-1】　王立2015年3月25日存入定期二年的存款5 000元，于2017年3月25日支取。存入时二年期存款利率为3.10%，2015年10月24日调整为2.10%。王立2017年3月25日支取该笔储蓄存款时，整个存期内均按存入日的利率3.10%计息。

利息＝5 000×2×3.10%＝310.00（元）

会计分录：

借：定期储蓄存款——整存整取二年——王立	5 000.00	
利息支出——定期储蓄利息支出	310.00	
贷：现金		5 310.00

（2）提前支取

整存整取定期储蓄存款，提前支取或部分提前支取的部分，均按支取日挂牌公告的活期储蓄存款利率计息。未支取部分按原定存期和利率重新开户。

【例 3-2】　张明2015年5月5日存入整存整取储蓄存款10 000元，定期三年，存入时三年期月利率为3.125‰。该储户于2016年5月9日要求提前支取5 000元，当日活期储蓄存款年利率为0.35%，剩余5 000元于2018年5月5日到期支取。

①　2016年5月9日利息：

利息＝5 000×369×0.35%/360＝17.94（元）

相应会计分录：

借：定期储蓄存款——整存整取三年——张明 10 000.00

　　利息支出——个人定期利息支出 17.94

　　贷：现金 1 017.94

借：现金 5 000.00

　　贷：定期储蓄存款——整存整取三年——张明 5 000.00

付：重要空白凭证——定期存单 1.00

② 2018 年 5 月 5 日利息：

利息＝5 000×36×3.125‰＝562.50（元）

借：定期储蓄存款——整存整取三年——张明 5 000.00

　　利息支出——个人定期利息支出 562.50

　　贷：现金 5 562.50

（3）逾期支取

逾期支取的存款，除按规定计算到期利息外，还应计算逾期部分的利息。除约定自动转存的以外，其超过原定存期的部分，均按支取日挂牌公告的活期储蓄存款利率计息。

【例 3-3】 赵凯 2015 年 6 月 1 日存入整存整取储蓄存款 10 000 元，定期一年，该储户于 2017 年 6 月 1 日来行支取本息，存入时一年期存款年利率为 2.25%，2017 年 6 月 1 日挂牌活期年利率为 0.35%。

到期利息＝10 000×2.25%＝225（元）

过期利息＝10 000×365×0.35%/360＝35.49（元）

相应会计分录：

借：定期储蓄存款——整存整取一年——赵凯 10 000.00

　　利息支出——个人定期利息支出 260.49

　　贷：现金 10 260.49

（4）约定到期转存

1）客户预约转存业务，按客户约定转存期限或原定期限给予转存。约定转存的除原存期到期日及转存期到期日为到期支取外，其余皆视为提前支取，按提前支取的有关规定办理，转存期内不办理部分支取业务。

2）转存时原存款到期利息计入本金。计算公式为

转存本金＝上次本金＋上次到期利息

再次起息时，按原存款到期日挂牌公告的同档次利率计息。

转存的整存整取定期储蓄存款，利息计算公式如下。

① 转存期满到期支取，计算公式为

利息＝转存本金×约定存期×上一次到期日挂牌公告的同档次利率

② 转存期内提前支取，计算公式为

利息＝转存本金×实际存期×支取日挂牌公告的活期储蓄存款利率

3. 零存整取存款

1）中途如有漏存，应在次月补齐，未补存者，视同违约，对违约后存入的部分，支取时按活期储蓄存款利率计息。

2）采取“日积数”计息法计算零存整取定期储蓄存款利息。开户和续存时，积数为发生额乘以存入日至存款到期日的实际天数。到期时，存款的累计积数乘以开户日的日利率即为到期息。利息计算公式为

到期利息＝存款余额日积数×开户日挂牌公告的零存整取定期储蓄存款日利率

4. 整存零取存款

整存零取储蓄存款是一次存入，余额逐渐减少，而不是固定本金，利息于期满结清时支取，因此，其利息计算可比照零存整取储蓄存款采用月“积数”计息法，而计息的有关规定与前述整存整取相同。

利息计算公式为

到期利息＝存款余额日积数×开户日整存零取日利率

5. 存本取息存款

存本取息定期储蓄存款期限分为一年、三年、五年三个档次，存期内按月支取利息，取息时间应按“对月、对日”计算。取息日未到不得提前支取利息，如到取息日未取的利息，以后可随时支取但不计复利。

开户时计算每次支付的利息金额，先根据本金、存期及利率计算到期应付利息总额，然后除以取息次数，即为每次支取利息金额。在存期内每次付息，均按此数付给。利息计算公式为

利息总额＝本金×存期×利率

每次支取利息数＝利息总额/取息次数

储户如提前支取本金时，应按照实际存期及规定的提前支取利率，计算应付利息，并扣除已支付的利息。

6. 定活两便储蓄存款

定活两便储蓄存款按支取日挂牌公告的一年期以内（含一年）相应档次的定期整存整取存款利率打折计息，打折后低于活期储蓄存款利率时，按活期存款利率计付利息。

存期不满三个月的，按支取日挂牌的活期储蓄存款利率计息；存期三个月（含）以上不满半年的，整个存期按支取日挂牌公告的整存整取三个月定期储蓄存款利率打六折计息；存期半年以上（含）不满一年的，整个存期按支取日挂牌公告的整存整取半年期定期储蓄存款利率打六折计息；存期在一年以上（含），无论存期多长，整个存期一律按支取日挂牌公告的整存整取一年期定期储蓄存款利率打六折计息。利息计算公式为

利息＝本金×实际天数×日利率×60%

7. 教育储蓄存款

（1）基本规定

客户在办理教育储蓄存款支取时，凡能提供学校出具的非义务教育学生身份证明（本节以下简称为证明），其存款可享受所规定相应档次的优惠利率，即一年期按开户日挂牌公告的一年期整存整取定期储蓄存款利率计付利息；三年期按开户日挂牌公告的三年期整存整取定期储蓄存款利率计付利息；六年期按开户日挂牌公告的五年期整存整取定期储蓄存款利率计付利息。凡不能提供证明者，其存款支取时不享受所规定相应档次的优惠利率，只能按相应档次的零存整取定期储蓄存款利率计付利息。客户提供的证明，一份只能享受一次利率优惠。

（2）教育储蓄的存储方式

教育储蓄的存储方式分为按月存入和分月存入两种。

1）教育储蓄按月存入的计息规定。客户在办理教育储蓄选择按月存入的方式时，每月必须以约定的固定金额存入，中途如有漏存，应在次月补齐，未补存者视同违约，对违约后存入的部分，支取时按活期储蓄存款利率计付利息。

2）教育储蓄分月存入的计息规定。客户在办理教育储蓄选择分月存入的方式时，在整个存期内至少要存储两次，每次最高存储金额为1万元。如约定年期教育储蓄，则必须至少在前两个月分别存入固定金额的存款，剩余的十个月可不存入。若第二个月漏存，则必须在次月补齐，仍可视同教育储蓄存款；若整个存期内只存入一次，则视同一般的零存整取定期储蓄存款。

（3）教育储蓄利息计算公式

1）有证明时：

利息＝存款余额日积数
×开户日挂牌公告的一年、三年或五年期整存整取定期储蓄存款利率

2）无证明时：

利息＝存款余额日积数×开户日挂牌公告的零存整取定期储蓄存款利率

8. 个人通知存款

通知存款支取时，金融机构按支取日挂牌公告的相应利率和实际存期计息，利随本清。

（1）存期的确定

对已办理通知手续而未支取或在通知期限内取消通知的，通知期限内不计息，实际存期需剔除通知期限，即七天通知存款存期剔除七天，一天通知存款存期剔除一天。

（2）利率档次的确定

1）利率按支取日挂牌公告的相应利率水平确定。

2）通知存款如遇以下情况，按支取日活期存款利率计息：①实际存期不足通知期限的，按活期存款利率计息；②未提前通知而支取的，支取部分按活期存款利率计息；

③已办理通知手续而提前支取或逾期支取的，支取部分按活期存款利率计息；④支取金额不足或超过约定金额的，不足或超过部分按活期存款利率计息；⑤支取金额不足最低支取金额的，按活期存款利率计息；⑥留存部分低于起存金额的予以清户，按清户日挂牌公告的活期储蓄存款利率计息。

利息计算公式为

利息＝本金×实际天数×日利率

六、对公账户存款利息的核算

1. 计息的范围、时间和方法

（1）计息的范围

凡独立核算的企业单位流动资金存款、机关、团体、部队、学校等事业单位的预算外资金存款均应计付利息。

（2）计息的时间

单位活期存款按季度计算利息，于每季末 20 日结息；事业单位属于计息的账户每年结息一次，年末月 20 日为结息日。

单位活期存款计息的期间是从上季（年）末月 21 日至本季（年）末月 20 日。

单位的定期存款，其利息的计算根据存期的档次，于存款到期日利随本清。

2. 单位活期存款计息

由于单位活期存款的特点是存期短，存取款次数频繁，其余额经常发生变化，所以计息时采用积数法。计算公式为

利息＝计息积数×日利率

计息积数＝（上季度末月 21 日至本季度末月 20 日的累计积数±调整积数）×结息日银行挂牌活期存款日利率

调整积数是指计息存款账户中因冲正错账或补记账务多引起的计息积数调整。

应加积数＝补记贷方（积数）＋冲正借方（积数）

应减积数＝补记借方（积数）＋冲正贷方（积数）

根据利息数额编制利息记账传票进行账务处理。会计分录：

借：利息支出——××利息户

　　贷：××科目——计息单位活期存款户

3. 单位定期存款利息的计算

单位定期存款一般于存款到期日逐笔计息。计算公式为

利息＝本金（存款金额）×存期×利率

（1）基本规定

1）单位定期存款不到存款期限，原则上不能提前支取。如存款人遇到特殊情况必须提前支取的，可持有关证件，若剩余部分不低于起存金额，则支取部分利息按当日挂

牌公布的活期利率计付利息；对剩余部分则开具新的“单位定期存款开户证实书”，新的“单位定期存款开户证实书”利率为原存款日挂牌公告的同档次定期存款利率。单位定期存款部分提前支取时，若剩余部分不足起存金额，则应对该笔定期存款予以全部支取，按支取日挂牌公告的活期存款利率计付利息。

2）超过原定存期来行支取的，其利息计算为：原定存期内按原定利率计算利息；超过期限部分，按当日挂牌公布的活期利率计息。

3）单位定期存款利息计算后，一律由银行以转账方式记入单位活期存款账户，不得支取现金。

（2）计息方法

采用积数法的计算公式为

利息＝积数×日利率

积数＝存款金额×存款天数

存款天数可按无论大月、小月每月按 30 天计息的方式，也可以按实际天数来计算。

按规定一年以上的定期存款应按季度提取应付利息。

采用利随本清方法计算公式为

利息＝本金×期限×利率

（1）全额到期支取的利息计算

【例 3-4】 某单位于 2016 年 5 月 7 日来行支取到期存款 200 000 元，该存款起存日为 2015 年 5 月 7 日，利率为年 2.50%，按计提利息方式核算该单位的利息。

该笔存款银行已按规定分四次提取了应付利息 3937.50 元，其中：

① 2016 年 5 月 7 日至 2016 年 6 月 20 日，每月按 30 天计，共 44 天，则：

应付利息＝200 000×44×2.50%/360＝611.11（元）

② 2015 年 6 月 21 日至 2016 年 3 月 20 日三个季度共提取应付利息 3 750 元，即：

每季度提取应付利息＝200 000×3×2.50%/12＝1 250.00（元）

银行受理该业务后，只需计算从 2016 年 3 月 21 日至 5 月 7 日的存款利息即可。每月按 30 天计，共 46 天。该利息为

200 000×46×2.50%/360＝638.89（元）

根以上应付利息数额以及最后一时段的利息，编制转账传票进行转账。会计分录：

借：应付利息——××定期存款　　4 361.11
　　利息支出——××定期存款　　638.89
　　贷：单位定期存款——××单位　　5 000.00
借：单位定期存款——××单位　　205 000.00
　　贷：××存款——××单位　　205 000.00

转账后将利息清单及收账通知交存款人。

（2）过期支取的利息计算

【例 3-5】 某单位 2018 年 5 月 7 日来行支取到期存款 300 000 元，该存款原存于 2016 年 4 月 10 日，存期为两年，年利率为 2.10%。当日活期利率为年 0.35%。

该单位存款的期限为两年，但客户过期支取，其利息计算分为两部分：

第一部分：原定存期内的利息，即

300 000×2×2.10%＝12 600（元）

第二部分：2018 年 4 月 10 日至 5 月 8 日共计 28 天，

过期的存款利息＝300 000×28×0.35%×1/360＝81.67（元）

会计分录：

借：应付利息——××存款　　12 600.00
　　利息支出——××存款　　81.67
　　贷：单位定期存款——××单位　　12 681.67
借：单位定期存款——××单位　　312 681.67
　　贷：××存款——××单位　　312 681.67

注意：提前部分支取，无论是所支取的金额后的余额是否达到起存金额，其利息计算均按全额提前支取的方法处理。

4. 单位通知存款的利息计算

按存款人选定一天或七天通知存款的品种，以支取日挂牌公告的相应利率，利随本清。其核算方法与定期存款计息方法相同。利息核算要求同储蓄通知存款。

【例 3-6】 ××单位 2017 年 6 月 2 日存入七天期通知存款 2 000 000 元，利率 1.10%。2017 年 8 月 3 日按规定支取款项 1 000 000 元。开立账户同时记载表外凭证，支取时收回原单位定期存款证实书，按原存款日期和剩余金额开出新单位定期存款证实书。

开户时：

借：××存款——××单位　　2 000 000.00
　　贷：单位通知存款——××单位　　2 000 000.00
付：重要空白凭证——单位定期存款证实书　　1.00

支取时：

利息＝1 000 000×62×1.10%/360＝1 894.44（元）

借：单位通知存款——××单位　　1 000 000.00
　　利息支出——单位通知存款利息　　1 894.44
　　贷：××存款——××单位　　1 001 894.44
付：单位定期存款证实书　　1.00

5. 单位协定存款的利息计算

1）协定存款按结息日或销户日挂牌公告的协定存款利率计息，按季结息。

2）每季末月 20 日或协定户销户时计算协定存款利息。如属协定存款合同期满终止续存，其销户前的未计利息于季度结息时一并计入活期存款户。

6. 冻结存款利息的计算

被冻结的款项，不属于赃款的，冻结期间应计付利息，属于赃款的，冻结期间不计付利息，只出具冻结账户计息清单但不计息。

本 章 小 结

存款业务包括单位存款（对公存款）和个人存款。个人存款又分为个人结算账户存款和个人储蓄存款。

银行的结算账户分为单位银行结算账户和个人银行结算账户；单位银行结算账户又分为：基本存款账户、一般存款账户、临时存款账户、专用存款账户。

现金出纳是单位结算账户在银行存取现金的业务办理，办理业务时要坚持国家的法规原则；出纳业务包括现金的收付、保管、调运以及损伤币的兑换、残币的挑剔。

储蓄业务种类有活期业务、定期业务、定活两便业务还有通知存款业务和教育储蓄业务；每一种业务都有自己的起存金额、期限等规定；各种业务的业务操作有着很多的共同点；计息的规定既相似又有不同点，储蓄存款的挂失也要严格按规定办理。

单位银行账户的管理包括开立符合规定手续的账户、合理的变更和提供相应手续后的账户的撤销。单位存款有活期存款业务、定期存款业务以及通知存款和协定存款等。每一种存款业务都涉及账户的开立、使用、撤销以及利息的核算，每一项操作都要符合国家的有关规定。

银行存款利息计算的正确与否不仅关系到银行业务核算、影响到利润的准确性；还会直接影响到客户的经济利益；影响到银行在客户心目中的形象，影响到银行的信誉度。所以银行必须准确核算存款利息。

基 本 概 念

单位结算账户　个人结算账户　基本存款账户　一般存款账户　临时存款账户
专用存款账户　现金出纳　活期储蓄　定期储蓄　整存整取储蓄　零存整取储蓄
存本取息储蓄　整存零取储蓄　定活两便储蓄　通知存款储蓄　教育储蓄

复习思考题

1. 存款资金是怎样分类的？
2. 简述银行结算账户的分类。
3. 简述单位结算账户的种类及用途。
4. 个人结算账户有哪些规定？
5. 现金出纳工作的原则是什么？
6. 现金的使用范围是什么？
7. 如何办理出纳业务？

8. 出纳业务的账务结计是如何进行的？

9. 出纳错款如何办理？

10. 储蓄存款的种类和各储种的相关规定是什么？

11. 如何办理各种类储蓄存款业务？

12. 如何进行储蓄账务的结账？

13. 储蓄事后业务如何进行？

14. 单位银行账户如何开立、变更与撤销？

15. 单位定期存款、单位通知存款和协定存款账户的相关规定是什么？业务是如何办理的？

16. 我国利率、存款利息的基本规定是什么？

17. 各种存款利息如何计算？

第四章　贷款业务核算

学习目的与要求

1. 了解贷款的概念和种类
2. 掌握企业贷款的发放和收回
3. 掌握个人贷款的核算
4. 掌握抵（质）押贷款的核算
5. 掌握票据贴现的核算
6. 理解展期、逾期贷款的核算
7. 掌握贷款利息的核算

第一节　贷款业务概述

一、贷款业务核算的意义

贷款是指银行向借款人提供的按其约定的利率、金额、期限还本付息的货币资金。贷款是商业银行的传统核心业务，也是商业银行最主要的盈利资产，是商业银行实现利润最大化经营目标的主要手段。组织发放贷款，不仅可以充分利用组织起来的闲置资金，按国家政策要求及规定进行再分配，满足社会企业资金不足的需要，促进国民经济的发展，还会使银行增加营业收入，提高经营效益。

二、贷款的种类

从银行经营管理的需要出发，可以对银行贷款按照不同的标准进行分类。而不同的分类方法，对于我们正确理解和处理各项贷款业务的核算手续又都具有不同的意义。

（一）按贷款对象的主体性质分类

按贷款对象的主体性质分类，银行贷款可以分为单位贷款和个人贷款。单位贷款是银行向企事业单位及机关、团体等经济组织，按约定条件提供贷款资金并收回本息的经营行为。个人贷款是指银行向具有完全民事行为能力的自然人，按约定条件提供贷款资金并收回本息的经营行为。

（二）按贷款期限分类

按贷款期限分类，银行贷款可分为活期贷款、定期贷款和透支。活期贷款是在贷款时不确定偿还期限，可以随时由银行发出通知收回贷款。定期贷款是指具有固定偿还期限的贷款。按照偿还期限的长短，定期贷款又可分为三种，短期贷款、中期贷款和长期贷款。短期贷款指偿还期在一年以内的贷款；中期贷款指偿还期为一年（含）至五年的贷款；长期贷款指偿还期为五年（含）以上的贷款。透支是指活期存款户依照合同向银行透支的款项，它实质上是银行的一种贷款。

（三）按贷款的保障条件分类

按贷款的保障条件来分类，银行贷款可以分为信用贷款、担保贷款和票据贴现。信用贷款是指银行完全凭借客户的信誉而无需提供抵押物或第三者保证而发放的贷款。担保贷款是指具有一定的财产或信用作还款保证的贷款。票据贴现是贷款人以购买借款人未到期商业票据的方式发放的贷款。

担保贷款根据贷款的安全保障性不同分为抵押贷款、质押贷款和保证贷款。抵押贷款是指按规定的抵押方式以借款人或第三者的财产作为抵押发放的贷款；质押贷款是指按规定的质押方式以借款人或第三者的动产或权利证明作为质物发放的贷款；保证贷款是指按规定的保证方式以第三人承诺在借款人不能偿还贷款时，按约定承担一般保证责任或者连带责任而发放的贷款。

（四）按贷款的用途分类

贷款的用途非常复杂，贷款用途本身也可以按不同的标准进行划分。但按照我国习惯的做法，通常有两种分类方法：一是按照贷款对象的部门来分类，分为工业贷款、商业贷款、农业贷款、科技贷款和消费贷款等；二是按照贷款的具体用途来划分，一般分为流动资金贷款和固定资金贷款。

（五）按照偿还方式不同分类

按照偿还方式的不同分类，银行贷款可以分为一次性偿还和分期偿还两种方式。一次性偿还是指借款人在贷款到期日一次性还清贷款本金的贷款，一般说，短期的临时性、周转性贷款都是采取一次性偿还方式；分期偿还贷款是指借款人按规定的期限分次偿还本金和支付利息的贷款，这类贷款的归还期限通常按月、季、年确定，中长期贷款大都采用这种方式。

（六）按贷款的质量和风险程度分类

按照贷款的质量和风险程度分类，银行贷款可以分为正常贷款、关注贷款、次级贷款、可疑贷款和损失贷款。其中，次级贷款、可疑贷款和损失贷款又统称为不良贷款。这种方法是国际上通用的分类方法。

正常贷款是指借款人能够履行合同，没有足够理由怀疑贷款本息不能按时足额偿还的贷款；关注贷款是指尽管借款人目前有能力偿还贷款本息，但存在一些可能对偿还产生不利影响的因素的贷款；次级贷款是指借款人的还款能力出现明显的问题，完全依靠其正常营业收入无法足额偿还贷款本息，即使执行抵、质押或担保也可能会造成一定损失的贷款；可疑贷款是指借款人无法足额偿还贷款本息，即使执行抵、质押或担保也将造成较大损失的贷款；损失贷款是指在采取所有可能的措施或一切必要的法律程序之后，本息仍然无法收回或只能收回极少部分的贷款。

（七）按银行发放贷款的自主程度分类

按银行发放贷款的自主程度分类，银行贷款可以分为自营贷款、委托贷款。自营贷款是指银行以合法方式筹集的资金自主发放的贷款；委托贷款是指由政府部门、企事业单位及个人等委托人提供资金，由银行（受托人）根据委托人确定的贷款对象、用途、金额、期限、利率等代为发放、监督使用并协期收回的贷款。

三、贷款业务核算的基本要求

银行的贷款业务直接面对社会各单位、各部门以及个人，政策性强、面广分散，因此银行在办理贷款业务核算时，尤其是中长期贷款核算主要应遵循以下原则：

1）贯彻金融方针法令，维护贷款人的正当权益。对发放的贷款，无论种类如何，银行都应本着有借有还、到期收回的原则，保持对贷款的所有权，确保对贷款的合法权益。贷款利息则关系到银行的经营收入，能否正确计算存贷款利息，不仅影响银行的经营利润，也会影响到客户的经济利益，准确计算贷款利息才能准确核算成本支出，为银行经营管理提供真实可靠的信息资料。只有这样，才能保证银行主营业务的顺利开展，维护银行的信誉，提高经济效益。

2）本息分别核算。商业银行发放的中长期贷款，应当按照实际贷出的贷款金额入账。期末，应当按照贷款本金和适用的利率计算应收取的利息，分别对贷款本金和利息进行核算。

3）商业性贷款与政策性贷款分别核算。因两者具有不同的性质，应当分别进行核算。

4）自营贷款和委托贷款分别核算。商业银行发放委托贷款时，只收取手续费，不得代垫资金。商业银行因发放委托贷款而收取的手续费，按收入确认条件予以确认。

第二节　贷款业务的核算

为便于核算，不同种类的贷款需要制定不同的核算方式。目前，银行主要采取的有逐笔核贷和商业票据贴现两种方式。

一、企业贷款发放的核算

根据有关法律和规定，凡与金融机构发生贷款、贴现、银行承兑汇票、信用证、保函、担保、授信等信贷业务且在本地注册登记的法人企业、非法人企业、事业单位和其他经济组织，应向当地中国人民银行申领贷款证。贷款证是借款人凭以向各金融机构申请办理信贷业务的资格凭证、贷款证由借款人持有，一个借款人可申领一张贷款证，贷

款证编码唯一，在中华人民共和国境内通用。

借款人申请贷款时，应向银行提交贷款证、借款申请书及借款凭证，申请书中注明借款金额、借款用途、还款时间。银行信贷部门审批同意后，将贷款金额填注在借款凭证（借款凭证由五联组成，第一联为回单，第二联为贷方传票，第三联为借方传票，第四联为借据，第五联为信贷存根）上，并与借款人签订借款合同，双方同意签章后，由银行会计部门办理贷款发放手续。

会计部门收到信贷部门转来的借款凭证和借款合同，审查借款合同与借款凭证是否一致；凭证要素的填写是否齐全、正确，有无涂改，大小写金额是否一致，借款人名称与存款账号的名称是否一致；凭证各联是否套写；借款凭证上的签章是否正确齐全；如有不符合要求的项目，应将借款凭证和借款合同退还信贷部门。会计分录：

借：××贷款——借款人贷款户

　　贷：××科目——借款人活期存款户

借款凭证第一联盖银行业务公章后退还借款人，第二联记企业存款账，第三联记企业贷款账，第四联由会计相关人员按顺序专夹保管，第五联由信贷相关人员按顺序专夹保管。

二、企业贷款收息、收回的核算

（一）收取贷款利息

贷款利息收取有按期收取和利随本清两种，按期收取且贷款户账面有款时，会计分录：

借：××科目——借款人活期存款户

　　贷：利息收入——××利息收入

按期收息到期无款支付，不能收回利息时，会计分录：

借：应收利息——借款人活期存款户

　　贷：利息收入——××利息收入

转入应收利息 90 天内收回时，会计分录：

借：××科目——借款人活期存款户

　　贷：应收利息——借款人活期存款户

应收贷款利息 90 天未收回，或贷款逾期 90 天仍不能收回时，冲销应收利息纳入表外核算，再将应收利息也纳入表外核算。会计分录：

借：应收利息——借款人活期存款户　　（红字）

　　贷：利息收入——××利息收入　　（红字）

收：应收利息——借款人户

应收贷款利息转入表外后企业账面进款收回利息时，会计分录：

借：××科目——借款人活期存款户

　　贷：利息收入——××利息收入

或

贷：利息收入——××利息收入（表外部分）

付：应收利息——借款人户

（二）贷款到期收回

贷款到期收回体现按期归还的信贷原则，是贷款业务核算的重要环节。一般在贷款到期前三天，由信贷部门通知借款人按期还款，同时查验借款人活期存款户中有无资金偿还贷款。若该账户内无足额资金偿还贷款，应通知借款人补充资金到活期存款账户，以便到期归还贷款。会计部门对保管的借款凭证定期进行检查，与贷款账户余额进行核对，保证账据相符。

会计分录：

借：××科目——借款人活期存款户

贷：××贷款——借款人贷款户

贷：利息收入（或应收利息）——××利息收入

第四联由会计人员放入存款科目凭证后做附件，第五联由信贷相关人员单独保管。

若还款人需分次扣款的，应在借据上注明本次还款金额及日期后继续保存，还款分录与以上相同。待最后一次清偿完毕，再将借据退还借款人。

对于客户主动要求归还贷款的，由客户提交还款凭证；对于客户主动要求提前归还贷款的，应由信贷部门在客户提交还款凭证上审批签章；银行主动扣款的由银行相关部门出具还款凭证。

对于借款人分次归还贷款的，银行应在借据上注明“分次还款”字样，每次还款时，应在借据上批注还款金额、日期、欠款金额等，继续保存。

个人贷款主动归还的，客户可提交还款凭证和存折、银行卡等。

三、个人贷款的核算

个人贷款申请应具备以下条件：具备完全民事行为能力中华人民共和国公民，非中华人民共和国公民还须符合国家有关规定；有明确合法的用途；有合理的贷款申请数额、期限和币种；具备还款意愿和还款能力；信用状况良好，无重大不良记录；贷款人规定的其他条件。

贷款人应要求借款人以书面或贷款人认可的其他形式提出贷款申请，并要求借款人提供能够证明其符合贷款条件的相关资料。贷款人受理借款人贷款申请后，应履行尽职调查职责，对借款申请内容和相关情况的真实性、准确性、完整性调查核实，形成调查评价意见。贷款调查应包括以下内容：借款人基本情况；借款人收入情况；借款用途；借款人还款来源、还款能力及还款方式；保证人担保能力或抵（质）押物价值；其他需要调查的内容。贷款调查应以实地调查为主、间接调查为辅，采取现场核实、电话查问以及信息咨询等方式和方法。贷款人在风险可控的前提下可将贷款调查中特定事项委托第三方，并签订信息保密协议。贷款人不得将贷款调查的全部事项委托第三方完成。

核算要求同企业贷款。

四、抵（质）押贷款的核算

抵（质）押贷款是由借款人提出申请，并提供银行认可的抵（质）押品作为还款保证，经银行审批后逐笔发放的贷款。抵押贷款为担保债务的履行，债务人或者第三人不转移财产的占有，将该财产抵押给债权人。债务人或者第三人为抵押人，债权人为抵押权人，提供担保的财产为抵押财产。质押贷款为担保债务的履行，债务人或者第三人将其动产出质给债权人占有。债务人或者第三人为出质人，债权人为质权人，交付的动产为质押财产。债务人不履行到期债务或者发生当事人约定的实现抵（质）权的情形，抵（质）押债权人有权就该财产优先受偿。

（一）抵（质）押贷款的基本规定

1. 抵（质）押标的物的规定

抵押贷款的标的物为抵押人所拥有的无可争议的所有权和使用权，并且能够依法转让和流通，易于估价和出售的不动产，包括建筑物和其他土地附着物；建设用地使用权；以招标、拍卖、公开协商等方式取得的荒地等土地承包经营权；生产设备、原材料、半成品、产品；正在建造的建筑物、船舶、航空器；交通运输工具；法律、行政法规未禁止抵押的其他财产。抵押人可以将前面所列财产一并抵押。

下列财产不得抵押：土地所有权；耕地、宅基地、自留地、自留山等集体所有的土地使用权，但法律规定可以抵押的除外；学校、幼儿园、医院等以公益为目的的事业单位、社会团体的教育设施、医疗卫生设施和其他社会公益设施；所有权、使用权不明或者有争议的财产；依法被查封、扣押、监管的财产；法律、行政法规规定不得抵押的其他财产。

质押贷款的标的物为质押人所拥有的动产，包括汇票、支票、本票；债券、存款单；仓单、提单；可以转让的基金份额、股权；可以转让的注册商标专用权、专利权、著作权等知识产权中的财产权；应收账款；法律、行政法规规定可以出质的其他财产权利。

抵押与质押的不同点在于：抵押贷款中的抵押物通常为不动产、特别动产（车、船等），归抵押人占管，但该抵押物的产权证书及证明文件应由银行保管，质押贷款的质押物为动产，发放贷款的同时，对质押物中直接关系到债务人生产经营的部分由债务人占管，但须登记公告，其余部分则由银行占管，权利要交付权利证书；抵押要登记才生效，质押则只需占有就可以；抵押只有单纯的担保效力，而质押中质权人既支配质物，又能体现留置效力；抵押权的实现主要通过向法院申请拍卖，而质押则多直接变卖。

按规定，办理抵（质）押贷款的标的物必须确属借款人所有，并按规定的计价总额办理过保险及保管手续的物品。银行一旦发放贷款，其抵（质）押物暂归银行所有，若借款人不履行债务时，贷款银行有权依法将其抵（质）押物折价拍卖或变卖，并以其价款收回贷款的本息。

2. 抵（质）押贷款额度的确定

抵（质）押贷款的额度是根据抵（质）押率确定的，抵（质）押率是由贷款银行根据借款人的资信程度、经营状况、抵（质）押物的价值、贷款期限、投资风险以及价格波动等因素，综合考虑确定的。抵（质）押贷款的额度一般维持在抵（质）押物作价金额50%～80%。

为了确保抵（质）押贷款的安全，适应市场物价的波动，银行发放抵（质）押贷款时，对抵（质）押品价值的计算应掌握就低不就高的原则，即有账面价值的，应考虑价值变化、折旧损耗等因素，按原价50%～80%计算；无账面价值的，按当时抵（质）押物品当地市价或实际价值估价；有价单证按实际票面额计算（若贷款到期日在前，国库券到期日在后，借款人以未到期的国库券还贷款，应考虑还款日至国库券到期日的利差）。

（二）贷款的发放

借款人申请抵（质）押贷款时，应向银行提交“抵（质）押贷款申请书”，申请书中除写明借款金额、用途和期限外，还应填列抵（质）押品的名称、规格、数量、单价、总价、存放点等详细情况。经银行信贷部门及有权审批人员审查后，双方签订抵（质）押贷款合同。抵押合同一般包括下列条款：被担保债权的种类和数额；债务人履行债务的期限；抵押财产的名称、数量、质量、状况、所在地、所有权归属或者使用权归属；质押财产的名称、数量、质量、状况；质押财产交付的时间；担保的范围。信贷部门办妥抵（质）押品保管手续后，将有关抵（质）押品凭证、保险单及借款凭证一并交会计部门登记保管，填制借款凭证进行处理账务。

会计部门审核借款凭证和借款合同、是否提供信贷部门的“抵（质）押物品收妥的通知书”，并根据通知书编写抵（质）押物品的表外科目收入传票。会计分录：

借：抵押贷款——借款人户

　　贷：××科目——借款人活期存款户

收：××科目——借款人户抵（质）押品

抵（质）押品是借款人还款的保证，抵（质）押贷款一经发放，银行应对抵（质）押品妥善保管。银行有条件保管的，由借款人出具清单将抵（质）押品送交银行统一保管，银行信贷部门开具“贷款抵（质）押品保管证”一式两联，一联交借款人，另一联交会计部门保管登记有关账簿，并按抵押品总值的3‰～5‰向借款人收取代保管手续费。银行无条件保管的，由银行指定或同意的地点保管，或由银行将抵押品封存后由借款人就地保管，同时由银行向借款人签发收据。

办理抵押贷款的各种费用，包括鉴定、保险、运输、仓储、保管、公证等，均由借款人承担。

对抵押贷款的账务处理，必须贯彻“账证分管”的原则，确保抵押品的安全完整。由银行保管的抵押品应入出纳库房保管，按金额登记“贷款抵押品登记簿”，会计部门列入代保管有价值品表外科目“贷款抵押品”账户核算，并根据信贷部门批准提供的“贷款抵押保管证”办理账务记载及入库保管手续，并将保管证作为表外科目附件处理。

（三）贷款的收回

借款人归还贷款时，应填交还款凭证，连同抵押品收据一并交银行，银行收到后经审无误，办理贷款本息收回手续。会计分录：

借：××科目——借款人活期存款户

　　贷：抵押贷款——借款人户

　　贷：利息收入（或应收利息）——抵押贷款利息

付：××科目——借款人户抵（质）押品

抵押贷款清偿后，会计出纳部门则依信贷部门的“抵押物品（证券）退还通知书”办理销账及退抵押品手续，销记“贷款抵押品登记簿”，登记“代保管有价值品”表外科目有关账户。

（四）贷款到期不能收回的处理

抵（质）押贷款到期不能收回，银行应按规定将抵押物、质物从“代保管有价值品”表外科目转入“待处理抵（质）押品”科目，然后依法对抵（质）押物出售、拍卖。以其出售拍卖的价款收回贷款本息。

1）先将贷款本金、利息列入其他资产科目，待处理抵（质）押物后再冲销其他资产。会计分录：

借：其他资产——待处理抵（质）押物

　　贷：××贷款——借款人户

　　贷：利息收入

　　贷：应收利息（表内欠息）

　　贷：利息收入（表外欠息）

付：应收利息——借款人户

2）处理结束时，抵（质）押物成本价（净值）或评估价（按成本与市价孰低原则计价）等于贷款本息时，会计分录：

借：××科目或现金

　　贷：其他资产——待处理抵（质）押物

付：××科目——借款人户抵（质）押品

3）若拍卖、出售抵（质）押物收回的资金多余其他资产金额时，多余金额应退还借款人。会计分录：

借：××科目或现金

　　贷：其他资产——待处理抵（质）押物

　　贷：××科目——借款人活期存款户

付：××科目——借款人户抵（质）押品

4）若拍卖出售抵（质）押物收回的资金少于其他资产金额时，一方面将贷款本金利息列入其他资产，另一方面，待将抵（质）押物出售拍卖后，将其差额（不足部分）

继续追索，或按规定核销呆账处理。会计分录：

出售拍卖后，经批准其差额列为呆账时：

借：××科目或现金

借：贷款呆账准备

　　贷：其他资产——待处理抵（质）押物

付：××科目——借款人户抵（质）押品

五、票据贴现的核算

商业汇票贴现是持票人以未到期的商业承兑汇票和银行承兑汇票为提前取得票款，向银行贴付一定的利息所作的转让。它是票据的转让行为，也是银行向企业融通资金的一种信用形式，是持票人将未到期的商业汇票转让给银行，由银行扣除一定的利息后，将余款交付贴现人的信用行为。

（一）贴现业务核算的要求

1）合法的商业汇票才能办理贴现。商业汇票是基于合法的商品交易产生的票据。票据的债务人由于有汇票相应的商品价值为基础，汇票到期才能以汇票所代表的商品价值来偿付。银行对于商业汇票办贴现，正是在此基础上办理的。若商业汇票不是由合法的商品交易产生的票据，银行贴付的贴现款项就无法收回，势必会影响银行经营业务的正常开展，违背银行结算的规定，这是决不允许的。因此银行在办理贴现时，必须认真按要求严格审查其汇票的合法性，以免使银行资金受到损失。

2）贴现只能由持票人到其开户银行办理。由于商业汇票可以背书转让，因此可产生多个债权人，但最终持票人只有一个。贴现只能由最终的持票人到自己的开户银行办理，这是由于开户行对其往来客户、信用程序、资金情况、经营活动比较了解，业务处理方便，有利于资金管理，并引导商业信用纳入银行管理，使票据业务正常开展。

3）商业汇票的持票人向银行办理贴现必须具备如下条件，否则银行不受理：①在银行开立存款账户的企业法人以及其他组织；②与出票人或者直接前手之间具有真实的商品交易关系；③提供与其直接前手之间的增值税发票和商品发运单据复印件。

（二）汇票贴现的处理

持票人办理贴现时，应根据汇票金额填写一式五联贴现凭证。贴现凭证各联用途为：第一联代申请书，银行受理后代贴现科目的借方传票；第二联为贷方传票，贴现后代收款人收款的传票；第三联为贷方传票，代银行收入贴现利息的传票；第四联为贴现单位收账通知；第五联为到期卡、汇票到期，代贴现行收回票款的贷方传票。收款人填写凭证后，应在贴现第一联凭证上加盖预留银行印鉴，连同汇票及有关单证一并送交开户行。

1. 银行受理汇票贴现的处理

银行接到持票人交来的贴现凭证、汇票及有关的单证，按规定认真审核：汇票的内容是否齐全、正确、有效；贴现所附的单证是否为其直接前手商品交易的增值税发票和商品发运单据复印件；贴现凭证的内容是否与汇票内容相符等。审核无误即可按规定的贴现率计算贴现利息和实付贴现金额。其计算公式为

贴现利息＝汇票金额×贴现天数×月贴现率/30

实付贴现金额＝汇票金额－贴现利息

银行计算后，将计算的结果记入贴现凭证的"贴现利息"和"实付贴现金额"栏内，以贴现凭证一、二、三联为记账传票，进行账务处理。会计分录：

借：贴现科目——汇票户

　　贷：××科目——持票人户

　　贷：利息收入——××利息收入户

转账后，将贴现凭证第四联加盖银行业务公章后，连同有关单证退还贴现申请人，贴现凭证第五联及汇票，按汇票到期日顺序排列专夹保管。

对于贴现利息的计算，关键在于贴现天数。根据目前银行经济核算的需要，贴现利息均以实际天数计息，即贴现日起至汇票到期日止的全部天数，异地承兑的汇票，还要另加 3 天划款日期。

【例 4-1】　5 月 8 日第一百货商场持面额为 300 000 元的银行承兑汇票来行贴现，该汇票签发日为 4 月 25 日，到期日为 10 月 11 日，承兑人为外省的银行，银行贴现率若为每月 9. 6‰，则该单位的贴现利息及实付贴现金额如下：

该汇票贴现天数为 5 月 8 日至 10 月 11 日，另加 3 天，共计 159 天。

贴现利息＝300 000×159×9. 6‰×1/30＝15 264（元）

实付贴现金额＝300 000－15 264＝284 736（元）

会计分录：

借：票据贴现——银行承兑汇票——第一百货商场　　300 000.00

　　贷：××科目——第一百货商场　　284 736.00

　　　　利息收入——贴现利息收入　　15 264.00

贴现行对于保管的商业汇票应经常查看到期情况，以便及时收回贴现票款。

2. 汇票到期收回贴现票款的处理

贴现行对于到期的汇票应根据不同情况进行收回贴现款项的处理。

（1）商业承兑汇票到期收回贴现票款的处理

贴现行对于到期的商业承兑汇票，若交易双方在同城的则于汇票到期日（交易双方在异地的则于汇票到期日的前 5 日）以收款人的名义填写托收凭证结算凭证向承兑人收取票款，并将贴现凭证第五联与委托收款第二联一起暂时保管，将汇票与托收凭证第三、四、五联一并寄承兑人开户行。

贴现行收到款项划回时，应冲销贴现科目，以贴现凭证第五联（委托收款第二联为附件）与联行对转。会计分录：

借：有关联行科目

　　贷：贴现——商业承兑汇票户

（2）银行承兑汇票到期收回贴现票款的处理

贴现行对到期的银行承兑汇票，其票款的收取与商业承兑汇票贴现行的处理相同，编制托收凭证向承兑行收款。

承兑行收到委托收款凭证及汇票第二、三联，于汇票到期日将款项从备好资金的账户付出，会计分录：

借：××科目——贴现申请人户

　　贷：应解汇款——商业承兑汇票户

并通过联行或同城票据清算划往贴现行。会计分录：

借：应解汇款——商业承兑汇票户

　　贷：有关联行科目

贴现行收取票款的会计分录：

借：××科目——贴现申请人户

　　贷：贴现科目——商业承兑汇票户

六、贷款展期、不良贷款的处理

（一）贷款展期的处理

采用逐笔核贷的贷款方式，贷款即将到期，若借款人因资金周转一时困难，不能如期归还借款，应提前向银行提交贷款展期申请书。经信贷部门调查属实批准后，将申请书转会计部门，会计部门收到后，在该借款人的原借据上注明展期到期日后，将展期申请书与该笔借款借据一并保管，不再进行账务处理。

一年以内（含）的贷款，展期期限累计不得超过原贷款期限；一年以上的贷款，展期期限累计与原贷款期限相加，不得超过该贷款品种规定的最长贷款期限。

（二）不良贷款的处理

对于不良贷款，我国传统的分类是逾期贷款、呆滞贷款、呆账贷款。

逾期贷款是指借款人超过借款合同规定的期限未能偿还的贷款。其中包括：超过原借款借据规定的偿还期限的贷款；超过贷款展期未能偿还的贷款；借据上规定有分期偿还的贷款未按分期的期限偿还的贷款。

呆滞贷款是指按财政部有关规定，逾期（含展期后到期）超过规定年限以上仍未归还的贷款，或虽未逾期或逾期不满规定年限，但生产经营已终止，项目已停建的贷款（不含呆账贷款）。

呆账贷款是指逾期（含展期）三年以上（含三年）作为催收贷款管理、按规定条件确认为呆账损失、尚未批准、准备核销的贷款。

1. 贷款逾期的处理

贷款的逾期主要通过“逾期贷款”科目进行核算，为避免虚增贷款的发生额，并与统计口径一致，一般应采用红、蓝字同方向借方传票进行账务处理。会计分录：

借：逾期贷款——借款人户（蓝字）

借：××贷款——借款人户（红字）

并将贷款借据抽出，加以批注后另行排列保管。

当借款人账户有足够的款项或有部分款项还贷款时，贷款行应采取主动扣收贷款本息的办法，从其存款账户中全部或部分扣划，直至本息全部扣清为止。会计分录：

借：××科目——借款人一般存款户

　　贷：逾期贷款——借款人××贷款户

　　贷：应收利息——借款人××贷款利息户

　　贷：利息收入——借款人××贷款逾期利息户

对于被确认为呆账的贷款，银行应按规定的核销条件、办法及审批权限，从银行提取的贷款损失准备金中核销。

2. 贴现贷款逾期的处理

贴现贷款的逾期是指已经贴现的商业承兑汇票到期，承兑人账户资金不足支付退票后，贴现申请人账户也无款或无足款支付贴现票款时，按规定，应将未收回的票款列为贴现申请人的逾期贷款。

对于贴现贷款逾期的处理，银行应编制特种转账借方传票五张，在其中两张传票上注明“未收回××号商业承兑汇票款，部分贴现款已从你账户收取”字样后，一张为借方传票，另一张为单位回单；另外三张传票上注明“未收回××号商业承兑汇票款，部分贴现款已转入贴现申请人逾期贷款户”后，一张代逾期贷款科目借方传票，另一张为银行信贷报告，第三张为单位回单，仍以原贴现凭证第五联为贷方传票进行账务处理。会计分录：

借：××科目——贴现申请人一般存款户

借：逾期贷款——贴现申请人户

　　贷：票据贴现——商业承兑汇票户

转账后，将商业承兑汇票连同回单联一并交贴现申请人。

3. 呆滞贷款的处理

依据有关部门批准的证明手续，查看借据核对结转呆滞的金额、日期、户名是否正确，并在借据上标明“转呆滞”字样、账号及时间后，进行账务记载。会计分录：

借：呆滞贷款——借款人户

　　贷：相关贷款科目——借款人户

4. 呆账贷款的处理

依据有关部门批准的证明手续，查看借据核对结转呆账的金额、日期、户名是否正确，并在借据上标明“转呆账”字样、账号及时间后，进行账务记载。会计分录：

借：呆账贷款——借款人户

　　贷：相关贷款科目——借款人户

第三节　贷款利息计算

一、基本规定

（一）贷款计息的规定

1）贷款利息分为正常息、罚息和复息三种。正常息是对贷款形态为正常时结计的利息。罚息是贷款形态为逾期、非应计利息时结计的利息。复息是对贷款人结欠的正常息和罚息结计的利息。

2）贷款于结息日结计利息，所计利息应入结息日次日账。

3）贷款账户结清时当日结息列账。

（二）贷款的提前归还、展期、逾期或挤占挪用

1）贷款的提前归还。借款人在借款合同到期日之前归还借款时，贷款人有权按贷款合同利率向借款人收取违约息（金）。

2）贷款的展期，期限累计计算，累计期限达到新的利率期限档次时，自展期之日起，按展期日挂牌的同档次贷款利率计息；达不到新的期限档次时，按展期日的原档次贷款利率计息。

3）逾期贷款或挤占挪用贷款，从逾期或挤占挪用之日起，按逾期和挪用贷款利率计息，直到清偿本息为止，遇逾期和挪用贷款利率调整分段计息。对贷款逾期或挪用期间不能按期支付的利息按逾期和挪用贷款利率按季或月计收复利或罚息。如果同一笔贷款既逾期又挤占挪用，应择其重，不能并处。

4）对贷款的应收未收利息按季或按月以当前执行利率计收复息。

二、利率

（一）贷款利率的分类

贷款利率的分类同存款利率外币年、月、日利率之间的换算公式服从国际惯例。

（二）贷款利率的确定

贷款利率按照中国人民银行规定的同档次基准利率执行，浮动幅度、调整方式由双方协商确定，但利率浮动幅度不得超出中国人民银行有关规定。

（三）复息和罚息利率

1. 罚息利率

罚息利率按照中国人民银行及总行规定的利率执行。逾期贷款罚息利率在借款合同载明的贷款利率水平上加收30%～50%；借款人未按合同规定的用途使用借款的罚息利

率，在借款合同载明的贷款利率水平上加收50%～100%。

2. 复息利率

1）贷款合同期内按照合同利率执行。合同约定利率定期调整的，自利率调整日开始执行新的利率，实行分段计息。

2）贷款逾期后按照罚息利率执行。合同约定利率定期调整的，继续按约定调整周期和基准利率变化调整罚息利率，自利率调整日开始执行新的罚息利率，实行分段计息。

（四）贷款利率类型

1. 固定利率

固定利率是指贷款在合同期内执行合同利率，利率不随人民银行规定的基准利率变动而变动。

2. 分段利率

分段利率是指贷款在合同期内的执行利率，利率随人民银行规定的基准利率变动而变动，从变动之日起按新旧利率分段计算。

3. 浮动利率

浮动利率是指贷款在合同期内的执行利率是以基准利率为基础，在人民银行规定的浮动幅度内各行可自行确定的利率。浮动利率的计算方法分为浮动点数、浮动率两种，浮动点数或浮动率可为正数或负数，以基准利率向上或向下浮动。

1）浮动率：

执行利率＝基准利率×（1＋浮动率）

2）浮动点数：1个点代表利率0.01%。

执行利率＝基准利率＋浮动点数/100

4. 分期特定利率

分期特定利率是指贷款在合同期内遇人民银行的基准利率调整时，调整之前已经发放的贷款在次年的1月1日进行利率调整；调整日之后发放的新贷按调整后新利率执行。它主要适用于分期还款的贷款。

三、计息的方法

（一）贷款计息的方法

1. 积数计息法

按实际天数每日累计账户余额，以累计积数乘以日利率计算利息。计算公式为

利息＝累计计息积数×日利率

累计计息积数＝每日余额合计数

2. 逐笔计息法

按预先确定的计息公式逐笔计算利息。计息期为年（月）的，计算公式为

利息＝本金×年或月数×年或月利率

计息期有整年（月）又有零头天数的，计算公式为

利息＝本金×年或月数×年或月利率＋本金×零头天数×日利率

全部转化成天数的计算公式为

利息＝本金×天数×日利率

新会计标准规定逐笔计息法中的实际天数为每年 365 天（闰年 366 天），每月为当月公历实际天数。

（二）贷款天数的计算

1）贷款期限内天数计算。各项贷款按实际天数每日累计账户余额，以累计积数乘以日利率计算利息。按月支付利息的应在每月 20 日结息，按季支付利息的应在季度末月 20 日结息。一次还本付息的按贷款到期日进行结息。

2）罚息及复息的天数计算。罚息及复息的天数按占有资金的实际天数计算，即全年按 365 天计算，遇闰年 366 天计算。

3）计算贷款应采用“算头不算尾”的方法，即天数由贷款发放的当日算至贷款归还的前一日为止，贷款归还的当日不计利息。

4）贷款到期日为节假日的，节假日后第一个营业日归还贷款，按合同利率加收到期日与归还日之间天数的利息；节假日后第一个营业日未归还贷款，从该日（是指到期日）起按逾期贷款计算利息。

个人贷款执行“延期待扣”和“对日扣款”，如遇扣款日节假日不顺延。

四、单位贷款利息计算

单位短期贷款（一年以下，含一年），按贷款合同约定的利率计息，利率调整方式、结息方式由双方协商确定。对贷款期内不能按期支付部分的利息，按贷款合同利率按月计收复利，贷款逾期后改按逾期利率计收复利。最后一笔贷款清偿时，利随本清。

单位贷款根据不同的还款方法，选择不同的计息方式。

（一）定期计息到期还本法

借款人按计息周期偿还利息，到期一次还本的还款方式称为定期计息到期还本法。定期计息到期还本包含计息周期为利随本清的贷款，非分期贷款需使用这种还款方式。

定期计息到期还本法计算公式为

贷款利息＝金额×天数×执行利率/360

（二）等额本金还款

借款人每期偿还等额本金，同时付清本期应付的贷款利息的还款方式称为等额本金还款。对等额本金还款，贷款系统控制每月最多只可归还一次贷款，最后一期还款日为贷款到期日，如果贷款到期日与某期还款日在同一个月内，则将到期日置为最后一期还款日，即等本金贷款到期日与周期递推的还款日不一致时会对最后还款日进行调整。

1）按月等额本金归还法计算公式为

贷款每次归还的本金＝贷款总金额/贷款期月数

贷款每次归还的利息＝（贷款总金额－已归还贷款本金累计额）×日利率

2）按季等额本金归还法计算公式为

贷款每次归还的本金＝贷款总金额/贷款期季数

贷款每次归还的利息＝（贷款总金额－已归还贷款本金累计额）×日利率

（三）等额本息还款

借款人每期偿还金额相同，金额中包含本期应付本金和应付利息的还款方式称为等额本息还款。

1）在一个扣款周期内，如果还款计划表计算要素没发生变化，则当期应还本息合计为

$$\text{本息合计}=\frac{\text{计算贷款总金额}\times\text{期利率}\times(1+\text{期利率})^{\text{计算贷款总期数}}}{(1+\text{期利率})^{\text{计算贷款总期数}}-1} \tag{4-1}$$

应还本金＝本息合计－利息

2）在一个扣款周期内，如果还款计划表计算要素发生变化，则当期应还本金为

$$\text{应还本金}=\frac{\text{余额}\times\text{期利率}}{(1+\text{期利率})^{\text{剩余期数}}-1} \tag{4-2}$$

3）在利率发生变动时（可能有多次），优先使用以下公式确定当期应归还的本金：

$$\text{应还本金}=\frac{\text{余额}\times R_1}{(1+R_1)^{\text{剩余期数}}-1}\times D_1/D+\frac{\text{余额}\times R_2}{(1+R_2)^{\text{剩余期数}}-1}\ D_2/D+\cdots+\frac{\text{余额}\times R_n}{(1+R_n)^{\text{剩余期数}}-1} \tag{4-3}$$

式中，D 为本期总天数；D_1 为上次扣款日至第 1 次利率变动日的天数；D_2 为第 1 次利率变动日至第 2 次利率变动日的天数；以此类推，D_n 为最后一次利率变动日至当期扣款日天数（在还款周期比较长如按半年或年还款，利率变动方式浮动周期较短如按月，利率调整比较频繁时可能出现多次利率变动）；R_1 为第 1 次利率变动前利率；R_2 为第 1 次利率变动后第 2 次利率变动前利率，以此类推。

以后各期则使用式（4-1）计算每期贷款本息合计。

4）还款计划表计算要素包括金额、期数、期利率，任一要素变动均会影响到还款计划的制定。

（四）不定期不定额还款

按合同约定还款期数，但每期的还款金额非等额还款，可以每期都不相同，也可以部分相同，部分不同，每期还款时间可以在起息日与到期日之间指定，可以没有规律。

（五）贷款提前归还利息计算

1. 一次性归还

利息＝贷款本金×合同利率×贷款天数

一次性归还必须将贷款本金全部归还。

2. 分期归还

应还利息＝（贷款总金额－已归还贷款本金累计额）×日利率×上一个扣款日至提前还款前一天的天数

提前还款后的各期按剩余贷款金额进行重新，打印新的还款计划。

（六）复息、罚息的计算

对借款人不能按期支付的利息按贷款合同确定的利率（贷款合同期内）计收的利息计算。

复息＝应还利息×合同利率×违约天数

罚息是指贷款逾期或挤占挪用后，对借款人尚未归还的贷款本金和应收利息按罚息利率所计收的罚息。

罚息＝（逾期贷款本金＋应收利息）×罚息利率×逾期天数（挤占挪用天数）

五、个人贷款利息计算

个人贷款根据不同的还款方法，选择不同的计息方式。对约定还款日内不能按期支付的利息，按贷款合同利率计收复利，贷款逾期后改按逾期利率计收复利；对约定还款日内不能按期支付的本金，按逾期利率计收利息。最后一笔贷款清偿时，利随本清。

个人贷款期限在一年内（含一年）的，实行合同利率，遇法定利率调整，不分段计息；贷款期限在一年以上的，遇法定利率调整，于次年1月1日开始，按相应利率档次执行新的利率规定。

个人贷款期限在一年（含）以内，采用按月付息，按月、季或一次还本的还款方式。

个人贷款期限超过一年，一律采用按月还本付息方式，质押贷款、助学贷款、其他产品特殊规定除外。

以质押担保方式的个人消费贷款属于低风险贷款业务，可以实行到期一次性还本付息的还款方式。

个人助学贷款可以实行按季还本付息的还款方式。

六、贴现利息计算

银行受理票据贴现，应先根据人民银行规定的贴现利率正确计算贴现利息和贴现实得金额。贴现天数按贴现日至票据到期日前一天的实际天数计算。票据承兑人在异地的，贴现利息的计算应另加 3 天的划款日期。

（一）不含利息的票据贴现

不含利息的票据贴现计算公式如下：

贴现利息＝票据面值×贴现率×贴现天数/360

贴现实付金额＝票据面值－贴现利息

（二）含有利息的票据贴现

含有利息的票据贴现计算公式如下：

票据到期价值＝票据面值×（1＋年利率×票据到期天数/360）

＝票据面值×（1＋年利率×票据到期月数/12）

贴现利息＝票据到期价值×贴现率×贴现天数/360

贴现实付金额＝票据到期价值－贴现利息

本 章 小 结

贷款业务包括单位贷款（对公贷款）和个人贷款（储蓄贷款）。按贷款对象的主体性质分为单位贷款和个人贷款；按贷款期限分为活期贷款、定期贷款和透支；按贷款的保障条件来分为信用贷款、担保贷款和票据贴现；按贷款对象的部门来分为工业贷款、商业贷款、农业贷款、科技贷款和消费贷款等；按照贷款是具体用途来分为流动资金贷款和固定资金贷款；按照偿还方式不同分为一次性偿还和分期偿还；按贷款的质量和风险程度分为正常贷款、关注贷款、次级贷款、可疑贷款和损失贷款按银行发放贷款的自主程度分为自营贷款、委托贷款。

贷款业务核算包括企业贷款，个人贷款的核算，抵、质押贷款的核算，贴现贷款的核算。具体核算又分为：发放贷款、贷款收息和贷款收回。到期不能收回的利息计入应收利息，同时按贷款收息利率记收复息；到期不能收回的贷款转入逾期贷款，同时利息的计算加收逾期利息。抵质押贷款到期不能收回，应收利息和贷款转入其他资产，抵质押品处理收回款项后结清其他资产。

贷款利息的计算要按照贷款的方式和约定的还息方式进行，同时要严格遵守国家的管理规定。贷款利率有固定利率、分段利率、浮动利率几种形式，贷款逾期和贷款用途改变还有复息和罚息。计息的方法有积数计息法、逐笔计息法。单位贷款利息计算包括：定期计息到期还本法、等本金还款、等额本息还款、不定期不定额还款、贷款提前归还利息、复息、罚息的计算。

基 本 概 念

贷款　商业性贷款　政策性贷款　自营贷款　委托贷款　单位贷款　个人贷款　活期贷款　定期贷款　信用贷款　担保贷款　票据贴现　抵押贷款　质押贷款　保证贷款　商业汇票贴现

复习思考题

1. 贷款核算的基本要求是什么？
2. 贷款的种类是怎样划分的？
3. 企业贷款的发放和收回是如何核算的？
4. 个人贷款是如何核算的？
5. 抵（质）押贷款的标的物有何不同？抵（质）押贷款的区别是什么？
6. 抵（质）押贷款是如何核算的？
7. 票据贴现贷款是如何核算的？
8. 各种贷款利息如何计算？

第五章　支付结算业务

学习目的与要求

1. 掌握支付结算的概念和原则
2. 理解支付结算的基本规定
3. 掌握支付结算的纪律
4. 掌握我国支付结算的方式
5. 了解票据的概念和特征
6. 掌握票据的具体制度
7. 理解票据的挂失
8. 掌握各种支付结算的基本原则和核算要求

第一节　支付结算业务概述

一、支付结算业务核算的意义

支付结算，是指单位、个人在社会经济生活中使用合法有效的支付工具进行货币给付及资金清算的行为。在我国社会主义市场经济体制下，各单位之间的经济往来，要以货币为媒介来实现。例如商品交易，一方面体现商品物资的转移，另一方面则是货币的给付；又如两个单位间的资金调拨，也是货币的给付。个人、单位购买商品物资或调出资金，就需要支付货币，而另一个单位销售商品物资或调入资金，就要收入货币。这种货币给付所体现的经济活动，直接关系到单位的经济利益，必须按国家法令、法规、制度的有关规定，以一定合法有效的支付工具及时办理货币给付和资金的清算，才能保证单位在经营中的合法权益，保障单位经营活动的顺利开展。

支付结算按给付手段的不同，分为现金支付结算和转账支付结算两种。现金支付结算是指以现金直接完成货币给付的清算。转账支付结算是指货币的给付，通过单位在银行开立的账户，用划账的方式完成资金的清算。准确、及时、安全地办理支付结算，不仅可以保障支付结算中各当事人的合法权益，加速资金周转和商品流通，促进社会经济发展，而且对于加强银行经营管理，提高经济效益都有着十分重要的意义。

二、支付结算的相关规定

（一）支付结算的原则

单位、个人和银行办理支付结算必须遵循下列原则：

1）恪守信用，履约付款。单位间经济往来和资金清算必须建立在信用和合同（协议）的基础上。结算的当事人必须依法承担义务和行使权力，履行付款义务，并按照双方约定的付款金额和付款日期进行支付。

2）谁的钱进谁的账，由谁支配。银行是资金清算的中介，办理结算时，必须遵循委托人的意愿，保证将所收款项支付给委托人确定的收益人，以保护客户的合法权益，保护客户对其资金的自主支配权，除法律规定者外，银行拒绝为任何单位或个人扣款，也不得随意停止单位、个人存款的正常支付。对在结算中收付双方发生的经济纠纷，应由其自行处理，或者向仲裁机关、人民法院申请调解或裁决。

3）银行不垫款。银行在办理结算时，要划清银行与客户之间的资金界限。银行只负责客户之间的资金转移，而不能在结算中为客户垫付资金，因此，必须坚持“先付后收，收妥抵用”的原则。

（二）支付结算的基本规定

1）银行是支付结算和资金清算的中介机构。未经中国人民银行批准的非银行金融机构和其他单位不得作为中介机构经营支付结算业务，但法律、行政法规另有规定的除外。

2）银行、城市信用合作社、农村信用合作社（以下简称银行）以及单位和个人（含个体工商户），办理支付结算必须遵守国家的法律、行政法规和支付结算办法的各项规定，不得损害社会公共利益。

3）票据和结算凭证是办理支付结算的工具。单位、个人和银行办理支付结算必须使用按中国人民银行统一规定印制的票据凭证和统一规定的结算凭证。未使用按中国人民银行统一规定印制的票据，票据无效；未使用中国人民银行统一规定格式的结算凭证，银行不予受理。

4）单位、个人和银行签发票据、填写结算凭证，应按照《支付结算办法》和《正确填写票据和结算凭证的基本规定》记载，单位和银行的名称应当记载全称或者规范化简称。

5）票据和结算凭证上的签章，为签名、盖章或者签名加盖章。单位、银行在票据上的签章和单位在结算凭证上的签章，为该单位、银行的盖章加其法定代表人或其授权的代理人的签名或盖章。个人在票据和结算凭证上的签章，应为该个人本名的签名或盖章。

出票人在票据上的签章不符合规定、不正确的票据无效；承兑人、保证人在票据上的签章不符合规定的，其签章无效，但不影响其他符合规定签章的效力；背书人在票据上的签章不符合规定的，其签章无效，但不影响其前手符合规定签章的效力。

6）票据和结算凭证的金额、出票或签发日期、收款人名称不得更改，更改的票据无效；更改的结算凭证，银行不予受理。对票据和结算凭证上的其他记载事项，原记载人可以更改，更改时应当由原记载人在更改处签章证明。

7）票据和结算凭证上的签章和其他记载事项应当真实，不得伪造、变造。票据上有伪造、变造的签章的，不影响票据上其他当事人真实签章的效力。伪造是指无权限人假冒他人或虚构人名义签章的行为。变造是指无权更改票据内容的人，对票据上签章以外的记载事项加以改变的行为，签章的变造属于伪造。

8）办理支付结算需要交验的个人有效身份证件，是客户提交能通过联网核查公民身份信息系统进行核查的有效身份证件，应通过联网核查公民身份信息系统核验其身份真实性。

9）票据上可以记载《票据法》和《支付结算办法》规定事项以外的其他出票事项，但是该记载事项不具有票据上的效力，银行不负审查责任。

（三）支付结算的纪律

单位及个人是支付结算的重要当事人，要严格遵守支付结算纪律，按支付结算办法办理结算。这是严肃信用制度，维护结算秩序的前提条件。它包括客户应遵守的结算纪律和银行应遵守的结算纪律两个方面。

1. 单位及个人办理支付结算应严格执行“四不准”的纪律

1）不准签发、取得和转让没有真实交易和债权债务的票据，套取银行和他人资金。

2）不准填发空头支票和远期支票，套取银行信用。

3）不准违反规定开立和使用账户，不准出租、出借账户。

4）不准无理拒绝付款，任意占用他人资金。

2. 银行办理支付结算应严格执行结算纪律

银行是办理支付结算的主体，银行严格按照支付结算办法的规定办理业务是维护正常结算秩序的重要环节。

1）不准以任何理由压票、任意退票、截留挪用客户和他行资金。

2）不准无理拒绝支付应由银行支付的票据款项。

3）不准受理无理拒付，不扣少扣滞纳金。

4）不准违章签发、承兑、贴现票据，套取银行资金。

5）不准签发空头银行汇票、银行本票和办理空头汇款。

6）不准在支付结算制度之外规定附加条件，影响汇路畅通。

7）不准违反规定为单位和个人开立账户。

8）不准拒绝受理、代理他行正常结算业务。

9）不准放弃对企事业单位和个人违反结算纪律的制裁。

10）不准逃避向人民银行转汇大额汇划款项。

银行以善意且符合规定和正常操作程序审查，对伪造、变造的票据和结算凭证上的签章以及需要交验的个人有效身份证件，未发现异常而支付金额的，对出票人或付款人不再承担受委托付款的责任，对持票人或收款人不再承担付款的责任。

对单位、个人在银行开立存款账户的存款，除国家法律、行政法规另有规定外，银行不得为任何单位或者个人查询；除国家法律另有规定外，银行不代任何单位或者个人冻结、扣款，不得停止单位、个人存款的正常支付。

（四）支付结算责任

为了保证结算原则和结算纪律的执行，必须明确结算当事人各方面的结算责任。结算当事人包括出票人、背书人、承兑人、保证人、持票人、付款人、收款人、银行和邮电部门等。凡是未按票据法规的规定处理，而影响他人利益的当事人，均应视情况不同，分别承担票据责任、民事责任、行政责任和刑事责任。

三、我国现行的支付结算方式

我国目前的支付结算方式共有九种，也称为“三票、一卡、四方式”的结算方式，即银行汇票、商业汇票、银行本票、支票、信用卡、汇兑、委托收款、托收承付和信用证。

票据和支付结算凭证的使用具有地域性，不同的票据或结算凭证应用于不同的结算方式，我国的支付结算种类有三种。异地结算是指不在同一个票据交换区域的两个单位之间的结算，如汇兑、托收承付。同城结算是指在同一个票据交换区域的两个单位之间的结算，如本票。同城异地通用型结算是指既可用于同城，也可用于异地的结算方式，如银行汇票、银行支票、商业汇票、委托收款、信用证、信用卡。

四、票据及票据制度

（一）票据的概念

票据是指由出票人签名于票据上，无条件约定自己或委托他人以支付一定金额为目的的特种证券。约定自己为一定金额的支付，如本票；委托他人为一定金额的支付，如支票、银行汇票；委托他人于将来一定日期付款，且付款人是银行或商业单位的，如商业汇票。

票据有广义票据和狭义票据之分。广义的票据包括各种有价证券和凭证。狭义的票据是指约定由债务人按期无条件支付一定金额并可流通转让的有价证券。本章介绍的票据是指狭义的票据，包括支票、银行本票、银行汇票、商业汇票。

（二）票据的特征

（1）票据是金钱债权证券

票据所代表的财产权利，是金钱给付请求权，属于债权，持票人只能请求票据债务人给付票面记载的金钱。

（2）票据是设权证券

票据是为持票人创设了一个新的金钱债权而不是证明原有的债权。票据签发前，当事人之间虽可有债权债务，但是，出票人签发票据，为持票人设定了一个请求票据上载明的债务人“无条件支付一定金额”的权利，此种权利，与签发票据前的债权债务彻底独立。

（3）票据是文义证券

票据上的权利义务、票据债权人与债务人、票据权利有效期等，均由票据上依法记载的文字的含义来确定，任何人都不得以票据文义之外的因素认定或改变票据权利义务及票据债权人、债务人。例如票据上记载的出票日与实际出票日不一致的，以票据上记载的日期为准。

（4）票据是要式证券

票据必须具备法定格式和记载事项才能有效。除票据法另有规定者外，不具备法定格式的，不发生票据的效力。票据债务人可以因票据不合格而行使“对物抗辩权”，拒绝承兑或拒绝付款。

（5）票据是流通证券

票据的权利可以以背书或直接交付对方的方式转让，而且无需通知债务人，票据持有人可以按照自己的意愿自由转让票据，正是票据具有此流通性，使一张票据可以在多人间转换，是国家发展经济的重要手段之一。

（6）票据是完全有价证券

所谓完全有价证券，是指权利完全证券化、权利与证券融为一体且不可分割的一类证券。各国票据法都规定，票据所表明的金钱债权，以票据为其表现形式，票据上的权利不能脱离票据而独立存在。

（7）票据是无因证券

无因证券是指证券效力与作成证券的原因完全分离，证券权利的存在和行使，不以作成证券的原因为要件的一类证券。票据如果具备票据法上的条件，票据权利就成立，至于持票人取得票据的原因或作成票据的不同，票据债务人无义务也无权利了解票据，只需验看票据是否真实、合法，在票据无瑕疵或者持票人不属恶意取得时，就应当无条件支付票面金额，以此来保护票据的流通性。

（8）票据是提示证券

票据权利人主张票据权利、行使票据权利，必须向票据债务人提示票据，将票据交债务人验看，否则，票据债务人有权拒绝。所以，票据为提示证券。提示分为提示承兑和提示付款。支票、本票、银行汇票提示付款即可，商业汇票先提示承兑后提示付款。

（9）票据是缴回证券

持票人为从付款人处取得票面金额时，必须将票据交付付款人，转移票据所有权，否则，票据债务人有权拒绝付款。

（10）票据是特殊的动产

票据代表一定的金钱债权，因而是一种财产。票据这种财产，任意移动而无损其用途和价值，所以属民法中的动产。

（三）票据的具体制度

票据的具体制度是指其在实际运作过程的具体规定，既包括各种票据共同使用的规则，也包括各自使用的规则。它对票据在出票、背书、承兑、保证、付款、追索权等方面都做出了全面、具体的规定，确立了票据的具体制度。

（1）出票制度

出票是指汇票、本票、支票的出票人按照票据法规定的记载事项和方式作成票据并交付给收款人的一种票据行为。出票是创设汇票、本票、支票的基本票据行为，是各种票据产生的前提。

（2）背书制度

背书是指在票据背面或粘单上记载有关事项并签章的票据行为。背书是汇票、本票、支票共有的行为，背书制度适用于三种票据。背书记载的位置应在票据的背面，不得记载在票据的正面，以免与承兑等票据行为相混淆。

（3）承兑制度

承兑是指汇票的付款人按照票据法的规定，在汇票上记载一定的事项，以表示其愿意支付汇票金额的票据行为。

付款人承兑时，不得附加任何条件或只对部分金额承兑或改变汇票文义，否则均视为拒绝承兑。承兑记载的位置应在票据的正面，不得记载在票据的背面或粘单上。

（4）保证制度

保证是汇票、本票上的行为，支票没有保证，保证制度适用于汇票和本票。

票据法上的保证称为票据保证，是指票据债务人以外的他人，以担保特定债务人履行票据债务为目的，而在票据上所为的一种票据行为。

（5）付款制度

付款是付款人依据票据文义支付票据金额，以消灭票据的行为。

付款的程序有两个基本方面，持票人的请求付款和付款人的付款。持票人向付款人请求付款时，必须在票据法规定的提示付款期限内提示付款。《票据法》对不同的汇票、本票和支票规定了不同的提示付款期限。

（6）追索权制度

追索权是指持票人在票据不获承兑或不获付款时，可以向其前手，包括出票人、背书人、承兑人和保证人请求偿还票据金额、利息及有关费用的一种票据权利。

持票人向票据当事人中一人请求清偿的，其他当事人就必须承担全部清偿的责任，不得以持票人为向其他债务人请求清偿为由，拒绝履行清偿责任。被追索人清偿后，与持票人享有同一权利，可以再向其前手行使追索权。

（四）票据的挂失

1）已承兑的商业汇票、支票、银行汇票的丧失，可以由失票人通知付款人或者代理付款人挂失止付。

2）未填明“现金”字样和代理付款人的银行汇票不得挂失止付，但可公示催告，对于法院依法送达的此类止付通知，各行无正当理由不得拒绝签收，也不得擅自解付。

3）允许挂失止付的票据丧失，失票人需要挂失止付的，应填写挂失止付通知书并签章。挂失止付通知书应当记载下列事项：①票据丧失的时间、地点、原因；②票据的种类、号码、金额、出票日期、付款日期、付款人名称、收款人名称；③挂失止付人的姓名、营业场所或者住所以及联系方式。

欠缺上述记载事项之一的，银行不予受理。

4）付款人或代理付款人收到挂失止付通知书后查明挂失票据确未付款时，应立即暂停支付。付款人或代理付款人自收到挂失止付通知书之日起 12 日内没有收到人民法院的止付通知书的，自第 13 日起，持票人提示付款并依法向持票人付款的，不再承担责任。

5）付款人或者代理付款人在收到挂失止付通知书之前，已经向持票人付款的，不再承担责任。但是，付款人或者代理付款人以恶意或者重大过失付款的除外。

6）公示催告是指法院依据可背书转让票据失票人的申请，以公示方法，催告利害关系人于一定期限内，向法院申报权利；到期无人申报，法院即作出所失票据无效的判决，失票人得依判决请求付款人支付原票据款额的制度。

公示催告和挂失止付同属法律规定的失票救济措施，二者的不同在于：公示催告是持票人在票据丧失后采取的司法救济措施，属于司法程序。各行应依据相关法律规定，妥善处理二者的关系。

第二节　银 行 支 票

一、银行支票结算的基本规定

银行支票是出票人签发的，委托办理支票存款业务的银行在见票时无条件支付确定的金额给收款人或持票人的票据。用支票办理支付结算称为支票结算。支票的付款人为支票上记载的出票人开户银行。

用支票办理结算方便灵活，是银行的存款人签发给收款人办理货币给付，也是委托其开户行将款项支付给收款人的票据。适用于各个地区的单位和个人的各种款项的结算，主要用于同城票据结算。

（一）支票的种类

支票按其用途划分包括现金支票、转账支票、普通支票三种。支票上印有“现金”字样的为现金支票，只能用于单位在现金管理规定的范围内到银行支取现金。支票上印有“转账”字样的为转账支票（附式 5-1 和附式 5-2），用于单位之间的转账支付结算。支票上未印有现金或转账字样的，为普通支票，这种票据既能办理转账，又能支取现金；在普通支票左上角划两条平行线的，为划线支票，这种支票只能办理转账，不能支取现金。

附式 5-1

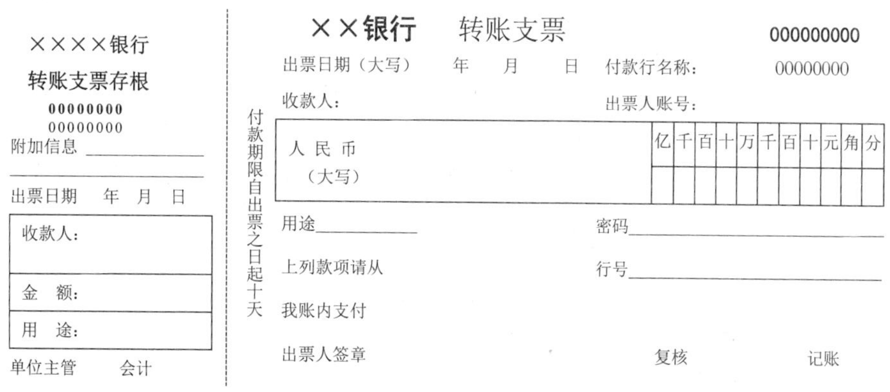
××××银行
转账支票存根
00000000
00000000
附加信息 ____________
出票日期　年　月　日
收款人：
金　额：
用　途：
单位主管　　会计

××银行　转账支票　　000000000
出票日期（大写）　年　月　日　付款行名称：　00000000
收款人：　出票人账号：
付款期限自出票之日起十天

人民币（大写）	亿	千	百	十	万	千	百	十	元	角	分

用途____________　密码____________
上列款项请从　行号____________
我账内支付
出票人签章　复核　记账

8cm×22.5cm 正联共 17cm（底纹按行别分色，大写金额栏加红水纹）

附式 5-2

<table>
<tr><td rowspan="2">附加信息：</td><td>被背书人</td><td>被背书人</td><td rowspan="2">（贴粘单处）</td><td rowspan="2">根据《中华人民共和国票据法》等法律法规的规定，签发空头支票由中国人民银行处以票面金额 5%但不低于 1 000 元的罚款。</td></tr>
<tr><td>背书人签章
年 月 日</td><td>背书人签章
年 月 日</td></tr>
</table>

（二）支票使用的规定

1）单位和个人在全国范围内的各种款项结算均可使用支票。

2）支票的出票人为在经中国人民银行当地分行批准办理支票业务的银行机构开立可以使用支票的存款账户的单位和个人。

3）签发支票必须记载的事项有：表明“支票”的字样、无条件支付的委托、确定的金额、付款人的名称、出票日期、出票人签章，支票的付款人为支票上记载的出票人开户银行。

4）支票的金额、收款人名称可以由出票人授权补记。未补记前不得背书转让和提示付款。

5）支票的提示付款期限自出票日起 10 天，到期日遇假日顺延。超过提示付款期限提示付款的，持票人开户银行不予受理。

6）签发支票应使用碳素墨水或墨汁填写。大小写金额、日期和收款人名称不得更改，其他内容如有更改，必须由出票人加盖预留银行印鉴以证明合法。

7）签发现金支票和用于支取现金的普通支票，必须符合国家现金管理的规定。现金支票不得背书转让。

8）出票人签发的空头支票（付款人在付款时，出票人在付款人处实有的存款不足以支付票据金额的支票）、签章与预留银行签章不符的支票、使用支付密码地区支付密码错误的支票，银行应予以退票，并按票面金额处以 5%但不低于 1 000 元的罚款；持票人有权要求出票人赔偿支票金额 2%的赔偿金。

9）持票人委托开户银行收款时，应做委托收款背书，即在转账支票背面背书人签章栏签章、记载“委托收款”字样、背书日期，在被背书人栏记载开户银行名称。收款人持用于支取现金的支票向付款人提示付款时，应在支票背面“收款人签章”处签章。持票人为个人的，还需交验本人有效身份证件，并在支票背面填明证件名称、号码、发证机关。

10）对已确认伪造、变造、克隆的支票应予以扣留，并立即报告。没收的假票应集中登记保管。

11）支票可以挂失止付。但付款人或代理人自收到挂失止付通知书之日起 12 日没有收到人民法院的止付通知书的，自第 13 日起，持票人提示付款并依法向持票人付款的，不再承担责任。

12）存款人领购支票，必须填写相应票据，并加盖预留银行印鉴。存款账户结清时，必须将全部剩余空白支票交回银行注销。

二、银行支票的业务处理手续

（一）转账支票的业务处理

支票凭证是由支票和存根组成的，它是由付款人签发的，客户到开户银行送存支票时，应填写一式三联进账单，进账单上的付款人信息、收款人信息或持票人信息应当与支票上的信息完全一致。

1. 持票人与付款人开户行属同一个网点

银行业务人员接到客户交来的支票和一式三联进账单（第一联回单联、第二联贷方凭证、第三联收账通知）后（附式 5-3），应认真审查下列内容：支票填明的持票人是否在本行开户支票是否是统一规定印制的凭证，支票是否真实，提示付款期限是否超过；收款人是否在支票背面“收款人签章”处签章，其签章是否与收款人名称一致，并填写“委托××银行收款”字样；出票人账户是否有足够支付的款项；支票的大小写金额是否一致；出票人的签章是否符合规定，并折角核对其签章（或通过电子验印系统核对）与预留银行签章是否相符；使用支票密码的，其密码是否正确；支票必须记载的事项是否齐全，出票金额、出票日期、收款人名称是否更改，其他记载事项的更改是否由原记载人签章证明；背书转让的支票是否按规定的范围转让，其背书是否连续，签章是否符合规定，背书使用粘单的是否按规定在粘接处签章；进账单上项目填写与支票上信息是否一致；对收款人交存的支票，其支票背面有无加盖收款人预留银行的印鉴背书。审核无误后，在进账单第一联上加盖受理凭证专用章作受理回单交给持票人。

附式 5-3

××银行　**进 账 单**　（贷方凭证）　2

年　　月　　日

出票人	全　称		收款人	全　称	
	账　号			账　号	
	开户银行			开户银行	
金额	人民币（大写）				亿 千 百 十 万 千 百 十 元 角 分
票据种类		票据张数			
票据号码					
备注：				复核　　记账	

此联由收款人开户银行作贷方凭证

8.5cm×17.5cm（白纸红油墨）

转账支票加盖转讫章后，作借方凭证，在进账单第二、三联加盖转讫章，进账单第二联作贷方凭证，进账单第三联作入账通知。付款人存入转账支票，进账单第一联加盖受理凭证专用章后交付款人；持票人存入支票，将进账单第三联作入账通知交收款人。会计分录：

借：××科目——出票人户

　　贷：××科目——收款人户

2. 持票人与付款人开户行属同一管辖行的

收款人与付款人开户行属同一管辖行的转账支票和进账单，不需要通过同城票据交换，在行内进行小交换即可。

（1）持票人开户行受理持票人提交的支票

存入方式和审核类同1，将转账支票加盖交换章后，按票据交换有关规定及时通过管辖行交换至付款人开户银行。

1）管辖行。会计分录：

借：辖内往来——付款人开户网点

　　贷：辖内往来——收款人开户网点

2）付款人开户网点。付款人开户行按规定审核，并检查支票上是否有交换章。审核无误后进行账务处理，转账支票加盖转讫章后，作借方凭证。会计分录：

借：××科目——出票人户

　　贷：辖内往来——通兑清算户

3）收款人开户网点付款银行付款后，在进账单第二、三联加盖转讫章，进账单第二联作贷方凭证，进账单第三联作入账通知交收款人。会计分录：

借：辖内往来——通兑清算户

　　贷：××科目——收款人户

（2）付款人开户行受理付款人提交的支票

存入方式和审核类同1。

1）付款人开户网点。转账支票加盖转讫章后，作借方凭证。会计分录：

借：××科目——出票人户

　　贷：辖内往来——通兑清算户

2）管辖行。会计分录：

借：辖内往来——付款人开户网点

　　贷：辖内往来——收款人开户网点

3）收款人开户网点。在收到进账单第二、三联后进行以下审核：该进账单收款人是否为本行客户，账号是否正确，金额大小写是否正确。审核无误后加盖转讫章，进账单第二联作贷方凭证，进账单第三联作入账通知交收款人，会计分录：

借：辖内往来——通兑清算户

　　贷：××科目——收款人户

3. 持票人、出票人不在同一银行开户的处理

(1) 持票人开户行受理支票的处理

收、付款人不在同一银行开户，转账支票须通过人民银行在两个行处之间进行传递。根据收妥抵用的原则，收款人开户行为收款人收进款项必须等付款人付款后才能进行，即在规定的某一等待付款时点后进行收款处理，这一时点习惯上称为退票时间（也称票据抵用时间）。这样收款人开户行受理支票结算业务后，首先应对票据和进账单进行单独保管，退票时间过后再进行处理。

1）持票人开户行的处理。持票人开户行收到客户交来的三联进账单和支票，按规定审核（同收、付款人在同一管辖行，收款人开户行受理持票人提交的支票）无误后，进账单第一联加盖受理凭证专用章后交持票人，进账单第二、三联由银行暂时保存，将转账支票加盖交换章后，通过同城票据清算等转付款人开户行。会计分录：

借：存放中央银行款项等

　　贷：同城交换清算或清算资金往来等

① 退票时间过后，未接到出票人开户行的退票通知，即可为收款人办理收账，以进账单第二联为贷方传票进行转账。会计分录：

借：同城交换清算或清算资金往来等

　　贷：××科目——收款人户

收账后，将进账单回单联加盖银行专用章交收款人。

② 在规定的退票时间内，若收到付款人开户行电话退票通知，收款人开户行则根据进账单编制转账贷方传票，将款项记入待付款，进账单暂时保存。会计分录：

借：同城交换清算或清算资金往来等

　　贷：其他应付款——待处理票据款项等

待下次交换，收到出票人开户行退回的支票时，再编制转账借方传票冲销待付款。会计分录：

借：同城交换清算或清算资金往来等

　　贷：存放中央银行款项等

借：其他应付款——待处理票据款项等

　　贷：同城交换清算或清算资金往来等

转账后将进账单和支票连同退票理由书一起退还收款人，交易纠纷客户自负。

2）付款人开户行的处理。付款人开户行收到收款人开户行提交的支票，按规定审核（同收、付款人在同一管辖行，收款人开户行受理持票人提交的支票，付款网点的审核），审核无误，而且出票人账户有款支付，即以支票为借方传票办理转账。会计分录：

借：同城交换清算或清算资金往来等

　　贷：存放中央银行款项等

① 审核无误，入账，会计分录：

借：××科目——出票人户

　　贷：同城交换清算或清算资金往来等

② 若出票人开户行收到支票，经审不符合规定或超过付款期限或单位账户不足支付退票时，做出退票理由书，将支票和退票理由书在下一场票据交换时提出，通过人民银行票据交换系统等提交到持票人开户银行；如过了交换票据时间发现需要退票，应立即电话通知收款人开户行，票据再在下一场交换给持票人开户银行。会计分录：

借：其他应收款——待处理票据款项等

　　贷：同城交换清算或清算资金往来等

下一场交换，将支票通过同城交换退还收款人时，再冲销待付款。会计分录：

借：存放中央银行款项等

　　贷：同城交换清算或清算资金往来等

借：同城交换清算或清算资金往来等

　　贷：其他应收款——待处理票据款项等

对于因出票人签发空头支票或签章与预留银行印章不符的支票，除办理退票外，应登记“空头或印章不符登记簿”，同时按规定编制罚款特种转账借、贷方传票，从出票人账户扣收罚款，计入银行收益。会计分录：

借：××科目——出票人户

　　贷：营业外收入——罚款收入

（2）出票人开户行受理支票的处理

1）付款人开户银行的处理。出票人签发支票后，委托银行将款项支付给收款人时，应填写一式三联进账单，连同支票送交开户行。出票人开户行接到出票人交来的支票和进账单，按规定认真审核无误后，以支票为借方传票进行转账。在进账单第一联上加盖受理凭证专用章作受理回单交给出票人。将进账单第二、三联提交持票人开户银行。转账支票加盖转讫章后作借方凭证，会计分录：

借：××科目——出票人户

　　贷：同城交换清算或清算资金往来等

提交票据至收款行，会计分录：

借：同城交换清算或清算资金往来等

　　贷：存放中央银行款项等

转账后，进账单第一联加盖转讫章作为回单交给出票人，进账单第二、三联加盖交换章，通过票据交换等转收款人开户行。如对方行退票，会计分录相反。

2）收款人开户银行的处理。收款人开户行收到通过交换等提入的进账单，审核：该进账单收款人为本行客户，账号正确，金额大小写正确。审核正确后加盖转讫章，以加盖转讫章的进账单第二联为贷方传票办理收账，进账单第三联作入账通知交收款人。会计分录：

借：存放中央银行款项等

　　贷：同城交换清算或清算资金往来等

① 审核无误，入账，会计分录：

借：同城交换清算或清算资金往来等

　　贷：××科目——收款人户

转账后，进账单第三联加盖转讫章后作为收账通知交收款人。

② 审核有误，退票，会计分录：

借：同城交换清算或清算资金往来等

  贷：其他应付款——待处理票据款项等

下一场交换重新提出，并冲销其他应付款，会计分录：

借：存放中央银行款项等

  贷：同城交换清算或清算资金往来等

借：同城交换清算或清算资金往来等

  贷：其他应收款——待处理票据款项等

（二）现金支票的业务处理

提取现金的客户将现金支票或其他支款凭证先交到银行的会计专柜，会计人员收到现金支票后，应审查：支票是否是统一规定印制的凭证，支票是否真实，提示付款期限是否超过；支票填明的收款人是否是该收款人，收款人是否在支票背面“收款人签章”，处签章，其签章是否与收款人名称一致；出票人账户是否有足够支付的款项；支票的大小写金额是否一致；出票人的签章是否符合规定，折角核对其签章（或通过电子验印系统核对）与预留银行签章是否相符，或电子验印是否通过；使用支票密码的，其密码是否正确；支票必须记载的事项是否齐全，出票金额、出票日期、收款人名称是否更改，其他记载事项的更改是否由原记载人签章证明；款项用途是否符合规定，收款人为个人的，还应审查其身份证件，是否在支票背面“收款人签章”处注明身份证件名称、号码及发证机关。确认现金支票或其他支款凭证正确无误后，会计部门将留下的现金支票（或其他支款凭证）代替现金付出凭证进行账务处理，审查无误后，发给铜牌，交收款人凭以向出纳取款。同时从出票人账户付出，将支票送出纳凭以付款后作借方凭证，会计分录：

1. 取款人在本行开户时

借：××科目——取款人户

  贷：现金

2. 取款人在他行开户时

取款银行：

借：辖内往来——通兑清算户

  贷：现金

他行的账务处理为：

借：××科目——取款人户

  贷：辖内往来——通兑清算户

记账后，柜员在现金支票上加盖“现金付讫”及个人名章，支票由银行内部传递到出纳部门，由出纳人员按配款的券别、张数将现款交付取款人当面验收。

（三）普通支票、划线支票的处理手续

出票人开户行收到收款人持普通支票支取现金的，比照现金支票处理手续办理。对普通支票办理转账的，比照转账支票的处理手续办理。持票人、出票人开户行对划线支票的处理，比照转账支票的处理手续办理。

（四）支票挂失、解挂

1. 支票挂失

支票丧失，失票人到付款行请求挂失时，应当提交一式三联的“挂失止付通知书”，付款行收到“挂失止付通知书”后，按规定审核“挂失止付通知书”填写是否完整：票据丧失的时间、地点和原因；票据的种类、号码、金额、出票日期、付款日期、收款人名称、付款人名称，挂失止付人的名称、营业场所或住所及联系方式等，并由挂失止付人签章。审查无误并确未付款的，第一联加盖业务公章交挂失申请人作受理回单，第二、三联粘贴在“挂失、止付登记簿”上，同时登记“挂失、止付登记簿”。手工账页在出票人账户账首明显处用红笔注明“×年×月×日第×号支票挂失付”字样，凭以掌握止付。操作系统进行账务处理的，在系统中录入挂失票据的号码和出票人账号进行挂失登记。

2. 支票解挂

银行业务人员受理挂失申请人要求解除挂失，交回的第一联“挂失止付通知书”，申请人是单位的应出示证明、个人应出示有效身份证件。核对第一联与原留存的第二联“挂失止付通知书”无误后，并查询确认该支票为挂失状态，经会计主管审批签字后处理作解除挂失处理。同时登记“挂失、止付登记簿”处理结果后让客户签字确认。

（五）支票的出售和收回

存款人购买支票时，应填写结算凭证领用单，并在客户付款联上加盖预留银行签章，经银行核对填写正确、签章相符，收取支票工本费和手续费后，在重要空白凭证登记簿上注明领用日期、存款人名称、支票起止号码以备查核。出售时应在每张支票上加盖本行行名和存款人账号，并记录支票号码，支付密码使用地区，每张支票给出一个支付密码。会计分录：

借：××存款——购买支票人户

　　贷：手续费收入等相关科目

付：重要空白凭证——转账支票（现金支票）

存款人撤销、合并结清账户时，应将未用空白支票填列三联清单全部交回银行切角作废；一联清单由银行盖章退交存款人，另一联作清户凭证附件，第三联银行登记作废重要空白凭证登记簿。

第三节　银 行 本 票

一、银行本票结算的基本规定

银行本票是银行签发的、承诺自己在见票时无条件支付确定的金额给收款人或者持票人的票据。用银行本票办理货币给付称作银行本票支付结算。办理银行本票付款业务是指代理付款行受理持票人提交的银行本票，经审核无误，通过清算系统发送或传递银行本票相关信息至出票银行，并根据返回的信息办理银行本票付款业务。银行本票具有现金的性质，使用灵活，既可以购物又可以流通转让，银行见票即付，适用范围广泛，单位和个人在同一票据交换地区需要支付的各种款项，均可使用银行本票。

对于银行本票的基本规定有：

1）银行本票的出票人，为经中国人民银行批准办理银行本票业务的银行机构，其签章为该银行的本票专用章加其法定代表人或其授权的代理人的签名或者盖章。银行本票的代理付款人是代理出票银行审核并支付银行本票款项的银行。

2）本票提示付款期限自出票日起，最长不超过 2 个月，超过提示付款期限的银行本票，银行不受理。

3）现金本票的签发，只限申请人和收款人均为个人的客户，银行不得为单位签发现金本票。签发现金银行本票金额超过 30 万元或同一日对同一申请人签发两张以上现金银行本票，须经开户银行上级行批准，并报中国人民银行当地分支机构备案。

4）在中国人民银行规定区域内的个人，不论是否开户，均可以使用银行本票支付各种款项。

5）签发银行本票必须记载下列事项：表明“银行本票”的字样；无条件支付的承诺；确定的金额；收款人名称；出票日期；出票人签章。欠缺记载上列事项之一的银行本票无效。

6）银行本票可以用于转账，注明“现金”字样的银行本票可以用于支取现金。本票上未划去“现金”和“转账”字样的，一律按照转账银行本票办理。

7）银行本票见票即付。跨系统银行本票的兑付，持票人开户银行可根据中国人民银行规定的金融机构往来利率，按实际垫付资金天数，向出票银行收取垫付资金利息。

8）办理银行本票业务要坚持印、押、证分管的原则。

二、银行本票的业务处理手续

申请人申请使用银行本票，应填写银行本票申请书，并加盖银行预留印章后提交出票行。申请人开户银行审核后出具银行本票。银行本票申请书一式三联，第一联为申请人存根，第二联为借方凭证，第三联为贷方凭证。银行本票由一式两联组成，第一联为本票卡片，第二联为银行本票（附式 5-4）。

附式 5-4

××银行　本票　　2　　000000000
00000000

提示付款期限自出票之日起贰个月

出票日期（大写）　　年　　月　　日

收款人：　　　　　　　　　　申请人：

人民币（大写）	亿	千	百	十	万	千	百	十	元	角	分

□ 转账　□ 现金　　　　　　密押______
　　　　　　　　　　　　　　行号______

备注　　　出票行签章　　　出纳　　复核　　经办

8cm×17cm（专用水印纸蓝油墨）

（一）签发银行本票

申请人申请签发本票时，应按规定填写银行本票申请书。

银行本票申请书中应详细填明收款人、申请人名称、签发本票金额、种类、申请日期等。申请人转账签发的，不能签发本票的网点开户申请人需要使用本票，应将款项划付出票行，申请人开户行向出票行申请办理银行本票时，要重新填写申请书，并在申请书的用途或备注栏注明原申请人的名称和账号，并将申请书第二、三联交开户行，若以现金签发的，应填交申请书第三联连同现款交出票行。

出票银行受理客户提交的申请书，应认真审核：申请书的日期、金额、收款人名称是否更改，有更改的银行不予受理，其他记载事项若有更改，有无原记载人签章证明。申请人的签章是否符合规定，与预留银行的签章是否相符，使用支付密码的，其密码是否正确。申请书填明“现金”字样的，应审查其申请人和收款人是否均为个人，是否填写代理付款行名称；如申请人与收款人一方不是个人的，不予签发现金银行本票。对于转账签发的，以申请书第二、三联为借、贷传票予以收款。会计分录：

借：××科目——申请人户

　　贷：开出本票

　　贷：手续费收入

付：重要空白凭证——银行本票

签发现金银行本票，出纳点收现款无误后，会计人员以申请书第三联为贷方传票办理。会计分录：

借：现金

　　贷：开出本票

　　贷：手续费收入

付：重要空白凭证——银行本票

出票行在办理转账或收妥现金以后，签发银行本票。用于转账的本票，须在本票上划去“现金”字样；按照支付结算办法规定可以用于支取现金的本票，须在本票上划去“转账”字样。申请书的备注栏内注明“不得转让”的，出票行应当在本票正面注明。银行本票属于重要的凭证，其签发必须严格按规定办理。本票第一联卡片加盖经办员、复核员名章并经客户签收后留存，专夹保管；第二联本票加盖本票专用章和经办员、复核员名章，使用压数机的，应在“人民币大写”栏右端压印小写金额后交与客户。

（二）银行本票的付款

1. 业务审核

代理付款行接到在本行开户的持票人交来的本票及一式三联进账单，应认真审核：

1）本票是否为统一规定印制的凭证，本票是否真实，提示付款期限是否超过。

2）现金本票是否属本行解付；本票填明的持票人是单位的是否在本行开户，持票人名称是否为该持票人，与进账单上的名称是否相符；现金本票上填写的申请人和收款人是否均为个人。

3）出票行的签章是否符合规定，加盖的本票专用章是否与印模相符。

4）使用压数机的，是否有压数机压印金额，与大写的出票金额是否一致。

5）本票必须记载事项是否齐全，出票金额、出票日期、收款人名称是否更改，大小写金额是否相符；其他记载事项的更改是否由原记载人签章证明。

6）持票人是否在本票背面“持票人向银行提示付款签章”处签章，背书转让的本票是否按规定范围转让，其背书是否连续，签章是否符合规定，背书使用粘单的是否按规定在粘接处签章；现金本票的收款人在本票背面“持票人向银行提示付款签章”处是否签章和注明身份证件名称、号码及发证机关，并要求提交收款人身份证复印件留存备查。

7）现金本票收款人委托他人向代理付款行提示付款的，必须查验收款人和被委托人的身份证件，在本票背面是否作委托收款背书，是否注明收款人和被委托人的身份证件名称、号码及发证机关，并要求提交收款人和被委托人身份证件复印件留存备查。

8）进账单和银行本票上填写的相关内容是否与提交的本票及身份证件一致。

2. 转账本票付款的处理

在银行本票、进账单第二联上加盖转讫章和记账员名章，在银行本票上记载兑付日期。银行本票作借方凭证，身份证复印件作为进账单第二联贷方凭证的附件，在进账单第一联上加盖受理凭证专用章、第三联上加盖转讫章后一并交持票人，将本票通过票据交换转出票行。会计分录：

借：同城交换清算或辖内往来等

　　贷：××科目——持票人户

3. 现金本票付款的处理

按规定，现金本票提示付款只能到出票行办理。出票银行收到持票人或被委托人提交的现金本票，认真进行审核，并与原留存本票卡片或存根核对无误后，办理付款手续，以本票为借方传票，本票卡片或存根联为附件办理付款。会计分录：

借：开出本票

　　贷：现金

记账后，将本票内部传递给出纳凭以向持票人支付现金。

（三）银行本票结清的处理

1. 持票人、申请人在同一行的本票结清

持票人持本行签发的银行本票，向本行提示付款时，除按规定在本票背面背书外，应填写一式三联进账单连同本票交本行。审核正确后，抽出专夹保管的本票卡片，确认是否为本网点签发。以本票为借方传票，进账单第二联为贷方传票，进行支付并结清本票的处理。会计分录：

借：开出本票

　　贷：××科目——收款人或被背书人户

转账后，进账单第三联收账通知联加盖转讫章退还持票人。

2. 本行签发他行付款的本票结清

出票行收到票据交换提入的本票，抽出原专夹保管的本票卡片或存根，经核对相符，确属本行签发的本票，以本票为借方传票，本票卡片或存根为附件，进行结清本票的处理。会计分录：

借：开出本票

　　贷：同城交换清算或辖内往来等

（四）银行本票退款和超过付款期的处理

1. 申请人申请退款

在票据权利时效内，申请人因银行本票超过付款期限或其他原因要求退款时，应填制一式三联进账单连同本票提交出票行，申请人为单位的，应出具该单位证明；申请人为个人的应出具本人的身份证明。

出票行审核银行本票、进账单及要素真实、完整、合规并与银行本票登记簿对应记录核对无误后，在本票上注明“未用退回”字样，核验密押，并通过实时清算系统进行入账处理。对于在本行开立人民币结算账户的申请人，只能将款项转入原申请人账户；对于现金银行本票和未在本行开立人民币结算账户的申请人，才能退付现金。以进账单为贷方传票，本票为借方传票（卡片或存根为附件）办理退款的处理。

会计分录：

借：开出本票

　　贷：××科目——申请人户或现金

进账单第二联贷方凭证，第三联加盖转讫章后退交申请人，现金本票则由出纳将现款支付给申请人。

2. 超过付款期付款的处理

持票人超过付款期限不获付款的，在票据权利时效内请求付款时，应当向出票行说明原因，出票行审核无误后，在本票上注明“逾期付款”字样，办理付款手续。账务处理同正常付款。

第四节　银行汇票

一、银行汇票结算的基本规定

银行汇票是由出票银行签发的，是银行在见票时按实际结算金额无条件支付给持票人的票据。银行汇票的出票银行为银行汇票的付款人，用银行汇票办理结算称作银行汇票结算。

银行汇票结算适用范围广、灵活、便捷，单位、个体经济户和个人各种经济活动款项的结算均可使用。银行出票后，持票人在同城的他行或异地银行兑付。在银行汇票出票金额内，持票人可根据实际需要使用，如有多余金额银行代为收回，方便了客户。

对于银行汇票的基本规定有：

1）单位和个人各种款项结算，均可使用银行汇票。银行汇票可以用于转账，填明“现金”字样的银行汇票可以用于支取现金。

2）银行汇票一律采取记名式，能确定收款人，应详细注明收款人的名称；若无法确定收款人，可按规定填写指定的收款人，该收款人可在签发地，也可在兑付地。

3）企业单位不得使用现金银行汇票，银行不得为企业单位签发和解付现金银行汇票。签发现金银行汇票的，申请人和收款人必须均为个人，并交存现金。

4）银行汇票必须记载以下事项：表明“银行汇票”的字样、无条件支付的承诺、出票金额、收付款人名称、出票日期及出票人签章。欠缺记载上列事项之一的，银行汇票无效。

5）银行汇票的代理付款人是代理本系统出票行或跨系统签约银行审核支付汇票款项的银行。代理付款人不得受理未在本行开立存款账户的持票人为单位直接提交的银行汇票。跨系统银行签发的转账银行汇票的付款，应通过同城票据交换将银行汇票和解讫通知提交给同城的有关银行审核支付后抵用。

6）收款人可以将银行汇票背书转让给被背书人。银行汇票的背书转让以不超过出票金额的实际结算金额为准。未填明实际结算金额和多余金额或实际结算金额超过出票金额的银行汇票不得背书转让。

7）持票人向银行提示付款时，必须同时提交银行汇票和解讫通知，缺少任何一联，银行不予受理；申请人缺少解讫通知联要求退款的，出票行应在汇票提示付款期满一个月后按规定办理。

8）银行汇票的提示付款期限自出票日起一个月。持票人超过付款期限提示付款的，代理付款行不予受理。

9）收款人提示付款时，未填明实际结算金额和多余金额或实际结算金额超过出票金额的，银行不予受理。银行汇票实际结算金额不得更改，更改实际结算金额的银行汇票银行不予受理。

10）持票人向开户银行提示付款时，应在汇票背面“持票人向银行提示付款签章”处签章，签章必须与预留银行印鉴相符。未在银行开立存款账户的个人持票人，可向选择的任何一家银行机构提示付款，提示付款时应在汇票背面“持票人向银行提示付款签章”处签章，并填明本人的身份证件名称、号码、发证机关，并要求其提交身份证件和复印件。

11）持票人对填明“现金”字样的银行汇票，需要委托他人向银行提示付款的，应在银行汇票背面背书栏签章，记载“委托收款”字样、被委托人姓名和背书日期以及委托人的身份证件名称、号码、发证机关。被委托人向银行提示付款时，也应在银行汇票背面“持票人向银行提示付款签章”处签章，记载身份证件名称、号码、发证机关，银行应校验委托人和被委托人身份证件，并留存委托人和被委托人身份证件复印件备查。

12）办理银行汇票业务要坚持印押证分管分用的原则。

二、银行汇票的业务处理手续

申请人申请使用银行汇票，应填写银行汇票申请书，并加盖银行预留印章后提交出票行。申请人开户银行审核后出具银行汇票。银行汇票申请书一式三联，第一联为申请人存根，第二联为借方凭证，第三联为贷方凭证。银行汇票由一式四联组成，第一联为本票卡片，第二联为银行汇票（附式 5-5），第三联为解讫通知，第四联为多余款收账通知。

附式 5-5

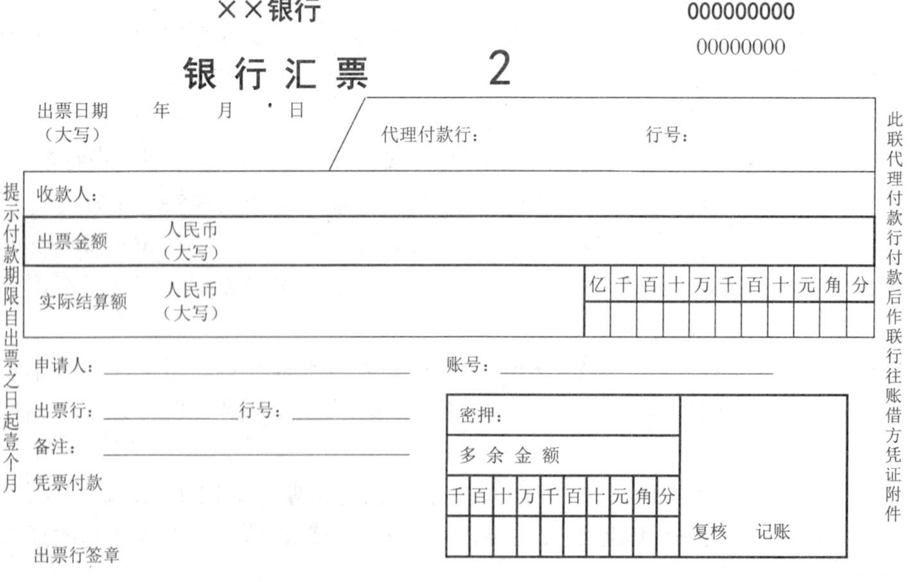

××银行

000000000

00000000

银行汇票 2

出票日期（大写） 年 月 日

代理付款行： 行号：

提示付款期限自出票之日起壹个月

收款人：

出票金额 人民币（大写）

实际结算额 人民币（大写）

亿	千	百	十	万	千	百	十	元	角	分

申请人： 账号：

出票行： 行号：

备注：

凭票付款

出票行签章

密押：

多余金额

千	百	十	万	千	百	十	元	角	分

复核 记账

此联代理付款行付款后作联行往账借方凭证附件

10cm×17.5cm（专用水印纸蓝油墨，出票金额栏加红水纹）

（一）签发银行汇票

出票银行受理客户提交的申请书，应认真审核：申请人是否在本行开户；账号、预留银行印鉴是否正确；出票日期、出票金额和收款人名称有无更改，其他记载事项若有更改，是否有原记载人签章证明；金额大、小写是否一致，是否有足额款项支付；申请书大写金额前填明现金字样的，申请人和收款人是否均为个人，是否已交存现金，是否填写确定的代理付款行。

1. 现金银行汇票的签发

出纳人员收妥现金后，在申请书上加盖现金收讫章和业务人员名章后，第一联交客户留存，将申请书第二、三联内部传递给会计人员，会计人员以第三联为贷方传票办理转账，并签发银行汇票。会计分录：

借：现金

　　贷：开出汇票

　　贷：手续费收入

付：重要空白凭证——银行汇票

2. 转账银行汇票的签发

业务人员审核申请书正确无误后，以申请书第二联借方传票，第三联贷方传票，办理转账，并签发银行汇票。会计分录：

借：××科目——申请人户

　　贷：开出汇票

　　贷：手续费收入

付：重要空白凭证——银行汇票

银行签发汇票后，在汇票结算凭证第二联银行汇票上由经办人、复核人签名或签章和加盖全国联行往来专用章，并用压数机压印汇款金额，现金银行汇票应在“汇款金额”栏大写金额前写明“现金”字样。将银行汇票申请书第一联、银行汇票联和第三联汇款解讫通知一并交申请人。

签发行以第一联汇票结算凭证作为“开出汇票”科目的卡片账，在逐笔登记“签发银行汇票登记簿”后，与第四联多余款收账通知一并专夹保管。

（二）银行汇票的兑付

1. 业务审核

受理客户提交的银行汇票、解讫通知和一式三联进账单时应审核以下内容：

1）汇票和解讫通知是否齐全、汇票号码和记载内容是否一致。

2）汇票是否为统一规定印制的，汇票是否真实。

3）汇票是否在提示付款期内。

4）汇票填明的持票人是否在本行开户，持票人名称是否为该持票人，汇票上的持票人或收款人与进账单上的收款人名称是否一致；交换提入的汇票上是否加盖交换章。

5）汇票上必须记载事项是否齐全，出票日期、出票金额、实际结算金额、收款人名称是否有更改，更改的其他记载事项是否由原记载人签章证明；压数金额与大写出票金额是否一致。

6）汇票的实际结算金额大小写是否一致，是否在出票金额内，与进账单金额是否一致，多余金额结计是否正确；全额进账的，汇票实际金额必须填入全部金额，多余金额栏填写“—0—”。

7）持票人是否在汇票背面作委托收款背书；持票人在本行开户的，其签章是否与其预留签章一致；持票人为未在本行开户的个人的，是否提交身份证件及其复印件，并审查其身份证件是否为其本人证件，是否真实有效，汇票背面是否填明本人身份证件名称、号码及发证机关；是否提交持票人身份证件复印件。

8）客户提交现金银行汇票，要求支取现金的，还应审查汇票的申请人和收款人是否均为个人；现金大写金额前是否注明“现金”字样；代理付款行是否为本行。

9）汇票正面记载“不得转让”字样的汇票不得背书转让；允许背书转让的汇票的背书是否连续，是否在规定的范围内转让。

10）本行代理付款的银行汇票上的汇票专用章或结算章与印模是否一致；使用密押的，密押是否正确；压数机压印的金额是否由统一制作的压数机压印。

11）转账汇票，持票人要求支取现金的，按现金管理规定审查支付。

审核无误后按不同的情况以账务处理。

2. 代理付款行直接解付的处理

（1）持票人开立存款账户的账务处理

持票人在代理付款行开立存款账户的，经审核无误后，办理转账，会计分录：

借：清算资金往来或辖内往来等

　　贷：××科目——持票人户

银行汇票作借方凭证，解讫通知作其附件；进账单第二联加盖转讫章作贷方传票，第三联加盖转讫章交客户作入账通知。

（2）兑付未在本行开户的个人持票人的账务处理

个人持票人持有转账银行汇票，按规定可选择任何一家商业银行提示付款。

1）向未在代理付款行开户的个人持票人申请兑付转账银行汇票的，审核无误后进行账务处理。会计分录：

借：清算资金往来或辖内往来等

　　贷：应解汇款——持票人户

在进账单第二、三联及银行汇票上加盖转讫章和柜员名章，银行汇票作为借方凭证，解讫通知作其附件；进账单第二联作为贷方凭证，进账单第三联交持票人。转账后，按客户的不同要求解付汇票。

持票人需要一次或分次支取的，应填制支款凭证，向银行交验身份证件，并在凭证上签章，注明身份证件名称、号码及发证机关，办理支取手续。会计分录：

借：应解汇款——持票人户

　　贷：××科目——持票人户

2）向未在代理付款行开户的个人持票人申请兑付现金银行汇票的，审核银行汇票无误后，进行记账处理。会计分录：

借：清算资金往来或辖内往来等

　　贷：应解汇款——持票人户

款项收妥后，在进账单第二、三联及银行汇票上加盖转讫章和柜员名章；银行汇票作为借方凭证，解讫通知作附件；进账单第二联作为贷方凭证，进账单第三联交持票人。留存持票人身份证件复印件后，办理现金付款手续，并由持票人在付款凭证上签章。会计分录：

借：应解汇款——持票人户

　　贷：现金

持票人需要转汇时，在办理解付后，可以委托兑付银行办理信、电汇结算或重新签发银行汇票。但转汇的银行汇票必须全额解付。

3. 持票人开户银行不能直接解付的处理

接到在本行开户的持票人或未在本行开立账户的持票人为个人交来的银行汇票和解讫通知及一式三联进账单，审核银行汇票、解讫通知、进账单要素真实、完整、合规。审核无误后，在第一联进账单上加盖受理凭证专用章交持票人。银行汇票、解讫通知书加盖当地人民银行规定的交换印章后，按同城票据交换的有关规定提交至代理付款行审查支付；第二、三联进账单留底专夹保管，待代理付款行解付后，记入收款人账户。会计分录：

借：同城交换清算——同城清算资金往来等

　　贷：××科目——××持票人户

4. 代理付款行解付的账务处理

收到交换提入的银行汇票和解讫通后，审核无误加盖转讫章和经办员名章，进行账务处理，会计分录：

借：同城交换清算——同城清算资金往来等

　　贷：清算资金往来等

（三）银行汇票的结清

出票行接到代理付款行经资金汇划系统传输来的数据或寄来联行借方报单以及汇票解讫通知时，抽出专夹保管的汇票第一、四联核对无误后，在汇票第一、四联填写实际结算金额，有多余款的，第四联填写多余款金额作为记账凭证，退回出票人账户。

1. 汇票全额付款的处理

汇票全额付款是指汇票签发金额和实际结算金额相等，无多余款。会计分录：

借：开出汇票

贷：清算资金往来、辖内往来或同城交换清算等

银行汇票第一联作借方传票（银行汇票第四联为附件）办理转账。转账后销记银行汇票签发登记簿。

2. 汇票有多余款的付款

汇票有余款的付款是指汇票实际结算金额小于签发金额，有多余款。汇票结清时，应以汇票第一联为借方传票，第四联作为多余款项收账通知交申请人。

1）出票人在银行开立结算账户的，会计分录：

借：开出汇票

贷：清算资金往来、辖内往来或同城交换清算等

贷：××科目——申请人户

2）出票人为个人或未在银行开立账户的，应将多余款项转入其他应付款科目。会计分录：

借：开出汇票

贷：清算资金往来、辖内往来或同城交换清算等

贷：其他应付款——××银行汇票余款户

出票人为个人来行取款时，应交验个人身份证件，审核无误后再受理，办理转账或现金支付。会计分录：

借：其他应付款——××银行汇票余款户

贷：现金或有关科目

（四）银行汇票退回、超期付款和挂失

1. 退回的处理

申请人由于超过提示付款期限或其他原因要求退款的，应向出票行交回汇票及解讫通知。申请人为单位的，应由单位出具正式公函说明原因，申请人为个人的，应出示本人有效身份证件。签发行审核银行汇票、解讫通知及要素是否真实、完整、合规；以及和签发银行汇票登记簿记载的要素是否一致。审核无误后，在银行汇票、解讫通知上填写“未用退回”字样，并进行银行汇票退回核销处理，销记签发银行汇票登记簿。申请人为单位的，票款只能退回原申请人账户；申请人为个人且交存现金的，可凭本人有效身份证件支取现金。会计分录：

借：开出汇票

贷：××科目——申请人户

或

贷：现金

在银行汇票卡片、银行汇票、解讫通知、多余款收账通知联加盖转讫章，银行汇票卡片作借方凭证，银行汇票作其附件，解讫通知作贷方凭证，多余款客户回单交申请人。

对代理付款银行查询过的汇票，应在汇票出票日起一个月后方能办理退款；申请人

由于短缺解讫通知要求退款的，应当备函向出票行说明短缺原因并交回持有的银行汇票，出票行于提示付款期满一个月后比照退款手续办理退款。

2. 超期付款的处理

持票人超过付款期限不获付款的，在票据权利时效内请求付款，应备函说明原因，应向出票银行说明原因，并交回汇票和解讫通知。持票人为个人的还应交验本人身份证件，并要求其留存身份证件复印件备查。签发行审核银行汇票、解讫通知及要素是否真实、完整、合规；以及和签发银行汇票登记簿记载的要素是否一致。核对无误后，在汇票和解讫通知的备注栏填写“逾期付款”字样，办理付款手续，并一律通过应解汇款科目核算，分别作如下处理。

（1）汇票全额付款

在银行汇票卡片实际结算金额栏填入出票金额，多余金额处注明“—0—”，在汇票第二、三联的备注栏填写“超期付款”字样。以汇票卡片为借方传票，解讫通知为贷方传票，多余款收账通知为贷方传票附件进行账务处理，同时销记签发银行汇票登记簿，会计分录：

借：开出汇票

　　贷：应解汇款——持票人户

汇票款项支付给持票人账户时，会计分录：

借：应解汇款——持票人户

　　贷：××科目——申请人户

或

　　贷：现金

（2）汇票有余款

银行汇票有余款的，应在银行汇票卡片上填写实际结算金额和多余款金额。在银行汇票卡片、银行汇票、解讫通知、多余款收账通知联加盖核算用章。银行汇票卡片作借方凭证，银行汇票作其附件；解讫通知作贷方凭证，多余款项收账通知交回申请人。会计分录：

借：应解汇款——持票人户

　　贷：××科目——申请人户

或

　　贷：其他应付款——现金汇票余款

销记登记簿后，将余款通知交申请人，向持票人办理付款按全额付款的处理办理。

3. 银行汇票挂失的处理

失票人丧失填明“现金”字样及代理付款行的汇票，向代理付款人或出票人办理挂失时，应当提交一式三联的挂失止付通知书（第一联受理回单，第二联登记挂失登记簿，第三联凭以拍发电报），银行收到以后分别作如下处理：

1）兑付行接到失票人提交的挂失止付通知书，按规定进行审核：挂失申请书的内容是否齐全、符合要求；挂失的汇票是否为确属本行受理的现金银行汇票；失票人为个人的身份证件与签发银行汇票登记簿上记载的出票申请人或收款人名称是否一致；挂失的汇票经查询核实确未付款，方可以办理挂失手续。在第一联止付通知书上加盖银行业务公章作为受理回单交失票人，第二、三联通知书登记“银行汇票挂失登记簿”后专夹保管，凭以掌握付款。若失票人委托代理付款人通知出票行挂失的，代理付款行则以止付通知书第三联向出票行发出挂失通知。

出票行接到代理付款行发来的挂失止付通知，应抽出原存保管的汇票卡片和多余款收账通知核对无误后，将止付通知书，汇票一、四联一并另行保管，凭以控制付款或退款。

2）签发行接到失票人提交的挂失止付通知书，按照兑付行的要求审核止付原因，审核挂失是否符合要求，并办理挂失手续。在第一联止付通知书上加盖银行业务公章作为受理回单交失票人，第二、三联通知书登记“银行汇票挂失登记簿”后专夹保管，凭以掌握付款。抽出原存保管的汇票卡片和多余款收账通知核对无误后，将止付通知书，汇票一、四联一并另行保管，凭以控制付款或退款。

如失票人委托出票行通知代理付款行挂失的，应立即向代理付款行发出挂失通知，采取电报通知的，凭第三联挂失止付通知书拍发电报。

代理付款行收到挂失通知后，查对确未付款后，挂失止付通知专夹保管，凭以掌握止付。

3）丧失银行汇票的，失票人凭人民法院出具的其享有该汇票票据权利以及实际结算金额的证明，向出票银行请求付款或要求退款时，柜员经审查汇票确未支付的，比照银行汇票的退款和超过提示付款期限的付款手续处理。

第五节　商 业 汇 票

一、商业汇票的基本规定

商业汇票是出票人签发的，委托付款人在指定日期无条件支付确定金额给收款人或者持票人的票据。此种票据产生于合法的商品交易，其出票人既可以是收款人，也可以是付款人，但必须由承兑人承兑，并于汇票到期日向收款人或持票人支付款项，由于商业汇票有相应的商品价值为基础，汇票到期就以汇票所代表的商品实现的价值来偿付，因此商业汇票信用可靠。

（一）商业汇票的种类

商业汇票按承兑人不同，可分为商业承兑汇票和银行承兑汇票。银行承兑汇票是在承兑银行开立存款账户的存款人（即承兑申请人）签发的，经承兑银行承兑，在指定日期无条件支付确定金额给收款人或者持票人的票据。商业承兑汇票是由付款人或收款人签发，经付款人承兑，在指定日期无条件支付确定金额给收款人或者持票人的票据。商业汇票的付款人为承兑人。

电子商业汇票是指出票人依托电子商业汇票系统，以数据电文形式制作的，委托付款人在指定日期无条件支付确定金额给收款人或者持票人的票据。电子商业汇票分为电子银行承兑汇票和电子商业承兑汇票（附式 5-6）。电子银行承兑汇票由银行业金融机构、财务公司（以下统称金融机构）承兑；电子商业承兑汇票由金融机构以外的法人或其他组织承兑。电子商业汇票的付款人为承兑人。

附式 5-6

电子商业承兑汇票

出 票 日 期　　　　　　　　　　　　　　　　票据状态：

汇票到期日　　　　　　　　　　　　　　　　票据号码

<table>
<tr><td rowspan="3">出票人</td><td>全　称</td><td colspan="3"></td><td rowspan="3">出票人</td><td>全　称</td><td colspan="11"></td></tr>
<tr><td>账　号</td><td colspan="3"></td><td>账　号</td><td colspan="11"></td></tr>
<tr><td>开户银行</td><td colspan="3"></td><td>开户银行</td><td colspan="11"></td></tr>
<tr><td colspan="2">出票保证信息</td><td colspan="3">保证人名称：</td><td colspan="6">保证人地址：</td><td colspan="7">保证日期：</td></tr>
<tr><td colspan="2" rowspan="2">票据金额</td><td colspan="5" rowspan="2">人民币
（大写）</td><td>亿</td><td>千</td><td>百</td><td>十</td><td>万</td><td>千</td><td>百</td><td>十</td><td>元</td><td>角</td><td>分</td></tr>
<tr><td></td><td></td><td></td><td></td><td></td><td></td><td></td><td></td><td></td><td></td><td></td></tr>
<tr><td colspan="2" rowspan="2">承兑人信息</td><td>全　称</td><td></td><td colspan="2">开 户 行 行 号</td><td colspan="12"></td></tr>
<tr><td>账　号</td><td></td><td colspan="2">开 户 行 名 称</td><td colspan="12"></td></tr>
<tr><td colspan="2">交易合同号</td><td colspan="3"></td><td rowspan="2">承兑信息</td><td colspan="12">出票人承诺：本汇票请予以承兑，到期无条件付款</td></tr>
<tr><td colspan="2">能否转让</td><td colspan="3"></td><td colspan="12">承兑人承兑：本汇票已经承兑，到期无条件付款
承兑日期</td></tr>
<tr><td colspan="2">承兑保证信息</td><td colspan="3">保证人名称：</td><td colspan="6">保证人地址：</td><td colspan="7">保证日期：</td></tr>
<tr><td colspan="2" rowspan="2">评价信息（由出票人、承兑人自己记载，仅供参考）</td><td>出 票 人</td><td colspan="4">评级主体：</td><td colspan="6">信用等级：</td><td colspan="6">评级到期日：</td></tr>
<tr><td>承 兑 人</td><td colspan="4">评级主体：</td><td colspan="6">信用等级：</td><td colspan="6">评级到期日：</td></tr>
</table>

（二）商业汇票的使用规定

1）纸质商业汇票必须记载以下事项：表明“商业承兑汇票”或“银行承兑汇票”的字样、无条件支付的承诺、出票金额、收付款人名称、出票日期及出票人签章。

电子商业汇票出票必须记载下列事项：表明“电子银行承兑汇票”或“电子商业承兑汇票”的字样；无条件支付的委托；确定的金额；出票人名称；付款人名称；收款人名称；出票日期；出票人签章。

欠缺记载上列事项之一的，商业汇票无效。

2）商业汇票的收、付款人必须在银行开立存款账户的法人或其他组织，出票人与付款人具有真实的委托付款关系；资信状况良好，具有支付汇票金额的可靠资金来源；在同城或异地均可使用。电子商业汇票的出票人与收款人不得为同一人。

3）商业汇票必须经过承兑，承兑人即付款人才负到期无条件支付票款的责任。定日付款或者出票后定期付款的商业汇票，电子商业汇票为定日付款票据，持票人应当在汇票到期日前向付款人提示承兑；见票后定期付款的汇票，持票人应当自出票日起 1 个月内向付款人提示承兑。汇票未按照规定期限提示承兑的，持票人丧失对其前手的追索权。

4）纸质商业汇票的付款期限自出票日开始计算，最长为 6 个月，电子商业汇票的付款期限自出票日开始计算，最长为 1 年。

5）持票人提示付款时，应通过开户银行委托收款或直接向付款人提示付款。

纸质商业汇票的提示付款期限，自汇票到期日起 10 日，纸质商业汇票持票人超过提示付款期限提示付款的，持票人开户银行不予受理；电子商业汇票持票人超过提示付款期限提示付款的，接入机构不得拒绝受理。

电子商业汇票提示付款，必须记载下列事项：提示付款日期；提示付款人签章。持票人可与接入机构签订协议，委托接入机构代为提示付款并代理签章。

票据当事人在电子商业汇票上的签章为该当事人可靠的电子签名，并符合《中华人民共和国电子签名法》。

6）商业汇票在提示付款期限内可以背书转让，其背书必须是连续的；出票银行在商业汇票上填明“不得转让”字样的以及做成委托收款背书的商业汇票不得背书转让。

7）银行承兑汇票一经承兑，承兑行应按汇票金额向承兑申请人收取万分之五的手续费。银行承兑汇票申请人在汇票到期日未能足额交存票款的，应对出票人尚未支付的汇票金额按照每日万分之五计收利息。

8）商业承兑汇票的付款人收到汇票付款通知，应在当日通知开户行付款（付款人提前收到由其承兑的商业汇票，应通知银行于汇票到期日付款）。对付款人接到通知日的次日起 3 日内（遇法定休假日顺延）未通知银行付款的，视同付款人承诺付款，银行应于付款人接到通知日的次日起第 4 日（法定休假日顺延）上午营业时，将票款划给持票人。

9）付款人存在合法抗辩事由拒绝支付的，应自接到通知日的次日起 3 日内，作成拒付证明交送开户银行，银行将拒付证明连同汇票邮寄持票人开户行转持票。

电子商业汇票承兑人付款或拒绝付款，必须记载下列事项：承兑人名称；付款日期或拒绝付款日期；承兑人签章。

10）票据当事人通过电子商业汇票系统作出行为申请，行为接收方未签收且未驳回的，票据当事人可撤销该行为申请。电子商业汇票系统为行为接收方的，票据当事人不得撤销。

11）纸质商业汇票银行办理划款时，付款人存款账户不足支付的，应填制付款人未付票款通知书，连同汇票邮寄持票人开户行转交持票人，同时对付款人按规定进行经济处罚。

12）商业汇票只能转账，不能支取现金。

二、商业汇票的业务处理

（一）商业承兑汇票的业务处理

商业承兑汇票由交易双方商定签发，该汇票由一式三联组成，第一联为汇票卡片，第二联为汇票（附式 5-7），第三联为存根。由收款人签发的汇票，应交付款人承兑；由付款人签发的汇票，应经本人承兑。无论何人签发，均由付款人在汇票正面签署“承兑”字样，并加盖预留银行印鉴后，将汇票第二联交收款人。

附式 5-7

商业承兑汇票　2

00000000
00000000

出票日期　　年　　月　　日
（大写）

付款人	全　称		收款人	全　称	
	账　号			账　号	
	开户银行			开户银行	

出票金额	人民币（大写）	亿	千	百	十	万	千	百	十	元	角	分

汇票到期日（大写）		付款人开户行	行号	
交易合同号码			地址	

本汇票已经承兑，到期无条件支付票款。 承兑人签章 承兑日期　年　月　日	本汇票请予以承兑，于到期日付款。 出票人签章

此联持票人开户行随托收凭证寄付款人开户行作借方凭证附件

10cm×17.5cm（专用水印纸蓝油墨，出票金额栏加红水纹）

1. 持票人开户行受理汇票的处理

持票人凭商业承兑汇票委托银行收款时，应填制一式五联托收凭证，并在托收凭证上注明“商业承兑汇票”、汇票号码，商业汇票背面加盖预留银行印章，将商业汇票及托收凭证一并交开户行。

银行受理汇票时，按规定审核：商业汇票是否是统一规定印制的凭证，提示付款期限是否超过；商业汇票上填明的持票人是否在本行开户；出票人、承兑人的签章是否符合规定；汇票必须记载的事项是否齐全，出票金额、出票日期、收款人名称是否更改，其他记载事项的更改是否由原记载人签章证明；是否作成委托收款背书，背书转让的汇票其背书是否连续，签章是否符合规定，背书使用粘单的是否按规定在粘接处签章；托收凭证的内容是否与商业汇票相符。

经审查无误，在托收凭证各联上加盖“商业承兑汇票”戳记。其余手续按照发出托收凭证的手续处理。

2. 付款人开户行收到汇票的业务处理

付款人开户行收到持票人开户行寄来的托收凭证及汇票，审核参照持票人开户银行的审核项目，并审核托收凭证是否加盖持票人开户银行的“商业承兑汇票”专用章，付款人确在本行开户，承兑人在汇票上的签章与预留银行签章相符，在托收凭证上注明“汇票到期请于 3 日内办理付款”字样，登记“收到委托收款登记簿”，并在该登记簿上注明“商业承兑汇票”字样后，托收凭证第三、四联及商业汇票暂存，托收凭证第五联交付款人并签收。

付款人接到通知应向银行提交付款通知，付款人开户行接到付款人的付款通知或在付款人接到开户行通知的次日起 3 日内未接到付款人的付款通知，而且付款人账户又有足够支付能力，银行按规定办理划款，银行以托收凭证第三联作为借方传票委托收款付款的处理办理。会计分录：

借：××科目——付款人户

　　贷：清算资金往来、辖内往来或同城交换清算等

转账后，托收凭证第四联加盖转讫章后通过票据交换或随联行报单转持票人开户行。

3. 持票人开户行收款的处理

持票人开户行收到异地或同城他行转来的托收凭证第四联经与原存托收凭证第二联进行核对，无误后办理收账。会计分录：

借：清算资金往来、辖内往来或同城交换清算等

　　贷：××科目——持票人户

其余处理与委托收款收账时处理相同。

4. 商业承兑汇票特殊情况的处理

商业承兑汇票特殊情况包括：汇票到期，承兑人账户资金不足支付或无款支付；在规定的期间，付款人向银行提供抗辩事由办理拒绝付款。

（1）付款人账户资金不足或无款支付的处理

付款人开户行向付款人发出支付通知后，在规定的期间没有接到付款人付款的书面通知，银行办理划款时，付款人存款账户不足或无款支付，银行则在托收凭证第四联及登记簿上注明“付款人无款支付票款，现予退回”字样，同时编制一式四联未付票款通知书，加盖业务公章后，将其中两联通知书连同商业汇票、托收凭证第四联一并邮寄持票人开户行，另两联通知书，一联交付款人，一联与托收凭证第三联一并保管留存。

持票人开户行收到付款人开户行转来的商业汇票，托收凭证第四联及两联付款人未付票款通知书，经与原存款托收凭证第二联核对无误后，在托收凭证第二联及发出委托收款结算凭证登记簿上注明“付款人无款支付，汇票退回”字样后，将托收凭证第二联及一联通知书留存以便备查，另一联通知书、汇票及托收凭证第四联一并退交持票人，交易纠纷问题由客户自行处理。

（2）商业承兑汇票拒付的处理

在付款人接到通知日的次日起 3 日内收到付款人的合法拒绝付款证明时，付款人应填具一式四联汇票拒付理由书，连同托收凭证第五联一起送交开户行。

付款人开户行受理拒付理由书及托收凭证第五联，经审无误，在拒付理由书第一联

加盖银行业务公章后退交付款人，在商业汇票和托收凭证第三、四、五联及登记簿上注明“拒绝支付商业承兑汇票票款”字样后，将拒付理由书第四联留存备查，将汇票、托收凭证以及拒付理由书第二、三联一并邮寄持票人开户行。

持票人开户行收到退回的汇票、托收凭证以及拒付理由书，找出原存托收凭证第二联，并在托收凭证第二联及登记簿上注明“付款人拒绝支付票款”字样后，将拒付理由书第三联留存，商业汇票、客户提交的托收凭证以及拒付理由书第二联一起交持票人。交易纠纷客户自行处理。

（二）银行承兑汇票的业务处理

由于银行承兑汇票是约期付款并经银行承兑的票据，到期后单位无足款支付时，银行承担付款的责任，从而加强了票据的信用度，使很多单位都乐于接受，所以银行支付票款是银行放款的信用行为，在一定程度上占用了银行信贷指标，要按照贷款要求严格手续。

银行承兑汇票（附式 5-8）的出票人向银行申请承兑时，由信贷部门根据客户的信用等级核定是否办理，并可以由出票人缴存一定的保证金，必要时也可由出票人提供担保，审查相关的单据、合同，同意后即可与出票人签署银行承兑协议。

附式 5-8

银行承兑汇票

出票日期（大写） 年 月 日

<table>
<tr><td>出票人全称</td><td></td><td rowspan="3">收款人</td><td>全 称</td><td colspan="11"></td><td rowspan="8">此联收款人开户行随托收凭证寄付款行作借方凭证附件</td></tr>
<tr><td>出票人账号</td><td></td><td>账 号</td><td colspan="11"></td></tr>
<tr><td>付款行全称</td><td></td><td>开户银行</td><td colspan="11"></td></tr>
<tr><td rowspan="2">出 票 金 额</td><td colspan="3" rowspan="2">人民币
（大写）</td><td>亿</td><td>千</td><td>百</td><td>十</td><td>万</td><td>千</td><td>百</td><td>十</td><td>元</td><td>角</td><td>分</td></tr>
<tr><td></td><td></td><td></td><td></td><td></td><td></td><td></td><td></td><td></td><td></td><td></td></tr>
<tr><td>汇票到期日
（大写）</td><td></td><td rowspan="2">付款行</td><td>行号</td><td colspan="11"></td></tr>
<tr><td>承兑协议编号</td><td></td><td>地址</td><td colspan="11"></td></tr>
<tr><td colspan="2">本汇票请你行承兑，到期无条件支付票款。

出票人签章</td><td colspan="2">本汇票已经承兑，到期日由本行付款。

承兑行签章
承兑日期 年 月 日
备注：</td><td colspan="11">复核 记账</td></tr>
</table>

10cm×17.5cm（专用水印纸蓝油墨，出票金额栏加红水纹）

1. 承兑行办理承兑的业务处理

接到信贷部门与出票人、担保人签订的《银行承兑汇票承兑合同》和银行承兑协议以及第一、二联汇票后，按审批意见并经会计主管审核，收取客户保证金或将抵押、质押物品登记入账；会计部门应按规定对汇票要素进行审查，无误后在承兑栏中加盖汇票专用章和经办员名章，并按规定收取手续费、办理核算手续。

收到待承兑的银行承兑汇票和手续费凭证，应按规定审核：出票人是否在本行开立基本账户、一般存款账户或临时账户。银行承兑汇票上必须记载的事项是否齐全，与承兑协议内容是否一致，中文大写和小写金额是否相符，汇票有效期未超过规定的期限；汇票上出票人账号、名称、签章是否与存款户账号、名称、预留签章一致；承兑协议是否经有权人审批签章，承兑手续费计收是否正确。对不符合规定的，返回出票人更正，无法更正的，收回错误凭证做作废处理。

银行可以向出票人收取承兑手续费，也可以收取保证金或进行抵（质）押。会计分录：

收取手续费时：

借：××科目——出票人户

　　贷：手续费收入——汇票承兑手续费户

收取保证金时：

借：××科目——出票人户

　　贷：银行承兑汇票保证金科目

收取抵（质）押物品时：

收：待处理抵（质）押品

在表外登记承兑：

收：银行承兑汇票——出票人户

业务处理完毕后，在汇票第一、二联“承兑协议编号”栏内注明承兑合同编号，并按规定在汇票第二联承兑行签章处压印全国汇票专用章，银行承兑汇票第二、三联交出票人，银行承兑汇票第一联（卡片）单独保管。

2. 持票人开户行受理汇票的处理

持票人凭汇票委托银行收取汇票款时，应填制一式五联委托收款结算凭证，并在托收凭证上注明银行承兑汇票及其汇票号码，连同汇票一并送交开户银行。

持票人开户行接到持票人提交的银行承兑汇票和托收凭证后，按规定审核：汇票是否为统一规定印制的凭证，提示付款期限是否超过；汇票上填明的持票人是否在本行开户；开户单位的背书与收款人名称或被背书人名称是否一致，背书转让的汇票其背书是否连续；承兑汇票必须记载的事项是否齐全，出票金额、出票日期、收款人名称是否更改，其他事项更改是否由原记载人签章证明；委托开户银行收款的是否作成委托收款背书，其签章是否符合规定；托收凭证记载事项是否与承兑汇票记载相符。审核无误后，在托收凭证各联上加盖“银行承兑汇票”戳记，并登记发出委托收款登记簿，其余手续按照发出托收凭证的手续处理。

3. 承兑银行付款

承兑银行柜员收到持票人开户行寄来的托收凭证及银行承兑汇票，抽出专夹保管的第一联承兑汇票卡片，进行业务审核：承兑汇票是否为统一规定印制的，是否有规定的防伪标记；银行承兑汇票上的汇票专用章与印模是否一致；该承兑汇票是否为本行承兑，与留存的承兑汇票第一联卡片的号码和记载事项是否相符；承兑汇票出票金额、出票日期、收款人名称是否更改，其他事项更改的有无原记载人签章证明；承兑汇票是否作成委托收款背书，背书转让的汇票其背书是否连续，签章是否符合规定；托收凭证的记载事项是否与承兑汇票的记载事项相符；承兑汇票是否超过有效期，是否已进入公示催告程序或已被法院止付。

（1）承兑行收取票款的处理

经审查无误，于承兑汇票到期日（法定休假日顺延）向出票人收取票款。对于缴存保证金的要返还保证金，进行抵（质）押的要返还抵（质）押物。会计分录：

借：××科目——出票人户

　　贷：应解汇款——出票人户

退回保证金时：

借：银行承兑汇票保证金科目

　　贷：××科目——出票人户

归还抵（质）押物时：

付：待处理抵（质）押品

若出票人承兑汇票到期日，出票人账户内无足款支付，银行应编制特种转账传票办理转账。会计分录：

借：××科目——出票人户

借：××科目——出票人逾期贷款户

　　贷：应解汇款——出票人户

若出票人无款支付汇票金额，则应将全部票款从逾期贷款科目中支付。

（2）承兑行支付票款的处理

经审核无误，应于汇票到期日或到期日之后的见票日，以托收凭证第三联为借方传票（汇票及汇票卡片、委托收款第五联为附件）进行付款。会计分录：

借：应解汇款——出票人户

　　贷：辖内往来或联行往来、清算资金往来等

转账后，托收凭证第四联通过票据交换或通过资金汇划系统转持票人开户行，另外填制银行承兑汇票表外科目付出传票，销记“表外科目登记簿”。

付：银行承兑汇票——出票人户

承兑银行若对于汇票存在合法抗辩事由拒绝支付票款时，应自接到商业汇票的次日起 3 日内，编制一式三联拒付票款通知书，连同汇票、托收凭证一并邮寄持票人开户行。

4．持票人开户行收到票款的处理

持票人开户行接到承兑行通过资金汇划系统转来或通过票据交换转来的托收凭证第四联，经审无误后，确属本行开户单位应收取的汇票款，按照委托收款的款项划回的手续办理收账。会计分录：

借：辖内往来或联行往来、清算资金往来等

　　贷：××科目——持票人户

若收到承兑行拒付票款的通知及退回的承兑汇票、托收凭证，应在“发出托收凭证登记簿”中注明“承兑行拒付票款”字样，将汇票、托收凭证及拒付通知书一联退交持票人，另一联通知书留存备查。

5. 银行承兑汇票未使用注销

受理承兑申请人未使用要求注销而交回的第二、三联银行承兑汇票。应认真审核：鉴别交回银行承兑汇票第二、三联凭证的真伪，与专夹保管的第一联承兑汇票是否核对相符；其他审查要求比照到期付款审核；并分别在承兑汇票各联上注明“未用注销”字样。注销的银行承兑汇票作记账凭证附件。对于缴存保证金的要返还保证金；进行抵（质）押的要返还抵（质）押物，并填制银行承兑汇票表外科目付出传票，销记“表外科目登记簿”。

会计分录：

退回保证金时：

借：银行承兑汇票保证金科目

　　贷：××科目——出票人户

归还抵（质）押物时：

付：待处理抵（质）押品

注销表外登记簿时：

付：银行承兑汇票——出票人户

6. 银行承兑汇票挂失的处理

已承兑的银行承兑汇票丧失，失票人到承兑银行挂失时，应当提交一式三联票据挂失申请书，承兑银行审核“票据挂失申请书”及要素真实、完整、合规，并与留底的汇票卡片、承兑协议副本等资料核对相符确未付款的，方可受理。

在票据挂失申请书第一联上加盖业务公章作为受理回单；第二、三联登记挂失登记簿，与第一联承兑汇票卡片等资料一并专夹保管，凭此控制付款。

7. 丧失银行承兑汇票付款的处理

已承兑的银行承兑汇票丧失，失票人凭人民法院出具的其享有票据权利的证明向承兑行请求付款时，经审查确未支付的，应根据人民法院出具的证明，抽出原专夹保管的第一联汇票卡片核对无误，在汇票提示付款期届满前将款项付给失票人。账务处理及会计分录同银行承兑汇票到期时的处理。

第六节　汇兑结算

一、汇兑的基本规定

汇兑是汇款人委托银行将款项汇给外地收款人的结算方式。汇兑结算方式按款项划拨方式不同，分为信汇、电汇。异地的单位和个人的各种款项结算均可使用汇兑结算方式。

汇兑的使用规定如下：

1）汇兑凭证必须记载下列事项：表明“信汇”或“电汇”的字样；无条件支付的委托；确定的金额；收款人名称；汇款人名称汇入地点、汇入行名称；汇出地点、汇出行名称；委托日期；汇款人签章。

2）现金汇兑汇款人和收款人应均为个人，并在结算凭证的“汇款金额”大写栏先填写“现金”字样，后填写汇款金额。未填明“现金”字样，需要支取现金的，由汇入银行按照国家现金管理规定审查支付。汇款人为未在银行开立账户的个人，必须出示汇款人有效证件，并要求在结算凭证上签字、留存身份证件号码及复印件和联络方式。

3）汇款人确定不得转汇的，应在结算凭证备注栏注明“不得转汇”字样。转汇的收款人必须是原收款人。原汇入银行必须在结算凭证上加盖“转汇”戳记。转汇银行不得受理汇款人或汇出银行对汇款的撤销或返汇。转汇的，应由原收款人向银行填制信、电汇结算凭证，并由本人交验其身份证件。

4）汇款回单只能作为汇出银行受理汇款的依据，不能作为该笔汇款已转入收款人账户的证明。收账通知是银行将款项确已收入收款人账户的凭据。

5）留行开立存款账户的收款人，凭取款通知或“留行待取”的，向汇入银行支取款项，必须交验本人的身份证件，在结算凭证上注明证件名称、号码及发证机关，并在“收款人签盖章”处签章；凭签章支取的，收款人的签章必须与预留结算凭证上的签章相符。银行审查无误后，以收款人的姓名开立应解汇款及临时存款账户，该账户只付不收，付完清户。

6）收款人需要委托他人向汇入银行支取款项的，应在取款通知上签章，注明本人身份证件名称、号码、发证机关和“代理”字样以及代理人姓名。代理人代理取款时，也应在取款通知上签章，注明其身份证件名称、号码及发证机关，并同时交验代理人和被代理人的身份证件。

二、汇兑的业务处理手续

汇兑使用的凭证分为信汇凭证和电汇凭证两种。信汇凭证由一式四联组成，第一联为汇款回单，第二联为借方传票（附式 5-9），第三联为贷方传票，第四联为收账通知或取款收据。电汇凭证由一式三联组成，第一联为回单，第二联为借方传票（附式 5-10），第三联为汇出行拍发电报的底稿。电汇业务有加急和普通两种可选，加急手续费收费标准增加30%。

附式 5-9

××银行　**信汇凭证**（借方凭证）　2

委托日期　年　月　日

<table>
<tr><td rowspan="3">汇款人</td><td>全　称</td><td colspan="2"></td><td rowspan="3">收款人</td><td>全　称</td><td colspan="11"></td></tr>
<tr><td>账　号</td><td colspan="2"></td><td>账　号</td><td colspan="11"></td></tr>
<tr><td>汇出地点</td><td colspan="2">省　市/县</td><td>汇入地点</td><td colspan="11">省　市/县</td></tr>
<tr><td colspan="2">汇出行名称</td><td colspan="2"></td><td colspan="2">汇入行名称</td><td colspan="11"></td></tr>
<tr><td rowspan="2">金额</td><td colspan="6" rowspan="2">人民币
（大写）</td><td>亿</td><td>千</td><td>百</td><td>十</td><td>万</td><td>千</td><td>百</td><td>十</td><td>元</td><td>角</td><td>分</td></tr>
<tr><td></td><td></td><td></td><td></td><td></td><td></td><td></td><td></td><td></td><td></td><td></td></tr>
<tr><td colspan="4" rowspan="2">此汇款支付给收款人。

汇款人签章</td><td colspan="2">支付密码</td><td colspan="11"></td></tr>
<tr><td colspan="13">附加信息及用途：

复核　记账</td></tr>
</table>

此联汇出行作借方凭证

8.5cm×17.5cm（白纸蓝油墨）

附式 5-10

××银行　**电汇凭证**（借方凭证）　2

□普通　□加急　委托日期　年　月　日

<table>
<tr><td rowspan="3">汇款人</td><td>全　称</td><td colspan="2"></td><td rowspan="3">收款人</td><td>全　称</td><td colspan="11"></td></tr>
<tr><td>账　号</td><td colspan="2"></td><td>账　号</td><td colspan="11"></td></tr>
<tr><td>汇出地点</td><td colspan="2">省　市/县</td><td>汇入地点</td><td colspan="11">省　市/县</td></tr>
<tr><td colspan="2">汇出行名称</td><td colspan="2"></td><td colspan="2">汇入行名称</td><td colspan="11"></td></tr>
<tr><td rowspan="2">金额</td><td colspan="6" rowspan="2">人民币
（大写）</td><td>亿</td><td>千</td><td>百</td><td>十</td><td>万</td><td>千</td><td>百</td><td>十</td><td>元</td><td>角</td><td>分</td></tr>
<tr><td></td><td></td><td></td><td></td><td></td><td></td><td></td><td></td><td></td><td></td><td></td></tr>
<tr><td colspan="4" rowspan="2">此汇款支付给收款人。

汇款人签章</td><td colspan="2">支付密码</td><td colspan="11"></td></tr>
<tr><td colspan="13">附加信息及用途：

复核　记账</td></tr>
</table>

此联汇出行作借方凭证

8.5cm×17.5cm（白纸蓝油墨）

（一）汇出行的业务处理

汇款人委托银行办理汇兑业务时，应填制并向受理行提交电汇凭证或信汇凭证。汇出行应认真审核：结算凭证必须记载的各项内容是否齐全、正确；汇款人账户内是否有足够支付的余额；汇款人的签章是否与预留银行签章相符；汇款凭证上填明的汇款日期是否为当天；对填明“现金”字样的结算凭证，还应审查汇款人和收款人是否均为个人。审核汇兑凭证及要素真实、完整、合规后，通过实时清算系统或跨行支付系统或同城票据交换办理汇兑业务，并按照中间业务收费标准收取汇划费。

转账汇款的，以汇兑凭证第二联为借方传票办理转账，会计分录：

借：××科目——汇款人户

　　贷：清算资金往来或辖内往来等

　　贷：手续费收入——汇兑手续费

以现金汇款的，款项收妥后，汇兑凭证第二联为借方传票，另编一联特种转账贷方传票办理转账。会计分录：

借：现金

　　贷：应解汇款——汇款人户

　　贷：手续费收入——汇兑手续费

借：应解汇款——汇款人户

　　贷：清算资金往来或辖内往来等

转账后采用电汇方式办理汇兑业务的，在电汇凭证各联上加盖转讫章。第一联作回单交给客户，第二联为借方凭证，第三联作为发报的依据。通过资金汇划系统向汇入行传输。对于凭签章支取等汇出行采用信汇付款方式办理汇兑业务的，在信汇凭证第一、二联上加盖转讫章，第一联作为客户回单交给客户，第二联作为借方凭证；在信汇凭证第三联上加盖业务公章，连同第四联及有关凭证通过邮局寄汇入行。受理的信汇凭证，必须由当日最迟于次日寄出。

（二）汇入行的业务处理

汇入行接到汇出行或转汇行经资金汇划系统等方式转来的划收凭证，经严格审查后，可按直接收账和不直接收账两种情况进行处理。

1. 在银行开有账户的处理

收款人在汇入行开有存款账户，则以电子清算划收款专用凭证和电子汇划补充报单代凭证进行转账，会计分录：

借：清算资金往来或辖内往来等

　　贷：××科目——收款人户

2. 在银行没有账户留行待取的处理

收款人不在汇入行开户，或汇款人要求将汇款留行待取，以及汇给个人的汇款，汇入行的账务处理，则记入应解汇款科目，会计分录：

借：清算资金往来或辖内往来等

　　贷：应解汇款——收款人户

1）如收到了信汇付款指令，待收到汇出行邮寄来的第三、四联信汇凭证，经核对相符后，再转入收款单位账户。会计分录：

借：应解汇款——收款人户

　　贷：××科目——收款人户

2）未在银行开立存款账户的收款人，以收款人姓名开立应解汇款户的，该账户只付不收，付完清户，不计付利息。汇款人指定汇入行的，必须由指定的汇入行办理付款，其他行处均不得办理。收款人不论一次支取，还是分次支取，都应由本人来行交验其本人有效身份证件办理支款手续，分次支取的应以预留身份证复印件及签章作为下次支款审查依据。收款人来行办理取款，“留行待取”的向收款人问明情况，抽出汇兑凭证收账通知联，认真审查收款人本人有效身份证件，保留身份证复印件备查。会计分录：

借：应解汇款——收款人户

　　贷：相关科目

需要支取现金的，汇兑凭证或收报凭证上必须有汇出银行按规定填明的“现金”字样，应一次办理现金支付手续；未注明“现金”字样，需要支取现金的，由汇入银行按照现金管理规定审查支付。分次支取时，收款人应填制支款凭证，加盖其预留印鉴，并提交本人的身份证件。汇入行审核其签章、身份证件与其预留印鉴、身份证件复印件核对相符后，办理支款手续。待最后结清时，将汇兑凭证收账通知联作借方凭证附件。会计分录：

借：应解汇款——收款人户

　　贷：现金

需转汇的，应由收款人重新办理汇款手续，其收款人和汇款用途必须是原汇款的收款人和用途，并在信汇或电汇凭证上加盖“转汇”戳记。对注明不得转汇的汇入款，不予办理转汇。

（三）退汇的处理

退汇是将汇出的汇款退还原汇款人。退汇的原因主要有：汇款人因故退汇、收款人拒收汇款以及超过规定的期限无法支付的汇款。

1. 汇款人要求退汇的处理

（1）汇出行的处理手续

汇款人对汇出银行尚未汇出的款项可以申请撤销。申请撤销时，应出具正式函件或本人身份证件及原电汇或信汇凭证回单。汇出银行查明确未汇出款项的，收回原结算凭证回单，方可办理撤销。

汇款人对汇出银行已经汇出的款项可以申请退汇。对在汇入银行开立存款账户的收款人，由汇款人与收款人自行联系退汇；对未在汇入银行开立存款账户的收款人，汇款人应出具正式函件或本人身份证件以及原信、结算凭证回单，由汇出银行通知汇入银行，经汇入银行核实汇款确未支付，并将款项汇回汇出银行，方可向汇出行发出退汇查询书办理退汇。

（2）汇入行的处理手续

汇入行收到通知退汇的查询书后，应先查明款项是否已解付。对已转入“应解汇款”科目尚未解付的汇款，及时与收款人联系，并以退汇通知书代转账借方传票进行转账。会计分录：

借：应解汇款——收款人

　　贷：清算资金往来或辖内往来等

转账后，通过资金汇划系统向汇出行传输数据，并及时发出查复书给汇出行。

（3）汇出行收到退汇的处理手续

汇出行收到汇入行通过资金汇划系统退回的汇款项和收到的查复书，与原留存的退汇的查询书进行核对，以查询书和汇划补充凭证办理转账；如汇款人未在银行开立账户，退汇时，应审查其本人的身份证件，预留身份证复印件的应进行核对，无误后退款。会计分录：

借：清算资金往来或辖内往来等

　　贷：××科目——原汇款人

转账后，在原汇款凭证上注明“汇款已于×月×日退汇”字样，并在汇款通知书第四联上注明“汇款退回，已代进账”字样，加盖业务公章后，作为收账通知交原汇款人。

2. 汇入行主动退汇的处理

汇入行对收款人拒绝接受的汇款，应立即办理退汇。对于向收款人发出取款通知，经 2 个月收款人尚未来行办理取款手续，或在规定期限内汇入行已寄出通知，但因收款人住址迁移或其他原因，以致该笔汇款无人受领时，汇入行可以主动办理退汇。

会计分录同汇款人要求退汇的处理。

第七节　委托收款的核算

一、委托收款的基本规定

委托收款是收款人委托银行向付款人收取款项的结算方式。单位和个人凭已承兑的商业汇票、债券、存单、国内信用证等付款人债务证明办理款项的结算，均可以使用委托收款结算方式。委托收款在同城、异地均可使用。

委托收款的使用规定有：

1）签发委托收款必须记载下列事项：使用统一规定的凭证格式，表明“委托收款”字样、确定的金额、收付款人名称、委托收款凭据名称及附寄单证张数、委托日期、收款人签章。

2）委托收款结算不强调购销合同、没有金额起点和最高限额；收款人办理委托收款应向银行提交托收凭证和有关的债务证明。

3）委托收款以银行为付款人的，银行应在当日或到期日将款项主动支付给收款人；以单位为付款人的，银行应及时通知付款人，需要将有关债务证明交给付款人并签收。付款人应于接到通知的当日书面通知银行付款，付款人未在接到通知日的次日起 3 日内通知银行付款的，视同付款人同意付款，银行应于付款人接到通知日的次日起第 4 日上午开始营业时，将款项划给收款人。

4）委托收款以银行外的单位为付款人的，必须记载付款人开户行名称；以银行外的单位或在银行开立存款账户的个人为收款人的，必须记载收款人开户行名称；未在银行开立存款账户的个人为收款人的，必须记载被委托银行名称。欠缺上述记载事项之一的，银行不予受理。

5）付款人审查有关债务证明后，对收款人委托收取的款项需要拒绝付款的，可以办理拒绝付款。付款人为银行的，银行应在收到托收凭证及债务证明的次日起 3 日（期限内如遇节假日则顺延）内出具拒绝证明，连同债务证明、托收凭证经收款人开户行转交收款人；付款人为单位的，付款人应在收到托收凭证及债务证明的次日起 3 日（期限内如遇节假日则顺延）内出具拒付或部分拒付证明，送交其开户行；持有债务证明的，连同债务证明一并送交其开户银行。付款期满，单位账户无足款支付时，银行则按规定按无款支付处理。

6）委托日期、收款人名称和金额不得更改，更改的托收凭证，银行不予受理。

7）在同城范围内，收款人收取公用事业费或根据国务院的规定，可以使用同城特约委托收款。收取公用事业费，必须具有收付双方事先签订的经济合同，由付款人向开户银行授权，经开户银行同意后，报经中国人民银行当地分支行批准。

二、委托收款的业务处理手续

托收凭证由一式五联组成，第一联为受理回单，第二联为贷方凭证（附式 5-11），第三联为借方凭证，第四联为汇款依据或收账通知，第五联为付款通知。

（一）收款人开户行的处理

1. 业务审核

柜员受理收款人提交的一式五联托收凭证及有关单证，应认真审核以下内容：

1）委托收款以银行外的单位为付款人的，凭证是否记载付款人开户行名称；以银行外的单位或在银行开立存款账户的个人为收款人的，凭证是否记载收款人开户行名称；未在银行开立存款账户的个人为收款人的，凭证是否记载被委托银行名称。欠缺上述记载事项之一的，银行不予受理。

2）托收凭证上记载的收款人与收款凭据的债权人是否一致。

3）凭证上记载付款人和付款人账号的，账号与户名是否相符。

4）凭证的金额、委托日期、收款人名称是否更改。

5）其他记载事项是否由原记载人在更改处签章。

6）凭证上的签章和其他记载事项是否符合规定。

7）凭证上记载的付款人、收款人开户行名称是否为其全称或规范化简称。

8）托收凭证第二联单位签章与银行预留签章是否相符。

9）所附的债务证明等附件应符合制度规定，可包括已承兑商业汇票、债券、存单等付款人债务证明。

附式 5-11

托收凭证　（贷方凭证）　2

委托日期　　年　　月　　日

业务类型		委托收款（□邮划、　□电划）				托收承付（□邮划、　□电划）			
付款人	全　称				收款人	全　称			
	账　号					账　号			
	地　址	省　　市县	开户行			地　址	省　　市县	开户行	
金额	人民币（大写）						亿 千 百 十 万 千 百 十 元 角 分		
款项内容		托收凭据名　称				附寄单证张数			
商品发运情况				合同名称号码					
备注： 收款人开户银行收到日期 年　月　日		上列款项随附有关债务证明，请予以办理。 收款人签章				复核　　记账			

此联收款人开户银行作贷方凭证

10cm×17.5cm（白纸红油墨）

2. 委托收款时业务处理

在托收凭证第一联加盖受理凭证专用章，交给收款人；将第二联专夹保管；在第三联加盖业务公章，连同第四、五联凭证及有关债务证明一并寄往付款人开户行，并登记发出委托收款登记簿。

3. 委托收款的划回

接收到、打印划回款项的来账凭证或同城交换提回的托收凭证，与留存的托收凭证第二联进行核对无误。进行账务处理，会计分录：

借：清算资金往来、辖内往来或同城交换清算等

　　贷：××存款——收款人户

来账业务打印的记账凭证加盖转讫章和经办员、复核员名章，托收凭证第二联上填注收到日期，第二联托收凭证作来账记账凭证的附件，来账凭证回单加盖业务转讫章作收账通知交收款人。同时销记发出委托收款登记簿。

4. 付款人无款支付的处理或拒绝付款

收到转来的托收凭证第四、五联和两联未付款项或拒绝付款通知书及债务证明后，与留存的托收凭证第二联进行核对。核对无误后，在托收凭证第二联备注栏注明“无款支付”或“拒绝付款”字样及日期。同时销记发出委托收款登记簿。

将未付款项通知书一联或拒绝付款理由书第四联和托收凭证第四、五联一并返交收

款人，有关债务证明一并转交收款人，并由收款人在“发出委托收款登记簿”上签收。收款人签收后，一联未付款项通知书连同托收凭证第二联一并保管备查。

（二）付款人开户行的处理

1. 业务审核

收到收款人开户行寄来的第三、四、五联托收凭证及有关债务证明。业务人员应真审核：

1）是否属本行受理的凭证。对误寄本行的托收凭证，要及时转寄正确的付款行，并将情况通知收款人开户行，如无法确定付款行的，要注明原因返回原托收行。

2）凭证上所填写内容与所附债务证明有关内容一致。

3）托收凭证第三联加盖收款人开户银行带联行行号的结算专用章。

4）如债务证明为银行承兑汇票时，核对专夹保管的第一联银行承兑汇票卡片。

2. 收到委托收款业务处理

在收到的托收凭证第三、四、五联上分别填注收到日期和付款期限；对付款人为银行的托收凭证，将其第三、四、五联与银行承兑汇票第二联或其他债务证明一并按先后顺序专夹保管，并记载收到“委托收款登记簿”；对付款人为单位的托收凭证，柜员应将其第五联上加盖业务公章，连同需交付款人的有关债务证明一并及时送交付款人，并由付款人在收到托收委托收款登记簿上签收；第三、四联按收到日期顺序或付款人专夹保管。

3. 到期付款处理

（1）付款人为银行的处理

银行对委托收款凭据已到期并在付款期限内的应在收到托收凭证的当日将款项主动支付给收款人；对委托收款凭据未到期的，在到期日将款项主动支付给收款人。会计分录：

借：××存款——收款人户

　　贷：清算资金往来、辖内往来或同城交换清算等

在托收凭证第三、四联上加盖核转讫章，第三联托收凭证作借方凭证，有关债务证明和第五联付款通知作借方凭证附件，第四联作汇划发报凭证。按规定销记收到委托收款登记簿。

（2）付款人为单位付款的处理

接到托收凭证和有关债务证明后，在第五联托收凭证上加盖业务公章，连同应交给付款人的有关债务证明及时交给付款人，并由付款人在第三联托收凭证上签收。

付款人应于接到付款通知的当日书面通知银行付款。付款人未在接到通知日的次日起 3 日内通知银行付款的，视同付款人同意付款，银行应于付款人接到通知日的次日起第 4 日上午开始营业时，将款项划给收款人。

付款人提前收到由其付款的债务证明，应通知银行于债务证明的到期日付款。付款人接到通知日的次日起第 4 日在债务证明到期日之前的，银行应于债务证明到期日将款

项划给收款人。

1）付款人账户足够支付款项时。银行在付款人签收日的次日起第 4 日上午开始营业时，付款人账户足够支付全部款项的，将款项划转收款人开户行，会计分录：

借：××存款——收款人户

　　贷：资金清算往来、辖内往来或同城交换清算等

在第三、四联托收凭证加盖转讫章，第三联作借方凭证，留存的债务证明作借方凭证附件；第四联作为发报依据。同时销记收到“委托收款登记簿”。

2）付款人账户无足够支付款项时。银行在办理划款时，付款人账户不足支付全部款项的，银行在托收凭证上注明退回日期和“无款支付”字样，并填制三联付款人未付款项通知书，将第一联通知书和第三联托收凭证留存备查，将第二、三联通知书同第四联托收凭证邮寄收款人开户行。留存债务证明的，其债务证明一并邮寄收款人开户行。同时销记收到“委托收款登记簿”。

（3）付款人拒绝付款的处理

1）付款人为单位的拒绝付款处理。付款人签收日的次日起 3 日内，填制一式四联拒绝付款理由书并签章，连同持有的债务证明和第五联托收凭证送交其开户银行。

付款人开户银行审核拒绝付款理由书及要素真实、完整、合规后，在托收凭证备注栏注明“拒绝付款”字样。将第一联拒付理由书加盖业务公章作为回单退给付款人，将第二联拒付理由书（附式 5-12）连同第三联托收凭证一并留存备查，将第三、四联拒付理由书连同付款人提交或本行留存的债务证明和第四、五联托收凭证一并寄交收款人开户行。同时销记“收到委托收款登记簿”。

2）付款人为银行的，拒绝付款手续比照“付款人为单位的拒绝付款处理”有关手续办理。

附式 5-12

托收承付/委托收款 **结算** 全部/部分 **拒绝付款理由书**（借方凭证） 2

拒付日期　　年　　月　　日　　　　原托收号码：

付款人	全　称			收款人	全　称	
	账　号				账　号	
	开户银行				开户银行	
托收金额		拒付金额		部分付款金额	亿 千 百 十 万 千 百 十 元 角 分	
附寄单证	张	部分付款金额（大写）				
拒付理由： 付款人签章				复核　　记账		

此联银行作借方凭证或存查

10cm×17.5cm（白纸蓝油墨）

（4）多付款的处理

付款人在付款期内，经审查债务证明，若发现计算错误，要求多支付款项时可向银行提出多付款理由，银行收到后的处理与有足额款项支付的手续相同。

第八节　托收承付结算

一、托收承付的基本规定

托收承付是根据购销合同由收款人发货后，委托银行向异地的付款人收取款项，由付款人向银行承认付款的结算方式。托收承付用于异地款项的收取。

（一）托收

使用托收承付结算方式的收款单位和付款单位必须是国有企业、供销合作社以及经营管理较好，并经开户银行审查同意的城乡集体所有制工业企业；办理托收承付，必须基于商品交易，以及因商品交易而产生的劳务供应的款项；代销、寄销、赊销商品的款项，不得办理托收承付结算。托收承付结算每笔金额起点为10 000元，新华书店系统每笔金额起点为1 000元。

办理托收承付结算的款项，必须有商品交易或属因商品交易而产生的劳务供应的款项。收付双方使用托收承付结算必须是签有符合《经济合同法》的购销合同，并在合同上注明使用托收承付结算方式。

签发托收承付必须记载下列事项：表明“托收承付”的字样、确定的金额、收付款人名称及账号、收付款人开户银行名称、托收附寄单证张数和合同名称号码、委托日期和收款人签章。

收付双方办理托收承付结算必须重合同、守信用，收款人对同一付款人发货托收累计3次收不回货款的情况，收款人开户银行应暂停收款人向该付款人办理托收；付款人累计3次提出无理拒付的情况，付款人开户银行应暂停其向外办理托收。

（二）承付

承付货款分为验单付款和验货付款两种，由收付双方商量选用，并在合同中明确规定。采用验货付款的，收款人必须在托收凭证上加盖“验货付款”字样戳记。验单付款的承付期为3天，从付款人开户银行发出承付通知的次日算起；验货付款的承付期为10天，从运输部门向付款人发出提货通知的次日算起。对收付双方在合同中明确规定，并在托收凭证上注明验货付款期限的，银行从其规定。两种承付期内如遇节假日顺延。

付款人在承付期内未向银行表示拒绝付款，银行即视作承付，并在承付期满的次日上午银行开始营业时，将款项主动从付款人的账户内付出，按照收款人指定的付款方式，划给收款人。

（三）逾期付款

1）付款人在承付期满日银行营业终了时，如无足够资金支付，其不足部分，即为逾期未付款项，按逾期付款处理。

2）付款人开户行对付款人逾期支付的款项，应当根据逾期付款金额和逾期天数，按每天万分之五计算逾期付款赔偿金。计算公式为

赔偿金＝逾期支付金额×逾期天数×5‱

逾期付款天数从承付期满日算起。承付期满日银行营业终了时，付款人如无足够资金支付，其不足部分，应当算作逾期1天，计算1天的赔偿金。在承付期满的次日（遇法定休假日，逾期付款赔偿金的天数计算相应顺延，但在以后遇法定休假日应当照算逾期付款天数）银行营业终了时，仍无足够资金支付，其不足部分，应当算作逾期2天，计算2天的赔偿金，以此类推。银行审查拒绝付款期间，不能算作付款人逾期付款，但对无理的拒绝付款，而增加银行审查时间的，应从承付期满日起计算逾期付款的赔偿金。

3）赔偿金实行定期扣付，每月计算一次，于次月3日内单独划给收款人。在月内有部分付款的，其赔偿金随同部分支付的款项划给收款人，对尚未支付的款项，月终再计算赔偿金，于次月3日内划给收款人；次月又有部分付款时，从当月1日起计算赔偿金随同部分支付的款项划给收款人，对尚未支付的款项，从当月1日起至月终再计算赔偿金，于第3月3日划给收款人。第3月仍有部分付款的，按照上述方法计扣赔偿金。

4）赔偿金的扣付列为企业销货收入扣款顺序的首位。付款人账户余额不足全额支付时，应排列在工资之前，并对该账户采取“只收不付”的控制办法，待一次足额扣付赔偿金后，才准予办理其他款项的支付。

5）付款人开户银行对付款人逾期未能付款的情况，应当及时通知收款人开户银行，由其转知收款人。付款人开户银行要随时掌握付款人账户逾期未付的资金情况，等账户有款时，必须将逾期未付款项和应付的赔偿金及时扣划给收款人，不得拖延扣划。

6）付款人开户银行对不履行合同规定、三次拖欠货款的付款人，应当通知收款人开户银行转知收款人，停止对该付款人办理托收。收款人不听劝告，继续对该付款人办理托收，付款人开户银行对发出通知的次日起1个月之后收到的托收凭证，可以拒绝受理，注明理由，退回原件。

7）付款人开户银行对逾期未付的“托收凭证”，负责进行扣款的期限为3个月（从承付期满日算起）。银行将有关结算凭证连同交易单证或应付款项证明单退回收款人开户银行转交收款人，并将应付的赔偿金划给收款人。对付款人逾期不退回单证的，开户银行应当自发出通知的第3天起，按照该笔尚未付清欠款的金额，每天处以万分之五但不低于50元的罚款，并暂停付款人向外办理结算业务，直到退回单证为止。

（四）拒绝付款

承付期内，购货人经验单、验货，发现单证货物与合同不符，可向银行提出拒付，但拒付理由必须正当。

（五）重办托收

收款人对被无理拒绝付款的托收款项，在收到退回的结算凭证及其所附单证后，需要委托银行重办托收。

二、托收承付业务的处理

托收承付正常情况包括托收、承付、划款、收账四个阶段。

（一）收款人开户行办理托收的处理

收款人向银行办理托收时，应按规定填写托收凭证，连同有关证明交易单证一并交开户行。

收款人开户行接到收款人提交的一式五联托收凭证及有关单证后，应认真审核：

1）托收承付是否符合托收承付结算方式规定的范围、条件、金额起点。

2）有无商品确已发运的证明，对提供发运证明有困难的，要审查其是否符合托收承付结算方式规定的其他条件。

3）托收承付必须记载的各项内容是否齐全，是否符合填写凭证的要求。

4）托收凭证与所附单证的张数是否相符。

5）第二联托收凭证上是否有收款人签章，其签章是否符合规定。

6）必要时，还应查验收付款人签订的购销合同。

经审核无误，在托收凭证第一联上加盖业务公章后，作为同意受理的依据退还收款人；对收款人提供发运证件交银行审核后需取回保管或自寄的，应在凭证各联及发运证件上加盖“已验发运证件”戳记，然后将发运证件退还收款人。以托收凭证第二联登记“发出托收凭证登记簿”后，专夹保管，在托收凭证第三、四、五联上加盖带有联行行号的结算专用章，第三、四、五联同交易单证一并寄付款人开户行。

（二）付款人开户行办理承付的处理

付款人开户行收到收款人开户行寄来的托收凭证第三、四、五联及交易单证，认真审核以下内容：

1）是否应为本行受理凭证，如非本行受理的，应及时代为转寄，并将情况通知收款人开户行，如不能确定付款人开户行的，即返回原委托行。

2）托收承付是否符合托收承付结算方式规定的范围、条件、金额起点。

3）若提供的证件需要取回的，收款人在托收凭证上是否注明发运日期和证件号码。采用验货付款的，在托收凭证各联上是否明显加盖“验货付款”戳记。

4）必要时，还应查验收付款人签订的购销合同。

5）托收凭证联次齐全（第三、四、五联），所附单证张数与凭证记载数量相符。

6）第三联托收凭证上加盖收款人开户行带联行行号的结算专用章。

7）托收凭证必须记载的内容是否齐全、清晰、正确，是否有涂改，凭证内容与所附附件有关内容是否一致。

审核无误后，在凭证上填注收到日期，并按验货付款和验单付款不同承付期的规定，在凭证上注明承付日期，根据凭证第三、四联逐笔登记“收到托收凭证登记簿”后，专夹保管；根据与付款人签订通知方法的协议，第五联托收凭证加盖结算专用章后连同附件一并送交付款人签收。

（三）付款人开户行办理划款的处理

1. 全额付款的处理

付款人在承付期满日次日上午（遇法定休假日顺延）从付款人存款账户扣划托收款项，账户有足够资金支付全部款项的，在第三联托收凭证上加盖业务公章作借方凭证，第四联托收凭证作为发报依据。会计分录：

借：××科目——付款人户

　　贷：清算资金往来或辖内往来等

转账后销记“收到托收凭证登记簿”，通过资金汇划系统办理款项的划款。

2. 提前承付的处理

付款人按规定也可在承付期满前，向银行表示提前付款，银行可按付款人要求于承付期满前办理划款。

3. 多承付的处理

付款人要求多承付托收款项时，应提交四联“多承付理由书”。

开户行审查“多承付理由书”及要素真实、完整、合规后，在托收凭证及“收到托收凭证登记簿”备注栏注明多承付的金额。

4. 逾期付款的处理

1）付款人在承付期满日开户行营业终了前，账户无款支付的，付款人开户行应在托收凭证和登记簿备注栏分别注明“逾期付款”字样或注销登记簿并填制一式三联“托收承付结算到期未收通知书”，并加盖结算专用章。将第一、二联通知书寄收款人开户行，第三联通知书留存。

2）每月单独扣付赔偿金时，付款人开户行应填制特种转账凭证三联，并注明原托收号码及金额，在转账原因栏注明第×个月逾期付款的金额及相应扣付赔偿金的金额，并在特种转账凭证上加盖转讫章。

3）逾期付款期满，付款人账户不能全额或部分支付该笔托收款项，开户行向付款人发出索回单证的通知一式四联，并加盖业务公章。

5. 部分付款的处理

付款人在承付期满日开户行营业终了前账户只能部分支付款项的，付款人开户行应在托收凭证上注明当天可以扣付的金额。

6. 全部拒绝付款的处理

付款人提出拒绝付款时，必须填写一式四联拒绝付款理由书并签章，注明拒绝付款理由，涉及合同的应引证合同上的有关条款。付款人将拒绝付款理由书、有关的拒付证明、第五联托收凭证及所附单证送交开户行。

7. 部分拒绝付款的处理

付款人在承付期内提出部分拒绝付款时，应填制一式四联拒绝付款理由书并签章，连同有关的拒付证明、拒付部分商品清单送交开户银行。开户行应按照全部拒付的审查程序和要求审查，并在托收凭证备注栏注明“部分拒付”的字样及部分拒付金额。

对同意承付部分，同全额付款。

（四）收款人开户行办理托收款项划回的处理

收款人开户行收到付款人开户行经资金汇划系统等途径转来的划收款专用凭证及汇划补充凭证进行转账。

1. 全额划回的处理

收款人开户行收到报单确认记账后，将托收款项记入收款人账户，并打印一式两联资金汇划补充凭证或中国人民银行支付系统专用凭证，将留存的第二联托收凭证抽出同资金汇划凭证进行核对。会计分录：

借：清算资金往来或辖内往来

　　贷：××科目——收款人户

转账后，应注销“收到托收凭证登记簿”，以一联汇划凭证代收账通知交收款人。

2. 多承付款划回的处理

收款人开户行接到付款人开户行第三、四联多承付理由书后，并打印一式两联资金汇划补充凭证或中国人民银行支付系统专用凭证，将留存的第二联托收凭证抽出同资金汇划凭证进行核对，并在备注栏注明多承付的金额。

3. 逾期划回、无款支付退回凭证或单独划回赔偿金的处理

逾期划回比照部分划回的有关手续处理。对于单独划回赔偿金的，在留存第二联托收凭证上注明第×个月划回的赔偿金的金额。

收款人开户行在逾期付款期满后接到二联无款支付通知书和有关单证， 经审核无误后，手工销记“发出托收凭证登记簿”。同时抽出第二联托收凭证，并在该联凭证备注栏注明“无款支付”字样，然后将第四、五联托收凭证及一联无款支付通知书和有关单证退给收款人。收款人在另一联无款支付通知书上签收，连同第二联托收凭证一并留存备查，并注销“收到托收凭证登记簿”。

4. 全部拒绝付款、部分拒绝付款的处理

收款人开户行接到第四、五联托收凭证及有关单证和第三、四联全部拒绝付款理由书及拒绝证明，经核对无误后，抽出第二联托收凭证，并在该联备注栏注明“全部拒付”字样，销记“发出托收凭证登记簿”。

部分拒付、将部分承付金额分次划回的，将每次划回的金额在托收凭证上注明。

（五）重办托收的处理

1）收款人对付款人无理拒绝付款的托收款项，如需委托银行重办托收，应填写四联重办托收理由书。重办托收理由书、托收凭证和有关证据寄给付款人开户行。

2）付款人开户行收到后，登记“收到托收凭证登记簿”，同时抽出原留存备查的托收承付凭证第三联，同托收承付凭证第四联核对，确属本行拒付，重办托收金额与原托收金额一致，在“收到发出托收凭证登记簿”和托收承付凭证第三联上注明“重办”字样。在两联重办托收理由书上填注收到日期和承付日期。将一联重办托收理由书和托收承付凭证第三、四联一并专夹保管，另一联重办托收理由书连同托收承付凭证第五联、单证和有关证据一并交付款人，并在“收到托收凭证登记簿”上签收。

第九节　信用卡业务

一、信用卡概述

银行信用卡是商业银行向个人和单位发行的、凭以向特约单位购物、消费和向银行存取现金，且具有消费信用的特制载体卡片。

作为一种现代支付工具，银行信用卡一般具有转账结算、存取现金和消费三大功能。因此它能满足持卡人如下需要：

1）持卡人可持卡在发卡机构的特约商户办理购物消费。

2）持卡人可在发卡机构的指定受理网点或自动柜员机上存取现金。

3）持卡人可因临时消费急需，经发卡银行批准，在规定额度和期限内进行透支性支付消费。

4）持卡人开通网络银行可在网上进行款项结算。

二、信用卡的分类

按发卡机构性质分类，信用卡可分为非银行机构信用卡和银行信用卡。本节介绍内容为银行信用卡（以下简称银行信用卡为信用卡）。

按使用对象分类，信用卡可分为单位卡和个人卡；按信誉等级分类，信用卡可分为金卡、银卡、普通卡；按清偿方式分类，信用卡分为借记卡和贷记卡；按流通范围分类，信用卡可分为国际卡和地区卡；按结算币种不同分类，信用卡可分为本币卡和外币卡。

三、信用卡的申请

凡在发卡行所在地开立基本存款账户的单位可凭中国人民银行核发的开户许可证申领单位卡，持卡人资格由申领单位法定代表人或其委托的代理人书面指定。单位卡所有交易款项均记入该单位账户。申领单位对其申领的所有单位卡产生的交易负责。

具有稳定收入和完全民事行为的个人可申领个人卡。个人卡的主卡持卡人可为其配偶及年满 18 周岁的财产共有人申领附属卡。附属卡不超过两张，有效期限与主卡相同。主卡持卡人有权要求注销或止付其附属卡。附属卡所有交易款项均计入主卡账户，主卡持卡人对其附属卡产生的交易负责。

备用金起存金额为：单位金卡 5 万元，个人金卡 1 万元；单位普通卡 1 万元，个人普通卡 1 000 元。多存不限，并可随时续存。

四、信用卡的透支

持卡人备用金账户应保持足够余额，用于消费时可在发卡行为持卡人核定的信用额度内透支，透支期限最长为 60 天。透支利息按日息万分之五计算。不按规定偿还透支款项的，发卡行将取消其使用信用卡的资格，追回所欠本息。恶意透支或利用信用卡进行诈骗的，依法追究其刑事责任。

信用卡透支利息，自签单日或银行记账日起 15 日内按日息万分之五计算，超过 15 日按日息万分之十计算，超过 30 日或透支金额超过规定限额的，按日息万分之十五计算。透支计息不分段，按最后期限或者最高透支额的最高利率档次计息。

五、信用卡发卡的业务核算

（一）单位卡发卡的核算

按规定，单位卡交存备用金，一律从其活期账户转入，不得交存现金，也不得将销货收入的款项存入信用卡存款专户。

发卡银行接到申请人送来的支票和三联进账单，经审查无误，按照支票会计核算手续办理业务，并收取手续费。会计分录：

借：××科目——××单位存款账户

　　贷：××科目——××单位信用卡户

　　贷：手续费收入科目——××手续费户

账务结转完毕，在票据上加盖转讫章，转账支票作活期存款账户的借方传票，进账单第二联作信用卡账户的贷方传票，进账单第三联作客户的收账通知联。

（二）个人卡发卡的核算

个人申请使用信用卡，应按发卡银行规定向发卡银行填写申请表。个人卡账户的备用金以其持有的现金存入或以其工资性款项及属于个人的劳务报酬收入转账存入，严禁单位的款项存入个人卡账户。发卡银行审查同意后，应及时通知申请人前来办理领卡手续，按规定向其收取备用金和手续费，并收取手续费贷方凭证。分别按两种情况处理：

1. 申请人交存现金

审核客户提交的凭证符合规定、无任何差错并收妥现金后，发给其信用卡。会计分录：

借：现金

　　贷：活期储蓄存款科目——××个人信用卡户

　　贷：手续费收入科目——××手续费户

2. 申请人转账存入

银行接到申请人交来的支票及进账单、其他结算方式划入的款项，应按照支付结算办法有关个人卡账户资金来源的规定认真审查后，按有关手续处理。

无论是单位卡还是个人卡，银行发卡后，均应登记信用卡账户开销户登簿和发卡清单，并在发卡清单上记载领卡人身份证件号码，并由领卡人签收。

六、信用卡消费的业务核算

（一）特约单位开户行的核算

特约单位办理信用卡进账时，应填制一式三联进账单和按发卡银行分别填制汇计单，并提交签购单。汇计单一式三联，第一联为交费收据，第二联为贷方凭证附件，第三联为存根。签购单一式四联，第一联为回单，第二联为借方凭证，第三联为贷方凭证附件，第四联为存根。特约单位开户行收到特约单位送来的二联进账单和三联汇计单及第二、三联签购单时，应认真审查：签购单及其压印的内容是否为本行可受理的信用卡；签购单上有无持卡人签名、身份证件号码、特约单位名称和编号；签购单的小写金额是否与大写金额相符；签购单上压印的信用卡有效期限是否在有效期内；超过规定交易限额的，有无授权号码；汇计单和签购单的内容是否一致，汇计单、签购单和进账单的结计金额是否正确；手续费计算是否正确。

审核无误后，根据第二联签购单上压印的全国联行行号或填注的分辖行号和同城票据交换号或是否为跨系统银行发行的信用卡，分别按不同情况处理。

特约单位与持卡人在同一银行机构开户的，银行以汇计单中一联为借方传票，进账单为贷方传票进行记账。会计分录：

借：××科目——××单位信用卡户

或

借：活期存款——××个人信用卡户

　　贷：××科目——特约单位户

　　贷：手续费收入科目——××手续费户

特约单位与持卡人在同一城市不同银行机构开户和异地跨系统银行发行的信用卡的，第一联进账单加盖转讫单作收账通知和第一联汇计单加盖业务公章作交费收据，退给特约单位；第二联进账单作贷方凭证，第三联签购单作其附件，根据第二联汇计单的手续费金额填制一联特种转账贷方凭证后作其附件；将第二联签购单加盖业务公章，连同第三联汇计单特约单位提出票据交换，跨系统银行发行的信用卡需待款项收妥办理转账。会计分录：

借：存放中央银行款项

贷：××科目——特约单位户

贷：手续费收入科目——××手续费户

特约单位与持卡人不在同一城市的，第二联进账单作贷方凭证，第三联签购单作其附件，根据第二联计单的手续费金额填制一联特种转账贷方凭证后作其附件；第二联签购单加盖转讫章连同第三联汇计单随联行借方报单寄持卡人开户行。会计分录：

借：清算资金往来、辖内往来或同城交换清算等

贷：××科目——特约单位户

贷：手续费收入科目——××手续费户

第一联进账单加盖转讫章作收账通知和第一联汇计单加盖业务公章作交费收据，退给特约单位。特约单位所在地的跨系统发卡银行通汇计单，随联行借方报单寄持卡人开户行。

（二）持卡人开户行的核算

持卡人开户行收第二联签购单和第三联汇计单或第二联取现单、联行寄来的报单及第二联签购单和第三联汇计单或第二联取现单时，应认真审查：签购单或取现单上压印、填注的联行行号或同城票据交换号是否为本行行号或本行交换号；签购单和汇计单或取现单上的内容是否清晰、完整；签购单或取现单上是否加盖业务公章或转讫章；小写金额是否与大写金额相符；超过交易限额的，有无授权号码。

审查无误后，第二联签购单或取现单作借方凭证，第三联汇计单留存。会计分录：

借：××科目——××单位信用卡户

或

借：活期储蓄存款科目——××个人信用卡户

贷：清算资金往来、辖内往来或同城交换清算等

持卡人开户行收到签购单或取现单，发现持卡人信用卡账户不足支付的，其不足部分纳入“其他短期贷款”科目核算。起息日自签单日超过十五日按日息万分之十计息，超过三十日或透支超过规定限额的按日息万分之十五计息。本金或利息未还清又透支的，透支日期连续计算。透支利息按最后期限或最高透支额的最高利率档次计算。

七、信用卡存取现金的业务核算

信用卡存取现金只限个人卡，单位卡一律不得存取现金。

（一）信用卡存入现金

1. 在开户网点存入现金

审核信用卡持有人填写的凭证有无错误、大额款项有无出具有效身份证件并将相关

信息填写在凭证上，审核无误并收妥现金后，进行账务处理。会计分录：

借：现金

　　贷：活期储蓄存款——××个人信用卡户

2. 在非开户网点存入现金

受理行审核信用卡持有人填写的凭证有无错误、大额款项有无出具有效身份证件并将相关信息填写在凭证上，审核无误并收妥现金后，进行账务处理。会计分录：

借：现金

　　贷：辖内往来

信用卡开户网点，接到受理网点发来的账务信息，打印相关信息。会计分录：

借：辖内往来

　　贷：活期储蓄存款——××个人信用卡户

（二）信用卡支取现金

受理行审核信用卡持有人填写的凭证有无错误、大额款项有无出具有效身份证件并将相关信息填写在凭证上，审核无误进行账务处理后，支付现金。会计分录：

借：辖内往来

　　贷：现金

信用卡开户网点，接到受理网点发来的账务信息，打印相关信息。会计分录：

借：活期储蓄存款——××个人信用卡户

　　贷：辖内往来

八、信用卡注销的业务核算

发卡银行在确认持卡人具备销户条件时，应通知持卡人办理销户手续，并收回信用卡。有效卡无法收回时，应予以止付。按规定销户后的单位卡资金应转该单位基本存款户，个人卡资金可予支付现金，也可按客户要求办理转账发卡银行核对账务无误后，按以下情况处理：

1）个人卡销户时，会计分录：

借：活期储蓄存款——××个人信用卡户

借：利息支出——××利息支出户

　　贷：现金（或有关科目）

2）单位卡销户时，银行审查无误后，填制进账单，并按规定计付利息，由持卡人签名后，结清账户。会计分录：

借：××科目——××单位信用卡户

借：利息支出——利息支出户

　　贷：××科目——申请人基本存款户

申请人与持卡人不在同一银行开户的，应将第三、四联转账单通过辖内往来或同城票据交换划转申请人的活期存款户。

第十节　国内信用证

国内信用证（以下简称信用证）是指银行（包括政策性银行、商业银行、农村合作银行、村镇银行和农村信用社）依照申请人的申请开立的、对相符交单予以付款的承诺。开立信用证可以采用信开和电开方式。信开信用证是指开证行开出信用证、信用证修改书后，以邮寄的方式把信用证、信用证修改书送给通知行。电开信用证是指开证行开出信用证、信用证修改书后，通过计算机网络，将信用证、信用证修改书等内容传递给通知行，并由通知行还原打印信用证、信用证修改书等凭证。信开信用证，应由开证行加盖信用证专用章和经办人名章并加编密押，寄送通知行；电开信用证，应由开证行加编密押，以电传方式发送通知行。

一、相关规定

（一）基本规定

1）经中国人民银行批准经营结算业务的商业银行总行以及经商业银行总行批准开办信用证结算业务的分支机构，可以办理信用证结算业务。

2）信用证适用于国内企业之间商品交易的信用证结算，开立国内信用证必须具有真实、合法的商品交易背景。

3）信用证只限于转账结算，不得支取现金。

4）信用证为不可撤销的跟单信用证。

5）有效期最长不得超过 6 个月；延期付款信用证的付款期限最长不得超过 6 个月。

6）与作为其依据的购销合同相互独立，银行在处理信用证业务时，不受购销合同的约束。在信用证结算中，各有关当事人处理的只是单据，而不是与单据有关的货物及劳务。

7）银行作出的付款、议付或履行信用证项下其他义务的承诺不受申请人与开证行、申请人与受益人之间关系的制约。受益人在任何情况下，不得利用银行之间或申请人与开证行之间的契约关系。在信用证业务中，银行处理的是单据，而不是单据所涉及的货物或服务。

8）开证申请人应具备：在经营结算业务的商业银行开立人民币活期存款结算账户，并依法从事经营活动的法人或其他经济组织；资信良好，具有支付信用证票款的可靠资金来源和能力等条件。

9）信用证基本条款：开证行名称及地址；开证日期；信用证编号；不可撤销；开证申请人名称及地址；受益人名称及地址；通知行名称；信用证有效期及有效地点交单期；信用证金额；付款方式（即期付款、延期付款或议付）；运输条款；货物描述；单据条款；其他条款；开证行保证文句。

（二）相关当事人

申请人指申请开立信用证的当事人，一般为货物购买方或服务接受方。

受益人指接受信用证并享有信用证权益的当事人，一般为货物销售方或服务提供方。

开证行指应申请人申请开立信用证的银行。

通知行指应开证行的要求向受益人通知信用证的银行。

交单行指向信用证有效地点提交信用证项下单据的银行。

转让行指开证行指定的办理信用证转让的银行。

保兑行指根据开证行的授权或要求对信用证加具保兑的银行。

议付行指开证行指定的为受益人办理议付的银行，开证行应指定一家或任意银行作为议付信用证的议付行。

二、信用证业务处理

（一）受理申请及开证

1．申请

申请人向其开户行申请开立信用证的，应填制一式三联开证申请书，并在开证申请书背面开证申请人承诺书签章，连同有关购销合同交其开户行。开证申请书第一联受理回单，申请人留存；第二联开证依据，会计部门留存；第三联开证存查，信贷部门留存。开证行收到后，在开证申请书第一联加盖业务公章交申请人，并审查以下内容：

1）申请书记载的事项是否符合要求。

2）申请人是否签章，签章是否与其预留银行的签章相符。

3）各条款之间是否矛盾。

4）申请书记载的有关条款是否与购销合同一致。

审核无误后，同意开证的，应根据申请人的资信情况，确定向其收取保证金的比例，并可根据申请人资信情况要求其提供抵押、质押或由其他金融机构出具保函。

申请人向银行交存保证金时，会计分录：

借：××存款——申请人户

　　贷：信用证保证金——申请人户

要求申请人提供抵押、质押或保函的，登记待处理抵（质）押品登记簿，并记录表外“其他待处理抵（质）押品”科目。

收：重要或有价单证

收：其他待处理抵（质）押品

完成保证金或抵押、质押业务处理后，在国内信用证开证申请书第一联加盖核算用章交申请人，第二联开证依据由前台开证部门留存，第三联开证存查交信贷管理部门留存。

2. 开证

1）采用信开信用证的，填制一式四联信开信用证，第一联为信用证副本，通知行留存；第二联为信用证正本，交受益人；第三联为信用证副本，开证行留存；第四联为开证通知，申请人留存。开证行应在第一、二、三联信用证指定位置加编密押，并在第一、二联信用证上加盖信用证专用章及经办人名章。经复核无误后，将信用证第一、二联寄交通知行，第四联加盖业务公章交申请人。

2）采用电开信用证的，机打一式两联电开信用证，第一联为信用证副本，开证行留存；第二联为开证通知，申请人留存。开证行加编密押并核对无误后，以电传方式向通知行发送电开信用证信息，第二联加盖业务公章交申请人。

开证行开立信开或电开信用证后，根据第三联信开信用证或第一联电开信用证作表外科目核算，并按规定向申请人收取开证手续费及邮电费。会计分录：

借：××存款——申请人户

或

借：现金

　　贷：结算业务收入手续费

付：重要空白凭证——信用证

收：开出即期（或远期）信用证

（二）信用证修改的处理

申请人向其开证行申请修改信用证的，应填制一式三联信用证修改申请书，并在申请书背面信用证修改申请人承诺书上签章，连同受益人同意修改的书面证明提交开证行。第一联受理回单，申请人留存；第二联修改依据，会计部门留存；第三联修改存查，信贷部门留存，并按规定向申请人收取信用证修改手续费及邮电费。会计分录：

收或付：开出即期（或远期）信用证

（三）信用证的通知

通知行收到的信用证或信用证修改书的内容不完整或不清楚的，必须及时查询开证行，并要求开证行提供必要的内容。通知行在收到开证行回复前，可先将收到的信用证或信用证修改书通知受益人，并在信用证通知书或信用证修改通知书上注明该通知仅供参考，通知行不负任何责任。通知行应在收到信用证或信用证修改书的次日起三个营业日内作出处理。开证行必须于收到通知行查询的次日营业终了前，对查询行作出答复或提供其所要求的必要内容。

1. 通知行的确定

开证行与受益人开户行为同一系统行的，受益人开户行为通知行。开证行与受益人开户行为跨系统行的，开证行确定的在受益人开户行的同城同系统银行机构为通知行。开证行在受益人开户行所在地没有同系统分支机构的，应在受益人所在地选择一家银行

机构建立信用证代理关系，其代理行为通知行。

2. 信用证的通知

（1）核验签章和密押

通知行收到开证行发来的信用证及信用证修改书，对信开信用证的，核对其签章和密押是否正确；对电开信用证的，核对密押是否正确；核对无误后，对电开的信用证注明“正本”字样，复印联注明“副本”字样。根据信开和电开信用证副本登记“信用证通知登记簿”。

（2）缮制信用证通知书

通知行在规定时间内核验信用证并确认其表面真实后，机制一式两联信用证通知书。第一联通知，加盖业务公章连同信用证正本交受益人，并由受益人在“信用证通知登记簿”上签收；第二联通知存查，连同信用证副本留存，专夹保管，并按规定向受益人收取通知手续费。

3. 信用证的退回

经核验签章不符的，应在信用证上注明“签章不符”，并及时将该信用证寄退开证行重开信用证；密押不符、内容不完整或不清楚的，应及时查询开证行，收到开证行查复补正的密押后，填制信用证通知书并加盖核算用章后，连同信用证正本交付受益人，并在“信用证通知登记簿”上注明。

（四）受益人开户行对来单的处理手续

1. 受理来单及审核

受益人向开户行申请议付的，应填制一式两联信用证议付/委托收款申请书，并填制一式五联议付凭证。受益人在第一联信用证议付/委托收款申请书和第一联议付凭证上加盖预留银行签章后连同信用证通知书、信用证修改通知书、信用证正本、信用证修改书及单据一并提交议付行。

议付行应认真审查：信用证是否为本行议付信用证；是否在交单期或信用证有效期内交单议付；信用证议付/委托收款申请书和议付凭证内容填写是否齐全；受益人是否签章，签章是否与预留银行的签章相符；单据是否齐全，与信用证规定的条款是否相符；信用证是否为远期信用证。

2. 议付行对单证相符同意议付的处理

议付行应按规定计算议付利息、实付议付金额，会计分录：

借：议付信用证款项

　　贷：××存款——受益人户

　　　　营业收入——利息收入户

议付行办理转账后，第五联议付凭证和第一联信用证议付/委托收款申请书专夹保管，登记“信用证议付登记簿”，并按规定向受益人收取议付手续费。

议付行在信用证正本背面记明议付日期、业务编号、增额、议付金额、信用证余额、议付行名称，并加盖业务公章；第二联议付/委托收款申请书上加盖业务公章和第四联议付凭证上加盖转讫章连同信用证通知书、信用证修改通知书和信用证正本、信用证修改书退受益人。

议付行办妥转账手续后，制作一式两联寄单通知书，第一联加盖业务公章随填制的委托收款凭证，连同单据一并寄开证行办理收款；第二联议付行留存，并按照发出委托收款的手续处理。

3. 议付行对单证不符的处理

议付行审核单据发现不符，可接洽受益人修改后相符同意议付的，比照“议付行对单证相符同意议付”的处理办法来进行处理。

议付行审核单据发现不符，接洽受益人修改后仍不符，拒绝议付的，应制作一式两联拒绝议付、不符点通知书，注明拒绝议付理由。一联留存；另一联加盖业务公章连同有关单证退受益人。

（五）开证行对来单的处理手续

开证行审核单据发现不符的，应在收到单据的次日起五个营业日内，将不符点一次性全部通知交单行，该通知应注明“单据代为保管，听候处理意见。若申请人同意付款，我行立即付款，不再通知。”的文句，并妥善保管全套单据。同时应在信用证来单通知书上列明不符点并通知开证申请人。开证申请人同意付款的，应在来单通知书上签章确认付款后退开证行，开证行凭此办理付款或发出到期付款确认书；开证申请人不同意付款的，开证行应将信用证正本、信用证修改书正本、单据等全套资料退交单行，并由其转交受益人。

1. 单据相符，足额付款的处理

开证行收到寄来的委托收款凭证、信用证正本等应抽出信用证留底，在规定的时间内审查以下内容：是否为本行开出的信用证；单据是否在规定的交单期或信用证有效期内提交；索偿金额是否符合信用证规定；单据的种类及其份数与随附单据是否相符；议付行是否为指定银行；委托收款结算凭证的记载事项是否正确。

审查单证相符的，作以下处理：

1）即期信用证付款的处理，会计分录：

借：信用证保证金——申请人户

借：××存款——申请人户

　　贷：清算资金往来、辖内往来或同城交换清算等

付：开出即期信用证

有抵（质）押物或保函的，予以退还，并销记备记科目登记簿，会计分录：

付：重要或有价单证

采用保证金缴交方式的，退返保证金，会计分录：

借：信用证保证金——申请人户

　　贷：××存款——申请人户

付：抵押及质押品

2）远期信用证付款的处理。开证行应在规定的时间内向受益人开户行（含议付行）发电，未议付的由其转告受益人，确认到期付款，到期日付款比照“即期信用证付款”的处理流程，并作表外科目核算，会计分录：

付：开出远期信用证

2. 单据相符，不足付款的处理

开证行在付款时，开证申请人交存的保证金和存款账户余额不足支付信用证款项的，按以下情况处理：对开证申请人作逾期贷款处理；提供抵押，质押提保的，按规定处理抵押物和质押物后，仍不足支付的，转入呆账贷款处理；提供保函的，应向担保人收取款项。

3. 开证行对不符单据的处理

1）开证行对不符单据的，应在收到单据的次日起五个营业日内，将不符点一次性制作一式两联拒绝议付/不符点通知书通知通知行（议付行），该通知应注明“单据代为保管，听候处理意见。若申请人同意付款，我行立即付款，不再通知。”的文句，一联留存，另一联加盖业务公章，凭此在规定时间内向受益人开户银行（含议付行）发电，并妥善保管全套单据。同时应在信用证来单通知书上列明不符点并通知开证申请人。

开证申请人同意付款的，应在来单通知书上签章比照“开证行对来单的处理手续”后退开证行，开证行凭此办理付款或发出到期付款确认书；开证申请人不同意付款的，开证行应将信用证正本、信用证修改书正本、单据等全套资料退交单行，并由其转交受益人。

2）通知行（议付行）认为开证行所提不符点成立的，应及时将不符点通知受益人，请其联系开证申请人，并督促其及时出具对单据不符点的书面处理意见。

3）通知行（议付行）对开证行所提不符点存有异议的，应通知受益人并与开证行进行交涉。除催收款项外，还应向其索要赔偿金，赔偿金额每天按单据金额万分之五计算。

4）开证申请人收到信用证来单通知书及单据后发现单证不符的，可与开证行、受益人协商解决，或向人民法院提起诉讼。开证行应积极采取有效措施，维护客户正当权益。

5）拒绝付款业务处理。开证行保留拒付单据并接洽开证申请人：开证申请人同意付款的，开证比照“即期或远期信用证”处理手续；开证申请人不同意付款的，开证行将单据退议付行或将信用证正本、信用证修改书正本和单据退交通知行。

（六）受益人开户行（含议付行）收到开证行划来款项的处理

受益人开户行（含议付行）收到开证行寄来的邮划代收报单或电划的电报时，按照委托收款划回的手续处理，并办理转账。会计分录：

借：清算资金往来、辖内往来或同城交换清算等

　　贷：议付信用证款项

或

　　贷：××科目——受益人户

（七）信用证注销的处理手续

1）开证行在信用证有效期内未收到任何单据，在信用证有效期满一个月后，应注销信用证，解除开证申请人的信用证担保；信用证未逾有效期的，经信用证各当事人协商同意，且开证行确已收回全套信用证正本的，该信用证也可注销；开证申请人提出注销信用证的，开证行应联系通知行征得受益人同意。并作如下处理：

退还保证金。会计分录：

借：信用证保证金——申请人户

　　贷：××科目——申请人户

退还抵（质）押物或保函，销记备忘科目登记簿。会计分录：

付：重要或有价单证

开证行办理解除担保后，注销信用证，作表外科目核算。会计分录：

付：开出即期（或远期）信用证

2）开证行收到开证申请人提出对未逾有效期信用证的注销申请和信用证正本时，应审查开证申请人与受益人同意注销的证明，审查无误后，解除开证申请人的担保，其手续比照上面注销的处理。

本章小结

支付结算是指单位、个人在社会经济生活中使用票据、信用卡和结算方式进行货币给付及资金清算的行为。

银行支票是出票人签发的，委托办理支票存款业务的银行在见票时无条件支付确定的金额给收款人或持票人的票据。用支票办理结算方便灵活，是银行的存款人签发给收款人办理货币给付，也是委托其开户行将款项支付给收款人的票据，主要用于同城票据结算。

银行本票是银行签发的、承诺自己在见票时无条件支付确定的金额给收款人或者持票人的票据。银行本票具有现金的性质，使用灵活，既可以购物，又可以流通转让，银行见票即付，适用范围广泛，单位和个人在同一票据交换地区需要支付的各种款项，均可使用银行本票。

银行汇票是由出票银行签发的，由其在见票时按实际结算金额无条件支付给持票人的票据。银行汇票结算适用范围广，灵活、便捷，单位、个体经济户和个人各种经济活动款项的结算均可使用。银行出票后，持票人在同城的他行或异地银行兑付。在银行汇票出票金额内，持票人可根据实际需要使用，如有多余金额银行代为收回，方便了客户。

商业汇票是出票人签发的，委托付款人在指定日期无条件支付确定金额给收款人或

者持票人的票据。此种票据产生于合法的商品交易，其出票人既可是收款人，也可是付款人，但必须由承兑人承兑，并于汇票到期日向收款人或持票人支付款项。

汇兑是汇款人委托银行将款项汇给外地收款人的结算方式。汇兑结算方式按款项划拨方式不同，分为电汇、信汇。异地的单位和个人的各种款项结算，均可使用汇兑结算方式。

委托收款是收款人委托银行向付款人收取款项的结算方式。单位和个人凭已承兑的商业汇票、债券、存单、国内信用证等付款人债务证明办理款项的结算，均可以使用委托收款结算方式。委托收款在同城、异地均可使用。

托收承付是根据购销合同由收款人发货后，委托银行向异地的付款人收取款项，由付款人向银行承认付款的结算方式。托收承付用于异地款项的收取。

银行信用卡是商业银行向个人和单位发行的、凭以向特约单位购物、消费和向银行存取现金，且具有消费信用的特制载体卡片。作为现代支付工具，银行信用卡在商业银行的业务经营中也具有十分重要的作用。

国内信用证，是指开证行依照申请人的申请开出的，凭符合信用证条款的单据支付的付款承诺。开立信用证可以采用信开和电开方式。

每一种支付结算方式都有相应的规定，银行和单位和个人都要按规定办理每一种业务。

基 本 概 念

支付结算　票据　银行支票　银行本票　银行汇票　商业汇票　银行承兑汇票
汇兑　委托收款　托收承付　信用卡　国内信用证

复习思考题

1. 支付结算的原则有哪些?
2. 支付结算的基本规定有哪些?
3. 企业和个人应遵守的结算纪律有哪些?
4. 银行应遵守的结算纪律有哪些?
5. 支付结算的方式有哪些?
6. 票据有哪些特征?
7. 票据贴现贷款是如何核算的?
8. 票据的具体制度有哪些?
9. 可以挂失的票据有哪些? 挂失支付通知书的记载项目有哪些?
10. 各种票据的基本规定有哪些? 票据是如何核算的?
11. 支付结算方式的基本规定有哪些? 各种结算方式是如何核算的?

第六章　现代化支付系统

学习目的与要求

1. 了解支付系统的组成
2. 掌握支付系统的相关概念和组成以及运行管理范围
3. 理解大额支付系统的组织体系，了解大额支付系统的业务管理规定
4. 掌握大额支付系统的业务处理流程和业务处理手续
5. 掌握小额支付系统的业务范围，了解其组织体系
6. 掌握小额支付系统业务处理手续
7. 理解影像交换系统的基本规定，掌握影像交换系统的业务处理手续

第一节　支付系统概述

为了加速支付信息传输速度，20 世纪 90 年代初在传统联行和电子联行的基础上建立了现代化支付系统，于 2006 年覆盖全国，进入了支付系统的新时代。

一、联行往来概述

（一）相关概念

1）联行往来。中国人民银行作为中央银行，担负着为商业银行上下级行间及跨系统的资金划拨提供清算服务的责任。在办理这些业务中，如果收付款人在同一系统的不同行处开户，即往来银行双方同属于一个银行系统，共同隶属于一个总行，则双方互称为联行，使用联行账户系统，那么资金划拨在一个行处内即可以完成；而如果收付款人在不同系统的行处开户，资金则需要在两个系统之间划拨，即往来银行双方各自代表自己所隶属的某一系统，从而确立多种不同的往来关系，设立不同的账户系统，相互形成代收代付的资金存欠关系，用于核算反映这种代收代付款项的方法，就是联行往来。

2）系统内联行往来，是指同一银行系统内部各行处间因办理支付结算和内部资金调拨等业务所发生的资金账务往来。由于我国拥有多家大银行，而每一家大银行拥有遍布全国的成千上万个分支机构，从而构成我国庞大的银行系统。联行系统内的分支机构需由其总行批准，统一编制联行行号，纳入联行往来业务网络管理体系，方可具备联行资格。

3）全国联行往来，是指人民银行系统内核准发有全国联行行号的各级行之间，通过邮电部门邮寄联行报单或拍发电报方式办理资金划拨的账务往来，是总行与所属各级

分支机构间以及跨省、自治区、直辖市各机构间的资金账务往来，是国内联行往来体系中跨度最大、涉及范围最广的往来层次。

4）全国电子联行往来，是指经中国人民银行总行核准，发有电子联行行号的行与行之间，通过电子计算机网络系统进行异地资金划拨的账务往来。电子联行在中国人民银行总行设立清算中心，在央行各省（包括自治区、直辖市）一级分行和地（市）分行设立资金清算中心。各分中心受理的联行汇划业务，直接发送总中心，各分中心之间不发生直接的横向关系，由总中心负责各分中心之间汇划业务的转收转发；总中心和分中心之间的信息交换，必须经过当地中心确认之后才作为有效信息。

（二）系统内联行往来的管理模式

联行往来是银行会计核算的重要组成部分，联行往来的核算过程，就是国民经济通过银行不同行处划拨清算的过程。我国幅员辽阔，银行分支机构遍布面广，各类汇划资金业务频繁，现代通信手段尚未普及，为了加强监督，强化管理，在“一级法人，多级经营”的管理体制下，实行“统一领导，分级管理”的三级联行管理体制。即将我国各联行系统的联行往来核算分别划分为不同级别、不同范围的往来体系，主要分为系统内全国联行往来、分行辖内往来和支行辖内往来三级联行往来核算体系，采取总行、分行、支行三级管理体系。各家银行对跨系统的汇划款项，通过中国人民银行联行清算或采取相互委托转汇的方法办理。这样，可以贯彻款项汇划与资金清算同步的原则。

1. 系统内全国联行往来

系统内全国联行往来核算是指全国范围内，不同省、自治区、直辖市联行之间的资金账务往来。适用于各家银行系统内有资格办理全国联行的行处，其资格主要体现在两项授权：一是由总行核准颁发全国联行行号；二是由各家银行的总行颁发全国联行业务专用章。全国联行往来所涉及账务及汇差清算，由各家银行总行直接负责监督管理。

2. 分行辖内往来

分行辖内往来又称省辖往来，是指省、自治区、直辖市分行与所辖各分支机构间以及同一分行辖内各银行机构之间的资金账务往来。其资格主要体现在两项授权：一是由各省分行核准颁发省辖行号；二是由各省的省分行颁发省辖联行专用章。凡是具有这两项授权的行处，在涉及省内县（市）与县（市）之间的系统内汇划往来，可直接填制省辖联行报单，办理省下业务；涉及跨系统联行业务，应按制度规定，办理转汇。分行辖内往来所涉及的账务，由分行直接负责监督管理。

3. 支行辖内往来

支行辖内往来又称县辖往来，是指县（市）支行与所属各机构之间以及同一县（市）支行内各机构之间的资金账务往来，适用于各商业银行系统内的基层网点、县支行（分理处、储蓄所、城市区办事处）之间的业务往来。由县支行组织实施并监督管理账务。其办理资格，必须经县（市）支行授权核准，并由支行颁发县辖行号和县辖联行业务专用章。凡涉及本系统内网点的汇划往来，可填制支行辖内联行报单。

（三）办理联行往来的工具

1. 联行行号

联行行号是办理联行业务时使用的行名代号，由各家银行的总行统一颁发，全国不重复。系统内小额业务可使用系统内联行行号，具有全国联行行号的行处，才有资格办理全国联行往来业务，否则应委托他行办理。在填制联行报单时，应同时填写行名和行号，当两者不一致时，应以行号为准，原因是行号不重复，行名会重复。

2. 联行专用章

联行专用章是办理联行业务的专用印鉴，联行专用章由各行的总行核发。凡是填发有邮划报单，都应加盖联行专用章，联行专用章由专人保管，并有严格的管理规定。联行专用章是收报行鉴别联行报单真伪的措施之一。

（四）联行资金汇差清算的基本做法

资金汇划清算采取“实存资金、同步清算、头寸控制、集中监督”的基本做法，利用计算机网络技术和先进的通信技术，将传统的系统内的发、收报行之间的横向资金往来转化成纵向资金汇划，这是一种纵向的处理方法，其资金清算与汇划同步进行。

资金汇划清算系统是以清算行为单位在总行清算中心开立备付金账户，用于开户单位汇划款项时资金清算，当发报经办行通过其清算行经总行清算中心将款项汇划至收报经办行的同时，总行清算中心每天根据各行汇出汇入资金情况，从各清算行备付金账户付出资金或存入资金，从而实现各清算行之间的资金清算。可见，各清算行在总行清算中心开立的备付金账户，对实现资金划拨和清算相当重要。为此，各清算行为保证备用金有足额存款，总行清算中心对各行汇划资金实行集中清算。清算行备付金存款不足，二级分行可向管辖省区分行借款，省区分行和直辖市分行、直属分行头寸不足，可向总行借款。在资金汇划清算体系中，总行清算中心对汇划往来数据发送，资金清算、备付金账户资信情况和行际间查询、查复情况进行管理和监督。

（五）查询查复的处理

查询查复是正确办理联行业务的重要工作，是确保支付系统安全、高效运行的有力保障。处理查询查复要求规范、严谨、及时、准确。查询查复必须做到“有疑必查，有查必复，查必彻底，复必详尽，切实处理”。对有疑问或发生差错的支付业务，应当使用查询查复格式报文，并在当日最迟下一个法定工作日上午发出查询信息。查复行应当在收到查询信息的当日最迟下一个法定工作日上午予以查复。

查询查复书要及时打印，查询查复登记簿的电子信息至少联机保留 30 个系统工作日，超过联机保存期限的，必须磁介质保存，归档保管，以备存查。

二、现代化支付系统的概念及组成

现代化支付系统是中国人民银行按照我国支付清算需要，利用现代计算机技术和通信网络开发建设的，能够高效、安全地处理各银行办理的异地、同城各种支付业务及其资金清算应用系统。该系统是在原有联行系统的框架上架构的各银行和货币市场的公共支付清算平台，是中国人民银行发挥其金融服务职能的重要的核心支付系统。中国人民银行现代化支付系统主要由大额实时支付系统和小额批量支付系统两个业务应用系统，以及账户管理系统和支付管理信息系统两个辅助支持系统组成。

中国现代化支付系统建有两级处理中心，即国家处理中心（NPC）和全国省会及深圳城市处理中心（CCPC）。国家处理中心分别与各城市处理中心连接，其通信网络采用专用网络，以地面通信为主，卫星通信备份。

政策性银行和商业银行是支付系统的重要参与者。各政策性银行、商业银行可利用行内系统通过省会（首府）城市的分支行与所在地的支付系统城市处理中心连接，也可由其总行与所在地的支付系统城市处理中心连接。同时，为解决中小金融机构结算和通汇难问题，允许农村信用合作社自建通汇系统，比照商业银行与支付系统的连接方式处理；城市商业银行银行汇票业务的处理，由其按照支付系统的要求自行开发城市商业银行汇票处理中心，依托支付系统办理其银行汇票资金的移存和兑付的资金清算。

三、现代化支付系统运行管理范围

现代化支付系统包括承担支付系统运行、维护和管理的中国人民银行清算总中心、清算中心（含结算中心）、直接参与者、间接参与者和特许参与者的运行维护部门，负责支付系统网络运行、维护和管理的部门，即国家处理中心、城市处理中心、直接参与者、支付系统备份系统、支付系统网络。

直接参与者，是指直接与支付系统城市处理中心连接并在中国人民银行开设清算账户的银行机构以及中国人民银行地市级（含）以上中心支行（库）。间接参与者，是指未在中国人民银行开设清算账户而委托直接参与者办理资金清算的银行和非银行金融机构以及中国人民银行县（市）支行（库）。特许参与者，是指经中国人民银行批准通过大额支付系统办理特定业务的机构。

第二节 大额实时支付系统

一、大额实时支付系统的作用

大额实时支付系统（简称大额支付系统）是以电子方式实时处理每笔金额在规定起点以上和紧急的金额在规定起点以下的跨行贷记支付业务、查询查复业务的应用系统。

大额支付系统采用逐笔实时方式处理支付业务，处理同城和异地、商业银行跨行之间和行内的大额贷记及紧急的小额贷记支付业务，处理人民银行系统的贷记支付业务，全额清算资金。大额实时支付系统资金汇划速度较快，实现从发起行到接收行全程自动化处理，业务逐笔发送，实时清算，一笔支付业务不到1分钟即可到账。建设大额实时支付系统的目的，就是为了给各银行和广大企业单位以及金融市场提供快速、高效、安全、可靠的支付清算服务，防范支付风险，它对中央银行更加灵活、有效地实施货币政策和实施货币市场交易的及时清算具有重要作用。

大额支付系统设置了不同的管理功能：接入管理功能，可以满足银行业、金融机构灵活接入系统的需要；业务控制功能，可对不同参与者发起和接受的支付业务进行控制；列队管理功能，可使参与者对排队业务进行次序调整；清算账户控制管理功能，可使中国人民银行对严重违规或发生信用风险的直接参与者的清算账户实施部分金额控制、借记控制直至关闭。

大额支付系统提供联机头寸查询、自动质押融资、清算窗口开启、日间透支限额设置等功能。银行金融机构可随时查询和预测头寸的变化情况，及时筹措资金，为中央银行公开市场操作业务提供即时清算。

二、大额支付系统的业务范围

大额支付系统主要为银行机构间和金融市场提供大额支付服务或时间紧急的小额支付服务，是现代化支付系统的重要应用系统。主要用于处理同城和异地、商业银行跨行之间和行内的各种大额贷记及紧急的小额贷记支付业务，处理人民银行系统的各种贷记支付业务，处理债券交易的即时转账业务。特许参与者发起的即时转账业务和城市商业银行签发银行汇票资金的移存和兑付资金的汇划暂不通过支付系统处理。

大额支付系统的“大额”是指规定金额起点以上的业务，目前大额支付系统规定的金额起点是0元，也就是说所有的贷记支付业务都可以通过大额支付系统处理。

根据大额支付系统建设的目的、设计的功能特点以及与小额批量支付系统应用范围的划分原则，大额支付系统处理下列支付业务：

1）规定金额起点以上的跨行贷记支付业务。

2）规定金额起点以下的紧急跨行贷记支付业务。

3）各银行行内需要通过大额支付系统处理的贷记支付业务。

4）特许参与者发起的即时转账业务。

5）城市商业银行银行汇票资金的移存和兑付资金的汇划业务。

6）中国人民银行会计营业部门和国库部门发起的贷记业务及内部转账业务。

7）中国人民银行规定的其他支付清算业务。

日终，清算窗口关闭时，国家处理中心退回仍在排队的除错账冲正、支付业务收费、同城票据交换轧差净额外的其他支付业务。有关银行在清算窗口时间内无法筹措资金的，由人民银行当地分支行对其提供高额罚息贷款。

三、高额罚息贷款的处理

支付系统运行城市人民银行分支行应与开立清算账户的银行签订高额罚息贷款协议。高额罚息贷款的最高限额在人民银行总行已下达分支行的再贷款额度内确定。有关银行在清算窗口时间内无法筹措资金的，人民银行会计营业部门应主动对其提供高额罚息贷款。高额罚息贷款的期限为一天，日利率为万分之五。

每季度内，第一次使用高额罚息贷款的银行，人民银行当地分支行除按规定罚息外，应对其予以警告；第二次使用高额罚息贷款的，除按规定罚息外，应对其予以通报批评；累计三次使用高额罚息贷款的，除按规定罚息外，应对其清算账户实施控制。

人民银行各分支机构应及时将高额罚息贷款的发放与收回情况逐级上报总行。

四、大额支付系统组织体系

大额支付系统参与者按现代化支付结算的需要分为直接参与者、间接参与者和特许参与者，间接参与者通过直接参与者办理业务。它们使用建立的清算账户进行资金结算。

清算账户是指经中国人民银行批准的直接参与者和特许参与者开设的用于资金清算的存款账户。清算账户由中国人民银行总行及其分支行负责管理，集中摆放在国家处理中心。

大额支付系统处理的支付业务，其信息从发起行发起，经发起清算行、发报中心、国家处理中心、收报中心、接收清算行，至接收行止。

发起行是向发起清算行提交支付业务的参与者。

发起清算行是向支付系统提交支付信息并开设清算账户的参与者。发起清算行也可作为发起行向支付系统发起支付业务。

发报中心是向国家处理中心转发发起清算行支付信息的城市处理中心。

国家处理中心是接收、转发支付信息，并进行资金清算处理的机构。

收报中心是向接收清算行转发国家处理中心支付信息的城市处理中心。

接收清算行是向接收行转发支付信息并开设清算账户的参与者。

接收行是从接收清算行接收支付信息的参与者。接收清算行也可作为接收行接收支付信息。

支付信息由纸凭证转换为电子信息，或由电子信息转换为纸凭证，具有同等的支付效力。支付信息由纸凭证转换为电子信息，电子信息产生支付效力，纸凭证失去支付效力；电子信息转换为纸凭证，纸凭证产生支付效力，电子信息失去支付效力。支付信息经过确认才产生支付效力。

支付信息经发起清算行至接收清算行的确认，应符合中国人民银行规定的信息格式，并按照规定编核密押。支付业务信息的密押分为全国密押和地方密押。支付业务信息经由发报中心至收报中心，加编全国密押。支付业务信息经由发起清算行至发报中心、收报中心至接收清算行，加编地方密押。全国密押由中国人民银行负责管理，地方密押由中国人民银行当地分支行负责管理。

五、大额支付系统业务管理规定

中国人民银行在大额支付系统发报中心和国家处理中心对参与者发起、接收的支付业务种类实行控制管理。

发起清算行与发报中心、接收清算行与收报中心之间发送和接收支付业务信息，应采取联机方式。出现联机中断或其他特殊情况的，可以采用磁介质方式。

发起行发起支付业务，应根据发起人的要求确定支付业务的优先支付级次。优先级次按下列标准确定：发起人要求的救灾、战备款项为特急支付；发起人要求的紧急款项为紧急支付；其他支付为普通支付。

发起行（或发起清算行）应及时向大额支付系统发送支付业务信息。国家处理中心收到支付业务信息后，对清算账户头寸足以支付的，立即进行资金清算，并将支付业务信息发送接收清算行（或接收行）；不足支付的，按资金清算的优先级次及收到时间顺序作排队处理。

经批准与国家处理中心直接连接的特许参与者，根据与直接参与者的约定，可以第三方的身份直接向国家处理中心发起借记、贷记有关清算账户的即时转账业务。即时转账业务包括：中国人民银行公开市场操作室发起公开市场操作业务的资金清算和自动质押融资业务；中央国债登记结算公司发起债券发行缴款、债券兑付和收益款划拨、银行间债券市场资金清算业务；中国人民银行规定的其他即时转账业务。

城市商业银行签发银行汇票，应及时通过大额支付系统将汇票资金移存至城市商业银行汇票处理中心（以下简称汇票处理中心）。代理兑付行兑付银行汇票，应通过大额支付系统向汇票处理中心发送银行汇票资金清算请求。汇票处理中心确认无误后，应及时将兑付资金和多余款项通过大额支付系统分别汇划代理兑付行和签发行。

中国人民银行会计营业部门对内部账户与所管理的清算账户之间，以及本行所管理的各清算账户之间发生的内部转账业务，将涉及清算账户的借记或贷记信息发送国家处理中心。中国人民银行会计营业部门对直接参与者下列内部转账业务发送国家处理中心处理：存取款业务；再贴现资金的处理；再贷款的发放与收回；利息收付的处理；其他业务。

六、大额支付系统的主要业务处理流程和运行时序

大额支付指令逐笔实时处理，全额清算资金，这决定了大额支付指令必须实时传输。大额支付系统处理的支付业务分为贷记支付业务和即时转账业务两类，其业务处理流程如下：

（一）贷记支付业务处理流程

支付系统在结构上呈倒树形结构，国家处理中心与各收报中心连接，收报中心与覆盖范围内各直接参与者前置机连接，直接参与者前置机通过行内系统的接口与各参与者连接。贷记支付业务处理流程如图 6.1 所示。

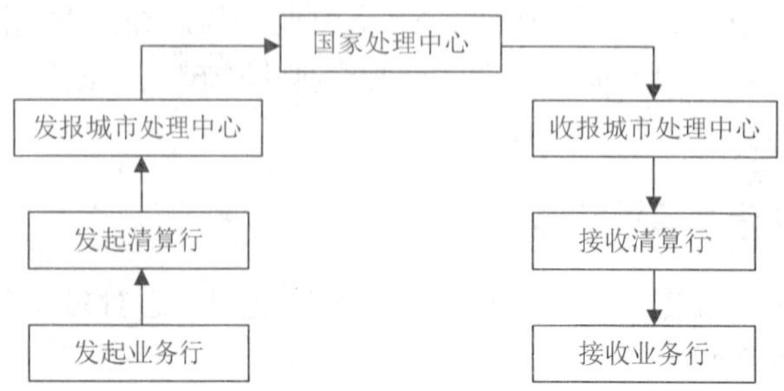

图 6.1　贷记支付业务处理流程

（二）即时转账业务的处理流程

支付系统特许参与者以第三方的身份将即时转账报文通过与支付系统的接口向特许参与者发送清算成功回执的同时，还将支付指令分别发送被借记行和被贷记行的城市处理中心；被借记行和被贷记行的城市处理中心收到即时转账通知报文后，再转发被借记行或被贷记行。

（三）大额支付系统的运行时序

大额支付系统按法定工作日运行。对每一工作日，系统又依次分为日间业务状态、清算窗口、日终处理和营业准备四个运行状态。自 2018 年 1 月 22 日起，大额支付系统实行 5 天×21 小时（从前一天的 23:30 到第二天的 20:30 共计 21 个小时）运行。工作日及各运行时间段根据管理的需要可以调整，由中国人民银行提前公布。

七、大额支付业务的处理手续

（一）商业银行发起大额支付业务的处理

商业银行行内业务处理系统未与前置机直连的，银行根据发起人提交的原始凭证和要求，确定普通、紧急的优先级次（救灾战备款为特急；低于规定的大额金额起点的，应设定为紧急），并由业务操作员录入、复核，系统自动逐笔加编地方密押后发送发报中心，待国家处理中心清算资金后接收回执。

商业银行行内业务处理系统与前置机直连的，根据发起人提交的原始凭证和要求，行内业务处理系统将规定格式标准的支付报文发送前置机系统，由前置机系统自动逐笔加编地方密押后发送发报中心，待国家处理中心清算资金后接收回执。

1. 审核凭证

柜员收到客户递交的原始票据是否符合“支付结算业务”相关规定，要素是否齐全，联次和附件是否完整，各联次要素是否一致，并确定收报行；加急汇兑业务是否与客户确认收款人账号、户名无误，并在备注栏注明“加急”字样；转入个人结算账户的款项是否符合《人民币银行结算账户管理办法》的规定，手续是否完备；汇款人和收款人均为个人，需要在汇入行支取现金的，是否在汇出凭证汇款金额大写前填写“现金”字样；收款人是否在异地或同城的跨系统银行支取；是否按要求计收手续费。

2. 录入往账业务

录入柜员选择往账录入交易，根据原始凭证录入往账业务，打印往账录入清单，与原始凭证一并交确认柜员。网账录入交易不产生会计分录。

3. 确认并发送往账

确认柜员收到需要确认的往账业务，首先核对录入清单与原始凭证，无误后往账确认交易进行确认并发送往账，交易提交成功后用录入清单作为确认业务记账凭证打印，作确认柜员的记账凭证并加盖确认柜员名章，原始凭证加盖转讫章和确认柜员名章附记账凭证后。会计分录：

借：××科目——××汇款人户

　　贷：清算资金往来等

　　贷：手续费收入——××手续费收入

（二）商业银行接收大额支付业务的处理

1）银行行内业务处理系统与前置机直连的，前置机收到收报中心发来的支付信息，逐笔确认后发送至银行行内业务处理系统，并按规定打印支付信息。会计分录：

借：清算资金往来等

　　贷：××科目——××汇款人户

2）银行行内业务处理系统未与前置机直连的，前置机收到收报中心发来的支付信息，逐笔确认后，使用中国人民银行统一印制的支付系统专用凭证打印支付信息。接收行会计分录同上。

八、银行汇票资金移存业务的处理手续

（一）发起行（或发起清算行）的处理

签发行签发银行汇票，进行账务处理，登记“银行汇票签发登记簿”后，生成汇票资金移存报文，逐笔加编地方密押发送发报中心。在汇票资金移存报文中，收报中心为上海城市处理中心，接收行为汇票处理中心。会计分录：

借：××科目——银行汇票申请人户

　　贷：清算资金往来等

　　贷：手续费收入——银行汇票手续费收入

（二）银行汇票兑付的处理

1. 兑付申请的处理

代理兑付行收到兑付银行汇票申请，暂不作账务处理，生成申请清算银行汇票资金报文，发送发报中心，经国家处理中心、上海城市处理中心，转发汇票处理中心。

2. 接收清算行（或接收行）的处理

（1）接收清算行（或接收行）为签发行的

接收清算行（或接收行）收到银行汇票全额兑付通知或汇票多余款退回报文，逐笔确认后，进行账务处理。会计分录：

借：清算资金往来或辖内往来等

　　贷：开出汇票

贷：××科目——××收款人户

（2）接收清算行（或接收行）为代理兑付行的

接收清算行（或接收行）收到清算银行汇票资金报文，逐笔确认后，进行账务处理。会计分录：

借：清算资金往来等

贷：清算资金往来或辖内往来等

（三）银行汇票未用退回的处理

发起行（或发起清算行）收到未用退回申请，生成银行汇票未用退回申请报文，发送发报中心（其中收报中心为上海城市处理中心，接收行为汇票处理中心），经国家处理中心、上海城市处理中心，转发汇票处理中心。

汇票处理中心收到报文，逐笔确认、账务处理完毕后，进行资金划拨。对已兑付的汇票，向签发行发出拒绝退回通知。

（四）银行汇票逾期主动退回的处理

汇票处理中心定期对汇票移存登记信息进行检索，对期满一个月后未解付的汇票，经查询确需退回的进行账务处理，同时生成银行汇票未用退回报文发送发报中心。经发报中心、国家处理中心、收报中心退回签发行。具体处理手续比照银行汇票未用退回资金清算的处理。

（五）银行汇票挂失的处理

按照《支付结算办法》规定，填明"现金"字样和代理付款人的银行汇票丧失，持票人可以向签发行和代理兑付行申请挂失，办理公示催告，票据权利人届时凭法院裁定书向签发行申请退款，签发行按汇票未用退回处理，代理兑付行不能办理挂失的银行汇票的解付。

九、大额支付业务的撤销、退回

（一）撤销的处理

发起行和特许参与者发起的支付业务需要撤销的，尚未发送发报中心的，立即撤销；已发送发报中心的，由发起清算行通过大额支付系统发送撤销请求。国家处理中心未清算资金的，立即办理撤销；已清算资金的，不能撤销。

（二）退回的处理

1. 发起清算行申请退回的处理

1）发起清算行对申请退回的支付业务，按规定的格式向发报中心发送退回申请报文，并自动登记"退回申请及应答登记簿"。

2）接收清算行收到退回申请信息后，自动登记“退回申请及应答登记簿”，同时检查原支付信息是否已贷记接收人账户，分别情况处理：①尚未贷记接收人账户的，经授权，根据原支付信息按正常程序使用退汇报文办理退汇，并向发起清算行发送同意退回的应答信息。②已贷记接收人账户的，接收清算行向发起清算行发送拒绝退回的应答信息。对拒绝退回的业务，由发起行或发起人与接收人协商解决。

接收清算行发出同意退回或拒绝退回的应答信息后，自动配对登记“退回申请及应答登记簿”。

3）对接收清算行发送的同意或拒绝退回应答信息，收报中心、国家处理中心、发报中心依次转发至发起清算行，并自动配对登记“退回申请及应答登记簿”。

4）发起清算行收到退回应答信息，选择打印后转发起行交发起人，并自动配对登记“退回申请及应答登记簿”。

2. 接收清算行主动退回的处理

接收清算行主动退回的业务，根据原支付信息使用退汇报文办理退汇。

支付系统向电子联行通汇行发出的退回申请及应答，使用自由格式报文。由电子联行转换中心转换为电子联行普通联络信息包，转电子联行通汇行。支付系统退回的电子联行支付业务必须使用电子联行专用汇兑报文。

第三节　小额批量支付系统

一、小额批量支付系统概述

小额批量支付系统（以下简称小额支付系统）是继大额实时支付系统之后中国人民银行建设运行的又一重要应用系统，是中国现代化支付系统的主要业务子系统和组成部分。它主要处理同城业务和异地业务纸凭证截留的借记支付业务和小额贷记支付业务，支付指令批量发送，轧差净额清算资金，旨在为社会提供低成本、大业务量的支付清算服务。小额支付系统实行7天×24小时连续运行，能支撑多种支付工具的使用，满足社会多样化的支付清算需求，成为银行业金融机构跨行支付清算和业务创新的安全高效的平台。

小额批量支付系统在采取一定时间内对多笔支付业务批量发送支付指令，轧差净额清算资金。收费更便捷，缴费也轻松。收费单位可以仅在一家银行开立账户办理所有收费业务，资金到账时间明显加快；缴费人也可仅在一家银行开立账户办理各种费用的缴纳。跨行收付更加简便易行，省时、省事又省心。建设小额批量支付系统的目的，是为社会提供低成本、大业务量的支付清算服务，支付业务到账时间一般为一天以内，支撑各种支付业务的使用，满足社会各种经济活动的需要。

二、小额批量支付系统的业务范围

小额支付系统主要服务于日常消费性支付，能够支撑多种支付工具的应用，主要处理七类业务。

（1）普通贷记业务

普通贷记业务指付款人通过其开户银行办理的主动付款业务，主要包括规定金额以下的汇兑、委托收款（划回）、托收承付（划回）、网上银行支付以及财税库汇划等业务。目前，小额支付系统处理贷记业务的金额上限为 2 万元，即只有金额不超过 2 万元的贷记支付业务可以通过小额支付系统处理，对金额超过 2 万元的业务应通过大额实时支付系统处理。中国人民银行可根据管理需要对金额上限适时调整。

（2）定期贷记业务

定期贷记业务指付款人开户银行依据当事各方事先签订的合同（协议），定期向指定的收款人开户银行发起的批量付款业务，如代付工资、养老金、保险金、国库各类等款项的批量划拨等，其特点是单个付款人同时向多个收款人发起付款指令。定期贷记业务也受金额上限的控制。

（3）普通借记业务

普通借记业务指收款人通过其开户银行向付款人开户银行主动发起的收款业务，包括人民银行机构间的借记业务、国库借记汇划业务和支票截留业务等。

（4）定期借记业务

定期借记业务指收款人开户银行依据当事各方事先签订的合同（协议），定期向指定的付款人开户银行发起的批量收款业务，如收款人委托其开户银行收取水、电、煤气、国库批量扣税业务等公用事业费用，其特点是单个收款人向多个付款人同时发起收款指令。

（5）实时贷记业务

实时贷记业务指付款人委托其开户银行发起的，将确定款项实时划拨到指定收款人账户的业务，主要包括跨行个人储蓄通存、国库实时缴税等业务。

（6）实时借记业务

实时借记业务指收款人委托其开户银行发起的，从指定付款人账户实时扣收确定款项的业务，主要包括跨行个人储蓄通兑、对公通兑业务、国库实时扣税等业务。

（7）中国人民银行规定的其他支付业务

如支付系统参与者间相互发起和接收的信息服务业务；如清算组织提交给商业银行的代收付信息和支票圈存信息等，不需要支付系统提供资金清算服务的数据信息。

银行业金融机构行内直接参与者之间的支付业务可以通过小额支付系统办理。

三、小额批量支付系统组织体系

小额支付系统参与者为中国人民银行批准，在中华人民共和国境内通过小额支付系统办理支付业务的系统参与者和系统运行者。小额支付系统和大额支付系统共享清算账户清算资金。

小额支付系统直接参与者、特许参与者与城市处理中心之间发送和接收支付信息，应当采取联机方式。出现联机中断或其他特殊情况的，可以采取磁介质方式。支付业务信息由纸凭证转换为电子信息，或由电子信息转换为纸凭证，具有同等的支付效力。支付业务信息由纸凭证转换为电子信息，电子信息产生支付效力，纸凭证失去支付效力；电子信息转换为纸凭证，纸凭证产生支付效力，电子信息失去支付效力。支付业务信息经过确认才产生支付效力。

小额支付系统处理的支付业务一经轧差即具有支付最终性，不可撤销。银行业金融机构收到已轧差的贷记支付业务信息或已轧差的借记支付业务回执信息时应当贷记确定收款人账户。支付业务信息在小额支付系统中以批量包的形式传输和处理。

小额支付系统采取以中国人民银行为中央对手，对直接参与者设置净借记限额实施风险控制。直接参与者以及所属间接参与者发起的贷记支付业务和借记支付业务回执只能在净借记限额内支付。

四、小额批量支付系统业务管理规定

中国人民银行可以根据业务管理和风险防范的需要，对小额支付系统办理的贷记支付业务金额上限进行设定和调整。中国人民银行统一确定普通借记支付业务和定期借记支付业务的借记回执信息返回基准时间。

借记回执信息最长返回时间不得小于中国人民银行规定的基准时间，不得超过 5 个法定工作日。借记回执信息最长返回时间内遇法定节假日和小额支付系统停运日顺延。付款行收到普通借记支付业务或定期借记支付业务时，审核无误后应当按协议立即办理扣款。付款清算行应当在借记回执信息返回期满前发出回执。付款清算行在收款行确定的最长返回时间内对整包借记支付业务扣款成功的，应当立即返回借记业务回执信息。付款清算行到期未返回借记业务回执的，小额支付系统自动在借记回执信息返回到期日的次日予以撤销。借记支付业务被小额支付系统自动撤销的，收款行可向小额支付系统再次提交该批借记业务。

五、净借记限额管理

净借记限额是指小额支付系统为开立清算账户的直接参与者设定的、对其发生支付业务的净借记差额进行控制的最高额度。

净借记限额由授信额度、质押品和圈存资金组成。授信额度是指中国人民银行及其分支行依据直接参与者的资信情况核定的，授予直接参与者在一定时期内多次使用的信用额度。质押品是指直接参与者向中国人民银行提供的、用于小额轧差净额资金清算担保的央行票据和中国人民银行规定的其他优质债券。圈存资金，是指直接参与者在其清算账户中冻结的、用于小额轧差净额资金清算担保的资金。

中国人民银行对直接参与者提供的质押品和圈存资金不得动用，但当直接参与者发生信用风险无法清偿小额支付业务净借记轧差金额时，中国人民银行可以动用质押品和圈存资金。授信额度和质押品价值由中国人民银行在国家处理中心通过小额支付系统进行设置和调整。圈存资金由直接参与者在系统工作日内通过小额支付系统自行设置和调整，不得用于日常的清算。

直接参与者对其净借记限额可以设置一定比例在国家处理中心和所在城市处理中心间分配使用。根据直接参与者业务处理需要，可以对其净借记限额在国家处理中心和所在城市处理中心之间调配均衡。直接参与者可以实时查询其在国家处理中心和所在城市处理中心的净借记限额及其可用额度。直接参与者根据业务需要，可以设定净借记限额的可用额度预警值，对其净借记限额预警监视。

六、小额批量支付系统的基本业务处理流程

支付业务信息经小额支付系统传输过程的确认，应符合中国人民银行规定的信息格式，并按照规定编核密押。支付业务信息的密押分为全国密押和地方密押。支付业务信息在直接参与者与城市处理中心间传输，加编地方密押。支付业务信息在城市处理中心与国家处理中心间传输，加编全国密押。全国密押由中国人民银行负责管理，地方密押由城市处理中心所在地的中国人民银行当地分支行负责管理。

根据支付业务的发起和接收参与者是否属于同一城市处理中心，小额支付系统处理的业务可以分为同城业务和异地业务。同城业务是指属于同一城市处理中心的参与者相互间发生的支付业务；异地业务是指分属不同城市处理中心的参与者相互间发生的业务。

小额支付系统处理的同城贷记支付业务，其支付指令从付款行发起，经付款清算行、城市处理中心、收款清算行，至收款行止；小额支付系统处理的异地贷记支付业务，其支付指令从付款行发起，经付款清算行、付款行城市处理中心、国家处理中心、收款行城市处理中心、收款清算行，至收款行止。付款清算行，是指向小额支付系统提交贷记支付业务信息或发起借记支付业务回执信息的直接参与者。收款清算行，是指向小额支付系统提交借记支付业务信息，并接收借记支付业务回执信息或贷记支付业务信息的直接参与者。

小额支付系统处理的同城借记支付业务，其支付指令从收款行发起，经收款清算行、城市处理中心、付款清算行、付款行，付款行按规定时限发出付款回执信息原路径返回至收款行止；小额支付系统处理的异地借记支付业务，其支付指令从收款行发起，经收款清算行、收款行城市处理中心、国家处理中心、付款行城市处理中心、付款清算行、付款行，付款行按规定时限发出付款回执信息原路径返回至收款行止。

七、小额批量支付系统业务处理手续

（一）普通贷记业务处理

1. 银行业金融机构发起业务的处理

付款（清算）行根据客户提交的普通贷记凭证（或信息），审核无误后进行账务处理。会计分录：

借：××存款——××户

　　贷：清算资金往来等

完成账务处理后，付款（清算）行行内业务处理系统与前置机直连的，行内系统按收款清算行组包后发送前置机。前置机收到业务包后，对包的格式、业务权限、每笔业务的金额上限进行检查，并对包的笔数和金额总分核对后，逐包加编地方押发送至城市

处理中心。

付款（清算）行行内业务处理系统与前置机间连的，由业务操作员手工录入、复核，或从磁介质导入，前置机对提交的业务按收款清算行组包并加编地方押后发送至城市处理中心。

2. 银行业金融机构接收业务的处理

收款（清算）行行内业务处理系统与前置机直连的，前置机收到城市处理中心发来的业务包，逐包确认并核地方押无误后，发送至行内系统拆包并立即进行账务处理。会计分录：

借：清算资金往来等

　　贷：××存款——××户

银行行内业务处理系统与前置机间连的，前置机收到城市处理中心发来的业务包后，逐包确认并核验地方押无误后拆包，银行将业务明细转存磁介质或使用人民银行规定格式的来账清单或统一印制的来账凭证打印支付信息，送行内系统进行相应账务处理。

3. 各节点对各类通知的处理

付款（清算）行、城市处理中心、国家处理中心、收款（清算）行等各节点收到已拒绝、已排队、已轧差和已清算通知后，修改相应业务的状态。付款（清算）行收到已拒绝通知后作相应处理。

付款（清算）行收到已清算通知，进行账务处理，会计分录：

借：清算资金往来等

　　贷：存放中央银行款项等

收款（清算）行收到已清算通知，进行账务处理，会计分录：

借：存放中央银行款项等

　　贷：清算资金往来等

（二）定期贷记业务

办理定期贷记业务前，付款（清算）行需要与企业签订双方合同（协议）。付款（清算）行办理定期贷记业务时，受理企事业单位以联机或磁介质方式提交的业务数据，依据合同审核无误后作相应账务处理。扣款成功的按同一收款清算行、同一付款人、同一业务种类进行组包。

付款（清算）行、国家处理中心、收款（清算）行的其他业务处理手续比照“普通贷记业务的处理手续”处理。

（三）实时贷记业务

1. 银行业金融机构发起业务的处理

付款（清算）行行内业务处理系统与前置机直连的，付款（清算）行根据客户提交的实时贷记凭证（或信息），审核无误后进行账务处理。会计分录：

借：现金或××存款——××户

　　贷：清算资金往来等

完成账务处理后，行内业务处理系统将其按收款清算行单笔组包发送前置机。前置机对包的格式、业务权限、每笔业务的金额上限进行检查后，逐包登记实时业务登记簿并加编地方押发送城市处理中心。

2. 银行业金融机构发出业务回执的处理

收款（清算）行行内业务处理系统对实时贷记业务的收款人账号、户名进行检查后，形成受理成功或拒绝受理的实时业务回执包发往前置机。前置机对包的格式、业务权限进行检查，将回执包与原包核对无误后，加编地方押后实时发送城市处理中心。

3. 银行业金融机构接收业务回执的处理

付款（清算）行前置机收到城市处理中心发来的实时业务回执包，逐包确认并核验地方押无误后销记登记簿，将回执包发送至行内业务处理系统进行相应处理，并通知付款人。

收到拒绝受理的回执包时进行账务处理，会计分录：

借：现金或××存款——××户（红字）

　　贷：清算资金往来等（红字）

4. 各节点对各类通知的处理

付款（清算）行、城市处理中心、国家处理中心、收款（清算）行等各节点收到已拒绝、已轧差和已清算通知后，修改相应业务状态。收到已拒绝和已轧差通知时需销记登记簿。付款（清算）行收到已拒绝通知后要作相应处理。

收款（清算）行收到已轧差通知，进行账务处理，会计分录：

借：清算资金往来等

　　贷：××存款——××户

收款（清算）行收到已清算通知，进行账务处理，会计分录：

借：存放中央银行款项等

　　贷：清算资金往来等

付款（清算）行收到已清算通知，进行账务处理，会计分录：

借：清算资金往来等

　　贷：存放中央银行款项等

（四）普通借记业务

1. 发起借记业务的处理

（1）银行业金融机构发起业务的处理

收款（清算）行行内业务处理系统与前置机直连的，根据客户提交的普通借记凭证

（或信息），确定每笔业务的借记回执信息最长返回时间 N 日（应在报文中记载 N，借记回执信息返回基准时间≤N≤5），按相同的 N 和付款清算行组包后发送前置机。前置机对包的格式、业务权限进行检查，并对包的笔数和金额总分核对后，逐包登记借记业务登记簿并加编地方押后发送城市处理中心。

收款（清算）行行内业务处理系统与前置机间连的，根据客户提交的普通借记凭证（或信息），由业务操作员手工录入、复核，或从磁介质导入业务，前置机对提交的业务按相同的 N 和付款清算行组包，逐包登记借记业务登记簿并加编地方押后发送城市处理中心。

（2）银行业金融机构接收业务的处理

付款（清算）行行内业务处理系统与前置机直连的，前置机收到城市处理中心发来的业务包，逐包确认并核验地方押无误后，登记借记业务登记簿并发送至行内业务处理系统拆包和处理。

付款（清算）行行内业务处理系统与前置机间连的，前置机收到城市处理中心发来的业务包，逐包确认并核验地方押无误后，登记借记业务登记簿并进行拆包。付款（清算）行将业务明细转存磁介质或使用中国人民银行规定格式的来账清单或统一印制的来账凭证打印支付信息，送行内系统进行相应处理。

（3）各节点收到已拒绝通知的处理

收款（清算）行、城市处理中心、国家处理中心等各节点收到已拒绝通知后，修改相应业务状态并销记登记簿。

2. 借记业务回执的处理

（1）银行业金融机构发出业务回执的处理

付款（清算）行收到借记业务后，立即检查协议，执行扣款。付款人当日账户足够支付的进行账务处理；付款人账户不足支付的，于次日直至借记回执信息最长时间的 $T+N$ 日（T 为轧差节点的转发日期）内执行扣款并作账务处理。付款（清算）行扣款成功时进行账务处理，会计分录：

借：××存款——××户

贷：清算资金往来等

付款（清算）行对原包业务全部扣款成功的应立即返回借记业务回执包；到期日原包业务无论扣款是否成功，应返回借记业务回执包。

付款（清算）行行内业务处理系统与前置机直连的，将借记业务回执包发送前置机，包中附扣款成功和扣款失败的业务明细。前置机对包的格式、业务权限进行检查，将回执包与原包核对无误后，加编地方押发送城市处理中心。付款（清算）行行内业务处理系统与前置机间连的，行内系统按上述规定执行扣款后，由业务操作员手工录入、复核，或从磁介质导入原包业务的借记回执，前置机对提交的借记回执组包并与原包核对无误后，加编地方押后发送城市处理中心。

（2）银行业金融机构接收业务的处理

收款（清算）行行内业务处理系统与前置机直连的，前置机收到城市处理中心发来的借记业务回执包，逐包确认并核地方押无误后销记登记簿，发送至行内业务处理系统拆包并立即进行账务处理，会计分录：

借：清算资金往来等

　　贷：××存款——××户

收款（清算）行行内业务处理系统与前置机间连的，前置机收到城市处理中心发来的借记业务回执包，逐包确认并核地方押无误后，销记登记簿并进行拆包，银行将业务明细转存磁介质或使用中国人民银行规定格式的来账清单或统一印制的来账凭证打印支付信息，送行内系统进行相应账务处理。

（3）各节点对各类通知的处理

付款（清算）行、城市处理中心、国家处理中心、收款（清算）行等各节点收到已排队、已轧差、已拒绝和已清算通知后，修改相应业务状态，收到已轧差通知时需销记登记簿。付款（清算）行收到已拒绝通知后要作相应处理。

付款（清算）行收到已清算通知时进行账务处理，会计分录：

借：清算资金往来等

　　贷：存放中央银行款项等

收款（清算）行收到已清算通知时进行账务处理，会计分录：

借：存放中央银行款项等

　　贷：清算资金往来等

（五）定期借记业务

办理定期借记业务前，付款（清算）行、付款人、收费单位需要签订办理代扣某类费用的三方合同（协议）。

定期借记业务分为发起业务阶段和处理借记回执阶段。

在发起业务阶段，收款（清算）行接收收费单位以联机或磁介质方式提交的业务数据，检查无误后按同一付款清算行、同一收款人、同一业务种类、同一借记回执信息最长返回时间 N 组包。

收款（清算）行、城市处理中心、国家处理中心、付款（清算）行的其他业务处理手续比照“普通借记业务的处理手续”处理。

（六）实时借记业务

收款（清算）行根据客户提交的实时借记业务凭证（或信息），按实时借记业务报文单笔组包。

付款（清算）行对扣款成功或失败的需实时返回受理成功或拒绝受理的回执包。城市处理中心对受理成功的同城回执业务包、国家处理中心对受理成功的异地回执业务包进行付款清算行的净借记限额检查。检查通过的纳入轧差处理；检查未通过的直接拒绝给付款（清算）行，并将处理结果发送收款（清算）行，不作排队处理。

收款（清算）行、城市处理中心、国家处理中心、付款（清算）行的其他业务处理手续比照“普通借记业务处理手续”处理。

（七）跨行通存通兑业务

跨行通存通兑业务是指依托小额支付系统，实现不同银行营业网点的资源共享，客户可以选择任何一家协议银行作为代理行，办理跨行存取款业务，该类业务是实时借（贷）记业务的具体业务种类。

小额支付系统跨行通兑业务包括个人储蓄通兑业务和对公通兑业务；小额支付系统跨行通存业务仅指个人储蓄通存业务。

银行办理跨行通存通兑业务，应按规定向客户收取手续费；对个人储蓄通存通兑，应逐笔实时实现代理行与开户行的手续费分润；代理行应向客户提供完整的交易金额和手续费信息。

1. 个人储蓄通兑业务的处理

（1）客户不用现金支付代理行手续费的处理

代理行收到客户取款凭条，按规定格式组织实时借记业务包，其中业务类型为个人储蓄通兑业务，业务包金额为客户取款金额（交易金额）和代理行手续费之和，附加域应列出交易金额和代理行手续费。

开户行收到实时借记业务包，进行合法性检查，确认无误后进行账务处理：

借：××存款——××户（交易金额＋代理行手续费＋开户行手续费）

　　贷：清算资金往来等（交易金额＋代理行手续费）

　　　　手续费收入（开户行手续费）

账务处理完成后，开户行返回实时借记业务回执包，并列出开户行手续费的信息。

代理行收到开户行返回的回执后，为客户打印凭证，记载通兑业务发生额（交易金额＋代理行手续费＋开户行手续费），付现金（交易金额）给客户；同时打印手续费回单（代理行手续费＋开户行手续费）交与客户。

（2）客户用现金支付代理行手续费的处理

代理行收到客户取款凭条，按规定格式组织实时借记业务包，其中业务类型为个人储蓄通兑业务，业务包金额为客户取款金额（交易金额）。

开户行收到实时借记业务包，进行合法性检查，确认无误后进行账务处理：

借：××存款——××户（交易金额＋开户行手续费）

　　贷：清算资金往来等（交易金额）

　　　　手续费收入（开户行手续费）

账务处理完成后，开户行返回实时借记业务回执包，并列出开户行手续费的信息。

代理行收到开户行返回的回执后，为客户打印凭证，记载通兑业务发生额（交易金额＋开户行手续费之和），付现金（交易金额－代理行手续费）给客户；同时打印手续费回单（代理行手续费＋开户行手续费）交与客户。

2. 个人储蓄通存处理流程

(1) 客户不用现金支付代理行手续费的处理

代理行收到存款人存款凭条，按规定格式组织实时贷记业务包，其中业务类型为通存业务，业务包金额为客户存款金额（交易金额）和代理行手续费之差，附加域应列出交易金额和代理行手续费。

开户行收到实时贷记业务包，进行合法性检查，确认无误后进行账务处理：

借：清算资金往来等（交易金额－代理行手续费）

　　贷：××存款——××户（交易金额－代理行手续费－开户行手续费）

　　　　手续费收入（开户行手续费）

账务处理完成后，开户行返回实时贷记业务回执包，并列出开户行手续费的信息。

代理行收到开户行返回的回执后，为客户打印存款回单，记载个人储蓄通存业务发生额（交易金额－存款行手续费－开户行手续费）；同时打印手续费回单（代理行手续费＋开户行手续费）交与客户。

(2) 存款人用现金支付代理行手续费的处理

代理行收到存款人存款凭条，按规定格式组织实时贷记业务包，其中业务类型为通存业务，业务包金额为存款人存款金额（交易金额）。

开户行收到实时贷记业务包，进行合法性检查，确认无误后进行账务处理：

借：清算资金往来等（交易金额）

　　贷：××存款——××户（交易金额－开户行手续费）

　　　　手续费收入（开户行手续费）

账务处理完成后，开户行返回实时贷记业务回执包，并列出开户行手续费的信息。

代理行收到开户行返回的回执后，为客户打印存款回单，记载个人储蓄通存业务发生额（交易金额－开户行手续费）；同时打印手续费回单（代理行手续费＋开户行手续费）交与客户。

收款（清算）行、城市处理中心、国家处理中心、付款（清算）行的其他业务处理手续比照“实时贷记业务处理手续”“实时借记业务处理手续”处理。

八、日切和年终处理

小额支付系统日切时点（每日 16:00），国家处理中心通知各城市处理中心进行日切处理，并将当日最后一场异地业务轧差净额提交清算。城市处理中心收到日切通知立即进行日切处理，并将当日最后一场同城业务的轧差净额提交国家处理中心清算。日切后，小额支付系统进入次日业务处理，继续受理支付业务。

大额支付系统日终，国家处理中心试算平衡后，将当日小额支付业务的账务信息一并下载至相应的中国人民银行分支行会计营业部门和国库部门。中国人民银行会计营业部门和国库部门收到国家处理中心下载的账务信息后，进行试算平衡。试算不平衡的，转入待核销处理，并向国家处理中心申请下载账务明细信息进行核对，查清后进行账务调整。

年终，国家处理中心试算平衡后，将小额支付往来账户余额一并结转支付清算往来账户，并将支付清算往来账户余额下载至相应的中国人民银行分支行会计营业部门和国库部门核对。

九、轧差和资金清算

（一）轧差

国家处理中心对异地业务进行轧差处理，城市处理中心对同城业务进行轧差处理。

普通贷记、定期贷记支付业务以贷记批量包为轧差依据，实时贷记、借记支付业务以回执包中的成功交易为轧差依据。通过净借记限额检查的支付业务，按付款清算行和收款清算行实时轧差。

小额支付系统对未通过净借记限额检查的普通贷记、定期贷记、普通借记回执、定期借记回执业务作排队等待轧差处理；未通过净借记限额检查的实时贷记回执、实时借记回执业务作拒绝处理。对排队等待轧差处理的支付业务自动按金额由小到大排列，金额相同的按时间先后顺序排列。

直接参与者可根据需要将指定的排队业务调整到队列首位。中国人民银行统一设定同城和异地普通贷记、定期贷记、普通借记回执、定期借记回执业务的排队最长时间。支付业务排队等待轧差处理的时间超过系统设定时间的，自动做撤销处理。业务排队等待轧差处理最长时间内遇法定节假日顺延。对多个直接参与者间的排队支付业务，采取多边撮合机制，防止业务“死锁”，提高支付效率。国家处理中心对异地排队业务进行撮合处理，城市处理中心对同城排队业务进行撮合处理。

异地业务日间轧差净额提交清算的场次和时间由国家处理中心根据中国人民银行业务管理部门的规定设置；同城业务日间轧差净额提交清算的场次和时间由城市处理中心根据中国人民银行当地分支行业务管理部门的规定设置。异地业务和同城业务当日最后一场轧差净额提交清算的时间，由国家处理中心根据中国人民银行业务管理部门的规定统一设置。轧差净额提交清算的场次和时间可以在日间调整，即时生效。

（二）资金清算

同城和异地业务轧差净额应在每场清算时点发送国家处理中心进行资金清算，但系统发生网络故障等异常情况时，小额支付系统可将轧差净额作暂存处理，待故障恢复后再提交清算。法定节假日期间，小额支付系统继续对支付业务进行轧差处理，但每日仅形成一场异地业务轧差净额和同城业务轧差净额，待法定节假日后的第一个大额支付系统工作日提交清算。

中国人民银行及其分支行根据防范风险和管理的需要可以对直接参与者清算账户实行借记控制。清算账户借记控制时，小额支付系统停止受理借记该直接参与者清算账户的小额支付业务，但对已轧差的小额支付业务、同城票据交换和同城清算系统轧差净额业务应当完成清算。

第四节　支票影像交换系统

一、支票影像交换系统概述

支票影像交换系统（以下简称影像交换系统）是指运用影像技术将实物支票转换为支票影像信息，通过计算机及网络将支票影像信息传递至出票人开户银行提示付款的业务处理系统。影像交换系统定位于影像信息交换，资金清算则通过中国人民银行的小额支付系统处理。支票影像信息包括支票影像及其电子清算信息。

影像交换系统主要处理异地的跨行和行内支票影像交换业务，也支持包括银行汇票、商业承兑汇票、银行承兑汇票、银行本票和商业本票等其他托收类型业务的影像传递处理。

二、影像交换系统的参与者和运行时序

影像交换系统的参与者包括办理支票结算业务的银行业金融机构和票据交换所。为便于各银行接入影像交换系统办理业务，降低业务处理成本，各地同城票据交换所均作为影像交换系统的参与者与系统连接，可以代理本地的银行机构通过影像交换系统发起和接收业务。

影像交换系统实行 7 天×24 小时连续运行，每个系统工作日的运行时间为上一个工作日 16:00 至当前工作日 16:00。影像交换系统日切时间和小额支付系统日切时间保持一致，系统在每一工作日 16:00 日切后进入下一工作日，是一个全天候不间断运行的系统。中国人民银行根据需要可以调整日切时点。根据业务及运行管理需要，经中国人民银行业务主管部门授权，总中心可以设置影像交换系统为停运状态。在系统设置停运时，将提前至少一个工作日下发停运通知到各分中心和前置机。影像交换系统启运时，总中心向各下级节点下发启运通知，各节点根据通知调整影像交换系统运行日期。

三、影像交换系统的基本规定

（一）金融机构应遵守的规定

1）支票影像业务处理遵循“先付后收、收妥抵用、全额清算、银行不垫款”的原则。

2）银行业金融机构出售支票时，应在支票票面记载付款银行的银行机构代码（指按照支付系统行号标准编制的机构代码）。

3）影像交换系统处理支票业务的金额上限由中国人民银行规定，并可根据管理需要进行调整；超过金额上限的支票，影像交换系统拒绝受理。

4）系统参与者可以使用专用外挂软件（由中国人民银行开发的、专门用于制作和解析支票影像信息的处理软件）或使用按照中国人民银行规定的标准自行开发软件处理支票影像信息。

5）支票影像采集应符合中国人民银行规定的技术标准。未附粘单支票应采集其正面和背面影像；附粘单支票应采集其正面和记载最后一手委托收款背书粘单的影像，其他背书信息在电子清算信息中连续记录。

6）支票影像信息一经影像交换系统发出，不得更改或撤销。提出行对发出有误的支票影像信息，可以通过影像交换系统向提入行申请止付。

7）提出行负责保管转换为支票影像信息的实物支票。实物支票的保管应遵循国家会计档案管理有关规定。

（二）票据交换所应遵守的规定

1）票据交换所收到提出行提交的支票影像信息，应在当日将支票影像信息提交影像交换系统。票据交换所收到提出行提交的实物支票，应按规定格式制作支票影像信息，并在当日最迟下一个法定工作日上午 10:00 将支票影像信息提交影像交换系统。票据交换所应保证支票影像信息与原实物支票的记载内容相符。

2）票据交换所通过影像交换系统接收的支票影像信息，应在当日最迟下一个法定工作日提入行参加的第一场票据交换提交提入行。

3）票据交换所收到银行业金融机构提交的止付申请书或止付应答书后，应立即通过影像交换系统发送。票据交换所接收影像交换系统发送的止付申请书或止付应答书后，应立即通知有关参与者提回。

四、影像交换系统业务处理手续

（一）提出行的处理

1. 受理支票的处理

（1）凭证审查

持票人开户银行收到持票人送来的支票和三联进账单时，应认真按照支付结算的要求审查，并且审核：支票票面是否记载银行机构代码；支票金额是否超过中国人民银行规定的影像支票业务的金额上限。

（2）回单退还

提示付款的支票按《支付结算办法》规定审查。对拒绝受理的支票，持票人开户银行应制作一式二联拒绝受理通知书，加盖业务公章后一联连同支票和进账单一并退持票人，一联留存，定期归档。

凭证审查无误的，在第一联进账单上签章后作为回单退还给持票人，在第二联进账单上加盖“收妥后入账”的戳记。

2. 发起支票影像信息的处理

（1）分散接入模式提出行的处理

1）不具备影像采集条件提出行的处理。分散接入影像交换系统且不具备影像采集条件的提出行，对审核无误的支票按下列步骤进行处理：在支票规定区域加盖票据交换专用章；编制提出支票清单；登记提出支票业务登记簿；专夹保管第二、三联进账单；按规定及时将提出支票清单连同支票一并送交当地票据交换所；收到票据交换所采集影像后返回的支票，与进账单匹配，一并专夹保管。

2）具备影像采集条件提出行的处理。分散接入影像交换系统且具备影像采集条件的提出行，对审核无误的支票按下列步骤进行处理：在支票规定区域加盖票据交换专用章。采集支票影像。如实物支票未附粘单的，影像信息包括支票的正反两面；如实物支票附粘单的，影像信息包括支票的正面和最后一手委托收款背书的粘单。通过本行行内系统或专用外挂软件录入、复核支票电子清算信息，其中“票据号码”项仅录入实物支票号码后 8 位，收款人和付款人名称应与票面记载一致。将电子清算信息与影像信息匹配无误后，按照规定格式组成支票影像业务报文，经数字签名后转存磁介质。编制或通过专用外挂软件打印提出支票清单。登记“提出支票业务登记簿”。将支票和进账单配对专夹保管。按照规定的交换场次和交换时间将磁介质连同提出支票清单一并送交票据交　换所。

（2）集中接入模式提出行的处理

1）直联方式提出行的处理。提出行采用集中接入直联方式的，对审核无误的支票按具备影像采集条件提出行的处理进行处理，经数字签名后，发送影像交换系统。

2）间联方式提出行的处理。提出行采用集中接入间联方式的，对审核无误的支票按具备影像采集条件提出行的处理进行处理，经数字签名转存磁介质后，通过影像交换系统前置机客户端上传至前置机。

3. 收到小额支付系统支票业务回执的处理

小额支付系统前置机收到城市处理中心发来的支票回执业务包，核验地方押无误后向城市处理中心返回确认信息，若核押错误，则做拒绝处理。

对于采取直联方式接入小额支付系统的提出行，小额支付系统前置机将支票回执业务包直接发送至行内系统进行处理；采取间联方式接入小额支付系统的提出行，根据接收到的支票回执业务包，使用中国人民银行规定格式的来账清单或统一印制的来账凭证打印支付信息，提交行内系统进行处理。

（1）贷记持票人账户的处理

提出行行内系统对回执确认付款的，匹配并销记“提出支票业务登记簿”后，进行账务处理。会计分录：

借：清算资金往来等

　　贷：××存款——××户

行内系统或小额支付系统前置机打印的来账清单或来账凭证作为贷记收款人账户的凭证，同时从专夹保管的支票和进账单中抽出已回执业务的进账单，第二联作来账凭证的附件，第三联加盖转讫章作收账通知交持票人。专夹保管的支票定期归档，留存备查。

（2）资金清算的处理

提出行行内系统收到已清算通知后进行账务处理。会计分录：

借：存放中央银行款项等

贷：清算资金往来等

（3）退票的处理

对拒绝付款的回执，提出行匹配并销记“提出支票业务登记簿”后，经行内系统或小额支付系统前置机客户端打印退票理由书一式二联，一联加盖业务公章连同支票和进账单一并退还持票人，并办理签收手续，一联留存归档。

4. 逾期未收到小额支付系统业务回执的处理

提出行在规定时间内未收到支票业务回执的，应主动通过影像交换系统向提入行发出查询；支票提示付款期届满仍未收到支票业务回执的，提出行可将实物支票退还持票人并办理签收登记。支票退还持票人后收到支票业务回执，回执确认付款的，按来账贷记收款人账户，并通知持票人交回退还的支票；回执拒绝付款的，打印退票理由书交持票人。

（二）提入行的处理

1. 接收支票业务的处理

（1）分散接入模式提入行的处理

提入行接收当地票据交换所传送的提入支票影像信息清单和磁介质文件。

将磁介质文件导入行内系统或外挂软件验证数字签名后，解析磁介质文件并登记“提入支票业务登记簿”。

（2）集中接入模式提入行的处理

直联方式下，提入行行内系统收到分中心发来的支票影像业务报文后，进行解析处理，并登记“提入支票业务登记簿”。

间联方式下，提入行前置机收到分中心发来的支票影像业务报文后，通过磁介质导入行内系统进行解析处理，并登记“提入支票业务登记簿”。

2. 核验支票的处理

提入行对接收的支票影像业务报文按印鉴核验方式和支付密码核验方式进行核验处理。

（1）印鉴核验方式

采用印鉴核验方式的，可使用电子验印系统，核验依据以签章为主，支票影像其他要素为辅。提入行收到支票影像业务报文后，检查支票印鉴与预留印鉴是否相符。检查通过后对下列信息进行审核：支票的大小写金额是否一致；支票必须记载的事项是否齐全；持票人是否在支票的背面作委托收款背书；电子清算信息与支票影像内容是否相符；出票人账号、户名是否相符；出票人账户是否有足够支付的款项。

审核无误的，进行确认付款处理；审核有误的，进行拒绝付款（退票）处理。

（2）支付密码核验方式

采用支付密码核验方式的，应与出票人事先签订协议约定使用支付密码作为审核支付支票金额的依据。提入行收到支票影像业务报文后，检查支付密码是否正确。检查通过后，比照印鉴核验方式进行信息审核。

3. 发起回执的处理

（1）确认付款的处理

支票核验通过后，提入行确认付款的，立即进行账务处理。会计分录：

借：××存款——××户

　　贷：清算资金往来等

扣款成功后，提入行应在规定期限内，通过小额支付系统发起支票影像业务确认付款回执。

提入行收到小额支付系统已清算通知时进行账务处理，会计分录：

借：清算资金往来等

　　贷：存放中央银行款项等

未参加小额支付系统的提入行，由其代理行通过小额支付系统发送确认付款回执，并进行相应账务处理。

（2）拒绝付款（退票）的处理

提入行对提入的支票进行核验，存在下列情形之一的，可作退票处理：大、小写金额不符；支票必须记载的事项不全；出票人签章与预留银行签章不符；约定使用支付密码的，支付密码未填写或错误；持票人未作委托收款背书；电子清算信息与支票影像不相符；出票人账号、户名不符；出票人账户余额不足以支付票据款项；重复提示付款；非本行票据；出票人已销户；出票人账户已依法冻结；持票人已办理挂失止付或已收到法院止付通知书；持票人开户行申请止付；数字签名或证书错误。

提入行应在规定期限内，通过小额支付系统发起支票影像业务拒绝付款回执。

未参加小额支付系统的提入行，委托其代理行通过小额支付系统发送拒绝付款回执。

本 章 小 结

现代化支付系统是利用现代计算机技术和通信网络开发建设的，能够高效、安全处理各银行办理的异地、同城各种支付业务及其资金清算应用系统。分为大额实时支付系统和小额批量支付系统两个业务应用系统。

大额支付系统采用逐笔实时方式处理支付业务，全额清算资金。大额支付系统处理下列支付业务：规定金额起点以上的跨行贷记支付业务；规定金额起点以下的紧急跨行贷记支付业务；各银行行内需要通过大额支付系统处理的贷记支付业务；特许参与者发起的即时转账业务；城市商业银行银行汇票资金的移存和兑付资金的汇划业务；中国人民银行会计营业部门和国库部门发起的贷记业务及内部转账业务；中国人民银行规定的其他支付清算业务。

大额支付系统处理的支付业务，其信息从发起行发起，经发起清算行、发报中心、国家处理中心、收报中心、接收清算行，至接收行止。

小额批量支付系统采取在一定时间内对多笔支付业务批量发送支付指令，轧差净额清算资金，收费更便捷，缴费亦轻松，跨行收付更加简便易行，省时、省事又省心。小额批量支付系统主要处理同城业务和异地业务纸凭证截留的借记支付业务和小额贷记支付业务，支付指令批量发送，轧差净额清算资金。小额支付系统主要服务于日常消费性支付，能够支撑多种支付工具的应用。小额支付系统主要处理以下业务：普通贷记业务、定期贷记业务、普通借记业务、定期借记业务、实时贷记业务、实时借记业务、中国人民银行规定的其他支付业务。

支票影像交换系统运用影像技术将实物支票转换为支票影像信息，传递至出票人开户银行提示付款的业务处理。通过小额批量系统处理。支票影像信息包括支票影像及其电子清算信息。影像交换系统主要处理异地的跨行和行内支票影像交换业务，也支持包括银行汇票、商业承兑汇票、银行承兑汇票、银行本票和商业本票等其他托收类型业务的影像传递处理。

基 本 概 念

联行往来　全国联行往来　电子联行往来现代化支付系统　大额实时支付系统
发起行　发起清算行　发报中心　国家处理中心　收报中心　接收清算行
接收行　小额批量支付系统　普通贷记业务　定期贷记业务　普通借记业务
定期借记业务　实时贷记业务　实时借记业务　支票影像交换系统

复习思考题

1. 支付系统的组成部分有哪些？
2. 现代化支付系统的组成和参与者有哪些？
3. 现代化支付系统的范围有哪些？
4. 大额支付系统的业务范围有哪些？
5. 大额支付系统的业务管理规定有哪些？
6. 大额支付系统的业务处理流程是怎样进行的？
7. 大额支付系统业务处理手续是怎样办理的？
8. 小额支付系统的业务范围有哪些？
9. 简述小额支付系统的组织体系。
10. 小额支付系统业务处理手续是怎样进行的？
11. 影像交换系统的基本规定有哪些？
12. 影像交换系统的业务处理手续是怎样进行的？
13. 大额实时支付系统和小额批量支付系统的区别是什么？

第七章　外汇业务的核算

学习目的与要求

1. 了解外汇业务的核算特点及核算要求
2. 掌握外汇买卖业务的核算及外汇买卖损益的计算
3. 掌握外汇存款和贷款业务的核算及浮动利率外汇贷款的利息计算
4. 熟悉外汇结算业务的种类及规定
5. 掌握各种外汇结算业务的核算，熟悉进出口业务中信用证、托收和汇兑结算业务的核算

商业银行是外汇市场的主要参与者，而外汇业务也是商业银行业务范围中的重要内容之一。就会计核算而言，商业银行的外汇会计与人民币会计在核算对象、核算任务、核算方法以及所依据的会计规范体系都是基本相同的。但是，外汇业务与人民币业务相比有其自身的特点，从而导致外汇业务在会计核算中的特殊性。本章旨在介绍外汇业务的具体种类及其基本核算方法。

第一节　外汇业务概述

一、外汇和汇率

1. 外汇

（1）外汇的概念

外汇是外国货币或以外国货币表示的，用于国际结算的支付手段。国际货币基金组织（IMF）曾对外汇下过明确的定义：“外汇是货币行政当局（中央银行、货币管理机构、外汇平衡基金组织及财政部）以银行券、国库券、长短期政府债券等形式所持有的、在国际收支逆差时可以使用的债权。”外汇的内涵，随着国际交往的扩大和信用工具的发展而日益增多。

作为外汇需要有两个条件：一是以外国货币表示；二是可自由兑换。目前全世界有67个国家和地区的货币是可自由兑换货币，但最常用的是五大币种：美元、英镑、欧元、日元、人民币。各种外币以其个位为记账单位，小数点以下根据该货币的辅币进位情况而定。

（2）外汇的种类

外汇有多种分类方法，按其能否自由兑换，可分为自由外汇和记账外汇；按其来源和用途，可分为贸易外汇和非贸易外汇；按其买卖的交割期，可分为即期外汇和远期外汇。

我国对外结算制度规定，作为国际业务支付手段的外汇，可分为现汇和记账外汇。现汇，也称自由外汇或多边结算外汇。它是指在国际金融市场上可以自由买卖，在国际结算中广泛使用，在国际上得到偿付并可自由兑换为其他国家货币的外汇，如美元、英镑、欧元、日元、加拿大元等。记账外汇是指根据两国政府有关贸易和清算（支付）协定所开立账户下的外汇，不经货币发行国家管理当局批准不能自由兑换为其他国家货币，它只能根据两国间的有关协定使用。双边（两个协定国家）在收付时，仅在开立的账户上进行记载（记账），定期或超过一定额度时进行清算，所以称为记账外汇。

2. 汇率

汇率（foreign exchange rate）是指一个国家的货币折算成另一个国家货币的比率，或者说是一种货币用另一种货币表示的价格。折算两种货币的比率，首先要确定以哪一国货币作为标准，这称为汇率的标价方法。外汇汇率通常有两种标价方法：直接标价法和间接标价法。直接标价法又称应付标价法，是指以一定单位的外国货币为标准折算为若干单位本国货币的表示方法。间接标价法又称应收标价法，是指以一定单位的本国货币为标准折算为若干单位外国货币的表示方法。我国人民币汇率也采用直接标价法，由中国人民银行根据前一日银行间外汇交易市场的价格，每日公布人民币对美元的中间价。各外汇指定银行以此为依据，在中国人民银行规定的浮动幅度内自行挂牌，对客户买卖外汇。

二、外汇业务的种类

经营外汇业务是商业银行业务经营的重要组成部分，按照集中管理、统一经营的外汇管理方针，由国家授权外汇管理局行使外汇管理职权，由外汇指定银行和经批准的其他商业银行经营外汇业务。

根据国家外汇管理局发布的《银行外汇业务管理规定》，我国外汇指定银行可以经营的外汇业务包括外汇存款、外汇贷款、外汇汇款、外币兑换、外汇同业拆借、外汇借款、发行或代理发行股票以外的外币有价证券、买卖或代理买卖股票以外的外币有价证券、外币票据的承兑与贴现、贸易和非贸易结算等业务。

外汇业务分为下面几种。

1）结汇是指境内企事业单位、机关和社会团体按国家外汇管理政策的规定，将各种外汇收入按银行挂牌汇率结售给外汇指定银行，外汇指定银行付给相应的人民币。利息找零业务比照结汇处理。

2）售汇是指境内企事业单位、机关和社会团体的正常对外支付外汇，持有关有效凭证，用人民币到外汇指定银行办理兑付，外汇指定银行收进人民币，付给等值外汇。

3）套汇也称外币兑换业务，是指对客户提供的用一种外币兑换为另一种外币的业务。银行办理的套汇业务有两种类型：钞买汇卖和汇买钞卖以及不同币别的外汇套汇。

4）结售汇项下的外汇与人民币平盘交易是指银行为平盘结售汇敞口而进行的外汇/人民币买卖交易。

5）代客外汇与人民币调剂交易是指银行代理外商投资企业或经外汇局批准的其他

企业，通过中国外汇交易中心或外汇调剂市场进行的外汇与人民币调剂买卖交易。

6）自营外汇买卖是银行根据国家外汇管理规定及自身外汇资金头寸摆布和保值、增值的需要，以自有的外汇资金，通过境外同业银行进行外汇头寸的转换，以期赚取差价利润的业务。

7）代客外汇买卖是指银行接受客户贸易项下的委托，代其在国际金融市场上进行可自由兑换货币之间的实盘买卖业务。

三、外汇业务的核算原理与特点

1. 核算原理

银行外汇业务核算应遵循《企业会计准则第 19 号——外币折算》的规定，外币折算准则着重解决了记账本位币的确定、外汇交易的会计处理和外币财务报表的折算问题。

（1）记账本位币

记账本位币是指银行经营所处的主要经济环境中的货币。我国企业一般以人民币作为记账本位币，但也允许业务收支以人民币以外的货币为主的单位选择其中一种货币作为记账本位币，但是编报的财务会计报告应当折算为人民币。企业选择的记账本位币一经确定，不得改变，除非与确定记账本位币相关的经营所处的主要经济环境发生了重大变化。

记账本位币以外的货币称为外币。相对于人民币，外汇业务使用外币进行交易，但是会计信息的确认、计量和披露却采用记账本位币（人民币），外币核算的核心问题就是解决不同币种之间的会计确认、计量与披露如何保持一致。

（2）外汇交易

外汇交易是以外币计价或者结算的交易。

1）买入或者卖出以外币计价的商品或者劳务。这里所说的商品是一个泛指的概念，可以是有实物形态的存货、固定资产等，也可以是无实物形态的无形资产、债权或股权等。

2）借入或者借出外币资金。这里包括企业向银行借款、银行向人民银行及同业借款、发行以外币计价或结算的债券等。

3）其他以外币计价或者结算的交易。例如，接受外币现金捐赠等。

外汇交易可分为货币性项目和非货币性项目。货币性项目是银行持有的货币和将以固定或可确定金额的货币收取的资产或者偿付的负债。货币性项目分为货币性资产和货币性负债。货币性资产包括库存现金、银行存款、应收账款和应收票据以及准备持有至到期的债券投资等；货币性负债包括应付账款、其他应付款、短期借款、应付债券、长期借款、长期应付款等。非货币性项目是货币性项目以外的项目，如存货、长期股权投资、交易性金融资产、固定资产、无形资产等。

（3）外币折算的会计处理

外币折算是指将外汇交易或外币财务报表折算为记账本位币反映的过程。外汇交易折算的会计处理主要涉及两个环节：一是在交易日对外汇交易进行初始确认，将外币金额折算为记账本位币金额；二是在资产负债表日对相关项目进行折算，因汇率变动产生的差额应记入当期损益。银行对于发生的外汇交易，应当在初始确认时，采用交易发生日的即期汇率将外币金额折算为记账本位币金额，或者采用与交易发生日即期汇率近似的汇率折算。在资产负债表日，对外币货币性项目（货币资金、债券、应付款等）和外币非货币性项目（存货、股权、长期预付款等）进行不同处理。对于外币货币性项目，采用资产负债表日即期汇率折算。因资产负债表日即期汇率与初始确认时或者前一资产负债表日即期汇率不同而产生的汇兑损益差额，计入当期损益，同时调增或调减外币货币性项目的记账本位币金额。而以历史成本计量的外币非货币性项目，已在交易发生日按当日即期汇率折算，资产负债表日不改变其记账本位金额。

2. 外汇业务的核算特点

外汇业务同人民币业务相比具有一定的特殊性，作为反映和监督外汇业务的会计核算，也具有其自身的特点。

（1）外币分账制

银行经营的各项外汇业务，都是通过外汇资金和人民币资金的收付进行的。为了同时记录和反映外汇资金和人民币资金的收付，通常有外币分账制和外币统账制两种方法。目前银行在外汇业务核算上一般采用外币分账制。

（2）权责发生制

为了反映进出口贸易等业务比较复杂的债权、债务关系，加强经济核算，一般采用权责发生制作为外汇会计核算的基础。在外汇业务活动中，银行的债权、债务关系一经发生，无论有无实际收付行为，均应记账；本年度的损益应在本年内列账，如定期存款、贷款，要计算应付、应收利息；固定资产每年应计提折旧，以正确反映银行的资产、负债及经营成果。

（3）遵循国际贸易惯例

外汇银行会计服务于国际贸易和国际经济往来。各国商法不同，为了便于往来，国际商会制定了《商业单据托收统一规则》《商业跟单信用证统一惯例》等文件。因此，各国在经济贸易往来中，除按两国协商同意的办法处理外，必须遵循国际惯例，办理各种处理手续。

（4）多渠道清算外汇资金

在国内，同一银行系统内部各行间外汇资金的调拨和异地外汇结算所引起的资金转移，通过全国联行外汇往来清算。在国际上，无论是由贸易行为还是由非贸易行为引起的单位间债权、债务的清算，都必须经过两个国家指定的银行办理，从而使单位间的债权、债务转化为两行之间的资金账务往来。这种往来根据不同情况使用三种方式进行清算：一是本国银行在国外设分支机构，两国单位的货币清算，通过本国银行和驻外机构进行；二是本国银行与国外某银行互相签订代理契约，相互间开立存款账户，单位间的货币结算以现汇方式通过存款账户进行清算；三是由本国政府向外国政府签订支付协定，指定银行相互开立清算账户，单位间的结算采取记账的方式，通过清算账户清算资金。

第二节　外汇买卖业务

外汇买卖又称外汇兑换，是外币业务核算的中心内容。由于银行在办理国际结算中使用的货币种类不同，需要以一种货币兑换成另一种货币。这种按一定的汇率卖出一种货币或买入一种货币的行为，称为外汇买卖。在我国，人民币是还不足以完全自由兑换的货币。按照现行外汇管理制度，实行外汇结售汇制。

境内所有企事业单位、机关和社会团体的外汇收入都要按银行挂牌汇率，卖给外汇指定银行；境内企事业单位、机关和社会团体在经常项目下，持有关有效凭证，用人民币到外汇指定银行按银行挂牌汇率购汇，办理支付。

在外汇结售汇前提下，任何企事业单位、机关、社会团体和外汇银行的一切外汇存取均为外汇买卖。

一、外汇买卖的类型

外汇买卖的基本功能是回避风险和增值获利，通过外汇买卖将手中的外币换成其他外币，一方面可以避免因汇市波动带来的贬值风险，另一方面利用外汇买卖的套利将持有的较低利率的外币兑换为另一种较高利率的外币以获得更高获利。外汇买卖按照交易目的、参与主体、交割期限等可以分成不同的种类。

1. 按外汇买卖的目的划分

按照外汇买卖的目的，将外汇买卖划分为结汇、售汇和套汇。

2. 按外汇买卖的主体划分

按照参与主体，将外汇买卖划分为自营外汇买卖和代客外汇买卖。

3. 按外汇买卖的交割时期划分

按交割时间，将外汇买卖划分为即期、远期外汇买卖。即期外汇买卖，一般是指买卖双方按当天外汇市场的即期汇率成交，并在当天或第二个工作日进行交割的外汇交易。远期外汇买卖是指买卖双方按外汇合同约定的汇率，在约定的期限（成交日后第二个工作日以后的某一日期）进行交割的外汇交易。远期外汇买卖是一种预约性交易，是由于外汇购买者对外汇资金需要的时间不同，以及为了避免外汇汇率变动风险而引起的。

二、外汇买卖的账务核算

银行的外汇头寸管理实行外汇买卖平仓的方式，凡按规定平仓的外汇买卖账户，在平仓前，需计算提取外汇买卖损益，不平仓的账户不计提损益。

损益的计算方法为：每天外汇买卖交易结束后，分货币将货币兑换科目的余额按当天中间价折成人民币，与该货币人民币余额的差额即为该货币当日外汇买卖的损益。

货币兑换科目外币余额在贷方，其损益计算方法如下：

外币贷方余额×该种外币中间价＞该种外币的人民币借方余额，即为贷方差额，该差额为汇兑收益；如果是借方差额，该差额为汇兑损失。

货币兑换科目外币余额在借方，其损益计算方法如下：

外币借方余额×该种外币中间价＜该种外币的人民币贷方余额，即为贷方差额，该差额为汇兑收益；如果是借方差额，该差额为汇兑损失。

外汇买卖是银行经营外汇的重要业务，它贯穿于所有外汇各种业务之中。本节主要讲述外汇买卖的不同结算方式和交易种类的核算。这里主要介绍结汇、售汇和套汇业务。

1. 结汇、售汇业务

我国外汇管理实行结售汇制。结汇、售汇业务是指外汇指定银行为客户办理人民币与可自由兑换货币之间兑换的业务。根据《外汇指定银行办理结汇、售汇业务管理暂行办法》的要求，外汇指定银行办理与客户之间的结汇、售汇业务和自身结汇、售汇业务应当分账核算，设置专用的结汇、售汇会计科目，并分别管理、统计和核算。

结汇是指外汇指定银行按规定的人民币汇率买入企事业单位或个人的外汇，并支付相应人民币的外汇业务。结汇分强制结汇、意愿结汇和限额结汇。

售汇是指银行按规定的人民币汇率卖给企事业单位或个人外汇，并收取相应人民币的外汇业务。

2. 套汇业务

套汇分三种情况：不同币种的货币通过人民币折算、同一货币分别现钞价和现汇价核算、通过套汇专户直接套汇（不经过人民币折算）。

（1）不同币种的货币通过人民币折算

通过人民币套汇在办理不同币种之间的货币兑换或即期买卖时，交易的两种不同外币之间没有直接比价时，需要利用两种外币的人民币牌价进行套汇处理，套算出卖出币种的金额，计算公式为

卖出币种的套汇金额＝买入币种金额×买入币种汇买价/卖出币种汇卖价

（2）同一货币钞汇之间套汇

客户将现汇转换为现钞，则客户先卖出现汇（钞），然后买入现钞（汇），中间通过人民币套算。一般来讲，钞买价贵于汇买价，按国际惯例钞买汇大约多支付 1%~3%的外汇，而钞卖价大部分情况下等于汇卖价。

汇买钞卖的计算公式为

卖出币种现钞金额＝买入币种现汇金额×汇买价/钞卖价

钞买汇卖的计算公式为

卖出币种现汇金额＝买入币种现钞金额×钞买价/汇卖价

（3）直接套汇

对于具有资金投机交易性质的大额套汇，为便于分析套汇业务的实际盈亏，可以不通过人民币而直接设置套汇专户用原币记账；待年终决算时，再将各原币户余额按决算日牌价折成人民币，填制货币兑换科目传票，转入各原币“货币兑换”账户内，结平套汇专户，发生的人民币差额记入“汇兑损益”。

第三节　外汇存款业务

一、外汇存款业务的种类

外汇存款是在我国境内办理的、以外国货币作为计量单位的存款，其存取和计息均用外国货币来计算和办理，是单位或个人将其所有的外汇资金（国外汇入汇款、外币以及其他外币票据等）存入银行，并随时或约期支取的一种业务。

外汇存款按开户对象划分为单位外汇存款和个人外汇存款；根据管理要求不同通常划分为现钞户和现汇户；按存款期限划分为活期存款和定期存款；按存取方式划分为支票户和存折户。

二、个人外汇存款的核算

凡居住在境外或港澳台地区的外国人、外籍华人、华侨、港澳台同胞以及境内居民均可将外汇资金存入银行开立个人外币存款账户，具体适用对象如表7.1所示。

表7.1　个人外汇存款的适用对象

服务对象	有效身份证件	开户起存金额
中国公民	居民身份证、户口簿、军人证、武警身份证明	活期存款20元人民币的等值外币，定期存款50元人民币的等值外币
港澳台同胞	港澳居民来往内地通行证、台湾居民来往大陆通行证或其他有效旅行证件	活期存款100元人民币的等值外币，定期存款500元人民币的等值外币
外国人、外籍华人和华侨	护照	活期存款100元人民币的等值外币，定期存款500元人民币的等值外币

客户申请开立定期或活期外币存款账户时，应填写“外币存款开户申请书”或“存款凭条”，写明户名、地址、存款种类、金额等，连同外汇或现钞一并交存银行。银行认真审核申请书、外币票据或清点现钞，并按规定审查开户人的有关证明材料，如护照、身份证等，经核对无误后办理存折账户或支票账户的开立手续。

1. 存入的处理

1）以相同币种现钞或现汇存入时，会计分录：

借：库存现金（或汇入汇款）　　　　（外币）

　　贷：外汇活期（定期）存款　　　　（外币）

2）以不同币种现钞或现汇存入时，按套汇处理，会计分录：

借：库存现金　（M外币）
　　贷：货币兑换　（M外币）
借：货币兑换　（人民币）
　　贷：货币兑换　（人民币）
借：货币兑换　（N外币）
　　贷：外汇活期（定期）存款　（N外币）

2. 支取的处理

从外汇储蓄户支取现汇或同种货币现钞时，均按1∶1支付。但支付等值1万美元以上同种现钞时，需向国家外汇管理局申请，经批准后办理，并另收取3‰手续费。

1）支取外币现钞时，会计分录：

借：外汇活期存款（现钞或现汇户）　（外币）
　　贷：库存现金　（外币）
　　　　手续费及佣金收入——手续费收入　（外币）

2）支出外汇时，会计分录：

借：外汇活期存款　（外币）
　　贷：汇出汇款（或其他科目）　（外币）

三、单位外汇存款的核算

单位外汇存款，是国家外汇管理局规定允许开立现汇户的境内外机构办理的外币存款。凡境内企事业单位、机关、社会团体和外国驻华使领馆、国际组织、民间机构及其他境外法人驻华机构可持国家外汇管理局核发的《外汇账户使用证》或《开户通知书》，或持有效凭证如《外商投资企业外汇登记证》《外债登记证》等开户资料到开户银行，开立可自由兑换货币的外汇现汇存款账户。单位外汇存款账户包括：驻华机构活期存款、单位定期存款、单位活期存款和外商专户存款等。

单位外汇存款账户可以办理境内、境外汇款等结算业务，也可以通过外汇买卖方式折算为其他外币存款，经批准后也可以兑付人民币或提取外币。

（一）单位活期存款的核算

外汇活期存款分为以汇款存取、以现钞存取、以不同货币存取三种情况。

1. 以汇款存取的处理

以境外汇入现汇，收妥外币票据后存入，会计分录：

借：汇入汇款（或其他科目）　（外币）
　　贷：外汇活期存款　（外币）

通过向境内外汇款方式支取存款，会计分录：

借：外汇活期存款　（外币）

　　贷：汇出汇款　　　　　　　　　　　　　　　　　　　　　　　（外币）

2. 以现钞存取的处理

以外币现钞存入，应通过“货币兑换”科目办理转账。存入现钞，按钞买价、汇卖价处理，会计分录：

借：库存现金　　　　　　　　　　　　　　　　　　　　　　（外币）
　　贷：货币兑换　　　　　　　　　　　　　　　　　　　　　　（外币）
借：货币兑换——钞买价　　　　　　　　　　　　　　　　　（人民币）
　　贷：货币兑换　　　　　　　　　　　　　　　　　　　　　（人民币）
借：货币兑换——汇卖价　　　　　　　　　　　　　　　　　　（外币）
　　贷：外汇活期存款　　　　　　　　　　　　　　　　　　　　（外币）

支取现钞，按汇买价、钞卖价（汇卖价）处理，会计分录：

借：外汇活期存款　　　　　　　　　　　　　　　　　　　　（外币）
　　贷：货币兑换　　　　　　　　　　　　　　　　　　　　　　（外币）
借：货币兑换——汇买价　　　　　　　　　　　　　　　　　（人民币）
　　贷：货币兑换　　　　　　　　　　　　　　　　　　　　　（人民币）
借：货币兑换——汇卖价　　　　　　　　　　　　　　　　　　（外币）
　　贷：库存现金　　　　　　　　　　　　　　　　　　　　　　（外币）

3. 以不同货币存取的处理

将A种外币存入B种外币账户，按套汇处理，会计分录：

借：汇入汇款（或其他科目）　　　　　　　　　　　　　　（A外币）
　　贷：货币兑换　　　　　　　　　　　　　　　　　　　　（A外币）
借：货币兑换　　　　　　　　　　　　　　　　　　　　　（人民币）
　　贷：货币兑换　　　　　　　　　　　　　　　　　　　　（人民币）
借：货币兑换　　　　　　　　　　　　　　　　　　　　　（B外币）
　　贷：外汇活期存款　　　　　　　　　　　　　　　　　　（B外币）

若从A种外币账户提取B种货币，也按套汇处理，会计分录则相反。

（二）单位定期存款的核算

若单位以外汇汇款存入或将外汇活期存款账户转入定期存款账户外汇定期存款账户时，银行填制记名定期存单凭以记账，会计分录：

借：汇入汇款（或其他科目）　　　　　　　　　　　　　　　（外币）
　　贷：外汇定期存款　　　　　　　　　　　　　　　　　　　　（外币）

若单位以外币现钞存入现汇账户，应通过套汇办理，因为单位外汇存款只有现汇户，会计分录：

借：库存现金　　　　　　　　　　　　　　　　　　　　　　（外币）
　　贷：货币兑换　　　　　　　　　　　　　　　　　　　　　　（外币）

借：货币兑换——钞买价　　（人民币）
　　贷：货币兑换　　（人民币）
借：货币兑换——汇卖价　　（外币）
　　贷：外汇定期存款　　（外币）

单位在定期存款到期时，银行按规定计付利息，单位可将款项汇往境外、港澳台地区或用于支付其他款项。单位定期存款支取，一律通过转账处理，不得支取现金。会计分录：

借：外汇定期存款　　（外币）
　　利息支出　　（外币）
　　贷：外汇活期存款　　（外币）

（三）利息计算

1. 计息范围

除了国库款项和属于财政预算拨款性质的经费预算外汇活期存款不计利息外，其他性质的单位外汇存款均计付利息。利率设固定利率和浮动利率两种方式。活期、通知、定期存款三类外币大额存款均可以使用固定利率；一年和两年期限两个档次的外币大额定期存款可以使用浮动利率，浮动方式可选择每一个月浮动一次、每三个月浮动一次或每六个月浮动一次。

2. 计息规定

单位外汇存款利息的计算规定，与人民币存款利息的规定基本相同。

1）单位外汇活期存款根据“存款余额表”按积数法计算存款利息。

在季末结息日，逐户将本季度的累计积数乘以日利率，即得出各单位的应计利息数。每季末月 20 日为结息日，支付利息以原币记账，会计分录：

借：利息支出　　（外币）
　　贷：外汇活期存款　　（外币）

2）单位定期存款的计息规定。按对年对月对日计算利息，不足一年或一月的零头天数折算成日息计算。存款到期，利随本清，一次性计付利息。如遇到利率调整，存期内仍按存入日利率计算，提前支取或逾期支取部分按支取日的活期利率计息。协定存款按客户与银行约定的存款期限、金额、利率存入银行，到期支取本息。外汇通知存款的计息规定与人民币相同。

根据权责发生制的原则，三个月以上的单位定期存款应按季以原币种计提应付利息，存款到期在应付利息中支付，不足部分在利息支出中支付；三个月以下的单位定期存款不计提应付利息，直接在利息支出中支付。

支付利息时，其会计分录为：

借：外汇定期存款——××公司户　　（外币）
　　利息支出——定期存款利息支出户　　（外币）
　　贷：外汇活期存款——××公司户　　（外币）

（四）销户

存款单位因账户使用到期、机构撤销、合并和更改账户名称等原因，应向开户银行核对外汇存款账户余额无误后，办理销户手续。同时，将未用完的各种空白结算凭证交回银行销户，由于未能交回空白结算凭证而产生的一切问题，均由存款单位承担全部责任。

单位申请变更账户名称或机构撤销、合并，应交验上级主管部门批准的正式函件，经审核属实后，根据不同情况更改账户名称或撤销原账户和开立新账户。境内机构的外汇存款账户，因使用到期等原因，关闭账户时，按账户关闭的管理规定办理。

中资机构撤销账户时，账户余额除经批准可转移或汇出外，其余由外汇指定银行按规定办理销户结汇。

第四节　外汇贷款业务

一、外汇贷款的概念

外汇贷款是外汇银行以其筹措的外汇资金贷款给需要外汇资金的企事业单位的外汇资金运用形式，是银行外汇资金的重要运用途径。

二、外汇贷款的对象

外汇贷款的对象是生产出口商品和能给我国直接或间接创造外汇收入并具备贷款条件的单位。外汇贷款主要是为了支持国家重点扶植的能源、交通和地方中小企业的技术改造。有些企业本身不能创汇，而所属的主管部门能提供外汇偿还的也可以申请使用贷款。对新建企业，因涉及的问题较多，贷款期限较长，要从严掌握。

三、外汇贷款的分类

目前，我国外汇贷款银行发放的外汇贷款种类较多，可按不同标准进行分类。

1）按外汇贷款期限不同划分，可分为外汇短期贷款（指期限小于等于 1 年的贷款）和中长期外汇贷款（指期限大于 1 年的贷款）。

2）按外汇贷款的利率形式不同划分，可分为浮动利率贷款、固定利率贷款和优惠利率贷款。

3）按贷款的发放条件不同划分，可分为信用贷款、担保贷款和抵押贷款等。

4）按外汇贷款资金来源的不同划分，可分为现汇贷款、“三贷”贷款（买方贷款、政府贷款和混合贷款）、银团贷款、转贷款等。

这里重点介绍现汇贷款、买方贷款。

四、贷款的发放

借款单位向银行申请外汇贷款时要填具外汇贷款申请书，银行审查同意后，发出批准贷款文件，与借款单位签订贷款合同，写明贷款的金额、期限、利率，明确借贷双方各自的经济责任等，银行据以开立贷款账户。银行放款时，使用“外汇短期贷款”科目核算，按借款单位不同分设账户，并应区别不同情况办理。

当直接转入借款单位的外汇存款账户时，会计分录：

借：外汇短期贷款——××贷款户　　　　（外币）

　　贷：外汇活期存款　　　　（外币）

当借款单位对外付汇时，会计分录：

借：外汇活期存款　　　　（外币）

　　贷：存放境外同业（或有关科目）　　　　（外币）

当直接使用贷款对外付汇，而不通过借款单位的存款户时，会计分录：

借：外汇短期贷款　　　　（外币）

　　贷：存放境外同业（或有关科目）　　　　（外币）

若借款单位以非贷款货币对外付汇时，通过“货币兑换”科目按套汇处理。

五、贷款的计息

现汇贷款的利率可以根据合同规定采用浮动利率、固定利率或者优惠利率。对于外汇短期贷款的利息，一般实行浮动利率，即在浮动期内，利率固定不变，不受市场变动的影响，当浮动期到期后按浮动利率计息。浮动利率贷款的利率是参照伦敦银行同业拆放利率（LIBOR）来确定的。浮动档次有一个月浮动、三个月浮动和六个月浮动三种。现汇贷款的计息天数，按公历的实际天数，算头不算尾，每季向借款单位收息一次。

六、贷款的收回

借款单位使用现汇贷款，必须按期偿还，也可以提前偿还或分批偿还。借款单位可用自有外汇偿还或以人民币资金购汇归还本息。收回贷款时应将最后一个结息日至还款日尚未计收的利息与本金一并收回。

1）借款单位用外汇存款偿还贷款本息时，会计分录：

借：外汇活期存款——借款单位户　　　　（外币）

　　贷：外汇短期贷款——借款单位户　　　　（外币）

　　　　利息收入——外汇贷款利息收入户　　　　（外币）

2）借款单位经批准用人民币买汇偿还贷款本息，会计分录：

借：单位活期存款——借款单位户　　　　（人民币）

　　贷：货币兑换——汇卖价　　　　（人民币）

借：货币兑换——汇卖价　　　　（外币）

　　贷：外汇短期贷款——借款单位户　　　　（外币）

　　　　利息收入——外汇贷款利息收入　　　　（外币）

3）借款单位使用非原贷款外币存款偿还时，会计分录：

借：单位活期存款——借款单位户　　　　（还款外币）

　　贷：货币兑换——汇买价　　　　（还款外币）

借：货币兑换——汇买价　　（人民币）
　　贷：货币兑换——汇卖价　　（人民币）
借：货币兑换——汇卖价　　（贷款外币）
　　贷：外汇短期贷款——借款单位户　　（贷款外币）
　　　　利息收入——外汇贷款利息收入　　（贷款外币）

第五节　外汇结算业务

外汇结算是实现国际间资金流动、清偿国际间经贸和其他往来引起的债权债务，以及与国际融资相关联的一种重要手段。外汇结算按业务内容可以分为贸易结算和非贸易结算两大类。由国际间的商品交易和经贸往来而引起的货币收付或债权债务的结算称为贸易结算；由国际间的非商品贸易，如政治文化活动所引起的资金收付称为非贸易结算。

我国商业银行在办理进出口贸易结算时，一直采用记账结算和现汇结算两种结算方式。

本节重点介绍国际信用证、托收和代收、国际汇兑、旅行支票业务。

一、国际信用证

（一）信用证项下进口业务

进口信用证结算是银行根据进口商申请开证的要求，向国外出口商（受益人）开立一定金额、在一定期限内按规定条件保证付款的信用证，凭国外寄来的按照信用证条款规定的单据，对国外付款并向进口商办理结汇的一种结算方式。

进口信用证结算业务，主要做好三项工作：开立信用证、修改信用证、进口单据的审核与付汇。

1. 开立信用证

进口单位与国外出口商洽谈业务签订贸易合同后，根据合同条款向银行填具“开立信用证申请书”，并连同有关批件、证明一同交银行申请开立信用证。银行接到开证申请书及相关文件，经审核同意后，根据开证人自身情况，酌情收取保证金，并选择信誉高、资本实力雄厚和经营能力强的国外银行作为代理行，签发信用证。

当按规定收取保证金时，使用“存入保证金”科目进行核算，会计分录：

借：外汇活期存款　　（外币）
　　贷：存入保证金　　（外币）

收取开证手续费时，贷记“手续费收入”科目，会计分录：

借：外汇活期存款　　（外币）
　　贷：手续费及佣金收入——手续费收入　　（外币）

2. 修改信用证

信用证开出后，若因情况发生变化，进口单位提出修改信用证，银行应协助审核，并及时将修改后的条款通知国外联行或代理行，转送国外出口商。若国外出口商要求修改原信用证，经出口商同意后，也可进行修改。申请修改信用证增额和减额时，均应通过“开出信用证”表外科目核算。

付：开出信用证　　（外币）

信用证修改时应修改手续费，现行规定每笔为100元，修改增加按0.15%计收。信用证增额时，应补收保证金，会计核算与开立信用证时相同。信用证减额时，对“应收（应付）开出信用证”科目进行调整，并退回多收的保证金。当超过信用证有效期过长时，可与有关进口单位联系办理逾期注销，冲销“应收（应付）开出信用证”科目余额，并退回已收未用保证金。

3. 单据的审核与付款

银行收到国外寄来的全套进口单据，必须认真与信用证的条款核对。按国际惯例，经审核后，只要单证一致、单单一致，即应按约定的支付方式对外履行付汇责任，并对进口单位办理结汇。

根据进口信用证性质不同，进口付汇可分为即期信用证和远期信用证两种。按不同的支付方式，主要有单到国内审单付款、国外审单主动借记付款和国外审单电报索汇三种方式。

（1）进口即期信用证付款

银行收到国外代理行寄来单据后，立即送交进口单位审核，并约定进口单位应于3日内通知银行对外结汇付款或提出拒付理由办理拒付。银行在进口单位确认付款后，即对国外发出付款通知，同时对进口单位办理结汇转账手续，会计分录：

借：外汇短期存款（或存入保证金）　　（人民币）

　　贷：货币兑换——汇卖价　　（人民币）

借：货币兑换——汇卖价　　（外币）

　　贷：境外同业存款（或其他科目）　　（外币）

同时，转销表外“开出信用证”科目，会计分录：

付：开出信用证　　（外币）

（2）进口远期信用证到期付款

远期信用证付款是为进口单位提供远期付款的便利，由开证行对出口商提供的一种银行担保，保证出口商提交远期跟单汇票时，在单单、单证相一致的情况下，银行给予承兑，并在信用证到期时付款。

远期信用证付款分为两个阶段进行，即承兑和到期付款。

1）承兑。开证行收到远期信用证项下进口单据后，将单据连同“进口信用证单据通知书”送交进口单位确认到期付款。进口单位确认到期付款后，银行即办理远期汇票的承兑手续，并将已承兑汇票或承兑通知书寄国外议付行。汇票一经承兑，即反映承兑

行对国外议付行承担到期付款的责任，也反映承兑行对进口单位拥有收款的权益。汇票的开出与承兑，反映了银行的或有资产和或有负债，通过“银行承兑汇票”表外科目进行核算。银行收到国外寄来远期信用证项下进口单据对远期汇票承兑时，会计分录：

借：应收承兑汇票（到期金额）　　（外币）

　　贷：应付承兑汇票（到期金额）　　（外币）

付：开出信用证——远期　　（外币）

2）到期付款。在承兑汇票到期时，开证行即办理对国外付款和对进口单位结汇扣款手续，同时转销登记的或有资产、或有负债科目，会计分录：

借：应付承兑汇票　　（外币）

　　贷：应收承兑汇票　　（外币）

借：开出信用证　　（外币）

　　贷：应收开出信用证　　（外币）

借：外汇活期存款——进口单位　　（外币）

　　贷：存放境外同业款项　　（外币）

若经批准，进口单位需以本币支付的，通过“货币兑换”科目办理。

（二）信用证项下出口业务

信用证项下出口业务，是出口商根据国外进口商通过国外银行开来的信用证，按照合同条款规定，将出口单据送交国内银行，由银行办理审单议付，在向国外进口商银行收取外汇后，对出口商办理结汇的一种结算方式。信用证项下的出口结算业务，主要做好三个环节的工作：信用证的受理和通知、审单议付、收妥货款时对出口商结汇。

1. 受理和通知

银行收到国外开来的信用证时，首先对开证行的资信，资金实力、进口商的偿付能力和保证条款等进行全面审查，并明确表示信用证能否接受或如何修改。审核无误后，作受证处理，其会计分录：

收：国外开来保证凭信　　（外币）

若国外开证行预先汇入信用证项下全部或部分押金，授权国内议付行在议付单据时予以抵扣，应在信用证及其他有关凭证上作好记录，并通过“存入保证金”科目进行核算，其会计分录：

借：存放境外同业款项　　（外币）

　　贷：存入保证金　　（外币）

出口商按信用证的规定向银行交单议付时，将信用证保证金由“存入保证金”科目转出办理结汇，多退少补。

2. 审单议付

国外开证银行的付款责任是以信用证规定的条款为依据，以单证相符、单单相符为前提的。所以，出口单位备妥出口单据向出口银行交单议付时，银行应认真审核单证，做到单证一致，单单一致，单据内容正确完备。经审核无误后，在信用证上批注议付日期及运输方式，然后编制“出口寄单议付通知书”，同时销记表外科目。出口银行按照信用证规定的索汇路线向国外银行寄单及收汇。寄出已议付的出口单据后，出口银行拥有了向国外银行收款的权益和承担对出口单位付款的责任。会计分录按即期或远期分别如下：

借：应收即期（或远期）信用证出口款项　（外币）
　　贷：代收即期（或远期）信用证出口款项　（外币）

同时销记表外科目，会计分录：

付：国外开来保证凭信　（外币）

如果信用证规定部分货款托收，则在议付时需要在“出口寄单议付通知书”上分别注明信用证议付金额及托收金额，并另填制“出口托收委托书”，以便分别核算。

3. 出口结汇

出口结汇是银行在收妥出口货款外汇后，按当日挂牌汇率买入外汇，并折算相应的人民币支付给出口单位。办理出口结汇时，应在“出口寄单通知书”留底的一联上批注结汇记录，然后按照出口货款金额填制外汇买卖传票，办理人民币结汇。对于有些出口单位按规定或经批准可以不结汇。收妥的货款则不通过外汇买卖，直接以原币转入其外汇账户即可。

目前我国出口结汇办法有两类：一类是通过出口银行在境外联行或境外代理行所开立的自由外汇账户收汇，主要有收妥结汇、定期结汇和远期信用证到期结汇三种情况；另一类通过境外联行或代理行在出口银行总行开立的外汇账户进行收汇，有验单主动借记、单到国外银行授权借记和远期信用证到期结汇三种情况。

收妥结汇时，首先核销或有资产、或有负债科目，然后通过“货币兑换”科目将外汇折成人民币，其会计分录：

借：代收即期（或远期）信用证出口款项　（外币）
　　贷：应收即期（或远期）信用证出口款项　（外币）
借：存放境外同业款项　（外币）
　　贷：手续费及佣金收入　（外币）
　　　　外汇买卖　（外币）
借：货币兑换　（人民币）
　　贷：单位活期存款（或其他科目）　（人民币）

二、进口代收和出口托收

（一）进口代收

进口代收是国外出口商根据贸易合同支付条款发货后，通过国外银行寄来货运单据委托国内银行代向国内进口单位收取款项的结算方式。进口代收结算的处理主要包括收到进口代收单据和对外付款两个环节。

1. 收到国外寄来代收单据

国内银行收到国外委托行寄来的进口代收单据，代收行编排顺序号后登记进口代收登记簿，核对无误后，填制“进口代收单据通知书”送交进口单位通知其备款赎单。同时，通过或有资产、或有负债科目明确权责关系，会计分录：

借：应收进口代收款项　　（外币）
　　贷：应付进口代收款项　　（外币）

2. 进口单位确认付款

进口单位经审核进口单据同意承付，向银行提交承付确认书，办理对外付款。如远期汇票经进口单位承兑后，将以承兑汇票于到期日通知国外委托行，待到期日即付款，代收行即按有关规定办理付汇，会计分录：

借：单位活期存款——进口单位　　（人民币）
　　贷：货币兑换——汇买价　　（人民币）
借：货币兑换　　（外币）
　　贷：存放境外同业款项　　（外币）

同时，核销表外或有资产、或有负债科目，会计分录：

付：进口代收款项　　（外币）

（二）出口托收

出口托收是出口单位根据买卖双方签订的贸易合同规定办理托收时，将全套出口单据和汇票交给银行，由银行委托国外银行向国外进口商收取款项的结算方式。出口托收的业务处理主要包括托收交单和托收结汇两个主要环节。

1. 托收交单

出口商根据贸易合同备妥单据填具“托收申请书”，交银行要求办理托收。在托收申请书上应由申请人注明收款方式、交单条件和其他有关收款事项。银行审单后，填制“出口托收委托书”，注明货款收妥后的处理办法，连同有关单据寄交国外代收行委托收款。

银行在寄出托收委托书及有关单据时，作为表示代表物权的单据已经寄出，但货款尚未收妥而应对进出口各方的权责关系时，应通过“出口托收款项”表外科目核算。发出托收时，会计分录：

借：应收出口托收款项　　（外币）
　　贷：代收出口托收款项　　（外币）

发出托收时，按规定向出口单位计收托收手续费和邮费。

2. 托收结汇

出口托收款项，一律实行收妥结汇。托收行收到国外银行的划收报单或授权通知书后，对出口单位办理结汇。

首先核销“出口托收款项”表外科目，会计分录：

借：出口托收款项　（外币）

　　贷：应收出口托收款项　（外币）

若以原币入账时，会计分录：

借：存放境外同业款项　（外币）

　　贷：外汇活期存款——出口单位户　（外币）

若以人民币办理结汇时，通过“货币兑换”科目，会计分录：

借：存放境外同业款项　（外币）

　　贷：货币兑换　（外币）

借：货币兑换　（人民币）

　　贷：单位活期存款——出口单位户　（人民币）

若出口托收超过了正常托收期限仍未收妥款项，应及时联系催收。

三、国际汇兑

国际汇兑的种类，按照使用结算工具的不同，可分为电汇、信汇和票汇等。按照汇兑结算程序分为汇出汇款和汇入汇款。

（一）汇出国外汇款的处理

汇出国外汇款，是银行接受汇款人的委托，以电汇、信汇、票汇等方式，将款项汇往国外收款人开户行的汇款方式。通过国外联行或国外代理行，将款项汇往国外给收款人，并按规定向汇款人收取汇款手续费及邮电费。

接受汇款人委托、汇出款项的银行，称为汇出行。汇出国外汇款，通常有电汇、信汇、票汇、旅行信用证和旅行支票五种。

1. 电汇、信汇、票汇

电汇，是银行用电报或电传形式，委托付款行解付汇款。有的银行在发出电报的同时，还航邮一份电报证实书，以供汇入行查对。

信汇，是汇出银行根据汇款人的要求，把汇款金额、收款人姓名和详细地址、汇款人姓名和地址，以及汇款用途和附言等签具信汇委托书，以邮汇方式，通知汇入行把汇款付给收款人的一种汇款方式。

票汇，是汇出银行按照汇款人的申请，开立以汇入行为付款行的汇票给汇款人，由汇款人自己把汇票寄给收款人或自己携带，凭票到付款行领取汇款的一种方式。银行对上述三种方式的处理程序基本相同。

（1）汇款的申请

汇款人要求汇款时，必须首先填制“汇款申请书”一式两联，经国家外汇管理局或银行审批同意后，一联作银行传票附件，一联加盖业务公章后返还汇款人，作为汇款回单。

（2）汇款凭证的填制

银行经办人员根据汇款申请书，计算业务手续费后，应按汇款人申请的汇款方式，分别填制不同的汇款凭证。电汇方式应一次套写一式五联的电汇凭证；信汇方式应一次套写一式七联的信汇委托书；票汇方式应填制一式五联的票汇凭证。

（3）汇出汇款的处理

汇出汇款时，会计分录：

借：单位活期存款　（人民币）
　　贷：货币兑换——汇卖价　（人民币）
　　　　手续费及佣金收入——手续费收入　（人民币）
　　　　其他应收款——邮电费　（人民币）
借：货币兑换　（外币）
　　贷：汇出汇款　（外币）

如以原币汇出，则不通过“货币兑换”科目核算。汇出行收到国外汇入行解付汇款的通知，凭报单销记汇出汇款卡片账，会计分录：

借：汇出汇款
　　贷：存放境外同业款项

2. 旅行信用证

旅行信用证是汇款银行为便利汇款人出国旅行沿途用款而签发的信用证。旅行者到国外各地可以凭旅行信用证，向指定的地点和银行，在信用证规定的金额和有效期内支取款项。付款银行则凭收款人签具的取款收据，向开证行结算款项。旅行信用证也是汇出国外汇款的一种。汇款人申请开出旅行信用证时，应填具“汇款申请书”，填明开证金额和支款地点等项。银行凭汇款申请书，填制旅行信用证。旅行信用证一式三联，第一联为旅行信用证正本，第二联为旅行信用证副本，第三联为旅行信用证留底。

旅行信用证业务，通过“开出旅行信用证”科目进行核算，其会计分录与上述信汇、电汇、票汇方式基本相同，只不过将“汇出国外汇款”科目改为“开出旅行信用证”科目即可。

（二）国外汇入汇款

国外汇入汇款，是指海外联行、代理行接受客户委托解付的汇款，分为贸易和非贸易汇款。贸易汇款主要包括：预收货款、来料加工费和罚金等。非贸易汇款主要包括：华侨汇款以及来华外宾、侨民、外交人员等汇款。银行根据有关的协定和代理合约办理国外汇入汇款，一般应以收妥头寸后解付为原则。但是，如果协定或代理合约规定，在收到委托解付的通知时，即使未收到汇款头寸，对那些资信好、业务往来多、拨偿汇款头寸及时的汇款行或外国驻我国机构中有影响的国际友人、华侨汇款，可根据情况，经领导批准，以垫款解付。国外汇入汇款的核算，除汇入的华侨汇款，按侨汇业务办理外，其他汇入款项应根据电汇、信汇、票汇等不同方式，分别办理解付手续。

1. 信汇和电汇

接到国外汇出行的电报，应首先核对密押。收到信汇支付委托书时应核对印鉴。经核对相符后，办理汇款登记编号，填制汇款通知书，通知收款人领取汇款。对机关、企业采用一式五联套写的通知书。第一联为国外汇入汇款通知书，第二联为正收条，第三联为副收条，第四联为国外汇入汇款科目贷方传票，第五联为国外汇入汇款科目卡片账。

收到国外发来的电汇电报或电传、信汇凭证，验对密押或签章无误后，填制汇款通知书一式五联，分别作汇款通知书、正收条、“汇入汇款”科目借、贷方传票和卡片账。国外汇入汇款以收妥头寸后解付为原则。

汇入时，会计分录：

借：存放境外同业款项　　（外币）

　　贷：汇入汇款　　（外币）

国外汇入汇款解付时，会计分录：

借：汇入汇款　　（外币）

　　贷：外汇活期存款——收款人户　　（外币）

2. 票汇

收到国外汇款行寄来的以本行为付款行的票汇通知书，以及汇款头寸，经核对印鉴等无误后，凭以转入“汇入汇款”科目，待持票人前来兑取。会计分录：

借：存放境外款项　　（外币）

　　贷：汇入汇款　　（外币）

当持票人持票来行取款时，须经持票人在柜面签字背书，并核对汇票通知书，出票行印鉴、付款金额、有效期和收款人姓名等后，才能办理人民币结汇或支付原币。会计分录与信汇相同。

四、旅行支票

外币旅行支票是指境内银行代售的、由境外银行或专门金融机构印制、以发行机构作为最终付款人、以可自由兑换货币作为计价结算货币、有固定面额的票据。其作用是专供旅客购买和支付旅途费用，它与一般银行汇票、支票的不同之处在于旅行支票没有指定的付款地点和银行。一般也不受日期限制，能在全世界通用。目前，全球通行的旅行支票品种有运通（AMERICAN EXPRESS）、VISA、MASTERCARD 以及通济隆（THOMAS COCK）。旅行支票也有不同票面。以美元支票为例，分 20 美元、50 美元、100 美元、500 美元、1 000 美元。

（一）购买规定

根据规定，境内居民个人可以用外汇存款账户内资金或外币现钞购买外币旅行支票，也可以用人民币账户内资金或人民币现钞购买外币旅行支票。一次性购买旅行支票在等值 1 万美元（含）以下的，应提供本人身份证，有效入境签证的护照，并填写购买申请书直接到银行购买；一次性购买旅行支票在等值1万美元以上5万美元（含）以下（如果现钞购买，限额2万美元）的，除上述材料外，还需提供证明其真实用途的相关材料直接到银行购买；一次性购买旅行支票在等值5万美元以上（如果现钞购买，限额2万美元）的，需要到外管局办理申请，银行凭当地外管局出具的核准件办理购买外币旅行支票业务。

（二）兑付旅行支票

持票人若需要向银行办理旅行支票的兑现，应将旅行支票及本人有效证件提交柜员办理，并填写外币兑换单。银行按旅行支票面额的7.5‰扣收手续费，并计算出应付款项。根据持票人的兑付款方式不同对该笔交易进行不同会计处理。兑付旅行支票通过“买入外币票据”科目核算，收到旅行支票时，借记本科目，贷记“单位活期存款”（或“库存现金”）、“手续费收入”等科目；卖出票据收到票据款项时，借记“存放境外同业”等科目，贷记本科目。

1）若为兑付人民币，会计分录：

借：买入外币票据　　（票面币种）
　　贷：手续费及佣金收入——手续费收入（代售旅支收入）　　（票面币种）
　　　　外汇结售——非贸易结售汇　　（票面币种）
借：外汇结售——非贸易结售汇　　（人民币）
　　贷：库存现金（或单位活期存款）　　（人民币）

2）若为兑付原币，会计分录：

借：买入外币票据　　（票面币种）
　　贷：手续费及佣金收入——手续费收入（代售旅支收入）　　（票面币种）
　　　　库存现金（或单位活期存款）　　（票面币种）

3）若为兑付另一种外币，会计分录：

借：买入外币票据　　（票面币种）
　　贷：手续费及佣金收入——手续费收入（代售旅支收入）　　（票面币种）
　　　　货币兑换　　（票面外币）
借：货币兑换——汇买价　　（人民币）
　　贷：货币兑换——汇卖价　　（人民币）
借：货币兑换　　（兑付币种）
　　贷：库存现金（或单位活期存款）　　（兑付币种）

4）旅行支票公司划来款项时，会计分录：

借：存放境外同业款项　　（票面币种）
　　贷：买入外币票据　　（票面币种）

本章小结

外汇是外国货币或以外国货币表示的，用于国际结算的支付手段。外汇可分为现汇和记账外汇。外汇业务是银行会计核算的重要内容之一。汇率是指一个国家的货币折算成另一个国家货币的比率，或者说是一种货币用另一种货币表示的价格。

我国外汇指定银行可以经营的外汇业务包括外汇存款、外汇贷款、外汇汇款、外币兑换、外汇同业拆借、外汇借款、发行或代理发行股票以外的外币有价证券、买卖或代理买卖股票以外的外币有价证券、外币票据的承兑等业务。

外汇买卖业务按照外汇买卖的目的，将外汇买卖划分为结汇、售汇和套汇。

外汇存款按存款对象分为单位外汇存款和个人外汇存款；按存入资金形态分为现汇存款和现钞存款；按存款期限分为活期外汇存款和定期外汇存款。

外汇贷款按照不同的标准可以划分为不同的种类，本章介绍了发放、计息、收回的核算。

外汇结算是实现国际间资金流动、清偿国际间经贸和其他往来引起的债权债务，以及与国际融资相关联的一种重要手段。外汇结算按业务内容可以分为贸易结算和非贸易结算两大类。本章主要介绍了信用证、托收、国际汇兑、旅行支票业务。

基 本 概 念

外汇　外汇业务　汇率　外汇存款　外汇贷款　汇兑损益　买方贷款　外汇结算　信用证　国际汇兑　旅行支票

复习思考题

1. 什么是外汇业务？外汇业务有什么特点？
2. 简述单位外汇存款的核算。
3. 简述转贷款核算的主要环节。
4. 出口押汇和进口押汇有什么不同？
5. 外汇结算主要有哪几种业务？
6. 什么是信用证结算？进口信用证和出口信用证分别如何核算？
7. 简述国际汇兑的会计核算。
8. 简述旅行支票的核算方法。

第八章　金融机构往来的核算

学习目的与要求

1. 掌握金融机构往来及其核算要求
2. 掌握中央银行与商业银行往来业务的内容及其核算
3. 掌握同业往来的含义及核算
4. 掌握跨系统汇划款项的处理方法及其处理
5. 掌握商业银行同业拆借的特点及核算
6. 掌握同城票据交换的基本做法，提出行与提入行的核算
7. 了解再贷款、再贴现的核算

第一节　金融机构往来概述

一、金融机构往来的概念与意义

金融机构往来是商业银行执行货币政策、接受中央银行管理，以及办理业务与经营的需要而产生的商业银行相互之间以及商业银行与中央银行之间的资金账务往来。金融机构往来是指金融机构相互之间的资金账务往来。广义的金融机构往来包括同一金融企业内部各机构间的资金账务往来，不同金融企业跨系统机构间的资金账务往来，以及金融企业与中央银行之间的资金账务往来。狭义的金融机构往来仅指不同金融企业跨系统机构间的资金账务往来和金融企业与中央银行之间的资金账务往来。

在现代经济中银行是资金活动的总枢纽，国民经济各部门、各单位之间的资金划拨和货币结算都必须通过银行来完成，在我国多元化金融机构体制下，金融机构往来既是必然的，也是必需的。因为，各金融企业每天要处理大量的资金收付业务，有的业务由于收、付款方在同一个金融机构开立账户，因此在这一个机构内即可完成资金收付；而大部分业务由于收、付款方不在同一个机构开立账户，因此，其资金收付要涉及两个或两个以上的金融机构才能完成，这就不可避免地要引起金融机构之间的资金账务往来。各商业银行作为独立核算的经济实体，相互融通资金，进行拆借；中央银行为了发挥宏观调控作用，加强对信贷资金的管理，全面发挥金融企业的作用，搞活经济，促进商品生产的发展，规定商业银行必须在中央银行开立存款账户，在这个账户中办理缴存存款、向中央银行借款、再贴现及跨系统资金汇划和现金的存、取等业务。这些就形成了中央银行与商业银行的往来、商业银行同业往来，以及商业银行系统内部的资金往来。可见，金融机构往来是现行金融机构体制和中央银行履行金融监管职能所必然产生的资金账

务往来，它既是中央银行加强金融监管的重要手段，又是实现金融企业之间资金划拨和清算相互间资金存欠的工具。金融机构往来的核算，对商业银行的独立核算，加强信贷资金管理，提高经济效益和充分发挥中央银行的宏观调控作用，以及加快社会主义现代化建设有着重要的意义。

二、金融机构往来的内容

1. 商业银行与中央银行的往来

商业银行与中央银行之间的往来，主要包括商业银行向中央银行缴存和支取现金、缴存与调整应缴存的存款准备金、再贷款与再贴现、中央银行为商业银行转汇跨系统转账结算以及清算金融企业之间的资金存欠等。从上述业务内容来看，一类是由于人民银行行使中央银行职能，加强金融监管和金融宏观调控所要求的；另一类是在多元化金融机构体制下，中央银行作为“银行的银行”应该为商业银行提供清算服务而必然发生的资金账务往来。

2. 同业往来核算

同业往来是指商业银行之间由于办理跨系统结算、相互拆借等业务而引起的资金账务往来。其中跨系统转账结算中的异地跨系统结算必须办理转汇，按照规定或者通过中央银行转汇，或者通过跨系统商业银行转汇，从而完成资金划拨。商业银行系统内 50 万元以上（含）和跨系统金额在 10 万元以上（含）的大额汇款和资金划拨，一律通过中央银行办理转汇并清算资金。而同城跨系统结算，则通过同城各商业银行之间的票据交换完成资金划拨。

3. 商业银行系统内部往来

商业银行系统内部往来是同一商业银行系统内部之间不同分行、支行之间，由于资金划拨、融通或相互代理货币结算而发生的各类往来业务。

商业银行与中央银行的特定业务、商业银行相互之间的往来业务、商业银行内部彼此的经常业务，这三种业务关系构成了经常发生的三类主要业务关系，可以用图 8.1 表示。

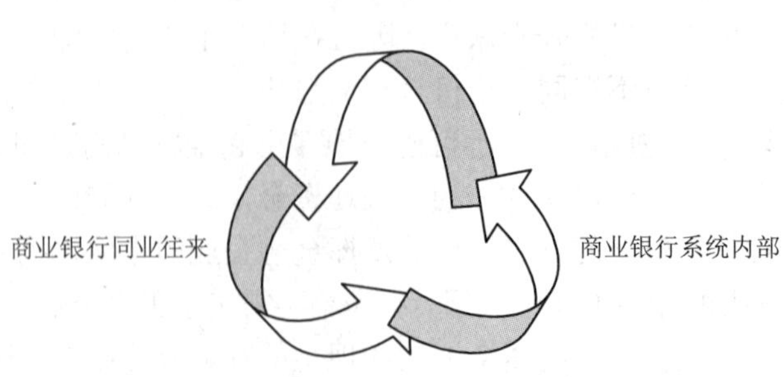

图 8.1　商业银行往来业务关系

三、金融机构往来的核算要求

中央银行对全国信贷资金进行管理的重要经济手段之一，就是加强对金融机构往来的管理，这种管理要靠会计来进行。商业银行在往来业务处理中，体现了由资金结算关系所引起的各个独立核算的银行之间的资金账务往来，体现了银行之间的债权债务关系。为此会计在核算中必须适应管理的需要，切实做到以下几点。

1. 加速资金周转、完善独立核算

金融机构往来都是由工作上、业务上、资金上发生往来关系引起的，中央银行和各商业银行都必须严格执行全国统一的基本制度和各系统内的会计制度，在会计科目的设置上、凭证的使用上、报表的编制与汇总上都必须按制度规定办理，保证会计核算的统一性、衔接性。坚持“资金主体明确、各自独立核算”的原则，严格划分各商业银行与中央银行、各商业银行之间的资金界限，确保各自的权益得到合法、合理的维护。要树立全面观念，不能只图自己省事和自己方便，要考虑对方，在操作上密切配合，保证双方账务定时、定点按一定程序迅速传递，并及时予以转账。如有差错或不符，要及时查明情况，为对方提供便利，以加速社会各单位的资金周转。

2. 严格监管账户、规范使用资金

各商业银行在中央银行的存款账户要严格监管。不得透支，发放贷款必须符合资产负债比例管理的规定。商业银行之间的同业拆借，应恪守信用，通过双方在中央银行的账户办理转账，不得支取现金。中央银行与各商业银行之间的往来以及商业银行之间的往来都是在及时划分各方资金的基础上进行的，相互往来的资金存欠必须及时清偿，要求各商业银行必须在中央银行保留足够的准备金存款，便于清算使用，如果在清算前资金不足，要采取措施及时调入资金，以防止相互拖欠。

3. 及时传递凭证、迅速办理业务

各商业银行对办理资金清算的同城和异地结算，必须按规定正确处理，对各种凭证的填写做到字迹清晰，内容完整，印章齐全。对凭证的传递要及时、迅速，无论代收、代付业务，还是划收、划付业务，都应当及时传送，不能随意拖延、压票。便于中央银行正确无误地进行清算及账务处理，保证商业银行的资金正常使用及账务处理。

4. 清算流程透明、提高工作效率

各商业银行之间临时性的资金占用应及时清算。相关操作程序、传递环节、处理要求要科学、规范、透明，体现汇路畅通的要求，核算时必须做到及时、正确、快捷，要迅速传递结算凭证，及时办理转账手续，加速社会资金的周转。

第二节　与中央银行往来核算

商业银行与中央银行往来是商业银行与中央银行之间因资金融通、调拨、汇划款项等引起的资金账务往来。

从商业银行视角看，与中央银行往来业务的内容主要包括向央行发行库提取和缴存现金、缴存存款准备金、办理再贴现和再贷款、与其他银行资金清算、系统内上下级行之间资金头寸调拨和借入借出、跨行汇划款项和同行大额汇划款项。各级商业银行根据信贷资金管理的原则，都要在统计人民银行开立有关存、贷款账户，预留印鉴，购买有关结算凭证。商业银行与中央银行往来账务必须按月核对，对央行送来的副本及对账单，商业银行应及时由会计主管会同会计人员逐人逐笔勾对，核对后的账页应专夹保管，定期装订成册归档。

一、商业银行在中央银行开立存款账户

存款准备金是指商业银行为保证客户提取存款和资金清算需要而准备的资金，商业银行按规定向中央银行缴纳的存款准备金占其存款总额的比例就是存款准备金率。商业银行的准备金包括支付准备金和法定准备金，支付准备金也称为备付金，是保证日常资金支付的备用金，而法定准备金是根据商业银行吸收存款的增减变化，按照法定比例，保留在中央银行的存款准备金。商业银行与中央银行之间发生资金往来必须通过准备金存款账户实现资金划拨。通过准备金存款账户，商业银行可以办理系统内资金调拨、商业银行跨系统的存取现金、资金清算和资金调拨、向人民银行办理借款与再贴现等业务。

各商业银行分支机构在中央银行开立的存款账户，属“备付金存款账户”，不用于考核法定存款准备金，仅用于向中央银行存取现金、资金调拨、资金清算和其他日常支付的款项，不允许透支。如果账户资金不足，可以通过向上级行调入资金或向同业拆借等方式及时补充。各商业银行的总行在中央银行开立的“准备金存款账户”，属于备付金和法定存款准备金合一的账户。该账户余额应大于（最低应等于）规定的按照法定存款准备金率计算的准备金，即逢低补提，确保足额准备。

二、商业银行向中央银行领缴现金的核算

根据货币发行制度的规定，为了维持日常业务核算，商业银行应对其所属行处的业务库存核定必须保留的现金限额，报开户中央银行发行库备案。因为现金是流动性强，而盈利性低的资产，在日常经营中，将超过业务库存限额的现金应缴存中央银行后，中央银行交入发行库，也就称之为货币回笼。回笼货币又会引起中央银行发行库的发行基金增加、流通中的货币减少、商业银行业务库现金减少和准备金存款的增加。需用现金时，可签发现金支票向中央银行领取，从银行的角度来说，中央银行从发行库出库，作为货币的发行，相应会引起中央银行发行库里的发行基金减少，流通中货币增加、商业银行库存现金增加和准备金存款减少。

1. 商业银行向中央银行存入现金的核算

每日营业终了，若商业银行的现金库存量超过限额，应将超过部分以千元为单位填写“现金缴款单”，连同现金一并交存中央银行。中央银行点收无误，办妥缴库手续后，一联现金缴款单退回。商业银行根据收到的“现金缴款单”的回单，会计分录：

借：存放中央银行款项

　贷：现金

2. 商业银行向中央银行支取现金的核算

商业银行支取现金时，应根据中央银行核定的月度现金计划及库存限额，填写现金支票，从中央银行存款户中支取现金。待取回现金后，填制现金收入传票，以原支票存根作附件，会计分录：

借：现金

　贷：存放中央银行款项

三、商业银行向中央银行缴存存款的核算

1. 缴存存款的主要规定

（1）缴存存款的范围与比例

根据缴存存款性质的不同，可分为缴存财政性存款和缴存一般性存款，两者在缴存范围、缴存比例、欠缴款处理等方面存在较大差异，应注意区分。

财政性存款是指：国家金库款（减中央经费限额支出数）、地方财政预算存款、部队存款（不包括特种企业存款）、机关团体存款（包括农业银行县支行及其县城范围内的机构吸收的机关团体存款，不包括农业银行县城以外的处、所吸收的团体存款）、待结算财政款项（轧差后贷方余额）、财政部发行的国库券及各项债券款项（减已兑付数额）、建设银行存储的财政预算拨存的资金。因财政性存款属于中央银行的信贷资金，中央银行委托商业银行办理吸收，但不得占用，所以商业银行应全部缴存中央银行，即缴存比例为100%。

一般存款是指除以上财政性存款以外，商业银行吸收的其他各项存款。其缴存范围有：企业存款、储蓄存款、农村存款、基建单位存款、财政预算外存款、委托存款（减委托贷款和委托投资）、其他一般存款。由于一般存款属于商业银行的信贷资金来源，应按规定的存款缴存比率上缴中央银行，由中央银行统一使用，2019 年 5 月 15 日开始，对聚焦当地、服务县城的中小银行，实施较低的存款准备金率。缴存款的比例（商业银行缴存的存款准备金占其吸收的一般存款总额的比例）不固定，由中国人民银行总行根据市场银根状况适时予以调整确定，2011 年 6 月 14 日大型金融机构达到了 21.5%，中小金融机构达到了 19.5%。

（2）缴存存款的做法

缴存存款由商业银行县支行或城市区办事处集中往中央银行办理，在具体办理缴存

款时，采取首次缴存后，定期调整缴存存款差额的做法。即存款增加则调增缴存款，存款减少则调减缴存款。

（3）缴存存款的时间

各商业银行缴存存款，必须在规定的时间内前往中央银行办理。各商业银行缴存存款的时间，除第一次按规定时间缴存外，市级分支行为每月调整一次，于月后5日内办理；县支行以下机构，因机构分散、交通不便，每月调整一次，要通过县支行汇总转缴，可在月后8日内办理。期限内遇例假日不顺延，期满日为例假日顺延，不在中央银行开户的行处，由其管辖行或代理行每月调整一次。

（4）向中央银行缴存存款的金额起点

划缴或调整存款时，应区别财政性存款和一般性存款，将本月末各自科目余额总数与上期同类各科目月末余额总数对比，按实际增加或减少数进行调整，计算应缴存金额。缴存（调整）以千元为单位，千元以下四舍五入。

（5）向中央银行缴存存款的凭证

商业银行按规定时间向中央银行缴存（或调整）存款时，应根据有关存款科目余额，填制“缴存财政性存款科目余额表”“缴存一般存款科目余额表”一式两份，并按规定比例分别计算出财政性存款和一般性存款应缴存金额，填制“缴存（或调整）财政性存款划拨凭证”“缴存（或调整）一般存款划拨凭证”一式四联。第一联贷方传票和第二联借方传票由商业银行留存代记账传票；第三联贷方传票和第四联借方传票由中央银行代记账传票。发生欠缴时，填列欠缴凭证，将欠缴凭证的第一、二联留存，第三、四联交至中央银行。

2. 向中央银行缴存存款的核算

商业银行按规定对已缴存的存款进行调整时，也应填制“缴存财政性（一般）存款科目余额表”一式两份，按各自规定的比例计算出应缴存金额，依如下公式计算本期应调整数，据以填列相应的划拨凭证。

本次应调整数＝本次应缴存数－已缴存数

其中：正数为应调增数，负数为应调减数。

（1）缴存退缴的核算

首次向中央银行缴存存款时，应分别填制“缴存财政性存款科目余额表”“缴存一般存款科目余额表”一式两份，并按各自规定的比例计算应缴存金额，据以填制“缴存财政性存款划拨凭证”“缴存一般存款划拨凭证”各一式四联，第一联贷方传票和第二联借方传票商业银行代记账传票，第三联贷方传票和第四联借方传票中央银行代记账传票。以第一、二联凭证做账务处理，会计分录：

借：缴存中央银行财政性存款

　　贷：存放中央银行款项

如调减，则分录方向相反。

转账后，分别将各自缴存款划拨凭证的第三、四联和一份科目余额表送交中央银行，另一份余额表留存。

商业银行吸收的一般存款，要由总行集中每月向中央银行缴存，各基层银行应及时填制上报“一般存款余额表”，总行汇总后，填制缴存一般存款划拨凭证一式四联，进行缴存或调整。缴存或调增的会计分录：

借：法定存款准备金

　　贷：存放中央银行款项等

调减分录方向相反。

（2）迟缴和少缴的处理

商业银行未在规定期限内办理缴存（调增），即为迟缴。对迟缴存的金额应按天数，每日万分之五计收罚息。商业银行实际缴存金额小于根据各存款科目余额表计算出应缴的存款金额，即为少缴，对于少缴应予补缴，并按少缴金额及天数每日收取万分之六的罚息。

应收迟缴罚息＝应补缴存款金额×逾期天数×罚息日利率

对迟缴、少缴的补缴手续，商业银行及中央银行处理时同正常调增手续相同；迟缴、少缴存款的罚款核算手续与欠缴的罚款核算手续相同。

四、商业银行向中央银行借款的核算

1. 再贷款的种类

商业银行在执行信贷计划的过程中，遇有资金不足时，既可采取向上级行申请调入资金、同业间拆借或通过金融市场融通资金等手段，也可向中央银行申请贷款。就央行而言，向商业银行提供再贷款是其控制货币供给量、进行宏观调控的一种重要工具。目前央行对商业银行发放的贷款，按期限可分为年度性贷款、季节性贷款和日拆性贷款。

（1）年度性贷款

年度性贷款是中央用于解决商业银行因经济合理增长引起年度性资金不足，而发放给商业银行在年度周转时使用的贷款。年度性贷款一般为一年，最长不超过两年。商业银行向中央银行申请年度性贷款，一般限于省分行或二级分行，借入款后可在系统内拨给所属各行使用。

（2）季节性贷款

季节性贷款又称临时性贷款。季节性贷款主要用于解决商业银行在信贷资金运营中由于先交后收，或存款季节性下降，贷款季节性上升等客观原因引起的资金临时性短缺。对由于同业拆借资金而引起的信贷资金不足，央行也可发放季节性贷款。该类贷款的期限一般为两个月，最长不超过 4 个月。

（3）日拆性贷款

日拆性贷款主要用于解决商业银行因未达汇划款项而发生的临时性资金头寸不足。贷款期限一般为 10 天，最长不超过 20 天。

2. 再贷款的核算

（1）贷款的发放

商业银行向央行申请借款时，应向央行提交“人民银行贷款申请书”，经人民银行审查同意后，填写一式五联借款凭证，并在第一联加盖预留人民银行存款户的印鉴，送交人民银行办理借款手续。待收到人民银行退回的第三联借款凭证（即收账通知联）时，编制转账贷方传票，并做如下会计分录：

借：存放中央银行款项等

　　贷：向中央银行借款

中央银行会计分录：

借：××银行贷款——××贷款户

　　贷：××银行贷款——××存款户

（2）贷款的收回

商业银行向人民银行归还借款时，应填写一式四联的还款凭证，并在第二联上加盖预留人民银行存款户的印鉴，送交人民银行办理还款手续。待收到人民银行退回的还款凭证第四联（支款通知）和借据时，以还款凭证代转账传票（借据作附件）办理转账，会计分录：

借：向中央银行借款

借：金融企业往来支出——央行往来利息支出户

　　贷：存放中央银行款项等

中央银行收到商业银行归还贷款时，会计分录：

借：××银行存款（本利和）

　　贷：××银行贷款——××贷款户（本金）

如果贷款银行再贷款到期后无款偿还，中央银行应于到期日将该笔贷款转入逾期贷款账户，并按规定标准计收逾期贷款利息，待商业银行存款账户有款支付时再一并扣收。

五、再贴现的核算

1. 再贴现的概念

再贴现是中央银行对商业银行发放贷款的一种形式。再贴现是指商业银行为了取得资金，将未到期的已贴现商业汇票为了提前取得票款而向中央银行贴付一定利息所作的转让，以解决商业银行资金周转的不足。中国人民银行可根据金融宏观调控和结构调整的需要，不定期公布再贴现优先支持的行业、企业和产品目录，影响再贴现票据的选择，安排再贴现资金投向。所以，它是中央银行的一种货币政策工具。

2. 再贴现金额的计算

再贴现主要用于解决商业银行由于办理贴现业务而引起的暂时资金短缺。再贴现的实付金额等于再贴现商业汇票金额扣除再贴现利息后的余额。再贴现的期限，从再贴现之日起至票据到期日前一日止，一般不超过 6 个月。

商业银行持未到期的贴现票据向中央银行申请再贴现时，应办理具体手续，经批准后，按确定的再贴现日期及再贴现利率办理再贴现。

再贴现利息＝再贴现汇票面额×再贴现天数×年再贴现利率/360

再贴现实付金额＝再贴现汇票金额－再贴现利息

3. 再贴现的核算

（1）办理再贴现时的核算

商业银行将持有未到期的商业汇票向人民银行申请贴现时，应填制一式五联的再贴现凭证，并在第一联加盖预留中央银行的印鉴，连同两联再贴现汇票清单和所附经背书后的再贴现商业汇票一并送交人民银行。待收到人民银行退回的第四联再贴现凭证、汇票清单及加盖“已办再贴现”戳记的商业汇票后，编制特种转账借方、贷方传票，以第四联再贴现凭证作附件，办理转账，会计分录：

借：存放中央银行款项等

借：金融机构往来支出——再贴现利息支出户

　　贷：向中央银行借款——再贴现户

同时，将再贴现清单和商业汇票在再贴现汇票登记簿上记载。

中央银行会计分录：

借：再贴现——××银行再贴现户

　　贷：××银行存款

　　贷：业务收入——再贴现利息收入

（2）再贴现到期时的核算

按现行规定，再贴现汇票到期时，由再贴现人民银行作为持票人填制委托收款凭证，将其连同再贴现票据向付款人办理收款。

若再贴现到期时，再贴现人民银行收到了付款人开户银行或承兑银行退回的委托收款凭证、汇票和拒付理由书或付款人未付款项通知书，应追索票款，从申请再贴现商业银行账户中收取款项，并将委托收款凭证汇票和拒付理由书或付款人未付款项通知书交给申请再贴现的商业银行。商业银行在收到人民银行从其存款账户中收取再贴现票款的通知（特种转账借方传票）后，进行账务处理。

再贴现汇票到期时，中央银行应及时收回再贴现票款，会计分录：

借：××银行存款

　　贷：再贴现——××银行再贴现户

商业银行会计分录：

借：向中央银行借款——再贴现借款户

　　贷：存放中央银行准备金

六、商业银行大额汇划款项的核算

商业银行大额汇划款项包括两个内容：一是商业银行系统内 50 万元以上（含 50 万元）的款项汇划；二是商业银行跨系统 10 万元以上（含 10 万元）的款项汇划。按规定应通过中央银行转汇和清算资金，以确保汇划款项与资金清算同步进行，防止商业银行跨系统相互占用资金（注：自 2001 年 9 月 1 日起，中国工商银行、中国农业银行、中国银行、中信实业银行、中国光大银行、广东发展银行、招商银行以及深圳发展银行、建设银行系统内 50 万元以上大额汇划款项可不通过人民银行转汇，直接由各行行内电子汇兑系统办理）。随着我国社会支付系统的建立和完善，电子联行的扩展，商业银行系统内和跨系统的汇划款项，将全部由中央银行转汇和转划，并同步清算资金。小额款项（系统内 50 万元以下和跨系统 10 万元以下）的汇划仍维持系统内联行和同业往来核算办法。

人民银行电子联行汇划业务主要处理人民银行和商业银行跨系统贷记支付业务。在通过人民银行电子联行办理大额汇划业务时，我们将需要通过人民银行办理转汇的商业银行称为汇出行，汇出行开户的人民银行经办机构称为发报行，异地收到资金的人民银行称为收报行，收到划来款项的商业银行称为汇入行。

1. “先横后直”的转汇方法

（1）业务处理流程

通过人民银行电子联行办理商业银行跨系统贷记支付业务时，汇出行首先将款项划至当地人民银行，由汇出行开户的人民银行（发报行）从汇出行准备金存款账户中付出款项，通过电子联行将款项划至汇入地人民银行（收报行）。汇入地人民银行收到划来的款项后，将款项转入汇入行准备金存款账户，同时将有关凭证交汇入行，由汇入行据以处理转账，如图 8.2 所示。

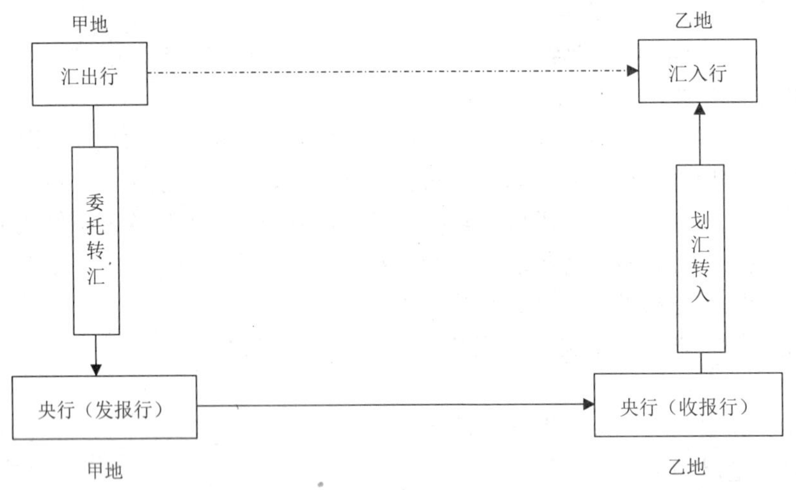

图 8.2　“先横后直”的转汇流程

（2）相关业务的会计核算

甲地商业银行汇往乙地商业银行大额款项时，应通过当地中央银行转汇。具体核算如下：

1）汇出行的核算。

借：××科目

　　贷：存放中央银行款项等

2）发报行的核算。

借：××银行存款

　　贷：清算资金往来等

3）收报行的核算。

借：清算资金往来等

　　贷：××银行存款

4）汇入行的核算。

借：存放中央银行款项等

　　贷：××科目

此程序下，汇出行和汇入行都是双设机构地区（指同一地区均有商业银行和中央银行机构），这种划款程序可以称为“先横后直”的划款方式。

2. “先直后横”的转汇方法

（1）业务处理流程

“先直后横”的转汇方法是指汇出行将大额汇款，先通过系统内联行划往汇入行所在地的联行转汇行，由其通过同城票据交换将款项划往汇入行给收款人入账。汇出行可为单设机构，汇入行可为双设机构地区，或汇出行为双设机构、汇入行为单设机构地区，如图 8.3 所示。

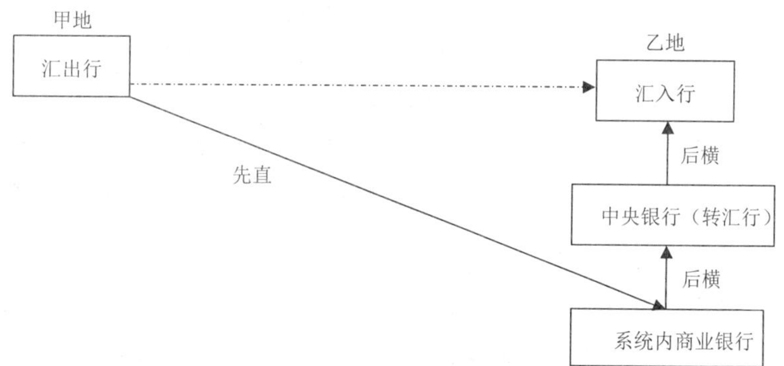

图 8.3　“先直后横”的转汇流程

（2）相关业务的会计核算

1）汇出行的核算。

借：××科目

　　贷：清算资金往来等

2）乙地双设机构地区系统内商业银行的核算。

借：清算资金往来等

　　贷：存放中央银行款项等

3）乙地中央银行转汇行的核算。

借：××银行存款（管辖行或代办行）

贷：××银行存款（××汇入行）

4）乙地汇入行的核算。

借：存放中央银行款项等

贷：××科目

第三节　同城票据交换

一、同城票据交换的概念和意义

在商品经济日益活跃的情况下，同城结算业务大量产生，各商业银行之间相互代理收、付款项也随之大量增加，而且要求正确、及时地办理转账。由于同城结算人不在同一行处开户，各行又不属于同一系统的银行，相互间又没有实现互联网，因而只能逐笔送交对方行转账、逐笔清偿存欠，势必会引起手续过繁，人为地增加业务量，影响款项及时入账，不利于加速资金周转。在这种情况下，由人民银行牵头，组织同城票据交换，固定地点、约定时间各行都到票据交换所集中交换凭证，由中央银行集中监督并清算资金。同城票据交换是指同一城市各商业银行将相互代收、代付的票据在规定时间内集中在票据交换场所进行交换，当场轧算交换差额，进行资金清算的一种方式。采用同城票据交换，有助于加速商业银行间的凭证传递和资金周转，提高结算效率，简化往来业务的核算手续。同城票据交换由当地人民银行统一组织，采用“定时、定点、集中交换票据，当场进行清算，划转存欠差额”的同城票据交换方法，当地未设人民银行机构的，一般由人民银行委托当地某商业银行组织。参加票据交换的行处，一般是同城内的相关商业银行。在交通方便的地区，也可吸收毗邻市、县的有关行处参加。一般每一营业日规定两场交换，上午和下午各一场。

二、票据交换的基本做法及账务处理

票据交换的银行均应在中央银行开立备付金账户，一律通过此账户进行各行存欠资金的清算。参与交换的银行一方为提出行，一方为提入行。向他行提出交换票据的称提出行，从票据交换所提回票据的称提入行，参加清算的各行处一般既是提出行又是提入行。各行提出提入的票据有两种：一种是代收票据，另一种是代付票据。凡是由本行开户单位付款，他行开户单位收款的各种结算凭证称为代收票据或贷方票据；凡是由本行开户单位收款，他行开户单位付款的各种结算凭证称为代付票据或借方票据。提出行提出代收票据则表示为本行应付款项；提出行提出代付票据则表示为本行应收款项。提入行提入代收票据则表示为本行应收款项；提入行提入代付票据则表示本行为应付款项。由于参加票据交换的行处一般既是提出行同时又是提入行，各行在每次交换中当场加计应收、应付款项并轧算出票据交换的应收差额或应付差额，最后由票据交换所当场加计各行应收差额合计与应付差额合计两者总轧平衡，以确保本次票据交换资金清算的正确。具体做法如下：

1. 提出票据

各参加票据交换的行处按规定的交换场次和时间参加票据交换时，利用清分机进行打码，将提出的代收、代付票据填制票据提出计数单，业务处理如下：

1）对提出的代收票据（提出贷方票据），会计分录：

借：××存款——付款人户

　　贷：同城交换清算——同城清算资金往来等

借：同城交换清算——同城清算资金往来等

　　贷：存放中央银行款项等

2）对提出的代付票据（提出借方票据），会计分录：

借：同城交换清算——同城清算资金往来

　　贷：存放中央银行款项等

2. 交换票据

票据交换员将提出的票据与汇总表，在规定时间内提交给中央银行票据交换所，核对他行提交的借（贷）方票据清单的笔数、金额是否与所属票据相符，是否属于本行票据。

在票据交换所，各行在将提出的票据交换给提入行后，同时也向他行提入票据。将本行提入借方票据和贷方票据的笔数、金额合计，反方向填写“提入借（贷）票据汇总计数单”，并分别加计提入票据的应收、应付款金额。其中，应收金额等于提出借方票据金额与提入贷方票据金额之和；应付金额等于提出贷方票据金额与提入借方票据金额之和。交换所收齐各行输（交）来的数据后，通过计算机进行分类汇总，加计应收、应付票据总金额并轧算票据交换差额，然后将有关数据打印出来交给各行的交换员进行复核：本行交换员将已汇总的应收金额、应付金额及应收或应付差额与人民银行清算员打印的相应数据核对一致后，填写“同城票据清算差额”一式四联。其中。两联交换票据其中两联交票据交换所划拨转账清算差额，另两联带回本行进行账务处理。

中国人民银行清算员收齐各提出行交来的“同城票据清算差额”后进行审查、平衡。计算公式为

提出应付金额合计＝提回应付金额合计

提出应收金额合计＝提回应收金额合计

应付差额合计＝应收差额合计

审查、平衡无误后将转账专用凭证中的一联加盖转账专用章后退回提出行作转账回单，一联本所留存，一联转交本行会计部门据以进行资金清算。人民银行会计分录：

借：××银行存款——备付金存款户（应付差额行户）

　　贷：××银行存款——备付金存款户（应收差额行户）

3. 提入票据

在票据交换中，提回的票据通常有两种，一是收款单位在本行开户的贷方票据，一是付款单位在本行开户的借方票据。提入行根据提回的借、贷方票据办理转账。业务处理如下：

1）提入行提回借方票据的处理。若提回借方票据的付款单位有足够存款支付，会计分录：

借：××存款——付款人户

　　贷：同城交换清算——同城清算资金往来等

2）提回贷方票据的处理。提回贷方票据时，一般不会发生退票，可以直接办理转账，会计分录：

借：同城交换清算——同城清算资金往来等

　　贷：××存款——各收款人户

人民银行根据各行提交的支款凭证及付款凭证办理转账。当提出、提入的借方票据和贷方票据全部记入“同城交换清算”科目后，该科目的余额应与本次通过人民银行划转存款的金额一致，以提回的凭证分别代替借方或贷方记账凭证办理转账，结清过渡性科目“同城交换清算”的余额。

如果本次交换后本行为应收差额，其会计分录：

借：存放中央银行存款等

　　贷：同城交换清算——同城清算资金往来等

如果本次交换后本行为应付差额，会计分录与上相反，则

借：同城交换清算——同城清算资金往来等

　　贷：存放中央银行存款等

三、同城票据交换退票的规定及账务处理

票据交换业务要坚持“先付后收，收妥抵用，银行不予垫款”的原则。当提入行提入有错误的票据，如账号、户名不符，大小写金额不一致、付款人账户资金不足等均要办理退票。

1. 代收票据的退票

提入行提回的代收票据，因各种原因不能入账而提出退票时，应将其视同代收原提出行票据，于下次清算交换提出。如当天不能退回，先转入其他应付款科目核算，次日提出交换时再从其他应付款科目转出。原提出行收到退回代收票据后，应查明原因，重新确定应提入的行处，于下次提出交换。如付款人要求不再提出，则转入付款人存款账户。

2. 代付票据的退票

提入行提回的代付票据，因各种原因不能转账时，应将其视同代付票据纳入下次清

算交换退还给原提出行，并在退票时间以内，电话通知原提出行。如当天不能退回，先转入其他应收款科目核算，次日提出交换时再从其他应收款科目予以冲销。

原提出行接到退票电话后，应在票据交换登记簿该笔记录中注明退票理由，暂不办理转账手续，如当日不能退回，先通过其他应付款科目核算，次日退回票据时再从其他应付款科目冲销。

（1）退票行的处理

1）对于提回代付票据（借方票据），付款单位的存款不足以支付或其他原因无法办理支付的票据，应予以退回，会计分录：

借：其他应收款——票据交换退票等

　　贷：同城交换清算——同城清算资金往来等

并将待退票的票据专夹保管，以便下场交换时，退交原提出行。再提出交换时，冲销上述分录。

2）对于提回代收票据（贷方票据）因票据要素错误或其他原因不能进账的票据，应予以退回，会计分录：

借：其他应付款——待处理票据款项等

　　贷：同城交换清算——同城清算资金往来等

并将待退票的票据专夹保管，以便下场交换时，退交原提出行。再提出交换时，冲销上述分录。

（2）原提出行的处理

1）对他行退回的代付票据（借方票据），应将已退回的票据及收款人的其他有关凭证等一并退给收款人。会计分录：

借：同城交换清算——同城清算资金往来等

　　贷：其他应付款——待处理票据款项等

2）对于退回的代收票据（贷方票据），对他行退回的代收票据，应将已退回的票据及收款人的其他有关凭证等一并退给付款人。会计分录：

借：其他应收款——票据交换退票等

　　贷：同城交换清算——同城清算资金往来等

第四节　同业往来清算

一、商业银行跨系统往来核算

同业往来是指商业银行之间由于办理跨系统结算、相互拆借资金以及代理业务等引起的资金账务往来。由于各企事业单位在不同的商业银行开户，彼此之间的货币结算必然会引起银行之间的业务往来，从而导致银行间跨系统的同城、异地结算以及资金账务往来。另外，各商业银行之间调剂资金余缺，进行短期拆借，也会形成同业往来间的借贷关系。如果收付款单位开户行为不同商业银行机构，则要引起跨系统银行机构间的往来，即同业银行往来。具体说来，同业往来核算的内容主要包括：同城同业往来、异地跨系统汇划款项转汇以及同业拆借等。由于跨系统的商业银行之间的资金存欠必须及时清偿，并且只能通过中央银行办理转账，所以要求中央银行在同业银行往来中，提供清偿服务。

二、同城同业往来核算

同城同业直接往来是指同城同业行处未参加票据交换时，银行间采用直接交换、定期清算方式进行资金结算。它适用于业务量较少的中小城市的银行进行的票据交换。同业往来核算时经常使用“存放同业款项”和“同业存放款项”两个会计科目。具体核算方式分为双向存放款项和单项存放款项。

1. 单项存放款项时的核算

单项存放款项是指同业往来双方中只有一方将资金存入对方，双方是主客关系，提入提出的票据只经一个账户结算，即本行存入他行（“存放同业款项”）或他行存入本行（“同业存放款项”）账户。发生票据结算收付业务时，根据有关凭证编制借（贷）方记账凭证办理转账。

1）本行在他行单项设户时，对方行为本行的账户行。当发生应由本行付款的票据时，会计分录：

借：××存款——××单位

　　贷：存放同业款项

当仅有本行存入他行，本行收款时，会计分录：

借：存放同业款项

　　贷：××存款——××单位

2）他行在本行单项设户时，本行为对方行的账户行。当发生应由本行付款的票据时，会计分录：

借：××存款——××单位

　　贷：同业存放款项

当仅有他行存入本行，本行收款时，会计分录：

借：同业存放款项

　　贷：××存款——××单位

2. 双向存放款项的核算

双向存放款项是指同业往来的双方银行互相将资金存入对方，即往来双方同时使用以对方银行为明细的“存放同业款项”和“同业存放款项”两个科目。发生票据结算收付业务时，根据有关凭证编制借（贷）方记账凭证办理转账。

1）本行提出票据时，通过“存放同业款项”核算。当本行付款时，会计分录：

借：××存款——××单位

　　贷：存放同业款项

当本行收款时，会计分录：

借：存放同业款项

　　贷：××存款——××单位

2）本行提回票据时，通过“同业存放款项”核算。当本行付款时，会计分录：

借：××存款——××单位

　　贷：同业存放款项

当本行收款时，会计分录：

借：同业存放款项

　　贷：××存款——××单位

3）为了能够办理日常核算，按照双方的协议，各自要在对方银行开立备付金存款账户，并按期结付利息。当本行在他行存入备付金时，应签开本行支票办理转账。会计分录：

借：存放同业款项——××行户

　　贷：存放中央银行款项——备付金存款户

当收到他行在本行的存款时，根据中央银行的收账通知办理转账，其会计分录：

借：存放中央银行款项——备付金存款户

　　贷：同业存放款项——××行户

三、同业拆借的核算

同业拆借是商业银行之间为解决临时性资金不足而相互融通资金的一种方式。它是金融横向联系适应中心城市或区域经济发展的需要。商业银行之间相互拆借资金，是金融企业往来内容之一。对同业拆借的核算应加强管理，及时核算和反映。拆借双方应共同商定拆借条件，按照协议办理手续。对约定的拆借期限、利率和金额应签订协议，双方共同遵守。对相互拆借的资金应通过中央银行存款账户进行转账结算，不得用现金直接拆借。同业拆借只能是一种短期资金融通行为，不得将拆借资金用于弥补信贷收支缺口、扩大贷款规模和直接投资。

同业拆借的主体是经中央银行批准，并在工商行政管理机关登记注册的具有法人资格的银行和非银行金融机构。同业拆借的主管机关是中央银行。拆借的资金都要通过各自在中央银行开立的存款账户进行核算，按照中央银行的有关规定办理，不能互相直接拆借。

1. 同业拆借的特点

1）拆借时间短、定期归还。资金拆借以日拆为主，最长期限不得超过 1 个月，一般不得展期，遇特殊情况可一次性展期 7 天。

2）用于拆出的资金只限于交足准备金、备付金并归还中央银行到期贷款之后的闲置资金，拆入的资金只能用于弥补票据清算、联行汇差头寸不足和先支后收等临时性资金周转的需要。

3）所有金融机构拆借资金的利率，不得超过中央银行的最高限。

4）拆借资金不能用于现金方式直接拆借，必须通过双方在中央银行存款账户办理转账。

5）跨地区拆借资金必须报管辖行批准，跨省拆解应报总行审批。

2. 同业拆借的会计科目设置

（1）“拆放同业”

本科目属于资产类科目，核算银行拆借给其他银行的短期资金。拆借资金给他行时，借记本科目；他行归还拆借资金时，贷记本科目。余额应该在借方，表示本行拆出且尚未收回的款项。本科目应按拆借的银行进行明细核算。

（2）“同业拆入”

本科目属于负债类科目，用于核算银行向其他银行借入的短期或临时性资金。从其他银行拆入资金时，贷记本科目；向其他行归还拆入资金时，记入该科目。期末余额在贷方，表示本行拆入且尚未归还的款项。与“拆放同业”类似，该科目应按拆入银行设置明细账。

3. 同业拆借的核算

（1）资金拆借时的核算

1）拆出行的核算。拆出行应开出中央银行存款账户的转账支款凭证或转账支票，提交中央银行办理转账。会计分录：

借：拆放同业——××行户

　　贷：存放中央银行款项等

2）拆入行的核算。拆入行应将借出行开出的支款凭证或转账支票送中央银行进账，办理存款手续。会计分录：

借：存放中央银行款项等

　　贷：同业拆入——××行户

3）会计分录。中央银行办理转账手续，会计分录：

借：××银行存款——拆出行户

　　贷：××银行存款——拆入行户

（2）拆借资金归还时的核算

1）拆入行的核算。商业银行之间拆借资金到期，应按时归还，并按照规定利率计算利息，由借入行归还本息，开出中央银行存款账户的支款凭证或转账支票。会计分录：

借：同业拆入——××行户

借：金融企业往来支出

　　贷：存放中央银行款项等

2）拆出行的核算。拆出行收到本息时，会计分录：

借：存放中央银行款项等

　　贷：拆放同业——××行户

　　贷：金融企业往来收入

本 章 小 结

金融机构往来主要是指商业银行之间或商业银行同中央银行之间由于各项业务而发生的资金账务往来。

商业银行与中央银行之间的业务主要包括：商业银行向其在中国人民银行开立的准备金存款账户存取现金、缴存存款、同城票据交换资金的清算、再贷款、再贴现。

同城票据交换由当地人民银行统一组织，采用“定时、定点、集中交换票据，当场进行清算，划转存欠差额”的同城票据交换方法，当地未设人民银行机构的，一般由人民银行委托当地某商业银行组织。参加票据交换的行处，一般是同城内的相关商业银行。

商业银行之间的业务主要有：同城同业往来、同业拆借、异地跨系统商业银行汇划款项。汇划程序有先横后直、先直后横、先直后横再直等。

基 本 概 念

金融机构往来　再贷款　再贴现　同业往来　同业拆借
异地跨系统商业银行汇划款项　同城票据交换　存放联行款项　联行存放款项
同业存放款项　财政性存款　一般性存款

复习思考题

1. 什么是金融机构往来？金融机构往来的内容包括哪些？
2. 简述金融机构往来的核算要求。
3. 中央银行与商业银行往来业务包括哪些内容？其核算处理如何进行？
4. 什么是同业往来？商业银行之间往来包括哪些内容？其核算处理如何进行？
5. 简述再贷款的种类及核算处理。
6. 简述再贴现金额的计算及核算处理。
7. 商业银行系统内资金调拨可采用几种方式？分别是如何处理的？
8. 简述什么是同城票据交换，其基本做法是什么，提出行与提入行如何分别核算的。

第九章　固定资产、无形资产和其他资产的核算

学习目的与要求

1. 了解商业银行固定资产、无形资产和其他资产业务的会计核算内容和方法
2. 了解各类资产的概念
3. 熟悉期末计价方法

第一节　固定资产的核算

一、固定资产概述

1. 固定资产的界定

固定资产是指使用期限在 1 年以上，单位价值在规定标准以上，并在使用过程中保持原来物质形态的资产，包括房屋及建筑物、机器设备、运输设备、工具器具等。金融企业以现行会计制度为依据，具体划分固定资产的标准是：使用期限在 1 年以上的房屋。建筑物、机器、设备、器具、工具等资产应作为固定资产；不属于经营主要设备的物品，单位价值在 2 000 元以上，并且使用期限超过两年，也应作为固定资产。

银行制定的固定资产分录、分类方法、每类或每项固定资产的预计使用年限、预计净残值、折旧方法等，应当编制成册，并按照管理权限，经股东大会或董事会，或类似机构批准，按照法律、行政法规的规定报送有关各方备案，同时备至与企业所在地，以供投资者和有关各方查阅。银行已经确定的有关固定资产目录、分类方法、估计净残值、预计使用年限、折旧方法等，一经确定不得随意改变，如需变更，仍然应当按照上述程序，经批准后报送有关各方备案，并在会计报表附注中予以说明。

为了加强银行固定资产的管理，《金融企业会计制度》规定，银行应根据自身具体情况，制定固定资产目录、分类方法、每类或每项固定资产的预计使用年限、预计净残值、折旧方法等，并编制成册，按照管理权限，经股东大会或董事会，或行长（经理）会议等机构批准，按照法律、行政法规的规定报送有关各方备案，同时备置于银行所在地，以供投资者等有关各方查阅。银行已经确定并对外报送，或备置于银行所在地的有关固定资产目录、分类方法、预计净残值、预计使用年限、折旧方法等，一经确定不得随意变更，如需变更，仍然应当按照上述程序，经批准后报送有关各方备案，并在会计报表附注中予以说明。

2. 固定资产的分类

银行的固定资产种类很多，根据不同的分类标准，可以分成不同的类别。银行应当选择适当的分类标准，将固定资产进行分类，以满足经营管理的需要。

（1）按固定资产经济用途

银行的固定资产按经济用途可分为经营用固定资产和非经营用固定资产两大类。经营用固定资产是指直接参加银行的经营活动或直接为银行的经营活动服务的固定资产，包括房屋、建筑物、动力设备、通信设备、运输设备、管理用具等固定资产；非经营用固定资产是指不直接为银行的经营活动服务的固定资产，包括职工宿舍以及附属学校、幼儿园、食堂、招待所等单位使用的固定资产。固定资产按经济用途分类的目的在于分析考察固定资产的结构构成情况，促使银行合理配置和高效利用固定资产。

（2）按固定资产使用情况

银行的固定资产按使用情况可分为在用固定资产、租出固定资产、未使用固定资产、不需用固定资产和封存固定资产。在用固定资产，是指银行在业务经营过程中正在使用的固定资产；租出固定资产，是指租给其他单位使用的固定资产；未使用固定资产，是指新增加尚未使用的固定资产、进行改扩建的固定资产以及停止使用的固定资产；不需用固定资产，是指与银行的业务经营活动无关而不需要的固定资产；封存固定资产，是指根据有关技术管理部门的规定，封存不得使用的固定资产。固定资产按使用情况分类的目的在于反映银行全部固定资产的使用情况，促使银行及时处理未使用、不需用封存的固定资产，从而提高固定资产的使用效率。

（3）按固定资产所有权分类

固定资产按所有权可分为自有固定资产和租入固定资产。自有固定资产是指银行拥有的可供自己自由支配使用的固定资产；租入固定资产是指银行采用租赁方式从其他单位租入的固定资产。

（4）特殊固定资产分类

特殊固定资产可分为土地和融资租入固定资产等。土地是指已经估价单独入账的土地，因征地而支付的补偿费，应计入与土地有关的房屋、建筑物的价值内，不单独作为土地价值入账，银行取得的土地使用权不能作为固定资产管理；融资租入固定资产是指银行采用融资租赁方式租入的固定资产，在租赁期内，应视同自有固定资产进行管理。

3. 固定资产的入账价值

固定资产作为银行最重要的资产之一，银行应对其加强管理，这种管理既包括实物管理又包括价值管理，为此，银行应按照统一的原则确定固定资产入账价值。

购置的不需要经过建造过程即可使用的固定资产，按实际支付的买价、包装费、运输费、安装成本、缴纳的有关税金等作为入账价值。

自行建造的固定资产，按建造过程该项资产达到预定可使用状态前所发生的全部支出，作为入账价值。

投资者投入的固定资产，按投资各方确认的价值，作为入账价值。

融资租入的固定资产，按租赁开始按租赁资产的原账面价值与最低租赁付款额的现值两者中较低者，作为入账价值。

在原有固定资产的基础上进行改建、扩建的，按原固定资产的价值，加上由于改建、扩建而使该项资产达到预定可使用状态前发生的支出，减去改建、扩建过程中发生的变价收入，作为入账价值。

银行接受的债务人以非现金资产抵偿债务方式取得的固定资产，按应收债权的账面价值加上应支付的相关税费，作为入账价值。如涉及补价，收到补价的，按应收债权的账面价值减去补价，加上应支付相关税费，作为入账价值；支付补价的，按应收债权的账面价值加上支付的补价和应支付的相关税费，作为入账价值。

接受捐赠的固定资产，捐赠方提供了有关凭据的，按凭据上标明的金额加上应支付的相关税费，作为入账价值；捐赠方没有提供有关票据的，如同类或类似固定资产存在活跃市场，则按同类或类似固定资产的市场价格估计的金额，加上应支付的相关税费，作为入账价值，如同类或类似固定资产不存在活跃市场的，按该接受捐赠的固定资产的预计未来现金流量现值，作为入账价值；如受赠的系旧的固定资产，按照上述方法确认的价值，减去该项资产的新旧程度估计的价值损耗后的余额，作为入账价值。

盘盈的固定资产，按相同或同类固定资产的市场价格，减去按该项资产的新旧程度估计的价值损耗后的余额，作为入账价值。

经批准无偿调入的固定资产，按调出单位的账面价值加上发生的运输费、安装费等相关费用，作为入账价值。

固定资产的入账价值中，还应包括银行为取得固定资产而缴纳的契税、耕地占用税、车辆购置税等相关税费。

二、固定资产减值准备的核算

固定资产减值准备是银行根据谨慎性原则的要求，在合理预计固定资产可能发生的损失的基础上，对可能发生的固定资产损失计提的准备金。《金融企业会计制度》规定，如果银行的固定资产实质上已经发生了减值，应当计提减值准备，列作营业外支出。对存在下列情况之一的固定资产，应当全额计提减值准备：

1）长期闲置不用，在可预见的未来不会再使用，且已无法转让价值的固定资产。

2）由于技术进步等原因，已不可能使用的固定资产。

3）已遭毁损，以至于不再具有使用价值的固定资产。

4）其他实质上已经不能在给银行带来经济利益的固定资产。

计提固定资产减值准备时，会计分录：

借：资产损失

　　贷：固定资产减值准备

银行处置已经计提减值准备的固定资产，应同时结转已计提的固定资产减值准备。

已全额计提减值准备的固定资产，不再计提折旧。

商业银行在建工程预计发生减值时，如长期停建并且预计在 3 年内不会重新开工的在建工程，也应根据上述原则计提资产减值准备。

三、固定资产增加的核算

银行固定资产的增加，包括自行购入、自行建造、其他单位投入、融资租入、接受捐赠以及盘盈固定资产等，银行应根据具体情况进行核算。

1. 投资转入固定资产的处理

当投资各方确认的投资转入固定资产价值等于或大于投出单位该项资产的账面原价时，接受银行应按上述确认价值作为接受固定资产的账面原价入账，同时反映投资者投资的增加，会计分录：

借：固定资产

　　贷：实收资本

当投资各方确认的投资转入固定资产价值小于投出单位该项资产的账面原价时，接受银行应按投出单位的账面原价作为接受固定资产的账面原价入账，按账面原价大于上述确认价值的差额作为接受固定资产的已提累计折旧，会计分录：

借：固定资产

　　贷：实收资（股）本

　　贷：累计折旧

2. 购建固定资产的处理

银行购入需安装的固定资产以及自行建造固定资产如房屋、建筑物、各种设施等，为准备计算固定资产购建成本，应先将包括买价在内的各项购建支出汇集到“在建工程”科目，待该固定资产交付使用后再结转至“固定资产”科目。

购建支付各项款项时，会计分录：

借：在建工程

　　贷：工程物资

　　　　应付工资

　　　　待处理财产损溢

安装完毕交付使用时，会计分录：

借：固定资产

　贷：在建工程

银行购入不需安装的固定资产，则直接将该固定资产的买价及其他各项费用直接计入“固定资产”科目，会计分录：

借：固定资产

　　贷：存放中央银行款项等

3. 接受捐赠固定资产的处理

银行接受捐赠固定资产应按规定确定受赠固定资产的价值，受赠时所发生的各项费用计入固定资产的价值，会计分录：

借：固定资产

　　贷：存放中央银行款项等

　　贷：累计折旧

　　贷：资本公积——接受捐赠非现金资产准备

4. 盘盈固定资产的处理

银行对固定资产应当定期或者至少每年实地盘点一次。对盘盈、盘亏、毁损的固定资产，应当查明原因，写出书面报告，并根据银行的管理权限，经股东大会或董事会，或行长（经理）会议或类似机构批准后，在期末结账前处理完毕。盘盈的固定资产，计入当期营业外收入。

盘盈固定资产时，会计分录：

借：固定资产

　　贷：累计折旧

　　贷：待处理财产损溢——待处理固定资产损溢

查明原因批准转销时，会计分录：

借：待处理财产损溢——待处理固定资产损溢

　　贷：营业外收入——固定资产盘盈

盘盈固定资产，在期末结账前尚未经批准的，在对外提供财务会计报告时应按上述规定进行处理，并在会计报表附注中作出说明，如果其后批准处理的金额与已处理的金额不一致，应按其差额调整会计报表相关项目的年初数。

5. 与固定资产有关的后续支出

如果使可能流入企业的经济利益超过了原先的估计，如延长了固定资产的使用寿命，或者使产品质量实质性提高，或者使产品成本实质性降低，则应当计入固定资产账面价值，其增加的金额不应超过该固定资产的可收回金额。

除上述以外的与固定资产有关的后续支出，应当作为费用直接计入当期损益。

四、固定资产折旧的核算

1. 固定资产折旧概述

固定资产折旧是指固定资产使用寿命内，按照确定的方法对应计折旧额进行的系统分摊。应计折旧额指应当计提折旧的固定资产原价扣除其预计净残值后的余额，如果已对固定资产计提减值准备，还应当扣除已计提的固定资产减值准备累计金额。

本质上讲，折旧也是一种费用，只不过这一费用没有在计提期间付出货币资金，但这种费用是前期已经发生的支出，而这种支出的收益在资产投入使用后的有效使用期内实现，从权责发生制的原则以及收入与费用配比的原则出发，计提折旧都是必要的，否则将错误地计算银行的营业成本、损益。

银行应当根据固定资产的性质和使用方式，合理确定固定资产的使用寿命和预计净残值和折旧方法，作为计提折旧的依据，一经确定不得随意变更，如需变更，必须在会计报表附注中予以说明。

一般来说，计提固定资产折旧应考虑如下几个因素：一是固定资产的原始价值，即取得固定资产的原始成本，它是计提固定资产折旧的基础；二是固定资产的预计净残值，即估计的残余价值减去清理费用后的余额，一般按固定资产原值的3%～5%确定；三是固定资产的使用年限，即固定资产的经济使用期限或有效使用寿命。

2. 固定资产折旧计提的范围

银行的固定资产按照分类折旧的办法计提折旧，提取的折旧计入成本。根据《金融企业会计制度》规定，银行应提取折旧的固定资产有：

1）房屋和建筑物。

2）在用的各类设备。

3）大修理停用的固定资产。

4）融资租入和以经营租赁方式租出的固定资产。

不计提折旧的固定资产有：

1）房屋、建筑物以外的未使用、不需用固定资产。

2）以经营租赁方式租入的固定资产。

3）已提足折旧继续使用的固定资产。

4）按规定单独估价作为固定资产入账的土地。

5）提前报废的固定资产。

6）已全额计提减值准备的固定资产。

银行一般应按月提取折旧，当月增加的固定资产，当月不提折旧，从下月起计提折旧；当月减少的固定资产，当月照提折旧，从下月起不提折旧。固定资产提足折旧后，不管能否继续使用，均不再提取折旧；提前报废的固定资产，也不再补提折旧。

银行对未使用、不需用的固定资产也应计提折旧，计提的折旧计入当期管理费用（不含更新改造和因大修理停用的固定资产）。

3. 固定资产折旧的计算方法

银行应当根据固定资产所含经济利益预期实现方式选择折旧方法，可选择的折旧方法包括年限平均法、工作量法、年数总和法和双倍余额递减法。折旧方法一经选定，不得随意变更。如需变更，应当在会计报表附注中予以说明。

（1）年限平均法

年限平均法又称使用年限法或直线法。这一方法假定固定资产的服务潜力随着时间的消逝而减退，固定资产的价值可以通过折旧均衡地摊配于使用期内的各个期间。这种方法的特点是计算简单和使用广泛。计算公式为

$$年折旧率=\frac{1-预计净残值率}{固定资产折旧年限}$$

其中，

$$净残值率=\frac{残值变价收入-清理费用}{固定资产原值}$$

$$年折旧额=固定资产原值\times年折旧率$$

$$季折旧额=固定资产原值\times季折旧率=固定资产原值\times\frac{年折旧率}{4}$$

$$月折旧额=固定资产原值\times月折旧率=固定资产原值\times\frac{年折旧率}{12}$$

采用平均年限法计算固定资产折旧，可以按每项固定资产分别计算个别折旧率，也可以按性质结构相似，使用年限相近的固定资产类别计算分类折旧率。银行可根据自身的实际情况确定。

（2）工作量法

工作量法又称作业量法。这是根据某项固定资产完成的工作量来计算折旧的一种方法。这一方法是以固定资产的使用状况为依据来计算折旧。它假定固定资产的服务潜力随着其使用程度的增加而减退，固定资产的成本可根据该项固定资产的实际作业量摊配于各个会计期间。这一方法适用于使用寿命受工作量影响较大的固定资产。计算公式为

$$单位里程折旧额=固定资产原值\times\frac{1-预计净残值率}{规定的总行驶里程}$$

$$每台折旧额=固定资产原值\times\frac{1-预计净残值率}{规定的总工作台时数}$$

$$月折旧额=\begin{matrix}月实际行驶里程数\\（月实际工作台时数）\end{matrix}\times\begin{matrix}单位里程折旧额\\（每台班折旧数）\end{matrix}$$

（3）双倍余额递减法

这是加速折旧方法的一种。它是在不考虑固定资产残值的情况下，用平均年限法折旧率的双倍去乘以固定资产在某一会计期间的期初账面净值，以求折旧额的一种方法。计算公式为

$$年折旧率=\frac{2}{折旧年限}\times100\%$$

$$季折旧额=\frac{净值\times年折旧率}{4}$$

$$月折旧额=\frac{净值\times年折旧率}{12}$$

实行双倍余额递减法，一般应在折旧年限到期前两年内将净值平均摊销。

在应用双倍余额递减法时应注意，不能把固定资产的账面余额降低到它的预计残值以下。

（4）年数总和法

年数总和法又称合计年限法或级数递减法。这是将固定资产的原值减去残值后的净

额乘以一个逐年递减的分数（年折旧率）计算每年折旧额的一种方法。这个分数的分子代表固定资产尚可使用的年数，分母代表使用年数的逐年数字总和。计算公式为

$$年折旧率=\frac{折旧年限-已使用年限}{折旧年限\times(折旧年限+1)/2}\times 100\%$$

$$=\frac{尚可使用年限}{年限总和}$$

$$月折旧率=年折旧率\div 12$$

$$年折旧额=（固定资产原值-预计净残值）\times 年折旧率$$

$$月折旧额=（固定资产原值-预计净残值）\times 月折旧率$$

上述介绍的双倍余额递减法和年数总和法，是两种最常用的加速折旧方法。从理论上说，使用固定资产的成本各年应该大致相等，但一方面，修理费用等随着固定资产使用年限的增加而增加，那么固定资产的折旧费用就应逐步递减，另一方面，固定资产的新旧程度影响其生产能力。一般而言，新的固定资产生产能力总是比较大，因而产生的营业收入也较多，越到后期生产能力越差，产生的营业收入也越少，依据配比原则，固定资产使用早期应多提折旧。

采用加速折旧法，从固定资产的全部使用期限来看，折旧总额不变，银行净收益总额也不变，只是上缴利润或所得税的时间推迟了，可见，它在一定程度上有利于增强银行的发展后劲。

4. 计提固定资产折旧的账务处理

应设置“累计折旧”会计科目，该科目是固定资产的备抵科目，当计提固定资产折旧额和增加固定资产而相应增加其已计提折旧时，记入该科目的贷方；因出售、报废清理、盘亏等原因减少固定资产而相应转销其所提折旧额时，记入该科目的借方；该科目的余额在贷方，反映银行现有固定资产的累计折旧额。在资产负债表中，累计折旧作为固定资产的减项单独列示。

银行固定资产折旧业务的总分类核算，通常是以财会部门按月编制“固定资产折旧计算表”为根据来进行的，计算固定资产折旧的会计分录：

借：营业费用

　贷：累计折旧

五、固定资产减少的核算

固定资产的减少，主要包括投资转出固定资产、捐赠转出固定资产、以非现金资产抵偿债务方式转出固定资产、无偿调出固定资产、盘亏固定资产及出售、报废和毁损等原因转出固定资产。

1. 固定资产出售、报废、损毁的处理

银行的固定资产因多余不需用而对外出售（变卖）以及废除事故而造成固定资产损毁或由于使用价值损耗殆尽不能继续使用而报废时，均应转入清理。凡因上述三种原因

而转入清理的固定资产均应通过“固定资产清理”账户进行核算。该账户属于资产类账户，其借方登记转入清理的固定资产净值与清理中发生的有关清理费用以及转入“营业外收入”的固定资产清理净收益；其贷方记录收回出售固定资产的赔偿损失以及转入“营业外收入”的固定资产清理净损失。

“固定资产清理”账户应按清理的固定资产设置明细账。若某项固定资产在清理结算后为借方余额，即为清理净损失；若为贷方余额，即为清理净收益。对净损失，应通过该账户的贷方转入“营业外支出”的借方；对净收益，应通过该账户的借方转入“营业外收入”的贷方。为了保证银行资产的安全，应对报废或损毁的固定资产进行认真鉴定，对确实无法继续使用的固定资产，应按规定填制“固定资产清理报告”，报经批准后才能进行报废清理。

固定资产转入清理时，会计分录：

借：固定资产清理

借：累计折旧

借：固定资产减值准备

　　贷：固定资产

发生各项清理支出时，会计分录：

借：固定资产清理

　　贷：存放中央银行款项等

收回变卖价款及获得赔款时，会计分录：

借：存放中央银行款项等

借：其他应收款

　　贷：固定资产清理

结转固定资产清理净收益或净损失时，会计分录：

借：固定资产清理

　　贷：营业外收入——固定资产清理收益

或

借：营业外支出——固定资产清理损失

　　贷：固定资产清理

2. 固定资产盘亏的处理

银行财产清查，盘点出账面上已有登记，而实际上没有的固定资产，即固定资产盘亏。银行盘亏固定资产应首先通过“待处理财产损溢——待处理固定资产损溢”账户进行核算，盘亏固定资产净值记入该账户的借方，盘亏固定资产在报经批准后，将其净值转入“营业外支出”账户。

固定资产发生盘亏上报待批时，会计分录：

借：待处理财产损溢——待处理固定资产损溢

借：累计折旧

借：固定资产减值准备

　　贷：固定资产

按规定程序报经批准后，予以转销，会计分录：

借：其他应收款——职工甲

借：营业外支出——固定资产盘亏

　　贷：待处理财产损溢——待处理固定资产损溢

第二节　无形资产的概念、分类及核算

一、无形资产的概念及分类

1. 无形资产的概念

无形资产是指为提供劳务、出租给他人或为管理的目的而持有的、没有实物形态的非货币性长期资产，它是已得到法律承认和保护，能使银行享有某种特殊经济权利，或能给银行带来高于一般收益水平的长期资产，包括专利权、著作权、租赁权、土地使用权、非专利技术、商誉等。

2. 无形资产的分类

（1）按来源不同划分

按来源不同划分可分为购入无形资产和自创无形资产。购入无形资产是从其他单位购入的无形资产，包括投资转入无形资产。自创无形资产是银行自身研制并申请获得的专利权等。

（2）按期限划分

按期限划分可分为有限期无形资产和无限期无形资产。前者的有效期由法律规定，如专利权，后者的有效期在法律上无规定。

（3）按能否辨认划分

按能否辨认划分分为可辨认无形资产和不可辨认无形资产。可辨认无形资产具有专门名称，可以个别取得，或作为组成资产的一部分取得，如专利权、租赁权等。不可辨认无形资产不能单独取得，如商誉等。

（4）按能否独立地被转让划分

按能否独立地被转让划分分为可转让无形资产和不可转让无形资产。可转让无形资产如专利权等。不可转让无形资产，无法单独买卖，与实体单位不可分割，只有在实体单位被合并或被出售时，才能连同一起被转让，如商誉等。

3. 无形资产的入账价值

银行的无形资产由于来源不同，其入账价值的确定方法也不同。企业的无形资产可通过购入、自创、其他单位投资转入和接受捐赠四个途径取得。为了真实、准确地核算无形资产，《金融企业会计制度》规定，银行的无形资产在取得时，应按实际成本计量。取得时的实际成本应按以下方法确定：

1）购入的无形资产，按实际支付的价款作为实际成本。

2）投资者投入的无形资产，按投资各方确认的价值作为实际成本。但是，为首次发行股票而接受投资者投入的无形资产，应按该无形资产在投资方的账面价值作为实际成本。

3）接受捐赠的无形资产，应按以下规定确定其实际成本：①捐赠方提供了有关凭据的，按凭据上标明的金额加上应支付的相关税费，作为实际成本；②捐赠方没有提供有关凭据的，按以下顺序确定其实际成本：

同类或类似无形资产存在活跃市场的，按同类或类似无形资产的市场价格估计的金额，加上应支付的相关税费，作为实际成本；

同类或类似无形资产不存在活跃市场的，按该接受捐赠的无形资产的预计未来现金流量现值，作为实际成本。

4）自行开发并按法律程序申请取得的无形资产，按依法取得时发生的注册费、聘请律师费等费用，作为无形资产的实际成本。在研究与开发过程中发生的材料费用、直接参与开发人员的工资及福利费、开发过程中发生的租金和借款费用等，直接计入当期损益。已经计入各期费用的研究与开发费用，在该项无形资产获得成功并依法申请取得权利时，不得再将各期费用的研究与开发费用资本化。

二、无形资产的核算

1. 取得无形资产的处理

1）投资转入无形资产时，会计分录：

借：无形资产

　　贷：实收资（股）本

2）接受无形资产捐赠时，会计分录：

借：无形资产

　　贷：资本公积——接受捐赠非现金资产

3）购入无形资产时，会计分录：

借：无形资产

　　贷：存放中央银行款项等

4）自创无形资产并获得权利时，会计分录：

借：无形资产

　　贷：营业费用

2. 无形资产摊销的处理

无形资产的价值一旦确定，并作为成本入账，随之而来的就是可在其有效使用年限内以系统合理的方法对该项价值进行摊销。在无形资产价值确定并入账后，在摊销上主要考虑的问题有三个：一是对有效期限的确定；二是摊销的方法的选择；三是摊销账务如何处理。

无形资产的摊销期限取决于其有效年限。有效年限包括法律上有效和经济上有效两个方面。在我国，有些无形资产在法律上或合同上规定了有效时间，如专利权为 15 年，商标使用权为 10 年。有些无形资产在法律上并无明确规定的期限，如商誉。由于科学技术的迅速发展，许多无形资产往往在法定保护期限届满以前，就丧失了其经济价值。因此，从谨慎原则出发，在确定无形资产的摊销期限时，应按下列原则确定：

1）合同规定了受益年限但法律没有规定有效年限的，摊销期不应超过合同规定的受益年限。

2）合同没有规定受益年限但法律规定有效年限的，摊销期不应超过法律规定的受益年限。

3）合同规定了受益年限，法律也规定了有效年限的，摊销期不应超过受益年限和有效年限两者之中较短者。

如果合同没有规定受益年限，法律也没有规定有效年限的，摊销期不应超过 10 年。

银行购入或以支付土地出让金方式取得的土地使用权，在尚未开发或建造自用项目前，作为无形资产核算，并按《金融企业会计制度》规定的期限分期摊销。

无形资产摊销的计算公式如下：

$$无形资产年（月）摊销额=\frac{无形资产原价}{按规定确定的使用年（月）限}$$

$$无形资产年摊销率=\frac{无形资产年限摊销额}{无形资产原价}\times 100\%$$

$$无形资产月摊销率=\frac{无形资产年摊销率}{12}$$

$$本月应摊销的无形资产价值=无形资产原价\times 月摊销率$$

银行按月摊销无形资产时，会计分录：

借：营业费用

　　贷：无形资产

无形资产摊销方法，一般采用直线法，即无形资产从开始使用起，在有效使用年限内平均摊销。无形资产没有残值，没有物质实体，其作用对企业经营活动不直观，获取其摊销程度的信息不重要，因此无形资产价值转移采用了不同于固定资产折旧的方法。按现行财务会计制度规定，无形资产的摊销价值计入企业的营业费用。

3. 计提无形资产减值准备的处理

《金融企业会计制度》规定，银行的无形资产应当按照其账面价值与可收回金额孰低计量，可收回金额低于账面价值的差额，计提无形资产减值准备。无形资产减值准备应按单项项目计提。当发生下列一项或若干项情况时，应当计提无形资产减值准备。

1）该无形资产已被其他新技术等所替代，使其为商业银行创造经济利益的能力受到重大不利影响。

2）该无形资产的市场价在当期大幅度下跌，在剩余摊销年限内预期不会恢复。

3）其他足以表明该无形资产的账面价值已超过可收回金额的情形。

商业银行应设置“无形资产减值准备”科目核算无形资产减值准备。期末，银行所持有的无形资产的账面价值高于其可回收的金额，应按其差额计提无形资产减值准备，会计处理如下：

借：营业外支出——计提的无形资产减值准备

　　贷：无形资产减值准备

如果已计提减值准备的范围内无形资产又得以恢复，应在已计提减值准备的范围内转回，会计分录如下：

借：无形资产减值准备

　　贷：营业外支出——计提的无形资产减值准备

4. 无形资产出售的处理

银行出售无形资产，应将所得价款与该项无形资产的账面价值之间的差额，计入当期损益。

出售无形资产并获得价款时，会计分录：

借：存放中央银行款项等

　　贷：无形资产

　　贷：营业外收入

或

借：存放中央银行款项等

借：营业外支出

借：无形资产减值准备

　　贷：无形资产

5. 无形资产转销的处理

银行如果预期某项无形资产不能给自己带来经济利益时，应将其转销。银行可根据以下迹象来判断某项无形资产是否能为自己带来经济利益：

1）该无形资产已被其他新技术所替代，且不能为银行带来经济利益。

2）该无形资产不再受法律的保护，且不能为银行带来经济利益。

银行转销无形资产时，会计分录：

借：无形资产减值准备

　　贷：无形资产

第三节　其他资产的核算

银行的其他资产是指除流动资产、固定资产、无形资产及长期投资以外的长期待摊费用。银行的长期待摊费用，是指已经支出，但摊销期限在 1 年以上（不含 1 年）的各项费用，包括固定资产大修理支出、租入固定资产改良支出等。

长期待摊费用应当单独核算，在费用项目的受益期限内分期平均摊销。大修理费用采用待摊方式的，应当将发生的大修理费用在下一次大修理前平均摊销；租入固定资产改良支出应当在租赁期限与租赁资产尚可使用年限两者孰短的期限内平均摊销；其他长期待摊费用应当在受益期内平均摊销。

除购建固定资产以外，所有筹建期间发生的费用，先在长期待摊费用中归集，待银行开始经营当月一次计入开始经营当月的损益。

如果长期待摊的费用项目不能使以后会计期间受益的，应当将尚未摊销的该项目的摊余价值全部转入当期损益。

银行发生固定资产大修理及租入固定资产改良支出时，会计分录：

借：长期待摊费用

　　贷：存放中央银行款项等

银行按月摊销长期待摊费用时，会计分录：

借：营业费用

　　贷：长期待摊费用

本 章 小 结

银行的固定资产是指使用期限超过 1 年的房屋、建筑物、机器、机械、运输工具以及其他与经营有关的设备、器具、工具等。不属于经营主要设备的物品，单位价值在 2 000 元以上，并且使用期限超过 2 年的，也应当作为固定资产。未作为固定资产管理的工具、器具等，作为低值易耗品核算。

银行的固定资产按经济用途可分为经营用固定资产和非经营用固定资产两大类。银行的固定资产按使用情况可分为在用固定资产、租出固定资产、未使用固定资产、不需用固定资产和封存固定资产。固定资产按所有权进行分类，可分为自有固定资产和租入固定资产。特殊固定资产：土地和融资租入固定资产。

银行应按照统一的原则确定固定资产入账价值。银行固定资产的增加，包括自行购入、自行建造、其他单位投入、融资租入、接受捐赠以及盘盈固定资产等。银行一般应按月提取折旧，当月增加的固定资产，当月不提折旧，从下月起计提折旧；当月减少的固定资产，当月照提折旧，从下月起不提折旧。

银行固定资产的折旧，一般采用平均年限法和工作量法，技术进步较快或使用寿命受工作环境影响较大的固定资产，也可采用双倍余额递减法或年数总和法。

银行的固定资产因多余不需用而对外出售（变卖）以及废除事故而造成固定资产损毁或由于使用价值损耗殆尽不能继续使用而报废时，均应转入清理。

无形资产是指银行为生产商品或者提供劳务、出租给他人，或为管理的目的而持有的、没有实物形态的非货币性长期资产，它是已得到法律承认和保护，能使银行享有某种特殊经济权利，或能给银行带来高于一般收益水平的长期资产，包括专利权、著作权、租赁权、土地使用权、非专利技术、商誉等。

无形资产的分类：按来源不同划分，可分为购入无形资产和自创无形资产；按期限划分，可分为有限期无形资产和无限期无形资产；按能否辨认划分，分为可辨认无形资产和不可辨认无形资产；按能否独立地被转让划分，分为可转让无形资产和不可转让无形资产。

银行的其他资产是指除流动资产、固定资产、无形资产及长期投资以外的长期待摊费用。银行的长期待摊费用，是指已经支出，但摊销期限在 1 年以上（不含 1 年）的各项费用，包括固定资产大修理支出、租入固定资产改良支出等。长期待摊费用应当单独核算，在费用项目的受益期限内分期平均摊销。

基 本 概 念

固定资产减值准备　融资租入　固定资产折旧　平均年限法　工作量法
双倍余额递减法　年数总和法　固定资产清理　无形资产　长期待摊费用

复习思考题

1. 简述固定资产的概念及其计价。
2. 简述固定资产折旧的折旧范围和方法。
3. 简述固定资产折旧的账务处理。
4. 什么是无形资产？无形资产有什么特征？
5. 无形资产的计价原则是什么？
6. 何谓资产减值？资产减值有哪些种类？应如何核算？

第十章　财务损益和所有者权益的核算

学习目的与要求

1. 理解收入的概念和构成
2. 掌握收入的确认和各项收入的核算
3. 理解支出的概念和构成
4. 理解支出的确认和各项支出的核算
5. 了解利润的组成和核算
6. 理解所有者权益的组成和核算

第一节　收入的核算

一、收入的概念和构成

按照《企业会计准则》和《金融企业会计制度》，收入是指企业在销售商品、提供劳务及让渡资产使用权等日常活动中所形成的经济利益的总流入；银行营业收入指商业银行在业务经营过程中由于提供房款、资金、劳务、办理证券交易、外汇买卖等取得的收入。主要包括贷款利息收入、金融企业往来收入、手续费收入、投资收益、汇兑收益和其他营业收入。

（一）利息收入

利息收入是银行在经营存款和发放贷款过程中取得的收入。利息收入在银行的整个营业收入中占有很大的比重，是银行财务损益的重要内容之一。包括信贷资金利息收入、贴现利息收入、信用卡透支利息收入、承兑垫款利息收入、担保垫款利息收入、信用证垫款利息收入等。

（二）金融企业往来收入

金融企业往来收入是指银行在业务经营过程中，与中央银行、其他商业银行和非银行金融机构之间，以及与同系统内其他行处之间由于存入款项、拆借资金和资金账务往来而发生的利息收入。包括存放中央银行存款利息收入、存放同业存款利息收入、拆放同业款项利息收入、存放系统内活期款项利息收入、存放系统内定期款项利息收入等。

（三）手续费收入

手续费收入是银行在办理各项业务时所收取的手续费，包括支付结算手续费收入、委托贷款业务手续费收入、拆借资金手续费收入、代发行和代兑付各种债券的代理手续费收入、信用卡签购手续费收入、代保管费用收入以及担保费收入等。

（四）证券业务收入

证券业务收入是商业银行从事证券买卖业务所取得的差价收入。包括证券销售差价收入、证券发行差价收入等。

（五）汇兑收益

汇兑收益是银行在经营外汇买卖和外币兑换等业务过程中，因汇率变动而取得的收入。

（六）其他营业收入

其他营业收入是指银行除经营存款、贷款、投资、代理业务和金融企业往来及外汇业务以外的其他业务的收入，如咨询服务收入、金银买卖收入、代保管收入及无形资产转让净收入等。

除以上营业收入外商业银行的收入还有投资收益和营业外收入。投资收益是在进行长短期投资时，按照合同或协议的规定，从受资方分回的利润、股息、利息等收益。营业外收支是指银行发生的与其经营业务活动无直接关系的各项收入，如罚款收入、清理睡眠户收入、固定资产盘盈、固定资产清理净收益、处置无形资产净收益等。

二、营业收入的确认

商业银行提供金融产品服务取得的收入，只有当与交易相关的经济利益能够流入银行时，银行才能够确认收入，即各项业务合同签订以后，在规定计算期内，按应计收入的数额确认营业收入；在劳务已经提供的同时收取价款或取得收取价款权利凭证确认营业收入。如果收回的可能性不大，即使满足其他条件，也不应当确认收入。

商业银行发放的贷款，应按期计提利息并确认收入。发放贷款到期（含展期）90天后尚未收回的，其应计利息停止计入当期利息收入，纳入表外核算；贷款本金尚未逾期或贷款逾期不到90天，但90天未收到贷款利息，其应收利息不再计入当期损益，转作表外核算，并计算复息。已计提的贷款应收利息，在贷款到期90天后仍未收到的，冲减原已计入损益的利息收入，转作表外核算，并计算复息。

手续费收入，应当在向客户提供相关服务时确认。

利息收入、金融企业往来收入等，应按让渡资金使用权的时间和适用利率计算确定。

为第三方或者客户代收的款项，如企业代垫的工本费、代邮电部门收取的邮电费等作为负债处理，不应当确认为受益。商业银行应当根据收入的性质，按照收入确认的条件，合理确认和计量各项收入。

三、各项收入的账务处理

（一）利息收入的核算

该科目为损益类，贷方登记一定时期内各项利息收入的发生数，会计期末结账时，贷方发生额全部从借方转入“本年利润”账户，结转后，本账户无期末余额。

在结息日将利息从客户账面收回，并打印一式两联利息清单，一联计客户存款账借方，一联交给客户做回单。

1）结息日按规定计收利息核算。

借：××存款——××单位户（或现金）

　　贷：利息收入——××利息收入户

2）结息日客户无款支付，按照权责发生制原则，应在会计期末予以计提，列入当期损益。不能收回利息时，会计分录：

借：应收利息——××单位户

　　贷：利息收入——××利息收入户

3）实际收到应收利息并冲销应收利息时，会计分录：

借：××存款——××单位户（或现金）

　　贷：应收利息——××单位户

4）年末结转利润时，会计分录：

借：利息收入——××利息收入户

　　贷：本年利润

（二）金融企业往来收入的核算

金融企业往来收入在实际收到划款凭证时确认，银行应设置“金融企业往来收入”核算。收到各项收入，计入该账户的贷方，会计期末结账时，贷方发生额全部从借方转入“本年利润”账户，结转后，本账户无期末余额。

1）发生金融企业往来收入时，根据有关利息通知或划款凭证，编制会计分录如下：

借：存放中央银行款项——××存款户

　　存放同业款项——××行处户

　　辖内往来（或其他有关科目）

　　贷：金融企业往来收入——××往来收入户

2）年末结转利润时，会计分录：

借：金融企业往来收入——××往来收入户

　　贷：本年利润

（三）手续费收入的核算

银行设置“手续费收入”科目，该科目贷方核算各项手续费收入的发生数，会计期末结账时，贷方发生额全部从借方转入“本年利润”账户，结转后，本账户无期末余额。

1）银行办理业务，发生手续费收入时，会计分录：

借：现金（或××存款——××单位户）

　　贷：手续费收入——××手续费收入户

2）年末结转利润时，会计分录：

借：手续费收入——××手续费收入户

　　贷：本年利润

（四）汇兑收益的核算

银行的汇兑损益应根据买入、卖出汇价和汇率变动的净收益确认，核算时使用“汇兑收益”科目，该科目贷方核算实际发生的汇兑收益，会计期末，该账户的贷方余额全部转入“本年利润”，结转后无余额。

发生汇兑收益时，会计分录：

借：外汇买卖——××外币户

　　贷：汇兑收益——××外币汇兑收益户

（五）证券业务收入的核算

银行的证券业务收入根据业务实际发生的收益确认，核算时使用“证券销售差价收入”“证券发行差价收入”科目，该科目贷方核算实际发生的证券业务收益，会计期末，该账户的贷方余额全部转入“本年利润”，结转后无余额。

1）取得证券业务收入时，根据有关原始单证记账，会计分录：

借：××存款——××单位户（或现金）

　　贷：证券销售差价收入（或证券发行差价收入）

2）年末结转利润时，会计分录：

借：证券销售差价收入（或证券发行差价收入）

　　贷：本年利润

（六）其他营业收入的核算

银行的其他营业收入应在收妥款项时确认，核算时使用“其他营业收入”科目，贷方登记确认的收入金额。会计期末，该账户的贷方余额全部转入“本年利润”，结转后无余额。

1）银行收到各项其他营业收入时，会计分录：

借：××存款——××单位户（或其他有关科目）

　　贷：其他营业收入——××收入户

2）年末结转利润时，会计分录：

借：其他营业收入——××收入户

　　贷：本年利润

（七）投资收益

银行的投资收益应在收妥款项时确认，核算时使用“投资收益”科目，贷方登记确认的收入金额。会计期末，该账户的贷方余额全部转入“本年利润”，结转后无余额。

按照权责发生制原则，确定取得收益时，根据相关文件等确定记账，如未影响本期利润，待收到款项时入账。

1）收到款项时，根据相关凭证入账，会计分录：

借：存放中央银行款项等

　　辖内往来（或其他有关科目）

　　贷：投资收益——××收益户

2）未收到款项，但应计入本期收益时，会计分录：

借：其他应收款——应收××收益款

　　贷：投资收益——××收益户

3）收到应计收益款时，会计分录：

借：存放中央银行款项等

　　辖内往来（或其他有关科目）

　　贷：其他应收款——应收××收益款

4）年末结转利润时，会计分录：

借：投资收益——××收益户

　　贷：本年利润

（八）营业外收入的核算

银行的营业外收入应在收妥款项时确认，核算时使用“营业外收入”科目，贷方登记确认的收入金额。会计期末，该账户的贷方余额全部转入“本年利润”，结转后无余额。

1）营业外收入发生时，会计分录：

借：现金（或固定资产清理、其他应付款等）

　　贷：营业外收入——××收入户

2）年末结转利润时，会计分录：

借：营业外收入——××收入户

　　贷：本年利润

第二节　支出的核算

一、支出的概念和内容

成本是指企业为提供劳务和产品而发生的各种耗费；费用是指企业为销售商品、提供劳务等日常活动所发生的经济利益的流出。

银行的营业成本是银行在业务经营过程中发生的与业务经营有关的支出，包括利息支出、金融企业往来支出、手续费支出、汇兑损失、其他营业支出、业务及管理费等。

（一）利息支出

利息支出是银行在吸收的各种存款及转贷款资金所发生的利息支出。包括单位活期存款利息支出、单位定期存款利息支出、个人活期存款利息支出、个人定期存款利息支出、转贴现利息支出等。

（二）金融企业往来利息支出

金融企业往来利息支出是指银行与中央银行、其他商业银行和非银行金融机构之间，以及与同系统内其他行处之间由于存入款项、拆借资金和资金账务往来而发生的利息支出。包括向中央银行借款利息支出、同业存放款项活期利息支出、同业存放定期款项利息支出、银行拆入资金利息支出、非银行金融机构拆入资金利息支出、再贴现转贴现利息支出、系统内存放活期款项利息支出、系统内存放定期款项利息支出、系统内借入资金利息支出、管理费支出等。

（三）手续费支出

手续费支出是指银行委托其他单位代办金融业务而支付的手续费，如代办储蓄手续费、其他银行代办业务手续费等。

（四）业务及管理费

业务及管理费是指银行在业务经营及管理工作过程中发生的各项费用。包括非人力费用和人力费用。非人力费用，主要包括：水电费、房租费、安全防卫费、物业管理费、电子设备运转费、计算机设备租赁费、网络通信费、保险费、邮电费、印刷费、书报资料费、广告费、宣传用品费、招待费、会议费、差旅费、钞币运送费、外事费、驻外机构费用、出纳费、网点装修费、低值易耗品支出、业务用车费、业务用车修理费、其他固定资产修理费、车辆租赁费、其他设备租赁费、税金、诉讼费、公证费、咨询费、审计费、无形资产摊销费、研究和开发费、技术转让费、取暖费、劳动保护费用、绿化费、其他费用等。人力费用指银行用于职工工资和福利以及为职工个人支付的有关费用，包括：正式职工工资、临时职工工资、职工福利费、工会经费、职工教育经费、待业保险费、劳动保险费、养老保险统筹、职工住房公积金支出、住房津贴、补充医疗、补充养老等。

（五）汇兑损失

汇兑损失是指银行在进行外汇买卖和外币兑换时因汇价变动而发生的损失。包括自营套汇损失、经营套汇损失、外汇调整损失、外汇结售损失。

（六）其他营业支出

其他营业支出是指除利息支出、金融企业往来支出、手续费支出、营业费用和汇兑损失以外的支出。

（七）营业外支出

营业外支出是指银行发生的与其经营业务活动无直接关系的各项收入和各项支出。包括固定资产盘亏、处置固定资产净损失、处置无形资产净损失、抵债资产保管费用、处置抵债资产净损失、出纳短款及结算赔款、债务重组损失、违法经营罚款支出、捐赠支出、非常损失等。

二、支出的确认与计量

商业银行在经营过程中为了取得一定的收入，必然要发生各种各样的支出，这些支出哪些应形成本期的费用，即如何确认本期费用，是必须规范的问题。支出只有在经济利益很可能流出从而导致商业银行资产减少或者负债增加，且经济利益的流出额能够可靠计量时才能予以确认。

（一）确认当期支出

1）银行为销售金融产品、提供劳务等发生的费用，应当在确认金融产品收入、劳务收入同时，将已销售金融产品、已提供劳务的成本等计入当期损益。

2）商业银行发生的支出不产生经济利益的，应当在发生时确认为费用，计入当期损益。

3）商业银行发生的交易或者事项导致其承担了一项负债而又不确认为一项资产的，应当在发生时确认为费用，计入当期损益。

（二）支出确认的时间标准

确认费用应考虑两个问题：一是费用与收入的关系；二是支出的归属期。具体而言，确认费用的标准有以下几种。

1）按其与营业收入的关系确认费用。如果资产的减少与负债的增加与本期的营业收入有直接联系，就应确认为本期的营业支出。

2）采取一定分配方式确认支出。如果资产的减少或负债的增加与取得营业收入没有直接联系，但能够为若干个会计期间带来效益，则采用按期摊销的方式确认各期支出。

3）在支出发生时直接确认为费用。如果资产的减少或负债的增加与取得营业收入没有直接联系，且只能为一个会计期间带来效益，则直接确认为营业支出。

三、营业支出的核算

（一）利息支出的核算

1）按季节结付活期利息时，会计分录：

借：利息支出——××利息支出户

　　贷：××存款——××单位活期存款户

2）计提定期应付利息时，会计分录：

借：利息支出——××利息支出户

贷：××存款——××单位户

3）实际支付定期利息，会计分录：

借：应付利息——××应付利息户

贷：定期存款——××户（或××存款——××单位活期存款户）

4）年末结转利润时，会计分录：

借：本年利润

贷：利息支出——××利息支出户

（二）金融企业往来支出的核算

1）金融企业往来支出实际发生时，按照业务发生的凭证，作以下会计分录：

借：金融企业往来支出——××往来支出户

贷：存放中央银行款项（或存放同业款项、辖内往来等）

2）年末结转利润时，会计分录：

借：本年利润

贷：金融企业往来支出——××往来支出户

（三）手续费支出的核算

1）手续费支出可以以现金支付，也可以转账支付，发生手续费支出时，会计分录：

借：手续费支出——××手续费支出户

贷：现金（或存放中央银行款项等）

2）年末结转利润时，会计分录：

借：本年利润

贷：手续费支出——××手续费支出户

（四）业务及管理费的核算

业务及管理费的支付方式一般包括直接支付和转账摊销两种，具体核算如下：

1）直接支付的费用，根据费用发生的会计凭证，审核后编制如下会计分录：

借：业务及管理费——××费用户

贷：现金（或其他有关科目）

2）转账摊销的费用。

① 定期计提。职工的工资、福利费、固定资产折旧、递延资产、无形资产的摊销，发生的方式均属定期计提。按期提取时，会计分录：

借：业务及管理费——××费用户

贷：现金（或其他有关科目）

应付工资

应付福利费

无形资产

递延资产等

② 预提待摊。费用已经发生，但尚未支付，按照权责发生制，应予计提，计入当期损益，提取时的会计分录：

借：营业费用——××费用户

贷：预提费用

实际支付时，会计分录：

借：预提费用

贷：现金（或其他有关科目）

③ 预付待摊。费用支付时，并非费用的发生期，此时并不列入当期费用，而是将其列为资产，会计分录：

借：待摊费用

贷：现金（或其他有关科目）

在费用的发生期，将其逐期摊销，每期摊销的会计分录：

借：营业费用——××费用户

贷：待摊费用

3）年末结转利润时，会计分录：

借：本年利润

贷：营业费用——××费用户

（五）汇兑损失的核算

“汇兑损失”科目应按买卖外汇的币种进行明细核算。

1）汇兑损失发生时，会计分录：

借：汇兑损失——××外汇损失户

贷：外汇买卖——××外汇户

2）年末结转利润时，会计分录：

借：本年利润

贷：汇兑损失——××外汇损失户

（六）其他营业支出的核算

1）发生各项其他营业支出时，会计分录：

借：其他营业支出——××支出户

贷：现金（或其他有关科目）

2）年末结转利润时，会计分录：

借：本年利润

贷：其他营业支出——××支出户

（七）营业外支出的核算

1）营业外支出发生时，会计分录：

借：营业外支出——××支出户

贷：现金（或固定资产清理、其他应收款等）

2）年末结转利润时，会计分录：

借：本年利润

贷：营业外支出——××支出户

第三节　利润的核算

一、利润的组成

银行的利润是银行在一定业务期间的经营成果的综合反映。银行在经营过程中，通过发放贷款，办理结算业务等取得收入，扣除营业支出等成本获取一定的利润。

计算公式如下：

营业利润＝营业收入－营业成本－营业费用＋投资净收益

利润总额＝营业利润－应交税费及附加＋营业外收入－营业外支出

净利润＝利润总额－所得税

其中，

营业收入＝利息收入＋金融企业往来收入＋手续费收入＋汇兑收益＋其他业务收入

营业成本＝利息支出＋金融企业往来支出＋手续费支出＋汇兑损失＋其他营业支出

关于营业收入、营业支出的核算，已经在前一节叙述。下面将对公式中的其他项目加以说明。

（一）税金及附加的核算

银行在业务经营过程中，要按营业收入的多少向国家财政缴纳增值税及纳税附加款。银行是增值税的义务纳税人，同时，在缴纳增值税时还应按所缴增值税的比例缴纳城市维护建设税和教育费附加。

增值税的计税收入范围、税率和纳税时间，按国家税法的规定办理。核算增值税、城建税和教育费附加，设置“应交税费及附加”科目，该科目为损益类，借方核算各项税金的发生数，会计期末，借方余额全部转入“本年利润”账户，结转后该账户无余额。银行应按税金的种类设置明细账核算。

1. 计提税金时

计算公式如下：

应纳税额＝当期销项税额－当期进项税额

$$销项税额＝销售额（不含税）×适用税率$$

其中，销售额（不含税）＝销售额（含税）/（1+适用税率）。

会计分录：

借：应交税费及附加——应交增值税

　　贷：应交税金——应交增值税

2. 计提城市维护建设税时

计算公式如下：

$$城市维护建设税＝增值税税额×税率$$

会计分录：

借：应交税费及附加——城市维护建设税

　　贷：应交税金——应交城市维护建设税

3. 计提教育费附加时

计算公式如下：

$$教育费附加＝增值税税额×税率$$

会计分录：

借：应交税费及附加——教育费附加

　　贷：其他应付款——应交教育费附加

4. 交税时

会计分录：

借：应交税金——应交增值税

　　　　　　——应交城市维护建设税

　　其他应付款——应交教育费附加

　　贷：存放中央银行款项等

（二）所得税的核算

1. 计提所得税

所得税是指银行应计入当期损益的所得税。它是根据利润总额按税法规定调整以后，按适用税率计算的。“所得税”科目借方核算所得税的发生数，会计期末，余额转入“本年利润”账户。

计算公式如下：

$$所得税＝利润总额×税率$$

银行根据当期计算的应纳税所得额，作分录如下：

借：所得税

　　贷：应交税金——应交所得税

2. 交税时

会计分录：
借：应交税金——所得税
　　贷：存放中央银行款项等

二、本年利润结转的核算

银行设置“本年利润”科目，用于核算在一个会计期间实现的利润（或亏损）净额。该账户贷方转入各项收益项目，借方转入各项费用和损失项目。期末，该账户余额在贷方，表示本期的净利润；如果余额在借方，则为净亏损。

1. 期末结转各项收入时

会计分录：
借：利息收入
　　手续费收入
　　金融企业往来收入
　　证券销售差价收入
　　证券发行差价收入
　　汇兑收益
　　其他营业收入
　　投资收益
　　营业外收入
　　贷：本年利润

2. 期末结转各项支出时

会计分录：
借：本年利润
　　贷：利息支出
　　　　手续费支出
　　　　金融企业往来支出
　　　　手续费支出
　　　　汇兑损失
　　　　其他营业支出
　　　　营业费用
　　　　税金及附加
　　　　营业外支出
　　　　所得税

第四节　所有者权益

银行的所有者权益是商业银行资产扣除负债后所有者享有的权益。所有者权益由实收资本、资本公积、盈余公积、未分配利润组成。

一、实收资本的核算

实收资本是企业投资者实际投入企业经营活动的各种财产物资，具体包括国家投资、其他单位投资、个人投资和外商投资。投资者可以用现金进行投资，也可用现金以外的其他有形资产和无形资产进行投资。

（一）接受货币资金投资的核算

银行实际收到投资者现金投资时，会计分录：

借：存放中央银行款项等

　　贷：实收资本（或股本）——国家投资

　　　　　　　　　　　　　——其他单位投资

　　　　　　　　　　　　　——个人投资

（二）接受实物投资的核算

银行收到实物资产投资时，如投资者以房屋、建筑物、机器设备等实物形式投资，需按评估确认的价值或合同、协议约定的价值记账。假设收到实物投资为固定资产，办理固定资产转移手续后，编制会计分录：

借：固定资产（投入单位的原账面价）

　　贷：实收资本（或股本）——××投资人（按评估确认的价值）

　　　　累计折旧（账面原值大于评估确认价值的差额）

如果固定资产评估确认的价值大于投入单位的账面原价，则会计分录：

借：固定资产（按评估确认的价值）

　　贷：实收资本

如银行收到除固定资产以外的其他实物资产投资时，办理实物转移手续后，按评估确认的资产价值入账。

（三）接受无形资产投资的核算

投资者以专利权、著作权、租赁权、土地使用权、商誉和非专利技术等无形资产投资时，应按评估确认的价值或协议合同规定的金额和日期记账。会计分录：

借：无形资产

　　贷：实收资本（或股本）——××投资人

（四）资本公积、盈余公积转增资本的核算

银行的资本公积和盈余公积可按规定程序批准后转增资本金，转增资本金的会计分录：

借：资本公积

　　盈余公积

　　贷：实收资本（或股本）

二、资本公积的核算

资本公积是由于接受捐赠、资本溢价以及法定财产重估增值等原因所形成的公积。资本公积属于所有者权益，归银行投资人所有，它一般不是由银行的业务经营活动产生的，与银行业务经营活动没有直接的联系。

（一）接受捐赠的核算

接受捐赠是指银行从外部无偿取得资产。从形式上看，也是一种接受投资行为，但是由于捐赠人捐资的目的并不是谋求对银行资产的要求，当然也不会承担任何责任，所以，捐赠人不是银行的所有者，这种捐资也不形成银行的实收资本。不过，捐赠毕竟是对银行的一种投资，这种投资也引起了银行权益的增加。《金融企业会计制度》规定，银行接受捐赠的资产价值作为资本公积处理。

如接受现金资产捐赠，会计分录：

借：存放中央银行款项等

　　贷：资本公积——接受现金资产捐赠准备

如接受非现金资产捐赠，会计分录：

借：固定资产（或无形资产）

　　贷：累计折旧

　　　　资本公积——接受非现金资产捐赠准备

（二）资本溢价的核算

资本溢价是指投资人实际缴付的出资大于注册资本而产生的差额（包括股份制商业银行溢价发行股票实际收到的金额超过获批准股份股票面值总额的差额）。对有限责任制银行而言，在银行初创时，出资者认缴的出资额应全部记入“实收资本”账户。当银行进入正常经营期后，新加入的投资者的出资额不一定全部作为实收资本处理。这是因为银行正常经营期间的资本利润率一般要高于初创期间的资本利润率。另外，经过一段时间的经营运转，银行会结余一部分没有分配的利润，为了维护原有投资者的权益，新加入的投资者要付出大于原投资者的出资额，才能取得与原投资者相同的投资比例。发生资本溢价时，会计分录：

借：存放中央银行款项等

　　贷：实收资本（或股本）

资本公积——资本（或股本）溢价

（三）法定财产重估增值的核算

法定财产重估增值是指银行按规定对其财产价值进行重估时，重估后的资产价值高于资产原账面价值的差额。银行对财产价值进行重估的原因：一是国有财产产权变动；二是银行进行股份制改造；三是国家开展清产核资活动。

银行法定财产重估增值时，会计分录：

借：固定资产

　　贷：资本公积

（四）外币资本折算差额的核算

外币资本折算差额是指银行实际收到外币投资时，由于汇率变动而发生的有关以资本公积与实收资本账户折合记账本位币时出现的差额。

当实际收到外币时的汇率高于约定的汇率时，会计分录：

借：××存款——外汇户

　　贷：实收资本

　　　　资本公积——外币折算差额

当实际收到外币时的汇率低于约定的汇率时，会计分录：

借：××存款——外汇户

　　资本公积——外币折算差额

　　贷：实收资本

三、盈余公积的核算

盈余公积是企业从税后利润中提取，具有特定用途的资金，包括法定盈余公积金、任意盈余公积金。盈余公积转增资本金的核算见“实收资本的核算”。

（一）提取的核算

从所得税后利润中提取法定盈余公积金、任意盈余公积金时，会计分录：

借：利润分配

　　贷：盈余公积——法定盈余公积金

　　　　　　　　——任意盈余公积金

（二）盈余公积补亏的核算

用盈余公积弥补亏损时，会计分录：

借：盈余公积——法定盈余公积金

　　贷：利润分配

（三）用盈余公积分利的核算

银行经批准用盈余公积向投资者分配股利时，会计分录：

借：盈余公积——法定盈余公积金

　　贷：利润分配

同时，

借：利润分配

　　贷：应付利润

四、未分配利润的核算

（一）利润分配的顺序

银行实现的利润在缴纳所得税后，可对税后利润进行分配。银行利润分配的顺序如下：

1）抵补银行已支付的在成本和营业外支出中无法列支的有关惩罚性和赞助性支出。包括：被没收的财物损失；延期缴纳各项税款的滞纳金和罚款；少交或迟交准备金的罚息等。

鉴于一级法人制下的分支行无利润分配权，因此，上述各项支出可先在“其他应收款”科目中列支，待总行下划盈余公积金时再作账务处理。

2）弥补以前年度亏损。

3）提取盈余公积金。从税后利润中提取法定公积金后，经股东会或者股东大会决议，还可以从税后利润中提取任意公积金。 弥补亏损和提取公积金后所余税后利润，按照股东持有的股份比例分配，但股份有限公司章程规定不按持股比例分配的除外。

4）提取一般准备。银行按规定可按贷款余额的一定比例从税后利润中提取一般准备。

5）向投资者分配利润。银行可供投资者分配的利润减去提取的法定盈余公积金后，作如下分配：应付优先股股利；提取任意盈余公积金；应付普通股股利；转作资本（或股本）的普通股股利。

6）未分配利润。银行可供投资者分配的利润，经过上述分配后为未分配利润（或未弥补的亏损），未分配利润可留待以后年度进行分配，银行如发生亏损，可以按规定由以后年度利润进行弥补。银行未分配的利润（或未弥补的亏损）应当在资产负债表的所有者权益项目中单独反映。

（二）银行利润分配的基本规定

1）银行以前年度亏损未弥补完，不得提取盈余公积金。

2）银行在提取法定盈余公积前，不得向投资者分配利润。

3）银行必须按照当年税后利润（减弥补亏损）的 10%提取法定盈余公积。如果银行历年盈余公积已达到注册资本金的 50%时，可以不再提取盈余公积。

4）银行以前年度未分配利润，可以并入本年利润统一分配。

5）银行在向投资者分配利润前，经董事会或有关机构决定，可以提取任意盈余公积。

6）银行没有当年利润，不得向投资者分配利润。股份制银行当年无利润时，原则上不得向股东分配股利，但盈余公积弥补亏损以后，经股东大会决议，可按不超过股票面值 6%的比例，用法定盈余公积分配股利。分配股利以后，银行法定盈余公积不得低于注册资本的25%。

7）银行提取的法定盈余公积可以用于弥补亏损或转增资本。但银行留存的法定盈余公积一般不得低于注册资本的25%。

（三）利润分配的核算

1. 抵补各项滞纳金、罚款、罚息等支出

为了用利益机制限制和约束银行的违规行为，国家规定，银行因各种违规行为所受到的处罚在其税后利润中列支，不得计入成本、费用。我国商业银行都采用一级法人制，组织形式为分支行制，业务经营活动主要发生在基层行。一方面，各种违规行为多数发生在基层行，缴纳罚款、滞纳金、罚息者也多为基层行；另一方面，基层行不是一级法人，并无利润分配权，其支付的滞纳金、罚款、罚息等自然也就不能直接列入当年税后利润。实际工作中，基层行一般先将各种滞纳金、罚款、罚息等支出列作其他应收款科目，待上级行下拨的公积金到达后再将其他应收款科目转销。

2. 提取盈余公积金

从税后利润中提取法定盈余公积和任意公积金时，会计分录：

借：利润分配——提取法定公积金
　　　　　　——提取任意公积金
　　贷：盈余公积——法定公积金
　　　　　　　　——任意公积金

3. 盈余公积补亏

银行用盈余公积金弥补亏损时，会计分录：

借：盈余公积——法定公积金
　　　　　　——任意公积金
　　贷：利润分配——未分配利润

4. 提取一般准备

银行按规定提取一般准备时，会计分录：

借：利润分配——提取一般准备金
　　贷：一般准备金

5. 向投资者分配利润

银行计算应向投资者分配的利润时，会计分录：

借：利润分配——向投资者分利

　　贷：应付利润

银行实际支付应付利润时，会计分录：

借：应付利润

　　贷：存放中央银行款项等

6. 未分配利润

经过利润分配后，如利润分配科目还有贷方余额时，即为当年的未分配利润，可作留存收益，与新年度的利润一并进行分配。

本章小结

营业收入指商业银行在业务经营过程中由于提供房款、资金、劳务、办理证券交易、外汇买卖等取得的收入，主要包括贷款利息收入、金融企业往来收入、手续费收入、投资收益、汇兑收益和其他营业收入。除以上营业收入外，商业银行的收入还有投资收益和营业外收入。

银行的营业成本是指在业务经营过程中发生的与业务经营有关的支出，包括利息支出、金融企业往来支出、手续费支出、汇兑损失、其他营业支出、营业费用等。除以上支出外，银行的支出还有营业外支出，用于记载固定资产盘亏、处置固定资产净损失、处置无形资产净损失、抵债资产保管费用、处置抵债资产净损失、出纳短款及结算赔款、债务重组损失、违法经营罚款支出、捐赠支出、非常损失等。

银行利润是银行在一定业务期间的经营成果的综合反映。银行在经营过程中，通过发放贷款，办理结算业务等取得收入，扣除营业支出等成本获取一定的利润。

银行在业务经营过程中，要按以商品（含应税劳务）在流转过程中产生的增值额作为计税依据向国家财政缴纳应交税费及纳税附加款。银行是应交税费的义务纳税人，同时，在缴纳应交税费时还应按所缴税费的比例缴纳城市维护建设税和教育费附加。银行的所得税是指银行应计入当期损益的所得税。

银行的所有者权益是商业银行资产扣除负债后有所有者享有的权益。所有者权益由实收资本、资本公积、盈余公积、未分配利润组成。投资者可以用现金进行投资，也可用现金以外的其他有形资产和无形资产进行投资构成实收资本。银行的资本公积是由于接受捐赠、资本溢价以及法定财产重估增值等原因所形成的公积。盈余公积是企业从税后利润中提取，具有特定用途的资金，包括法定盈余公积金、任意盈余公积金。银行实现的利润在缴纳所得税后，可对税后利润进行分配：抵补各项滞纳金、罚款、罚息等支出；提取盈余公积；盈余公积补亏；向投资者分配利润；经过利润分配后，如利润分配科目还有贷方余额时，即为当年的未分配利润，可作留存收益，与新年度的利润一并进行分配。

基 本 概 念

营业收入　贷款利息收入　金融企业往来收入　手续费收入　投资收益
汇兑收益　其他营业收入　投资收益　营业外收入　利息支出　金融企业往来支出
手续费支出　汇兑损失　其他营业支出　业务及管理费　营业外支出　实收资本
资本公积　盈余公积　未分配利润

复习思考题

1．银行收入有哪些？如何核算？
2．银行支出有哪些？如何核算？
3．利润如何计算？
4．应交税费及附加、所得税如何核算？
5．简述所有者权益的组成及核算。

第十一章　年度决算及财务会计报告

学习目的与要求

1. 掌握年度决算的要求及准备工作的步骤
2. 掌握财务会计报告构成、分类及基本要求
3. 掌握资产负债表的作用及编制方法
4. 掌握损益表的作用及编制方法
5. 掌握现金流量表的作用及编制方法
6. 了解各种报表填列方法
7. 了解会计报表附注

第一节　年度决算

银行按公历年度从每年 1 月 1 日到 12 月 31 日为一个会计年度。每一会计年度终了，凡是独立会计核算单位（总行、分行、支行），都必须按照制度规定办理年度决算，对于附属会计核算单位的处所（分理处、营业所），都应通过并账或并表方式，由管辖行合并办理年度决算。由此，每年的 12 月 31 日为年度决算日，无论是否节假日，均不得提前或延后。

年度决算，是指在会计年度终了时，根据会计核算资料对全年的会计资料加以归纳、整理与核实，办理结账、轧计损益和编审年度决算报表等工作的总称，是总结全年银行业务活动情况和考核其经营成果，同时也是清理财产、核对账务的一项综合性工作。它的涉及面广、工作量大、时间紧，必须在主管领导的组织下，以会计部门为主，企业内部各职能部门密切配合，协调一致，才能做好这项工作。

一、年度决算的意义

年度决算是会计工作的重要环节，作为对银行全年的业务活动和财务成果进行的数字总结，是检查年度内贯彻执行国家方针、政策情况和考核计划执行情况的重要依据，也是清理财产、核对账务的一项重要措施。因此，认真、准确、及时做好年度决算工作，对于了解银行经营活动和财务收支情况，检查日常核算工作，提高经营管理水平、充分发挥会计的职能作用，具有重要意义，主要表现在三个方面：

1. 有利于考核银行全年业务和财务活动情况，提高银行经营管理水平

银行的年度决算，主要是把一年来的账簿资料，通过清理、核实和调整，归纳，比

较收支，计算盈亏，将其加工整理为具有内在联系的、内容完整、数字正确和反映真实的年度决算报表，根据这些数据资料，可以在集中观察银行资产、负债总量平衡的基础上，从中考核各项指标的计划完成情况及其结果，分析营运资金的经济效益，明确全年经营成果，考核其经营效益，对出现经营亏损、呆账等问题，检查分析原因，总结经验，吸取教训，及时采取措施，有助于提高银行经营管理水平。

2. 有利于总结和检查日常核算工作，全面发挥银行会计工作的作用

银行会计部门在办理年度决算的过程中，需要银行与各开户单位对账，以及银行内部账据核对、账实核对、账账核对、账款核对和利息核对等。这一方面可以检查日常的核算资料是否真实、完整，记载是否准确、及时，有利于保证核算质量，维护资金财产安全；另一方面又可以肯定成绩，克服缺点，改进工作，为今后不断提高工作质量和效率打下一个良好的基础，真正发挥出银行会计的作用。

3. 有利于加强宏观金融调控，促进社会主义市场经济的发展

银行作为社会资金活动的枢纽，其银行会计通过货币形式对日常各种经济往来所作的记录、计算，是对国民经济各部门、各单位经济活动的表述和价值数量上的确定，从中反映出了社会产品的生产、分配、交换和流通的情况。因此，通过年度决算将一年来的记录在账簿里的这些资料，加以核实整理，利用报表形式逐级按行汇总起来，就能够更加集中地、全面地、系统地反映整个国民经济资金活动情况。

二、年度决算的步骤和要求

银行年度决算，按照工作的步骤，大体可分为两部分：一部分是决算准备工作；另一部分是决算日办理结账、轧计损益和编制会计报表。由于年度决算是银行一项全局性的工作，是会计工作的全面总结，涉及面广，政策性强，工作量大，质量要求高。因此，对年度决算提出以下基本要求：

1. 坚持集中统一领导，各方密切配合的原则

银行的年度决算，是银行的一项综合性工作。它的数据资料、考核指标、报表体系，涉及会计、计划、信贷、出纳、行政等各个职能部门。因此，银行的年度决算由行长集中统一领导，以会计部门为主，在各职能部门密切配合下进行。

2. 坚持会计资料的真实性、准确性和可靠性

会计核算的数字、资料必须真实、准确地反映银行业务和财务活动。绝不能篡改会计数据，伪造会计资料，搞虚假的会计平衡，对相关信息决策使用者的经济决策产生误导。因此，会计资料必须保证真实、准确、可靠。

3. 坚持会计报表编制的完整性、及时性和统一性

会计报表是年度结算的最终结果，是年度结算的数字说明，必须按照财政部门和银

行统一规定的要求进行编制。无论是国家统一规定的会计报表，还是银行内部规定的会计报表，都要真实、完整、及时地编制，不能任意取舍，不能漏填、漏报，而且必须在规定的时间内编制完成，及时报送。

三、年度决算的准备工作

年度决算前的准备工作做得好坏，直接影响着年度决算的质量和完成情况，为了保证年度决算的准确和及时完成，银行年度决算的准备工作，一般在每年的第四季度开始后就着手进行。首先，总行要颁发办理当年决算工作的有关通知，提出在当年决算中应注意的事项和相应的处理原则或要求，以便基层行处遵循统一规章和做法，保持上下一致。其次，各管辖分行应根据上级行的通知，结合辖内的具体情况，提出年度决算的具体要求，组织和督促辖内各独立会计核算单位准确及时办理年度决算。同时，对于附属会计核算单位的年终账务处理，要监督辖属行处及时进行检查和辅导，确保辖内年度决算的质量和决算工作的及时完成。

独立核算的分、支行除了做好上述组织工作外，还应有计划、有步骤地做好下列各项年终决算的准备工作。

1. 清理资金

（1）清理贷款资金

年度决算前，会计部门要与信贷部门密切配合，对各项贷款进行全面核对，力争如期收回或办理转期手续。对于逾期未收的贷款，应结合单位账户的资金动态与信贷部门加强联系，组织力量积极催收；对于无法收回的呆滞贷款，应按上级行有关规定办理，该核销的核销。

（2）清理结算资金

年度决算前，应对划出的和代收的委托收款、托收承付、商业汇票、代签银行汇票应解汇款等结算资金进行全面清理。该划出的款项要及时划出，应收回的要积极催收。对于应解汇款，则应积极联系解付，如经多方查找，确实无法解付并超过规定期限的，应按规定办理退汇。

（3）清理存款资金

在各类存款中，由于多种原因，有的存款户长期不发生收付活动。对这类存款户，要逐户清理，查清原因，主动与有关部门联系，及时妥善处理，办理并户或销户手续。若确实无法联系，可按银行有关规定，转作其他应付款。

（4）清理内部资金

清理内部资金主要是指清理其他应付款、其他应收款、待摊费用等。决算前，要逐项进行清理，该上缴的上缴，该收回的收回，该报损的报损，该转收益的转收益，该摊销的摊销，使内部资金减少到最低限度。经过清理，暂时无法解决的，要注明原因，以备日后查考和清理。

2. 核对账务

（1）全面检查会计科目的运用情况

会计科目是各项业务分类的依据。只有正确运用，才能通过会计记录，正确并真实地反映银行全年业务活动和财务收支情况。因此，在年度决算前应根据当年会计科目的变动情况，检查会计科目的归属或运用情况。对发现使用不当的科目，应及时冲正调整，以便如实反映各项业务和财务活动情况。

（2）全面核对内外账务

为了保证决算质量，真实反映各项业务和财务活动情况，银行的内外账务必须做到真实、准确，切实做到账账、账款、账据、账实、账表、账簿、账（卡）折、内外账务八相符。年度决算前，要对银行内部所有的账、簿、卡、据进行一次全面检查和核对。检查和核对的内容是：各科目总账与分户账的金额是否相符，贷款余额与借款借据金额是否相符，金、银、外币等账面记载和库存实物是否相符，各存、贷款科目余额与单位账余额是否相符，库存现金账面结存数与实际库存现金结存数是否相符。若发现不符，应及时查明情况，在决算前予以更正。

（3）清理联行账务

对联行往来应认真进行清理，以达到账卡相符。对其他商业银行之间的跨系统转汇款项，应及时办理清算，以防积压。若有问题，应及时查清。联行对账中的未核销报单款项，应抓紧清理，及时与电子计算中心和对方行进行查询查复，为年度决算打下基础。

3. 盘点财产物资

（1）清查实物库存

年度决算前，要与出纳部门配合，对库存现金（包括外币）、金银等贵金属，对出售的凭证、有价单证和重要的空白凭证，进行一次全面清查，库存余额与实际库存要保持一致。如发现溢耗余缺等情况，应查明原因，按规定程序调整账面余额，做到账实相符。对于不符的，要查明原因，确定责任，按规定调整账务。

（2）清理固定资产及低值易耗品

年度决算前对银行的房屋、器具、设备等固定资产以及各种低值易耗品，以及在建工程等，达到账面记载与实物相一致。对发生的财产盘盈、盘亏要查明原因、认真处理。按照审批权限和程序，调整账务。盘盈的作营业外收入，盘亏的作营业外支出。应配合有关部门进行清查。凡未入账的应登记入账，已入账设卡的要逐一核对清楚。若发现余缺情况，应按规定予以处理，以保证账、卡、实物三者相符。

（3）做好当年竣工基建项目的入账工作

对当年竣工并已交付使用的基建项目，要审查验收后转账，并按规定建立房屋、设备、器具等登记簿及卡片账，立账管理。

4. 核实损益

（1）计算和复查利息

银行存、贷款的利息收支是银行财务收支的重要内容，直接关系到银行的经营成果。因此，在决算前，应对各结息期已结计的利息，按计息范围、利率使用、积数的累计、利息计算是否正确，逐一进行复查，通过计算，转入有关账户，若发现差错，应予以补收或补付。对于年度内未到期的存、贷款利息的账户，均应在年度决算前的结息期结计出应收未收、应付未付的利息，以正确反映当年经营损益。对于应办理划转的联行汇差资金收付利息、信贷资金调拨收付利息、金融企业往来资金的收付利息，以及各种利差的计算要核对正确，核实后必须全部办理划转手续。

（2）检查各项收支费用

银行的费用开支关系到银行成本，在年度决算前，银行对当年的各项营业收入和营业外收入、营业支出及营业外支出、费用、税款、专用基金及折旧的提取与计算，都应根据《金融保险企业财务制度》和各银行财务管理制度中的有关规定，认真进行核实，对于发现的差错，及时解决更正。对于已作损失处理的各项报损款，也应检验其有关依据和审批手续是否齐全和合乎规定，若发现差错或问题，应更正解决。

（3）做好呆、坏账准备金及应付利息的提取工作

决算前，应严格按照财政部及中央银行有关规定，进行呆、坏账准备金及应付利息的提取，保证损益计算准确。

5. 试算平衡

为了保证年度决算工作顺利进行，必须验证整个账务是否平衡。在资金、账务、财产、收支核实的基础上，各办理决算的基层行应根据 11 月底各科目总账的累计发生额和余额，编制试算平衡表进行试算平衡。如果平衡，说明正确；如果不平衡，应查明原因，以求平衡，为年终正式编制年度决算奠定基础。

6. 做好计算机处理年终决算的准备工作

计算机处理年终决算的准备工作包括：年终决算日的浮动余额入账时间设定是否正确；年终外汇决算牌价设定是否正确；涉及损益、年终结转利润等账务设定是否正确；新年度工作日历设定是否正确；新年度启用的贷款利率设定是否正确等。

四、年度决算日的工作

1）及时处理当天业务，全面核对账务。在决算日收到的凭证、往来报单，除特别规定以外，必须当日转账，不得跨年处理，各种往来资金应当日清算，不允许产生未达款项；处理完账务后应将各科目总账与明细账、登记簿进行全面细致的核对，做到账账相符，以保证年度决算账务的正确。

2）计算外汇买卖损益。编制“外汇买卖科目余额及损益计算表”，将各币种外汇买卖科目余额，按决算牌价分别折算成人民币，与原该货币外汇买卖账户上人民币余额的

差额，在“汇兑收益”或“汇兑损失”科目中处理。

3）计算计提和摊销。对固定资产折旧、呆账准备、应缴纳的应交税费及附加、所得税、无形资产和长期待摊费用摊销等，应按有关规定进行计提，列入当年损益。

4）结转损益。决算日对外营业终了，各独立核算的行处，内部账务处理完毕后，应将收入与支出各科目总账、分户账的账面余额核对相符，然后根据分户账余额逐户编制借贷方传票结转损益，将各项收入科目余额转入“本年利润”科目的贷方，将各项成本、费用科目的余额转入“本年利润”科目的借方，结平损益类科目的余额。转账后损益类科目应无余额。各种外币原币损益科目账户的余额，按决算牌价折成美元，记入美元的损益科目各账户内。然后将人民币和美元的损益科目各账户余额，通过会计分录转入“本年利润”科目。

在决算日账务终了时，应将本年度人民币利润和外币利润分别从“本年利润”科目转入“未分配利润”科目。

5）新旧账务结转。待全部账务核对相符，并结出全年损益后，如有新旧科目结转，先办理科目结转。然后，按照账簿结转的有关规定，办理新旧账簿的结转，结束旧账，启用新账。

结转时，新账页的日期，应写新年度1月1日，“摘要”栏加盖“上年结转”戳记，旧账余额过入新账的“上年末余额”栏即可。会计科目变动，应根据新的会计科目结转对照表的新旧科目余额立账。结转完毕，应将各科目分户账新账页的余额加总与该科目总账新账页余额认真核对，以保证衔接无误。卡片账的未销账卡可跨年继续沿用。

第二节　财务会计报告

一、财务会计报告及其意义

财务会计报告是指银行对外提供的反映银行某一特定日期财务状况和某一会计期间经营成果、现金流量的文件。按照《会计法》《企业财务会计报告条例》《金融企业会计制度》的规定，银行必须按期编制财务会计报告。它是向有关各方面及国家有关部门提供财务状况和经营成果的书面文件，是会计工作的结果，是银行经营活动的总结。

银行通过日常会计核算，虽然可以提供反映其经营活动和财务收支情况的会计信息，但是，反映在会计凭证和会计账簿上的会计资料还比较分散，不集中，不概括，不便于理解和利用，很难符合国家宏观经济管理的要求，更难满足投资者、债权人等会计信息使用者了解该单位财务状况和经营成果的需要，也难满足该银行内部加强经营管理的需要。为了进一步发挥会计的职能作用，它以账簿记录为主要依据，经过加工、汇总形成，是会计核算的最终产品，是传递会计信息的主要手段。通过编制财务报告，可以总结、概括、清晰明了地反映银行的财务状况和经营成果及现金流量情况。银行定期编制的财务报告，是以一定的指标体系，集中反映银行的资产、负债、信贷收支、成本费用和损益等情况，特别是偿债能力和变现能力以及各种业务的风险程度，从而既为银行的管理者、投资者以及财政、税务、国有资产等政府管理部门和其他有关方面提供必要的财务信息，通过会计报告传送的信息，为金融企业经营者加强企业管理，提高经济效益提供可靠资料；为投资者、债权人提供所需信息；是政府监管部门进行宏观经济管理的重要信息来源。由此可见，编制财务报告时会计工作的一项重要内容，对于提高会计信息效用，加强银行经营管理和国民经济管理，都具有十分重要的意义。

二、财务会计报告的构成

银行财务报告包括会计报表及其附注和其他应当在财务会计报告中披露的相关信息和资料，是反映银行财务状况和经营成果的书面文件。财务报告主要包括对外报送的财务报表和财务状况说明书两部分。

1. 对外报送的财务报表

对外报送的财务报表，有主表、附表和报表附注三部分组成。其中主表包括资产负债表、损益表和现金流量表。附表根据各行业的特点编制，银行的附表主要是利润分配表。报表附注是为了帮助会计报表阅读者理解报表的内容而对表内的有关项目和一些表外的项目所作的解释。会计报表附注的主要内容包括：

1）会计报表编制基准不符合会计核算基本前提的说明；

2）重要会计政策和会计估计的说明；

3）重要会计政策和会计估计变更的说明；

4）或有事项和资产负债表日后事项的说明；

5）关联方关系及其交易的披露；

6）重要资产转让及其出售的说明；

7）金融企业合并、分立的说明；

8）会计报表中重要项目的明细资料；

9）有助于正确理解和分析会计报表需要说明的其他事项。

半年度中期财务会计报告中的会计报表附注至少应当披露所有重大的事项。半年度中期财务会计报告报出前发生的资产负债表日后事项、或有事项等，除特别重大事项外，可不作调整或披露。

2. 财务状况说明书

财务状况说明书，是以文字为主，结合数字指标编写而成的关于业务概况和财务状况的分析报告，说明会计报表数字形成情况和变化的原因，补充报表数字所不能反映的其他内容。其内容主要有以下几个方面：

（1）对业务经营情况及其经营成果作出说明

1）资产负债情况。主要是指在本会计期间的资金总额的增减变化和全部财产物资的变动情况以及负债总额的变动情况等。

2）业务经营的基本情况。主要是指在本会计期间的信贷规模、结构变化等情况。

3）财务收支情况。主要是指营业收入、成本费用支出等增减变动情况。

4）利润及利润分配。主要包括投资损益、汇兑损益及其利润分配等情况。

5）资金增减和周转情况。

6）税金的缴纳情况。

7）对企业财务状况、经营成果和现金流量有重大影响的其他事项。

（2）本会计期间发生的需要说明的其他重要事项

1）会计报表中的某些重点项目所采用的会计处理方法发生变化以及由此对业务经营及财务状况所产生的影响情况。

2）对本期或下期财务收支有重大影响的事项的说明。

3）资产负债表日后的重大事项。主要是指会计报表报告期结束日至报出日之间发生的对财务情况有重大影响的事项。

4）非经常性项目的说明。主要是指由于特殊原因引起的而在经营过程中不经常发生的事项。如遭受地震、火灾等自然灾害，而对财务状况和经营成果产生重大影响时，应作出详细的说明。

（3）所存在的问题以及应采取的解决措施

在本会计期间财务状况中存在的主要问题及其原因，应在财务状况说明书中反映出来，并从财务角度对所存在的问题提出改进意见和解决措施。

财务状况说明书有利于财政、税务、审计等政府职能部门和企业管理者以及注册会计师组织等对企业的财务报告进行审核；有利于投资者、债权人以及与银行有利害关系的各方，进一步了解业务经营状况和经营成果，以便作出正确的决策；并且在财务状况说明书中对经营活动进行总结，有利于针对所存在的问题提出合理化建议，预测业务发展前景等。

三、财务会计报告编制的基本要求

企业的财务报告是向投资者、债权人、管理当局及其他报表使用者提供会计信息的，为了真实、正确地反映银行的财务状况和经营活动成果，适应投资主体多元化对会计信息的需求，保证财务报告所提供的信息能够满足使用者的需要，必须按照一定的程序、方法和统一的要求进行编制。有益于报告使用者阅读、理解财务会计报告的信息，据以做出正确的经济决策。由此，编制财务报告的过程中，应该做到以下几点：

1. 数据真实可靠

为了保证财务报告所提供的信息真实可靠，数据正确，在编制财务报告前，应对各种会计账簿、表册、财产等进行认真审核和清查，以保证账证相符、账账相符、账实相符。在此基础上，据以编制会计报表，才能做到账表相符、内外账务相符，保证财务报告所提供的信息真实、正确。

2. 内容全面完整

全面完整的财务报告，一方面要求按规定的项目和内容进行编报，另一方面要求能充分反映银行经营活动的全面情况。因此，各银行编制和报送的财务报告，应当按照规定的格式和内容进行编报。凡是国家要求提供的信息，银行应当按规定的要求编报，不得漏报。在编报的报表中，凡要求填报的指标和项目，不得漏填漏列，任意取舍。

3. 编报及时

财务报告必须及时编报，才有利于财务报告的使用，达到编报的目的。不能及时传送给信息使用者，即便是最真实可靠和全面完整的财务报告，也没有实际的使用价值。根据《金融企业会计制度》规定：月度财务会计报表应当于月度终了后 6 日内对外提供；季度财务会计报告应当于季度终了后 15 日内对外提供；半年度财务会计报告应当于年度中期结束后终了后 60 日内对外提供；年度财务会计报表应当于年度终了后 4 个月内对外提供，银行的年度财务报告，应经本系统直属领导机构、审计部门、会计事务所审核后，按规定时间向财政机关报出。

银行对外提供的会计报表应当依次编订页数，加具封面，装订成册，加盖公章。封面上应当注明：银行名称、金融企业统一代码、组织形式、地址、报表所属年度或者月份、报出日期，并由银行负责人和主管会计工作的负责人、会计机构负责人（会计主管人员）签名并盖章；设置总会计师的银行，还应由总会计签名并盖章。

第三节　资产负债表

一、资产负债表的性质及作用

资产负债表，是反映银行在某一特定日期（会计期末）全部资产、负债和所有者权益财务状况的报表。例如：公历每年的 12 月 31 日的财务状况，由于它反映的是某一时点的情况，所以又称为静态报表。其所提供的银行在某一特定日期的财务情况主要包括：

1）银行所掌握的经济资源，包括银行所负担的债务以及投资者在银行里所持有的权益。它表明银行在资产、负债及所有者权益方面的实力状况，是银行经营活动的基础。

2）银行偿还债务能力等。

3）银行未来的财务趋向等。

资产负债表是根据“资产＝负债＋所有者权益”这一基本公式，依照一定的分类标准和一定的次序，把银行在一定日期的资产、负债和所有者权益项目予以适当排列编制而成。资产负债表反映的是商业银行在某一特定日期资产、负债、所有者权益的总体规模和结构。资产负债表格式如附式 11-1。

附式 11-1

资产负债表

编制单位　　　　　　　　　　年　月　日　　　　　　　　　　单位：元

资产	行次	期初数	期末数	负债及所有者权益	行次	期初数	期末数
流动资产：				流动负债：			
现金及银行存款	1			短期投资	14		
贵金属	2			委托贷款及委托投资	15		
存放中央银行款项	3			自营证券	16		
存放同业银行款项	4			代理证券	17		
存放联行款项	5			买入返售证券	18		
拆放同业	6			待处理流动资产净损失	19		
拆放金融性公司	7			1 年内到期的长期债券投资	20		
短期贷款	8			流动资产合计	21		
应收进出口押汇	9			长期资产：			
应收账款	10			中长期贷款	22		
减：坏账准备	11			逾期贷款	23		
其他应付款	12			减：贷款呆账准备	24		
贴现	13			应收租赁款	25		
减：未收租赁收益	26			卖出回购证券款	59		
应收转租赁款	27			应付账款	60		
租赁资产	28			其他应收款	61		
减：待转租赁资产	29			应付工资	62		
经营租赁资产	30			应付职工福利费	63		
减：经营租赁资产折旧	31			应交税金	64		
长期投资	32			应付利润	65		
减：投资风险准备	33			预提费用	66		
固定资产原值	34			发行短期债券	67		
减：累计折旧	35			1 年内到期的长期负债	68		
固定资产净值	36			其他流动负债	69		
固定资产清理	37			流动负债合计	70		
在建工程	38			长期负债：			
待处理固定资产净损失	39			长期存款	71		
长期资产合计	40			长期储蓄存款	72		
无形、递延及其他资产：				存入长期保证金	73		
无形资产	41			应付转租赁租金	74		
递延资产	42			发行长期债券	75		

续表

资产	行次	期初数	期末数	负债及所有者权益	行次	期初数	期末数
其他资产	43			长期借款	76		
其他资产合计	44			长期应付款	77		
资产总计	45			其他长期负债	78		
短期借款	46			其中：住房周转金	79		
短期储蓄存款	47			长期负债合计	80		
财政性存款	48			负债合计	81		
向中央银行借款	49			所有者权益：			
同业存放款项	50			实收资本	82		
联行存放款项	51			资本公积	83		
同业拆入	52			盈余公积	84		
金融性公司拆入	53			其中：任意盈余公积金	85		
存入短期保证金	54			未分配利润	86		
应解汇款	55			所有者权益合计	87		
汇出汇款	56						
委托存款	57						
应付代理证券款项	58			负债及所有者权益合计	88		

行长　　　　　　　　　　会计　　　　　复核　　　　　制表

二、资产负债表的编制

资产负债表反映的是商业银行在某一特定时点财务状况的报表，它是一份静态报表，以资产账户、负债账户和所有者权益账户的期末余额为主要依据，按月编制。其编报主要是通过以下几种方式取得：

1）根据总账账户余额直接填列。资产负债表各项目的数据来源，大多是根据总账账户期末余额直接填列，如“应收利息”项目，根据“应收利息”总账科目的期末余额直接填列；“短期借款”项目，根据“短期借款”总账科目的期末余额直接填列。

2）根据总账账户余额计算填列。资产负债表的某些项目不能直接根据总账账户的期末余额填列，而是要根据若干个总账账户的期末余额合并计算填列，如“现金及存放中央银行款项”项目，根据“库存现金”“存放中央银行款项”账户的期末余额合计数计算填列。

3）根据明细账户余额计算填列。资产负债表的某些项目不能根据总账账户的期末余额或若干个总账账户的期末余额计算填列，而是需要根据有关账户所属的相关明细账户的期末余额分析计算填列。

4）根据总账账户和明细账户余额分析计算填列。资产负债表的某些项目不能根据总账账户的期末余额或若干个总账账户的期末余额计算填列，也不能根据有关账户所属的相关明细账户的期末余额分析计算填列，而是要根据总账账户和明细账户的期末余额计算填列。

5）根据账户余额减去其备抵项目后的净额填列。资产负债表的某些项目应当反映其账面价值，应根据有关账户余额减去其备抵项目后的净额填列。如“固定资产”项目，根据“固定资产”账户的期末余额，减去“累计折旧”和“固定资产减值准备”备抵账户余额后的净额填列；又如“无形资产”项目，根据“无形资产”账户的期末余额，减去“累计摊销”和“无形资产减值准备”备抵账户余额后的净额填列。

第四节　损　益　表

一、损益表的含义及作用

损益表又称利润表，它是反映企业在某一会计期间的经营成果及其形成情况的会计报表，它是一种动态报表，反映银行在一定会计期间内实现的营业收入以及与收入相配比的成本费用等情况并计算出银行的利润总额或亏损总额，根据“收入－费用＝损益”的会计方程式编制，用以考核银行利润计划的完成情况，它的作用主要表现在以下几方面：损益表可以反映银行在一定会计期间内实现的收入以及与其相配比的成本费用情况，据此以作为评价银行经营业绩、考核管理效能的主要依据。通过相同时期有关项目的比较，可以了解银行的相对获利能力；通过不同时期相同项目的横向对比，可以了解银行收入实现、成本耗费和利润取得的发展趋势。税务部门确定商业银行的纳税额，将以商业银行的损益表为基本依据。商业银行的内部管理人员需要利用损益表来综合反映该银行的经营状况，并将其作为编制预算、进行经营决策的重要依据。

二、损益表的编制

在我国，损益表是通过多步计算求出的，以反映收入和费用之间的内在联系。通常采用从上到下逐项计算的结构形式。应当根据审查无误的会计账簿的资料进行编制。损益表的格式如附式 11-2。

附式 11-2

损　益　表

编报单位：　　　　　　　　　　　年　月　日　　　　　　　　　　　单位：元

项目	行次	本期数	本年累计数
一、营业收入	1		
利息收入	2		
金融企业往来收入	3		
手续费收入	4		
证券销售差价收入	5		

续表

项目	行次	本期数	本年累计数
证券发行差价收入	6		
租赁收益	7		
汇兑收益	8		
其他营业收入	9		
二、营业支出	10		
利息支出	11		
金融企业往来支出	12		
手续费支出	13		
营业费用	14		
汇兑损失	15		
其他营业支出	16		
三、应交税费及附加	17		
四、营业利润	18		
加：投资收益	19		
加：营业外收入	20		
减：营业外支出	21		
加：以前年度损益调整	22		
五、利润总额	23		
减：所得税	24		
六：净利润	25		

行长　　　　会计　　　　复核　　　　制表

1. 损益表中“本期数”和“本年累计数”的填列

在编制月报时，损益表中的“本期数”栏，反映各项目本月的实际发生额；“本年累计数”栏反映各项目自年初起至年底止的累计实际发生额。在编制年报时，损益表中“本期数”栏应改成“上年数”，其中，“上年数”栏反映各项目的上半年全年累计实际发生数目。如果上年度损益表与本年度损益表的项目名称和内容一致，应对上年度报表项目的名称和数字按本年度的规定调整，填入本表“上年数”栏。

2. 损益表各项目的填列

1）根据总账或明细账科目发生额直接填列。损益表中项目和会计账簿的会计科目是相对应的，因此，可以根据总账和明细账结转利润前的损益类科目直接填列。如“利息收入”“金融企业往来收入”“手续费收入”“其他营业收入”“营业外收入”“利息支出”“金融企业往来支出”“手续费支出”“其他营业支出”“营业外支出”“税金及附加”“投资收益”等。

2）根据有关项目发生额汇总填列。损益表中的“营业收入”“营业支出”项目，是按照所属的项目汇总加计填列。如“营业收入”项目是根据“利息收入”“金融企业往来收入”“手续费收入”“其他营业收入”等汇总而成的。“营业支出”项目是根据“利息支出”“金融企业往来支出”“手续费支出”“营业费用”“汇兑损失”“其他营业支出”等汇总而成。

3）根据有关项目发生额计算填列。损益表中“营业利润”项目是根据“营业收入”“营业支出”“应交税费及附加”三个项目按公式计算填列；“利润总额”项目是根据“投资收益”“营业外收入”“营业外支出”“以前年度损益调整”四个项目按公式计算填列，如利润总额为亏损，用“－”号表示；“净利润”项目反映金融企业当期实现的净利润（或净亏损）总额，“净利润”是根据“利润总额”“所得税”两个项目按公式计算填列。如果为净亏损，则以“－”号在该项目内填列。

三、利润分配表

利润分配表是损益表的附表，反映的是银行一定会计期间对实现利润的分配情况和年末未分配利润的结余情况，本表按利润分配的去向设置项目反映。通过编制利润分配表，可以了解银行实现利润的分配情况或亏损的弥补情况，了解利润分配的构成，以及年末未分配利润的数额。利润分配表主要项目有净利润、可供分配的利润和未分配利润。其基本格式如附式 11-3 所示。

附式 11-3

利 润 分 配 表

编制单位：　　　　年　　月　　日　　　　单位：元

项　　目	行　次	本年实际	上年实际
一、净利润	1		
加：年初未分配利润	2		
上年利润调整	3		
减：上年所得税调整	4		
二、可供分配利润	5		
加：盈余公积补亏	6		
减：提取盈余公积金	7		
应付利润	8		
三、期末未分配利润	9		

行长　　　　会计　　　　复核　　　　制表

利润分配表的编制基本上可按照“利润分配”科目的有关明细科目加以分析来完成。表中“本年实际”栏须根据“本年利润”和“利润分配”科目及其所属明细科目的记录分析填列；“上年实际”栏则可直接从上“利润分配表”抄录，但若上年度与本年度的利润分配表项目名称及内容不完全一致，则应先对上年度报表项目名称与金额按本年度的规定予以调整后再填入。

第五节　现金流量表

一、现金流量表的作用

现金流量表是以现金为基础编制的财务状况变动表，是综合反映金融企业在一定会计期间内的经营活动、投资活动和筹资活动对其现金流入和现金流出情况的财务报表。即表明企业获取现金和现金等价物流入和流出的有关信息，并据以预测未来现金流量。现金流量表中的现金包括库存现金及存入本行营业部的银行存款、存放中央银行款项、存放同业款项、存放联行款项等；现金等价物是指银行持有的期限短、流动性强、易于变现的证券和投资。与资产负债表、损益表一起构成银行对外报送的三张主表。引起现金流入和流出的原因很多，通过该表提供的经营活动净现金流量的信息，可以分析和评价银行对外筹资能力、清偿能力和支付投资者利润的能力；通过分析本期净利与经营活动现金流量之间的差异及产生原因，还可以合理预测银行未来的现金流量。不仅如此，该表还提供了报告期内与现金有关和无关的投资活动与筹资活动的信息，这对于报表使用者的正确决策，无疑具有重要参考意义。

1）有助于评价银行支付能力、偿债能力和资金周转能力。

2）说明银行一定期间内现金流入和流出的原因，分析企业收益质量及影响现金流量的因素。

3）分析银行利润质量和影响现金流量的因素，弥补资产负债表和损益表信息量的不足。

4）预测银行未来获取现金的能力。

5）能够分析银行投资和理财活动对经营成果和财务状况的影响。

6）能够提供不涉及现金的投资和筹资的信息。

二、现金流量表的格式

现金流量表也是通过一定格式来反映银行的现金流入和流出情况的报表。为了能充分、恰当地披露企业有关现金流量方面的信息，目前我国商业银行的现金流量表包括正表和补充资料两部分。

1. 正表

正表是现金流量表的主体，企业一定会计期间现金流量的信息主要由正表提供。正表采用报告式的结构，按照现金流量的性质，依次分类反映经营活动产生的现金流量、投资活动产生的现金流量、筹资活动产生的现金流量，最后汇总反映企业现金及现金等价物净增加额。在各项经济活动产生的现金流量下，分别按项目反映其现金流入、现金流出和现金流量净额。现金流量表的正表具体格式以及内容如附式 11-4 所示。

附式 11-4

现 金 流 量 表

编制单位：　　　　　　　　　　　　年度　　　　　　　　　　　　单位：元

项　　目	行次	金　额
一、经营活动产生的现金流量	1	
对外发放的贷款和收回的贷款本金	2	
吸收的存款和支付的存款本金	3	
同业存款及存放同业款项	4	
向其他金融企业拆借的资金	5	
利息收入和利息支出	6	
收回的已于前期核销的贷款	7	
经营证券业务的企业，买卖证券所收到或支出的现金	8	
融资租赁所收到的现金	9	
收到的租金	10	
收到的其他与经营活动有关的现金	11	
现金流入小计	12	
经营租赁所支付的现金	13	
支付给职工以及为职工支付的现金	14	
支付税款	15	
支付的其他与经营活动有关的现金	16	
现金流出小计	17	
经营活动产生的现金流量净额	18	
二、投资活动产生的现金流量	19	
收回投资所收到的现金	20	
分得股利或利润所收到的现金	21	
取得债券利息收入所收到的现金	22	
处置固定资产、无形资产和其他长期资产而收到的现金净额	23	
收到的其他与投资活动有关的现金	24	
现金流入小计	25	
购建固定资产、无形资产和其他长期资产所支付的现金	26	
权益性投资所支付的现金	27	
债权性投资所支付的现金	28	
支付的其他与投资活动有关的现金	29	
现金流出小计	30	
投资活动产生的现金流量净额	31	
三、筹资活动产生的现金流量	32	
吸收权益性投资所收到的现金	33	
发行债券所收到的现金	34	
借款所收到的现金	35	
收到的其他与筹资活动有关的现金	36	
现金流入小计	37	
偿还债券所支付的现金	38	
发生筹资费用所支付的现金	39	
分配股利或利润所支付的现金	40	

续表

项　　目	行 次	金　额
偿付利息所支付的现金	41	
融资租赁所支付的现金	42	
减少注册资本所支付的现金	43	
支付的其他与筹资活动有关的现金	44	
现金流出小计	45	
筹资活动产生的现金流量净额	46	
四、汇率变动对现金的影响额	47	
五、现金及现金等价物净增加额	48	

行长　　　　会计　　　　复核　　　　制表

2. 补充资料

现金流量表补充资料为现金流量表的附表部分，主要列示银行应在报表附注中披露的内容。现金流量表的附表具体格式以及内容如附式 11-5（补充资料部分）所示。主要包括三部分内容。

1）将净利润调节为经营活动的现金流量（采用按间接法通过债权或债务变动、应计及递延项目、投资和筹资现金流量相关的收益或费用项目，将净利润调节为经营活动的现金流量）。

2）不涉及现金收支的投资和筹资活动（该项目主要披露一定期间内影响资产或负债但不形成该期现金收支的所有投资和筹资活动的信息）。

3）现金及现金等价物净增加额（直接按现金及现金等价物的期末期初余额计算的净增加额）。

附式 11-5

现金流量表附表格式

编制单位：　　　　　　　　　　　　　　　　　　　　单位：元

项　　目	金　额
1. 将净利润调节为经营活动的现金流量	
净利润	
加：资产减值准备	
固定资产折旧	
无形资产摊销	
长期待摊费用摊销	
处置固定资产、无形资产和其他长期资产损失（收益以“－”填列）	
固定资产报废损失（收益以“－”填列）	
公允价值变动损失（收益以“－”填列）	
财务费用	
投资损失（收益以“－”填列）	
递延所得税资产减少（增加以“－”填列）	

续表

项　目	金　额
递延所得税资产增加（减少以“－”填列）	
经营性应收项目的减少（增加以“－”填列）	
经营性应付项目的增加（减少以“－”填列）	
其他	
经营活动产生的现金流量净额	
2. 不涉及现金收支的投资和筹资活动	
债务转为资本	
一年内到期的可转换公司债券	
融资租入固定资产	
3. 现金及现金等价物的净变动情况	
现金的期末余额	
减：现金的期初余额	
加：现金等价物的期末余额	
减：现金等价物的期初余额	
现金及现金等价物净增加额	

行长　　　　会计　　　　复核　　　　制表

三、现金流量表的编制

1. 现金流量的列报

编制现金流量表时，对经营活动现金流量的列报方式有两种：直接法和间接法。这两种方法通常也称为现金流量表的编制方法。直接法是指通过现金收入和支出的主要类别来反映银行经营活动的现金流量，一般是以损益表中的营业收入为起点，调整与经营活动有关项目的增减变动，然后计算出经营活动的现金流量。有关现金流量的信息可以通过银行会计记录或者根据有关项目对损益表中的营业收入、营业成本及其他项目进行调整。间接法是指以本期净利润为起算点，调整不涉及现金的收入、费用、营业外收支以及有关项目的增减变动，据此计算出经营活动的现金流量。《企业会计准则——现金流量表》规定采用直接法，同时要求在现金流量表附注中披露净利润调节为经营活动现金流量的信息，也就是用间接法来计算经营活动的现金流量。

2. 现金流量表的编制方法

现金流量表的编制程序通常有工作底稿法和T形账户法。其中工作底稿法是指以工作底稿为手段，以损益表和资产负债表数据为基础，对每一项目进行分析并编制调整分录，从而编制出现金流量表。

在直接法下，整个工作底稿分成三段，第一段是资产负债表项目，其中又分为借方项目和贷方项目两部分；第二段是损益表项目；第三段是现金流量表项目。工作底稿横向分为五栏，在资产负债表部分，第一栏是项目栏，填列债务负债表各项目名称；第二栏是期初数栏，用来填列资产负债表的期初数；第三栏式调整分录借方栏；第四栏是调整分录的贷方栏；第五栏是期末数栏，用来填列资产负债表项目的期末数。在损益表和现金流量表部分，第一栏也是项目栏，用来填列损益表和现金流量表项目名称；第二栏空置不填；第三、第四栏分别是调整分录的借方和贷方；第五栏是本期数栏，损益表部分这一栏数字应和本期损益表数字核对相符，现金流量表部分这一栏的数字可直接用来编制正式的现金流量表。

采用工作底稿法编制现金流量表的程序是如下。

第一步，将资产负债表的期初数和期末数过入工作底稿的期初数栏和期末数栏。

第二步，对当期业务进行分析并编制调整分录。调整分录大体有这样几类：第一类涉及损益表中的收入，成本和费用项目以及资产负债表中的资产，负债及所有者权益项目，通过调整，将权责发生制下的收入费用转换为现金基础；第二类是涉及资产负债表和现金流量表：第三类是涉及损益表和现金流量表中的投资和筹资项目，目的是将损益表中有关投资和筹资方面的收入和费用列入现金流量表投资筹资现金流量中去。此外，还有一些调整分录并不涉及现金收支，只是为了核对资产负债表项目的期末期初变动情况。

在调整分录中，有关现金和现金等价物的事项，并不直接借记或贷记现金，而是分别记入“经营活动产生的现金流量”“投资活动产生的现金流量”“筹资活动产生的现金流量”有关项目，借记表明现金流入，贷记表明现金流出。

第三步，调整分录，如工作底稿中的相应部分。

第四步，核对调整分录，借贷合计应当相等，资产负债表项目期初数加减调整分录中的借贷金额以后，应当等于期末数。

第五步，根据工作底稿中的现金流量表项目部分编制正式的现金流量表。

本章小结

银行的年度决算工作是银行会计工作的重要组成部分，做好本年度决算工作，对改进和提高银行经营管理水平，有效发挥银行的职能作用，提高会计工作质量，都具有重要的意义。

银行年度决算按照工作的步骤来划分，基本上可以划分为两部分：一部分是银行年度决算的准备工作，另一部分是年度决算日的工作。年度决算准备工作主要有清理资金、盘点资产、核对账务、核实损益和试算平衡；年度决算日的工作主要是在处理当日账务轧平当日账务的基础上，结转本年损益和编制决算报表等。

商业银行编制的决算报表包括：资产负债表、损益表、现金流量表、利润分配表（损益表的附表）。

资产负债表，是反映银行在某一特定日期（会计期末）全部资产、负债和所有者权益财务状况的报表。我国银行资产负债表采用账户式格式，反映资产、负债和所有者权益三者之间的关系。

损益表是反映企业在某一会计期间的经营成果及其形成情况的会计报表，它是一种动态报表，反映银行在一定会计期间内实现的营业收入以及与收入相配比的成本费用等情况。

现金流量表是以现金为基础编制的财务状况变动表，是综合反映金融企业在一定会计期间内的经营活动、投资活动和筹资活动对其现金流入和现金流出情况的财务报表。现金流量表的编制基础是现金及现金等价物。该报表的编制有直接法和间接法两种。目前商业银行采用直接法报告经营活动的现金流量。

基 本 概 念

年度决算　财务会计报告　资产负债表　损益表　现金流量表　利润分配表　会计报表附注　会计政策　会计估计变更　会计差错　或有事项。

复习思考题

1. 什么是年度决算？年度决算的意义如何？
2. 年度决算的基本要求及准备工作内容有哪些？
3. 年度决算的准备工作包括哪些？
4. 简述财务报告构成及分类。
5. 编制年度会计报告要符合哪些要求？
6. 什么是会计报表附注？商业银行的资产负债表的附注主要包括哪些事项？

第十二章　互联网金融

学习目的与要求

1. 掌握互联网金融的概念与特点
2. 掌握互联网金融模式
3. 掌握银行互联网支付方式
4. 掌握网络贷款的分类
5. 掌握银行自有网络贷款的管理
6. 掌握网络借贷资金存管业务的管理

第一节　互联网金融概述

现代互联网技术发展撼动了原始金融业务以及金融体系，然而互联网金融不是互联网和金融业的简单结合，而是在实现安全、移动等网络技术水平上，被用户熟悉接受（尤其是对电子商务的接受）后，自然而然为适应新的需求而产生的新模式及新业务，是传统金融行业与互联网技术相结合的新兴领域。

一、互联网金融的概念

互联网金融是传统金融机构与互联网企业利用互联网技术和信息通信技术实现资金融通、支付、投资和信息中介服务的新型金融业务模式。互联网与金融深度融合是大势所趋，将对金融产品、业务、组织和服务等方面产生更加深刻的影响。互联网金融对促进小微企业发展和扩大就业发挥了现有金融机构难以替代的积极作用，为大众创业、万众创新打开了大门。促进互联网金融健康发展，有利于提升金融服务质量和效率，深化金融改革，促进金融创新发展，扩大金融业对内对外开放，构建多层次金融体系。作为新生事物，互联网金融既需要市场驱动，鼓励创新，也需要政策助力，促进发展。

李博、董亮（2013）将互联网金融分为传统金融服务的互联网延伸、金融的互联居间服务和互联网金融服务三种模式。他们认为，传统金融服务的互联网延伸是一种广义上的互联网金融，电子银行（网上银行）、手机银行都属于这一范畴；在这一模式下，传统金融服务从线下扩展到线上，在时间和空间上外延了银行服务。金融的互联居间服务和互联网金融服务是狭义层面互联网金融，互联居间服务应用模式有第三方支付平台P2P信贷、众筹等；互联网金融服务多为互联网企业向金融业的渗透，如小额贷款公司、互联网基金、保险销售平台等。

二、互联网金融的特点

1. 即时性与移动化

随着平板电脑、智能手机等移动端设备的推出，其便于携带、功能丰富、操作简单的特点，使用户可以使用互联网提供的金融服务。利用互联网，用户可以通过手机、平板电脑等客户端随时随地进行转账、支付、购买理财产品等。

2. 覆盖广与发展快

互联网金融在我国的发展，主要是以互联网的发展为基础，同时，依靠电商平台的快速覆盖网络将自身的特点赋予到互联网金融上，可以对全球进行有效的覆盖，打破传统地域的限制，并且突破时间上的约束。金融与互联网的结合业务覆盖范围将会扩大，将会有更多的客户。

3. 互动强与透明化

互联网的发展逐渐从 PC 端向移动端渗透，越来越多的移动应用应运而生，移动应用具有很强的互动性，比如微博社区、大众点评、微信等应用程序，可以实现交流沟通、获取资讯等目的。信息在网络上快速传播的特点，使得用户能够在第一时间获取信息，信息更为透明和公开。

4. 低成本与效率高

互联网金融的另一个特征就是在降低交易成本的同时提高了效率。互联网金融开展业务无需设立大量经营网点及配备大量人员，因此运营成本较低，准入门槛相对不高，互联网金融业务操作流程趋于规范化、标准化，所有的业务都在计算机或智能手机上进行操作，客户不需要去银行网点排队等候，降低了时间成本，除此之外，其利用了大数据和信息流，依托电子商务公开、透明、数据完整等优势，与阿里巴巴的 B2B、淘宝网、天猫数据贯通、信息共享，实现金融信贷审批、运作和管理，与金融机构传统“三查”相比较，其成本低、速度快。可见计算机在各种业务处理上效率更高，可以使客户体验得到改善，提升满意度。

5. 管理弱与风险大

1）管理弱。一是风控弱，虽然互联网金融平台可以通过大数据来进行客户的信用调查，但还没有接入人民银行征信系统，也不存在信用信息共享机制，不具备类似银行的风控、合规和清收机制，容易发生各类风险问题，已有众贷网、网赢天下等 P2P 网贷平台宣布破产或停止服务。二是监管弱，互联网金融在中国处于起步阶段，还没有监管和法律约束，缺乏准入门槛和行业规范，整个行业面临诸多政策和法律风险。

2）风险大。一是信用风险大，现阶段中国信用体系尚不完善，互联网金融的相关法律还有待配套，互联网金融违约成本较低，容易诱发恶意骗贷、卷款跑路等风险问题。二是网络安全风险大，中国互联网安全问题突出，网络金融犯罪问题不容忽视。一旦遭遇黑客攻击，互联网金融的正常运作会受到影响，危及消费者的资金安全和个人信息安全。

三、互联网金融模式的分类

1. 互联网支付

互联网支付是指通过计算机、手机等设备，依托互联网发起支付指令、转移货币资金的服务。互联网支付应始终坚持服务电子商务发展和为社会提供小额、快捷、便民小微支付服务的宗旨。银行业金融机构和第三方支付机构从事互联网支付，应遵守现行法律法规和监管规定。第三方支付机构与其他机构开展合作时，应清晰界定各方的权利义务关系，建立有效的风险隔离机制和客户权益保障机制。要向客户充分披露服务信息，清晰地提示业务风险，不得夸大支付服务中介的性质和职能。互联网支付业务由人民银行负责监管。

2. 网络借贷

网络借贷包括个体网络借贷（P2P 网络借贷）和网络小额贷款。个体网络借贷是指个体和个体之间通过互联网平台实现的直接借贷。在个体网络借贷平台上发生的直接借贷行为属于民间借贷范畴，受合同法、民法通则等法律法规以及最高人民法院相关司法解释规范。个体网络借贷要坚持平台功能，为投资方和融资方提供信息交互、撮合、资信评估等中介服务。个体网络借贷机构要明确信息中介性质，主要为借贷双方的直接借贷提供信息服务，不得提供增信服务，不得非法集资。网络小额贷款是指互联网企业通过其控制的小额贷款公司，利用互联网向客户提供的小额贷款。网络小额贷款应遵守现有小额贷款公司监管规定，发挥网络贷款优势，努力降低客户融资成本。网络借贷业务由银监会负责监管。

3. 股权众筹融资

股权众筹融资主要是指通过互联网形式进行公开小额股权融资的活动。股权众筹融资必须通过股权众筹融资中介机构平台（互联网网站或其他类似的电子媒介）进行。股权众筹融资中介机构可以在符合法律法规规定前提下，对业务模式进行创新探索，发挥股权众筹融资作为多层次资本市场有机组成部分的作用，更好服务创新创业企业。股权众筹融资方应为小微企业，应通过股权众筹融资中介机构向投资人如实披露企业的商业模式、经营管理、财务、资金使用等关键信息，不得误导或欺诈投资者。投资者应当充分了解股权众筹融资活动风险，具备相应风险承受能力，进行小额投资。股权众筹融资业务由证监会负责监管。

4. 互联网基金销售

基金销售机构与其他机构通过互联网合作销售基金等理财产品的，要切实履行风险披露义务，不得通过违规承诺收益方式吸引客户；基金管理人应当采取有效措施防范资产配置中的期限错配和流动性风险；基金销售机构及其合作机构通过其他活动为投资人提供收益的，应当对收益构成、先决条件、适用情形等进行全面、真实、准确的表述和列示，不得与基金产品收益混同。第三方支付机构在开展基金互联网销售支付服务过程中，应当遵守人民银行、证监会关于客户备付金及基金销售结算资金的相关监管要求。第三方支付机构的客户备付金只能用于办理客户委托的支付业务，不得用于垫付基金和其他理财产品的资金赎回。互联网基金销售业务由证监会负责监管。

5. 互联网保险

保险公司开展互联网保险业务，应遵循安全性、保密性和稳定性原则，加强风险管理，完善内控系统，确保交易安全、信息安全和资金安全。专业互联网保险公司应当坚持服务互联网经济活动的基本定位，提供有针对性的保险服务。保险公司应建立对所属电子商务公司等非保险类子公司的管理制度，建立必要的防火墙。保险公司通过互联网销售保险产品，不得进行不实陈述、片面或夸大宣传过往业绩、违规承诺收益或者承担损失等误导性描述。互联网保险业务由保监会负责监管。

6. 互联网信托和互联网消费金融

信托公司、消费金融公司通过互联网开展业务的，要严格遵循监管规定，加强风险管理，确保交易合法合规，并保守客户信息。信托公司通过互联网进行产品销售及开展其他信托业务的，要遵守合格投资者等监管规定，审慎甄别客户身份和评估客户风险承受能力，不能将产品销售给予风险承受能力不相匹配的客户。信托公司与消费金融公司要制定完善产品文件签署制度，保证交易过程合法合规、安全规范。互联网信托业务、互联网消费金融业务由银监会负责监管。

第二节 银行互联网支付

一、中国支付结算系统的发展

1949 年到今天，中国支付结算系统经历四个重要的阶段。

第一阶段，全国手工联行系统。中华人民共和国成立后很长一段时间都是遵循这套流程。

第二阶段，全国电子联行系统（EIS）。进入 20 世纪 80 年代末期开始，国务院特批了一条卫星链路连接央行的各城市处理中心，陆续地展开了电子联行业务，从而一定程度上解决了支付信息流传输缓慢的问题，1997 年底联结全国大部分县支行进入电子联行系统。

第三阶段，现代化支付系统。2001 年 2 月 22 日，中国人民银行原副行长肖钢签署《中国现代化支付系统业务需求书》，大额支付系统应用软件开发工作正式启动。2002 年 10 月 8 日大额实时支付系统成功投产试运行。2005 年 6 月 27 日，大额实时支付系统分四批完成了在全国的推广应用。2006 年 6 月，小额支付系统在全国成功推广运行，取代全国电子联行系统。

第四阶段，互联网金融支付。2002 年中国银联的出现让各大银行的 ATM 机完成了互联互通。2003 年 10 月 18 日，淘宝网首次推出支付宝服务。2010 年 9 月 1 日，中国人民银行施行了《非金融机构支付服务管理办法》，第三方支付逐渐涵盖了多种生活服务领域。

二、网络银行

网络银行又称网上银行、在线银行，是指金融机构利用互联网技术，通过互联网向客户提供开户、销户、查询、对账、行内转账、跨行转账、信贷、网上证券、投资理财等传统服务项目，使客户可以足不出户就能够安全便捷地管理活期和定期存款、支票、信用卡及个人投资等。可以说，网上银行是在网络上的虚拟银行柜台。网上银行又被称为“3A 银行”，因为它不受时间、空间限制，能够在任何时间（anytime）、任何地点（anywhere），以任何方式（anyhow）为客户提供金融服务。网络银行一般分为个人网上银行和企业网上银行。

网络银行发展的模式有两种：一种是完全依赖于互联网的无形的电子银行，也叫“虚拟银行”。所谓虚拟银行，就是指没有实际的物理柜台作为支持的网上银行，这种网上银行一般只有一个办公地址，没有实体分支机构，也没有线下营业网点，采用互联网等科技服务手段与客户建立密切的联系，提供全方位的金融服务。以美国第一安全网络银行（SFNB）为例，它成立于 1995 年 10 月，是在美国成立的第一家无营业网点的虚拟网上银行，它的营业厅就是网页画面，当时银行的员工只有 19 人，主要的工作就是对网络的维护和管理。另一种是在现有的传统银行的基础上，利用互联网开展传统的银行业务交易服务。即传统银行利用互联网作为新的服务手段为客户提供在线服务，实际上是传统银行服务在互联网上的延伸，这是目前网上银行存在的主要形式，也是绝大多数商业银行采取的网上银行发展模式。因此，事实上，我国还没有出现真正意义上的网上银行，也就是“虚拟银行”，国内现在的网上银行基本都属于第二种模式。

网络银行是自助业务，系统自动进行账务记载，分录同柜台业务记载相同。

1. 网银的优势

（1）降低银行经营成本，有效提高银行盈利能力

开办网上银行业务，主要利用公共网络资源，不需设置物理的分支机构或营业网点，减少了人员费用，提高了银行后台系统的效率；全面实现无纸化交易，柜面使用的票据和单据大部分被电子支票、电子汇票和电子收据所代替；原有的纸币被电子货币，即电子现金、电子钱包、电子信用卡所代替；原有纸质文件的邮寄变为通过数据通信网络进行传送。

（2）无时空限制，有利于扩大客户群体

通过网络银行，用户可以享受到方便、快捷、高效和可靠的全方位服务，客户不用去网点排长队，不再发愁错过营业时间，足不出户即可享受 7 天×24 小时全天候个人金

融服务。站内功能设计人性化，任何需要使用的时候，无需学习即会使用网络银行的服务，不受时间、地域的限制，即实现 3A（Anywhere，Anyhow，Anytime）服务。这既有利于吸引和保留优质客户，又能主动扩大客户群，开辟新的利润来源。

（3）有利于服务创新，向客户提供多种类、个性化服务

通过银行营业网点销售保险、证券和基金等金融产品，往往受到很大限制，主要是由于一般的营业网点难以为客户提供详细的、低成本的信息咨询服务。利用互联网和银行支付系统，容易满足客户咨询、购买和交易多种金融产品的需求，客户除办理银行业务外，还可以很方便地进行网上买卖股票债券等，网上银行能够为客户提供更加合适的个性化金融服务。

（4）技术先进，高效安全

银行拥有先进的软、硬件网络技术保障信息传输的安全性，拥有独自的安全控件并经常予以更新，每个银行都有网银盾和数字证书，动态密码随机生成的密码组合，并提供短信通知、身份认证、限额控制、多重密码验证、银行后台实时交易监控，预留防伪信息验证、私密问题设置，有效地规避了网络操作带来的风险，即便是金额较大的业务也能够放心进行，金额较小的业务通过口令卡等类似产品也能保证交易不被泄露。总的来说，现在的网银是相对安全的。

2. 网络银行的服务内容

计算机技术以及网络技术的飞速发展促进了银行服务的扩展，银行服务从线下到线上服务是银行业的重大变革。在线上服务中，除银行柜台服务中的现金服务外，所有的金融服务在网银服务中都可以体现，包括开户、存取款、账户查询、行内转账、跨行转账、预约转账、缴费支付、信用卡、个人贷款、投资理财（基金、黄金、外汇等）以及个人信息修改等各类金融服务，同时利用网银特有的优势，提供相关服务预约、资金管理等服务。开通网银的用户还可以在网上购物平台向特约商户直接付款。

三、手机银行

手机银行是利用移动通信网络及终端办理相关银行业务的简称。作为一种结合了货币电子化与移动通信的崭新服务，移动银行业务不仅可以使人们在任何时间、任何地点处理多种金融业务，而且极大地丰富了银行服务的内涵，使银行能以便利、高效而又较为安全的方式为客户提供传统和创新的服务。

手机银行的主要表现形式有无线应用协议（WAP）和手机软件（App）的方式。手机银行可以全天候 24 小时（anytime）连续运行，使用可以不分昼夜，摆脱了传统银行上下班时间的限制。只要拥有一部手机，在手机信号接收正常的情况下，客户所处的地域就无关紧要，在任意地方（anywhere）随时随地都能获得银行提供的多种金融服务。

手机银行近年来已逐渐成为在线金融的新趋势、新潮流，各家银行都在积极推广自家的移动客户端，银行大力推广手机客户端业务还有一个非常重要的原因，就是激活刷卡率，刺激用户多消费。用户打开手机客户端之后，发现里面可以购物、买彩票、手机充值、买基金、买电影票等，这就相当于形成了一个手机上的商圈。

1. 手机银行的优点

（1）运营成本低

由于手机银行不需要物理网点和人员处理业务，可以帮助银行节约大量的运营成本。只需在柜面开通此项业务，无任何成本附加，便可给客户丰富、便捷的掌上银行体验。

（2）创新速度快

手机银行业务的创新在于将手机、网络技术、信息安全技术与银行业务高度融合，实现银行业务整合和流程再造，提升产品个性化服务水平和银行竞争力。由于手机技术和网络技术发展非常迅速，与之相关的手机银行创新速度也要比传统银行业务快得多。

（3）安全要求高

因为手机 App 是一款专门为银行量身定制的软件，所以它是由银行完全掌握的软件，普遍采用高科技的安全控制措施，在身份验证上采用数字证书来检验客户身份的合法性，在信息传输过程中采用加密技术，保证了数据传输的安全性和保密性，随着科技发展，对手机银行系统安全要求愈加提高。

（4）客户体验优

银行客户通过手机银行享受“一站式”、全方位金融服务乃至其他增值服务完全可能实现。同时，手机银行还可以推出一些人性化的新产品和服务，这些业务以客户为中心，根据客户个人情况单独设计。

2. 手机银行的服务内容

尽管手机在运行能力、终端表现能力上不如计算机，但在随时随地接入的方便性上则超过了计算机。因此，移动银行的业务，在未来将趋同于网上银行的业务，尤其是在个人金融服务方面，移动银行将逐渐成为客户有力的助手。

（1）银行传统业务

手机银行对于金融信息尤其是账务信息增值性更强，像对个人客户的各种存取款业务、到账信息、代扣款项扣款信息、信用卡还款信息、贷款还款信息、定期存款到期信息，对企业客户的账户余额不足信息、贷款逾期催收信息、汇票未解付信息、承兑到期信息、大额交易信息、利率变动信息等，对于客户而言都极具价值，客户也更认同于为此类信息付费。

（2）查询缴费业务

随着电子商务模式日趋成熟，越来越多的产品和服务都可以通过电子商务实现，账户查询、余额查询、账户的明细、转账业务的查询更便捷，银行代收的水费、电费、煤气费、电话费等费用的缴纳达到了随时随地。

（3）购物业务

电商时代的开启使网络购物成为全民化，客户将手机信息与银行系统绑定后，通过手机银行平台进行购买商品，成为更便捷的一种购物方式。

（4）理财业务

手机理财包括炒股、炒汇等，由于银行理财业务的安全性高和借助银行手机软件安全性高的特性，通过银行软件进行理财业务也是手机客户的优选。

四、其他电子银行

1. 电话银行

电话银行是指使用计算机电话集成技术，通过拨通电话银行的电话号码，利用电话自助语音和人工服务方式为客户提供账户信息查询、转账汇款、缴费支付、投资理财、业务咨询等金融服务的电子银行业务。电话银行服务系统是20世纪90年代已出现的一种银行服务，由于它采用了电脑 FAX/语音转换技术，使银行的各种资料能通过电话语音或传真机及时准确地传递给客户。

各家银行都能够开通电话银行，需到网点办理借记卡，在柜台申请开通电话银行。

2. 手机银行（短信方式）

短信银行是指客户通过编辑发送特定格式短信到银行的短信服务号码，银行按照客户指令，为客户办理相关业务，并将交易结果以短信方式通知客户的电子银行业务。业务逻辑处理与数据库服务系统主要功能是实现与银行短消息业务相关的业务逻辑处理从而生成相应的短消息内容实体、储存所有发送信息、保存客户资料，并将所需发送的短消息推送到短信发送系统。短信发送系统把业务逻辑处理与数据库系统中推送过来的短消息实时地发送到短信平台（SMS HUB）上。

3. 自助终端

银行的自助设备包括自动取款机（ATM）、自动存款机、自动存取款机、自助查询机、自助缴费机等，客户可通过自助方式在相应的自助设备上完成存款、取款、转账和查询等交易。传统的自助终端设备远程都是通过电信专网连接到银行网络的，随着三网融合的逐步发展，底层采用何种网络的区别已经逐渐淡化，现在也出现了无线ATM 等设备，可以经过无线路由器接入互联网，再联入银行的网络系统。

自助服务终端是以“24 小时自助服务”为系统设计理念，可以缓解传统营业厅人流量过大的问题，弥补原来营业时间上的不足，避免顾客在营业厅办理业务的烦恼，使顾客感受到轻松、便捷、体贴的服务。营业厅自助服务终端是对营业厅服务的延伸与补充。在金融行业用户可以进行账户查询、自助转账、对账单打印、补登、自助挂失业务办理。20 世纪 80 年代中期，中国银行为了提升银行现代化形象，首先引进了ATM 机。

4. 电视银行

电视银行是通过双向数字电视网络，以电视机与机顶盒作为客户终端，遥控器作为操作工具，为家庭成员提供方便、快捷的一体化金融服务的新型电子渠道。电视银行是继网上银行、电话银行、手机银行、ATM 之后的又一自助渠道，具有多项优点。与网上银行相比，电视银行更加安全，操作更加简便。由于数字电视自身线路和系统较为封闭，因而更具安全性；同时，电视的操作简单易行，年纪稍长的用户更易接受。与手机银行相比，客户操作的可视界面尺寸更大，更加简单、直观。与 ATM 相比，电视银行让客户免去出行奔波和排队等候，可办理业务也更多。

电视银行支持银行现有各种金融业务，包括个人客户人民币账户信息查询、转账、电视支付、信用卡、缴费、银行产品信息查询、个人客户外币通、基金业务、理财业务、个人贷款、第三方存管业务以及地方性特色业务等功能，为客户提供完善的电子金融服务渠道。

开通方式有三种：柜面注册是客户持本人有效身份证和用身份证开通的个人活期结算账户或信用卡账户，到银行窗口办理开通业务；自助注册是未在柜面开通电视银行的客户，在电视银行界面进行自助注册，进入注册界面后，输入银行账户的账号/卡号及账户密码，设置登录密码后即完成了自助注册；网银注册是客户通过银行网点柜台成功签约个人网上银行业务后，成为网银签约账户类型，可以通过网银界面选项进行开通。

随着电信网、广电网、互联网三网融合加速，电视的数字化进程逐步加快，电视支付作为电视机接入互联网的一个重要延伸功能，开始成为大众关注的热点。据统计，我国在 2010 年已成为数字电视使用量最大的国家。2017 年 6 月 26 日，人民银行公布了第四批支付机构的企业名单，其中首次出现了数字电视支付业务。电视支付牌照的发放，有助于我国电视支付的快速发展。

第三节　银行网络借贷

网络借贷是指个体和个体之间通过互联网平台实现的直接借贷。个体包含自然人、法人及其他组织。网上贷款也正在成为一种趋势，借助互联网的优势，可以足不出户地完成贷款申请的各项步骤，包括了解各类贷款的申请条件，准备申请材料，一直到递交贷款申请，都可以在互联网上高效地完成。与之相应，一批网上贷款平台的兴起，也为网上贷款的普及与推广做出了很大的贡献。

随着互联网的普及，互联网正在逐步渗透到人们日常生活的各个方面，未来人们的生活习惯也将为之改变。与人们生活息息相关的各个行业也正在针对互联网的普及发生转变。最典型的如，零售。

网络贷款会计业务处理分录同银行柜台业务处理分录。

一、网络贷款的分类

网络贷款是银行和网络借贷信息中介机构的共有业务。网络贷款也分为 B2C、P2P、P2C 模式。

网络借贷信息中介机构是指依法设立，专门从事网络借贷信息中介业务活动的金融信息中介公司。该类机构以互联网为主要渠道，为借款人与出借人（贷款人）实现直接借贷提供信息搜集、信息公布、资信评估、信息交互、借贷撮合等服务。但是要在银行办理网络借贷资金存管业务。

1. B2C 模式

B2C 模式指银行有些网站也提供贷款公司的产品。一般的网络 B2C 贷款都依托网络贷款平台完成贷前工作，根据规则不同，有些还需要申请人去银行线下办理。B2C 模式受地域限制，因为其业务主体都是有地域限制的机构，覆盖面还有待拓展。

2. P2P 模式

P2P 模式是一种将小额资金聚集起来借贷给有资金需求的个人的一种民间小额借贷模式。P2P 被人看好的原因在于 P2P 大多生存于互联网、移动端，而移动互联网最直接的优点则是便捷、高效、不受地域限制等，由此看来这种不受地域限制的闪电借款模式更为大家看好。未来中国移动互联网消费金融发展空间巨大，因为三、四线城市小额信贷需求旺盛，潜在市场容量高于一、二线城市；三、四线城市信用卡额度低，几乎没有其他消费金融形态；个人信用记录缺失多，未来可释放极大信用价值。

3. P2C 模式

P2C 模式是将小额资金聚集起来借贷给有资金需求的企业的一种民间小额借贷模式。借款主体以企业借款为主，其借款人为更具有稳定的现金流及还款来源的企业。相比个人而言，企业信息容易核实，在借款来源一端被严格限制为有着良好实体经营、能提供固定资产抵押的有借款需求的中小微企业，还款来源更稳定；同时，相对于 P2P 平台的信用贷款形式而言，P2C 模式则要求借款企业必须有担保、有抵押，安全性相对更好。

二、网络贷款的管理

1. 银行自有网络贷款的管理

（1）贷款申请

借款人登录银行指定的在线渠道，进入申请界面，了解网络贷款产品情况、贷款基本条件和办理流程，填写基本信息，拟申请贷款金额、贷款期限、贷款用途等，系统验证手机号码有效性，在线签署授权书。申请信息填写完整后，申请人提交贷款申请。

（2）贷款受理调查

系统自动受理与调查，系统自动确定贷款额度和贷款利率；初步准入后，系统自动查询申请人征信报告记录，调查申请人信用记录情况，不符合相应条件的，系统拒绝贷款申请；系统自动核定贷款额度，核定额度小于系统设定最低贷款额度的，系统拒绝贷款申请。

（3）审查审批

本业务实行审查与审批合一，由系统自动进行审查审批。申请人是否符合特殊准入条件；申请人征信记录是否符合规定等。

（4）合同签订

首先，确定贷款要素，审查审批通过的，申请人根据系统提示的可贷金额及贷款利率，进一步确认贷款金额、期限、还款方式和还款账户等信息。其次，签订借款合同，借款人登录银行指定的在线渠道，在线签署借款合同及相关协议。

（5）贷款归还

系统自动批扣，系统自动从借款人还款账户扣划应还款项。借款人也可以自助提前还款，借款人通过自助渠道办理提前还款业务。

（6）贷后管理

网络贷款业务贷后管理职责主要包括风险监测信息处理、停复牌管理、逾期催收管理、风险处置化解、呆账核销管理等工作。贷款归属行即贷后管理责任行；贷后管理责任行应指定客户经理作为业务的管户客户经理，负责贷后管理工作。贷款发放后，系统每日生成业务发放清单和逾期清单，供个贷中心及经营行查询、下载。

定期自动查询征信，系统定期自动查询客户征信情况，由经营行负责关注并核实借款人风险信息，确有必要的，可提前进行贷后催收管理。

2. 网络借贷资金存管业务的管理

网络借贷资金存管业务，是指商业银行作为存管人接受委托人的委托，按照法律法规规定和合同约定，履行网络借贷资金存管专用账户的开立与销户、资金保管、资金清算、账务核对、提供信息报告等职责的业务。存管人开展网络借贷资金存管业务，不对网络借贷交易行为提供保证或担保，不承担借贷违约责任。委托人，即网络借贷信息中介机构，是指依法设立，专门从事网络借贷信息中介业务活动的金融信息中介公司。存管人，是指为网络借贷业务提供资金存管服务的商业银行。网络借贷资金，是指网络借贷信息中介机构作为委托人，委托存管人保管的，由借款人、出借人和担保人等进行投融资活动形成的专项借贷资金及相关资金。

委托人开展网络借贷资金存管业务，应指定唯一一家存管人作为资金存管机构。委托人需要在存管人处开立网络借贷资金存管专用账户，包括为出借人、借款人及担保人等在资金存管汇总账户下所开立的子账户。

网络借贷业务有关当事机构开展网络借贷资金存管业务应当遵循“诚实履约、勤勉尽责、平等自愿、有偿服务”的原则。

商业银行担任网络借贷资金的存管人，不应被视为对网络借贷交易以及其他相关行为提供保证或其他形式的担保。存管人不对网络借贷资金本金及收益予以保证或承诺，不承担资金运用风险，出借人须自行承担网络借贷投资责任和风险。

存管资金账户是存款账户，账务记载同企业账户管理相同。

（1）存管人开展网络借贷资金存管业务的要求

1）明确负责网络借贷资金存管业务管理与运营的一级部门，部门设置能够保障存管业务运营的完整与独立。

2）具有自主管理、自主运营且安全高效的网络借贷资金存管业务技术系统，具有完善的内部业务管理、运营操作、风险监控的相关制度。

3）具备在全国范围内为客户提供资金支付结算服务的能力。

4）具有良好的信用记录，未被列入企业经营异常名录和严重违法失信企业名单。

5）国务院银行业监督管理机构要求的其他条件。

（2）存管人的网络借贷资金存管业务技术系统应当满足的条件

1）具备完善规范的资金存管清算和明细记录的账务体系，能够根据资金性质和用途为委托人、委托人的客户（包括出借人、借款人及担保人等）进行明细登记，实现有效的资金管理和登记。

2）具备完整的业务管理和交易校验功能，存管人应在充值、提现、缴费等资金清算环节设置交易密码或其他有效的指令验证方式，通过履行表面一致性的形式审核义务对客户资金及业务授权指令的真实性进行认证，防止委托人非法挪用客户资金。

3）具备对接网络借贷信息中介机构系统的数据接口，能够完整记录网络借贷客户信息、交易信息及其他关键信息，并具备提供账户资金信息查询的功能。

4）系统具备安全、高效、稳定运行的能力，能够支撑对应业务量下的借款人和出借人的各类峰值操作。

5）国务院银行业监督管理机构要求的其他条件。

（3）在网络借贷资金存管业务中，存管人应履行的职责

1）存管人对申请接入的网络借贷信息中介机构，应设置相应的业务审查标准，为委托人提供资金存管服务。

2）为委托人开立网络借贷资金存管专用账户和自有资金账户，为出借人、借款人和担保人等在网络借贷资金存管专用账户下分别开立子账户，确保客户网络借贷资金和网络借贷信息中介机构自有资金分账管理，安全保管客户交易结算资金。

3）根据法律法规规定和存管合同约定，按照出借人与借款人发出的指令或业务授权指令，办理网络借贷资金的清算支付。

4）记录资金在各交易方、各类账户之间的资金流转情况。

5）每日根据委托人提供的交易数据进行账务核对。

6）根据法律法规规定和存管合同约定，定期提供网络借贷资金存管报告。

7）妥善保管网络借贷资金存管业务相关的交易数据、账户信息、资金流水、存管报告等包括纸质或电子介质在内的相关数据信息和业务档案，相关资料应当自借贷合同到期后保存 5 年以上。

8）存管人应对网络借贷资金存管专用账户内的资金履行安全保管责任，不应外包或委托其他机构代理进行资金账户开立、交易信息处理、交易密码验证等操作。

9）存管人应当加强出借人与借款人信息管理，确保出借人与借款人信息采集、处理及使用的合法性和安全性。

10）法律、行政法规、规章及其他规范性文件和存管合同约定的其他职责。

（4）网络借贷资金存管合同的内容

1）当事人的基本信息。

2）当事人的权利和义务。

3）网络借贷资金存管专用账户的开立和管理。

4）网络借贷信息中介机构客户开户、充值、投资、缴费、提现及还款等环节资金清算及信息交互的约定。

5）网络借贷资金划拨的条件和方式。

6）网络借贷资金使用情况监督和信息披露。

7）存管服务费及费用支付方式。

8）存管合同期限和终止条件。

9）风险提示。

10）反洗钱职责。

11）违约责任和争议解决方式。

12）其他约定事项。

本 章 小 结

互联网金融是互联网技术发展推动的新兴业务，来势迅猛，发展空间广大，业务操作便捷。作为新生事物，互联网金融既需要市场驱动，鼓励创新，也需要政策助力，促进发展。互联网金融不是互联网和金融业的简单结合，而是在实现安全、移动等网络技术水平上，被用户熟悉接受（尤其是对电子商务的接受）后，自然而然为适应新的需求而产生的新模式及新业务。互联网金融具有即时性与移动化、覆盖广与发展快、互动强与透明化、低成本与效率高、管理弱与风险大的特点。

互联网支付是指通过计算机、手机等设备，依托互联网发起支付指令、转移货币资金的服务。互联网支付应始终坚持服务电子商务发展和为社会提供小额、快捷、便民小微支付服务的宗旨。银行业金融机构和第三方支付机构从事互联网支付，应遵守现行法律法规和监管规定。互联网支付业务由人民银行负责监管。

网络银行又称网上银行、在线银行，是指金融机构利用互联网技术，通过互联网向客户提供开户、销户、查询、对账、行内转账、跨行转账、信贷、网上证券、投资理财等传统服务项目，使客户可以足不出户就能够安全便捷地管理活期和定期存款、支票、信用卡及个人投资等。

网络借贷包括个体网络借贷（P2P 网络借贷）和网络小额贷款。个体网络借贷是指个体和个体之间通过互联网平台实现的直接借贷。在个体网络借贷平台上发生的直接借贷行为属于民间借贷范畴，受《合同法》《民法通则》等法律法规以及最高人民法院相关司法解释规范。网络借贷业务由银监会负责监管。

网络借贷资金存管业务，是指商业银行作为存管人接受委托人的委托，按照法律法规规定和合同约定，履行网络借贷资金存管专用账户的开立与销户、资金保管、资金清算、账务核对、提供信息报告等职责的业务。存管人开展网络借贷资金存管业务，不对网络借贷交易行为提供保证或担保，不承担借贷违约责任。委托人，即网络借贷信息中介机构，是指依法设立，专门从事网络借贷信息中介业务活动的金融信息中介公司。存管人，是指为网络借贷业务提供资金存管服务的商业银行。

基 本 概 念

互联网金融　互联网支付　网络借贷　网络银行　手机银行　电话银行　短信银行　电视银行

复习思考题

1. 简述互联网金融的概念及特点。
2. 互联网金融模式有哪些？
3. 银行互联网方式有哪些？
4. 简述网络贷款的分类。
5. 银行自有网络贷款如何管理？
6. 网络借贷资金存管业务如何管理？

第十三章　会计稽核与监督

学习目的与要求

1. 掌握商业银行会计稽核的概念、目的、任务
2. 掌握稽核、监督人员的职权和职责
3. 掌握现场稽核的几个阶段
4. 掌握非现场稽核的概念、对象、内容
5. 掌握会计核算监督的概念和作用
6. 掌握会计核算监督的内容
7. 掌握会计核算监督的管理

第一节　会计稽核与监督概述

一、商业银行会计稽核、监督的作用

银行会计稽核是指由商业银行各级稽核部门对下级行或本行的各项财务收支、会计核算或其他特定项目，依照规定进行的规范化的检查、审计、评价、监督及稽核处理活动。会计核算监督是指对会计业务核算全过程进行的审核、控制和检验。会计核算监督分为现场稽核、监督和非现场稽核、监督。核算部门内设的监督机构和监督岗位适时开展现场稽核、监督；稽核、监督部门以非现场稽核、监督为主，经分管行长授权可开展现场稽核、监督。

建立商业银行的稽核、监督制度，经常性地进行会计检查辅导和监督管理，并以国家金融法律、法规，各商业银行总行制定的业务工作方针政策、规章制度办法为依据，以检查、帮助、处理相结合为手段，以依法、客观、公正为原则，以促进会计核算质量的改进和会计制度的执行，减少和避免会计差错，提高会计工作质量，改善商业银行的经营管理，更近一步实现资金运用流动性、安全性、盈利性合理协调。

商业银行会计稽核、监督在业务经营中发挥着重要的作用，会计稽核是以国家方针政策、法令和有关金融制度为依据，对会计核算的真实性、准确性、合规性进行稽核审计，对财产的完整性、安全性进行检查监督。通过对记录和反映金融企业业务活动和财务收支的各种凭证、账簿及报表的检查，来考核核算的真实性、合理性、及时性和准确性。同时发现问题，揭示弊端，会计稽核的主要目的是发现问题，改进工作，在会计检查中，可以通过各种方法，检查在业务操作中出现的各种情况，对各项业务提出内控建议，检查、评价各项内控制度，进行有关内部控制问题的专项检查，对发现的问题深入

进行剖析，找出产生问题的原因、造成弊端的因素，对违反内部控制的单位和人员按规定权限和程序给予处理。

二、商业银行稽核、监督的管理体制

各级稽核部门独立行使职权，除上级稽核部门外，不受任何部门和个人的干预。各被稽核单位必须接受稽核、监督，如实反映情况，提供资料，不得拒绝、弄虚作假、隐瞒事实真相。经规定程序批准的稽核意见和稽核处理决定，被稽核单位必须执行。对阻挠、拒绝、妨碍稽核工作的行为及人员，稽核部门可按有关规定严肃处理，必要时可采取封存账册、资料、档案等措施。

1）总行对稽核、监督业务实行统一管理。稽核、监督工作的规章制度、主要业务的稽核、监督操作规程、年度主要工作计划由总行统一制定。各分行稽核部门应根据总行年度工作部署，编制年度工作计划，报上级行稽核部门审批后，按批准计划进行。

各分支行稽核部门应按规定时间向上级行报送工作报告。总行授权各分支行，可结合本行具体情况，对某些稽核、监督规章制度制定实施细则，并报总行备案。

2）实行分级负责，下审一级的稽核、监督责任制。各商业银行总行稽核部门负责对管辖分行直属分行、海外分行及总行各业务职能部门的稽核检查；管辖分行负责对辖属分支行、本行各业务职能部门及下属各营业网点的稽核检查；直属分行和辖属各分支行负责对本行各业务职能部门及下属各营业网点的稽核检查。

3）各级行领导和各业务职能部门应积极支持稽核、监督工作，充分发挥稽核、监督的职能作用，及时研究解决稽核部门在工作中遇到的困难和问题，为稽核部门顺利开展工作创造有利条件。应吸收稽核人员参加有关业务会议和重大业务问题的研究处理，有关业务文件和资料也应抄送稽核部门。

三、稽核、监督工作的任务

稽核、监督应把好会计核算质量关，促进会计核算规范化，加强风险防范。稽核、监督的主要任务是：

1）审核业务处理依据是否合规有效，账务处理手续是否符合制度规定。

2）加强核算过程监督，重点监督会计核算风险环节，维护资金安全。

3）检验会计核算结果是否准确无误，会计信息反映是否真实完整。

4）发现和督促纠正会计核算的违规情况，及时反映违规行为。

5）提出完善会计规章制度、会计管理和内部控制的意见和建议。

四、稽核、监督人员的职权和职责

1. 稽核、监督人员的职权

稽核、监督人员在执行稽核、监督任务时有以下职权：

1）查阅被稽核单位各种账簿、报表、凭证等会计档案。

2）检查被稽核单位本外币现金、有价证券、重要空白凭证、代保管金和库房设施等。

3）查阅被稽核单位各类业务计划、各种业务合同、业务报告、各种业务档案、各类业务会议记录等资料文件。

4）查阅被稽核单位各项业务计算机数据。

5）召集有关人员座谈或个别谈话，也可向稽核事项涉及的有关单位调查取证。

6）提请被稽核单位及有关人员支持、配合稽核人员开展工作，提供调查证明，复印资料文件，提供必要的稽核办公条件。

7）有权制止、纠正被稽核单位不合规定的业务、账务、钱物等行为，提出改进意见，并限期整改。

2. 稽核、监督人员的职责

各级稽核、监督工作人员，必须严格遵循稽核、监督人员工作守则，认真履行职责：

1）坚持原则，严格贯彻执行国家有关财经法规和规章制度及操作规程；敢于揭露问题，自觉维护国家和所在银行的整体利益。

2）深入实际，求真务实，了解和反映真实情况。

3）客观公正，实事求是，依法办事，处理有据。

4）清正廉洁，严于律己，不谋私利。

5）保守秘密，不向无关人员散布。

第二节　商业银行稽核

一、商业银行现场稽核

现场稽核是稽核检查人员亲临现场，检验银行财务报表数据的准确性和可靠性，评估银行管理和内部控制的质量，检查银行遵守法律法规的情况，考察银行的整体经营管理水平。

现场稽核包括稽核准备、稽核实施、稽核报告、稽核处理、稽核档案整理五个阶段。

1. 稽核准备

稽核准备的主要工作分为成立稽核组、收集资料、制定稽核方案和发送稽核通知书四个部分。

（1）确立稽核项目，成立稽核组

稽核部门应根据经批准的年度工作计划或特定需要的稽核事项，确定稽核对象、稽核内容、重点和稽核期，选定稽核人员，组成稽核组，指定稽核组长。

根据需要可在稽核组设立主稽人，必要时还可设立副主稽人。在设立主稽人时，稽核组组长负责对稽核组的领导及有关主要事项的协调，主稽人负责稽核工作的组织和实施、稽核报告和稽核处理文件等的起草工作。在不设立主稽人时，可由稽核组组长指定专人负责有关文件的起草工作。一般应于稽核组成立时即行指定，以便被指定人在稽核过程中注意收集分析资料。稽核组可根据工作需要分为若干个专业小组，每个小组至少应由两名稽核员组成，保证各项稽核内容均有适当形式的复核。

在确定人员分工时，组长（或主稽人）要根据每一个稽核人员的专业知识、经验和能力安排不同的任务，组内分工要明确，责任要落实。在分工时应考虑到相关内容之间的配合。在稽核过程中，还可根据需要对稽核组成员作必要的调整。

（2）收集资料

稽核组应认真收集与本次稽核有关的文件和资料，并对收集的文件和资料进行学习和分析，掌握和熟悉本次稽核的有关依据，对被稽核单位经营管理状况作出初步判断，提出可能存在的问题，为制定稽核方案提供依据。

收集的文件和资料主要包括：

1）与本次稽核有关的国家金融法律法规，所在行有关方针政策和规章制度。

2）上级行对被稽核单位的资产负债管理规定，对各项业务的授权和操作规定。

3）上级行批准的被稽核单位信贷、财务和业务发展计划。

4）被稽核单位的财务会计报表和各类业务的统计报表及有关资料。

5）非现场稽核中发现的被稽核单位的有关情况及问题。

6）上级行及本行对被稽核单位最近的现场稽核材料，包括外部单位的稽核材料。

7）有关部门掌握的以及群众举报等其他材料。

（3）制定稽核方案

稽核组应在详尽地收集资料，并对资料进行认真的分析后，确定稽核的任务和重点，拟订具体的稽核实施方案。稽核方案经稽核组讨论通过，并经所在行稽核部门负责人审阅后，报本行总稽核审核批准。批准的稽核方案即作为稽核组的工作任务和开展稽核工作中的授权。在实施稽核过程中，稽核组根据具体情况需对稽核方案的范围、内容、目标、重点进行调整时，应经稽核行总稽核同意，并在稽核方案中做好记录。稽核方案的执行情况作为检查、考核稽核质量的依据。

稽核方案应包括以下内容：

1）确定稽核项目的依据。

2）被稽核单位的名称、稽核目的、稽核方式和有关稽核内容的基本状况。

3）拟定稽核的范围、内容、重点、稽核期、较详细的实施步骤和时间安排。

4）稽核组组长、主稽人、组员名单和分工。

5）编制稽核方案日期。

6）审批人意见及审批日期。

（4）发送稽核通知

稽核行一般应提前 5 至 7 个工作日向被稽核单位发出稽核通知书。特殊的稽核项目和各行对本部机构网点的稽核也可不提前发出稽核通知，由稽核组到达时当面递交。

稽核通知书内容应包括：

1）被稽核单位名称；稽核的范围、内容、方式、稽核期和稽核开始时间；稽核组组长、主稽人和其他成员名单；对被稽核单位提出配合稽核工作的要求。

2）稽核通知书按总稽核批准的稽核方案，授权稽核行稽核部门签发日期。

3）稽核通知书应统一编制文号，并加盖稽核部门公章。

4）稽核通知书可以传真形式发给被稽核单位。

2. 稽核实施

稽核实施阶段包括进点会谈、调阅资料、审核报表、内部控制测试、执行检查、阶段小结和编制工作底稿等工作。

（1）进点会谈

稽核组按规定日期进入被稽核单位，与被稽核单位主要负责人及有关部门负责人举行进点会谈。进点会谈由稽核组组长主持。

1）进点会谈的内容，一是稽核组说明稽核内容、目的、安排及对被稽核单位的要求；二是介绍稽核组成员交验介绍信及其他检查证件；三是听取被稽核单位对稽核项目的自查报告。

2）被稽核单位应按照稽核通知书的要求提出书面的自查汇报，自查汇报应经被稽核单位主要负责人审核加盖公章，作为撰写稽核报告及稽核处理的依据。对未事先发出稽核通知书的，可由被稽核单位口头汇报，但应整理会谈纪要，由被稽核单位盖章确认，或由被稽核单位事后递交书面汇报。

3）进点会谈前，主持人应根据进点前的分析做好会谈准备。会谈应掌握重点，进行必要的谈话和询问，以进一步了解被稽核单位的情况，了解和评估被稽核单位高级管理层的经营思想及对本单位业务、经营状况的熟悉程度，作为对其经营水平进行检查评估的基础。必要时，可要求被稽核单位就某些问题作出补充自查汇报。

4）会谈时稽核组应做好记录，必要时还可整理成会谈纪要。会谈纪录和纪要应归入稽核档案。

（2）调阅资料

稽核组应根据拟检查的内容，确定需调阅的原始凭证、会计账簿、报表、计算机数据资料和有关文件，并按照检查进度逐次调阅。

调阅资料应填写“稽核调阅资料清单”一式两份，分别由稽核组和被稽核单位保存；稽核组应指定专人负责办理资料的调、退手续，并签名确认。

（3）对账表、数据的现场审核

被稽核单位应向稽核组提供真实、合法和完整的报表和数据。稽核组首先应对账表、数据的真实性、完整性和合法性进行现场审查，避免被有问题的账表、数据误导，准确地掌握被稽核单位的情况。

审查的基本内容和方法包括：

1）审查业务经营内容是否真实，审查会计科目、账户和记账凭证的使用是否正确。

2）核对分户账（明细账）与总账、总账与会计报表是否相符。

3）核对汇总会计报表与各分支机构和职能部门的有关数据是否相符。

（4）内部控制测试

进行内部控制测试的目的，是考察被稽核单位是否认真按照总行制定的内部控制规章制度执行，各级管理人员及员工是否清楚各自的授权，清楚履行授权的条件、职责、操作程序及本岗位的制度和规定，业务经营是否符合上级行批准的各项计划及规定的方针政策，并对其内部控制制度和机制是否充分有效进行评价。

内部控制测试分为符合性测试及实质性测试两方面。前者是对执行情况的测试，即测试内部控制的运作情况；后者是对有效性的评价，即测试内部控制操作的结果。两者可以分开进行，也可合并进行。

1）符合性测试的方法主要是：①详细阅读所在行总行的有关方针政策、规章制度，上级行批准的各项计划，与被稽核单位实际状况对照比较；②向各管理层和业务人员进行有关业务规章制度和执行情况的调查；③实地查看，通常不通知有关业务人员，稽核人员到现场实地观察，察看有关业务人员处理业务操作过程中，是否按制度规定进行；④实地检查，稽核人员按照被稽核单位规定的程序和办法，对有关经办人员的业务重新操作一次，检查其是否按规章制度操作。

2）实质性测试的内容包括以下几个方面：①本单位是否制定有实施细则、操作程序、岗位责任制，这些规定是否经过正式审批成文，是否与总行统一规定有不符或相悖之处；②现有的规章制度是否完善，有无疏漏或不足；③规章制度是否充分有效，有助于防范风险；④对例外的情况是否有控制措施，作出的处理是否恰当；⑤根据内部控制测试的结果，对照内控建设应遵循的有效性、审慎性、全面性、及时性和独立性的原则，对被稽核单位内部控制的健全和执行情况作出评价。

实质性测试的方法包括：听取主要业务管理人员和从业人员对内部控制的意见；对不同业务和工作流程进行实地测试，查看内控是否存在漏洞。

（5）执行检查程序

执行检查程序包括检查、取证、分析和评价等。

1）检查。根据稽核方案，按各项稽核内容，采取各种稽核方法进行检查。稽核方法包括抽样、核对、审阅、计算、比较分析、绘制流程图、实地观察、询问调查等。

稽核抽样原则上应采用随机抽样，抽样比例由稽核组根据工作量和具体情况决定，但应注意选择稽核业务的所有种类和稽核期内的时间段，抽样比例应按稽核期内各类业务量大小确定适当比例，必要时，对一些数量较小、风险较大的业务也可全部检查。

2）取证。对稽核中发现的问题和需要查实的情况，应通过查阅有关文件和资料，实地查看，或向有关单位和个人调查等，取得证明材料。

稽核人员收集证明材料时应当注意：进行调查时，凡涉及重大问题，稽核人员不得少于 2 人。对需要调查取证的问题，要取得足够的证据。证明材料应当有提供者的签名或盖章，未取得提供者签名或盖章的，应由调查人（2 人或以上）共同签名或盖章说明未取得的原因，以确认调查内容的真实性。对复制件如照片、录音、录像等，应注明时间、原件名称、原件存放地点，并由经办人（2 人或以上）签名或盖章确认。对证明人要求保密的合理请求，稽核组应予采纳。稽核结束时，应将证明材料汇总编制调查取证材料清单，由编制人签名后统一管理。

3）分析和评价。对检查中认定的事实和有关资料进行整理、核对、比较、分析和判断，并根据稽核依据进行定性，作出评价。

对稽核事项的评价，要坚持实事求是、客观公正的原则。对稽核过程中未涉及的具体事项，证据不足、评价依据或标准不明确的事项不作结论性评价。必要时可以“值得研究的问题”方式，提供被稽核单位注意研究。

4）通过检查、取证、分析和评价，还有未解决的问题或仍有疑点，则应当再次进行检查、取证、分析和评价，直至达到稽核目的为止。

（6）阶段小结

进行阶段小结是提高稽核质量的重要环节。稽核组组长或主稽人要及时分阶段听取各专业小组的汇报了解工作进度，判断稽核是否查深查透，及时解决疑难问题，引导现场作业逐步深入，根据稽核进展情况，及时调整稽核组成员分工，以按时保质完成现场稽核任务。

（7）编制工作底稿

在实施稽核时，稽核人员应当做好记录，对认定的事项编制现场稽核工作底稿。

工作底稿应包括被稽核单位名称、稽核项目名称及实施时间、稽核过程记录、稽核人员的姓名及编制日期、复核者的姓名及复核日期、索引号及页次、稽核人签名等七个部分。

工作底稿应附有对稽核事实和结论提供支持的材料，包括凭证、账表、说明材料、记录等。在会谈、实地观察和查账结束以后，应将需要认定的主要事项，填入工作底稿。对凭证、账表等有关资料进行计算、分析、比较以后，应将认定事项的依据和结果填入工作底稿。

稽核人员应对所编制工作底稿的真实性负责。重大事项的工作底稿必须由另一稽核员进行复核。稽核组组长或主稽人应当对工作底稿进行必要的检查，帮助稽核人员提高工作质量和按要求完成任务。工作底稿应做到内容完整、真实、重点突出、简洁清晰、符合文档规范、便于统一装订。

3. 稽核报告

稽核报告阶段包括形成“稽核事实和评价”、进行总结会谈和提出稽核报告等工作。

（1）形成“稽核事实和评价”

1）各工作小组将稽核实施阶段查实的各种问题和事实分类整理，初步认定问题的性质，形成各检查项目的分项目小结，提交稽核组组长或主稽人。

2）稽核组组长或主稽人组织稽核组对各小组提交的问题分析和认定材料进行讨论和综合分析、判断后，形成“稽核事实和评价”。

3）“稽核事实和评价”中所列的每一项事实，都必须有详细、充分的数据或文字资料支持，主要包括按问题分类、排序编号后的“稽核工作底稿”“调查取证材料”“会谈、座谈记录”“自查报告”等材料。“稽核事实和评价”援引上述材料时应写明其序号。

4）“稽核事实和评价”一般应在现场检查程序结束后3个工作日内完成。

（2）进行总结会谈

“稽核事实和评价”形成后，稽核组应当与被稽核单位举行总结会谈。

总结会谈由稽核组组长主持，被稽核单位主要负责人及有关业务部门负责人参加。稽核组宣读“稽核事实和评价”，请被稽核单位就有关事实的真实性、准确性及评价提出意见。被稽核单位对“稽核事实和评价”中认定的问题有异议时，稽核组应当进行核对，确有差错时应进行更正。对“稽核事实和评价”中所述的所有内容均应由被稽核单位作出确认。被稽核单位对“稽核事实和评价”中有关问题的评价有异议时，稽核组应当与之进行讨论，尽可能达成共识；如不能达成共识，稽核组应当将双方分歧详细记录在案，并在稽核报告中客观地加以反映。如果稽核组与被稽核单位在有关稽核事实和问题评价上存在较大的意见分歧，应对存在分歧的问题作进一步核实，必要时可在问题事实清楚后，安排第二次总结会谈。如在总结会谈中有未能澄清的问题及未能取得一致的评价意见，或因有特殊原因无法举行总结会谈，稽核组可将“稽核事实和评价”印发被稽核单位，由被稽核单位在 5 至 7 个工作日内提出反馈意见，逾期未提出的，视为对“稽核事实和评价”无异议。

（3）提出稽核报告

在被稽核单位对稽核组撰写的“稽核事实和评价”进行确认或被稽核单位提出书面反馈意见后，稽核组最迟应当在 10 个工作日内提出稽核报告。

稽核报告是稽核组向派出稽核部门提交的工作报告，应以“稽核事实和评价”为基础，全面反映稽核中查出的问题，作出客观、公正的评价，总结会谈中被稽核单位对稽核组作出的稽核评价的认识和态度，以及与稽核组对查出问题认识上的分歧，均应在稽核报告中得到充分的体现。稽核报告由稽核组组长或主稽人拟定并签字盖章，经稽核行稽核部门负责人审核后，报总稽核审批签发。

稽核报告主要应包括以下内容：

1）实施稽核的基本情况，包括稽核内容、范围、稽核期、现场工作时间、稽核组组长、主稽人和成员、稽核方案的执行和调整情况等。

2）被稽核单位的基本情况，包括内部组织结构、经营状况、内控状况及被稽核单位的配合情况等。

3）被稽核单位对“稽核事实和评价”与稽核组在认识上存在的主要分歧。

4）稽核查出的问题和稽核组作出的评价及整改意见。

5）根据法律法规和有关规章制度，提出拟进行的处理建议。

4. 稽核处理

（1）稽核处理方式

稽核处理分稽核整改意见和稽核处理决定两种方式，两种方式可以并处，也可单处。

稽核处理应坚持实事求是、客观公正、依法处理、教育帮助的原则，以提出改进建议，帮助整改为主，但对问题严重的也应进行必要处罚。

（2）提出整改意见

稽核整改意见是稽核报告的组成部分，按稽核查出的需整改的问题，依据有关法律法规、规章制度，提出整改意见，要求被稽核单位整改。

稽核整改意见可在稽核报告中单列一段，逐条提出整改意见和执行整改意见的时间要求，也可在稽核报告列出问题之后，即提出整改意见和时间要求。稽核报告由稽核行总稽核审批签发，在特定情况下也可授权稽核部门负责人审批签发。稽核报告应于签发后 5 个工作日内加盖稽核行稽核部门的公章发出。

（3）稽核处理决定的作出

稽核处理决定是对违规违纪违法、违反禁令或严重屡查屡犯等问题，按照情节和有关规定予以处罚或采取强制措施，要求被稽核单位执行的专门文件。稽核处理决定由稽核组草拟初稿，作为稽核报告的配套文件，经稽核部门负责人审阅后提交本行总稽核审批签发，涉及重大问题的处理决定，报请上级行批准。稽核处理决定未经签发，任何人不得泄露。稽核处理决定应于签发后 5 个工作日内加盖稽核行公章发送被稽核单位。

稽核处理决定的内容主要包括：

1）违规违纪违法、违反禁令或严重屡查屡犯的事实和评价。

2）处理的法律法规或上级行有关规定依据。

3）处理或强制措施的具体内容。

4）责令被稽核单位立即或限期纠正的时限等。

稽核处理所列的问题应与给予处理措施严格对应，对于决定不予处理的其他问题，不列入稽核处理决定，但应列入稽核整改意见，要求被稽核单位整改。

（4）稽核处理的执行

被稽核单位在收到稽核报告之日起 1 个月内，应将执行整改意见的情况，书面报告稽核行。稽核行对被稽核单位的整改报告如有不同意见，可在收到整改报告的 15 个工作日内，向被稽核行提出要求修改或补充报告，被稽核行应遵照办理。被稽核行应在接到通知之日起 10 个工作日内提出修改或补充报告。被稽核单位应在接到稽核处理决定之日起 45 天内，向稽核行提交执行稽核处理决定情况的书面报告。稽核行应认真审阅被稽核单位的书面报告，如发现被稽核单位未严格执行稽核处理决定的，可在接到报告之日起 10 个工作日内向被稽核单位发出通知，责令其严格执行，并限期向上级行作出书面报告。必要时上级行可就被稽核行不严格执行稽核处理决定的情况发出稽核通报。稽核行应认真监督稽核整改意见、稽核处理决定的落实执行，可向有关业务主管部门通报情况，请其共同督促落实；对重大问题可建立台账，追踪监督落实；在下次现场稽核时，应将执行稽核整改意见、稽核处理决定的情况列为稽核内容，进行后续稽核；必要时还可组织专项后续稽核，进行现场监督检查。被稽核单位的稽核部门有责任督促本单位落实执行稽核整改意见、稽核处理决定。稽核部门应将批准的稽核报告、稽核处理决定抄送被稽核单位。

（5）稽核复议和复审

被稽核单位如对稽核处理决定不服，可提出申请，要求复议和复审。

1）稽核复议。被稽核单位如对稽核处理决定不服，可在接到稽核处理决定之日起 10 个工作日内，向稽核单位提出陈述和申辩意见，申请复议。稽核单位在收到被稽核单位复议申请后，应对其陈述和申辩意见认真审核，如其提出的事实、理由或证据成立的，应修正稽核处理决定，事实、理由及申辩不能成立的，可不修改稽核处理决定。稽核单位应在接到被稽核单位复议申请之日起 30 个工作日内作出复议决定。复议决定应对复议申请所列内容，逐条作出答复，并明确说明是否对稽核处理决定进行修改。复议决定应由稽核行总稽核审核签发，加盖稽核行公章发出。复议决定中如涉及修改已经请示上级行批准的处理内容时，仍应请示上级行批准。

2）稽核复审。被稽核单位如对复议决定仍不服的，可在接到复议决定之日起 10 个工作日内，向稽核单位的上级行稽核部门申请复审。复审申请除提出陈述和申辩意见外，还应附上稽核单位的稽核处理决定及复议决定复印件。上级稽核部门应对复审申请认真审核，必要时可向稽核单位调阅稽核档案或派人去被稽核单位就争议问题重新稽查。上级稽核部门一般应在一个月内就复审申请作出复审决定。个别问题较复杂的可适当延长，但不得超过 45 天。复审决定由总稽核签发，加盖公章发送稽核单位及被稽核单位。复审决定为最终决定，被稽核单位及稽核单位必须遵照执行。复议和复审期间，原稽核处理决定仍应执行。

（6）稽核中问题的处理

对稽核中发现严重违规违纪，以及严重失职、渎职造成重大经济损失等情况的单位负责人、有关责任人，可建议有关部门，研究给予党纪政纪处分，触犯刑律构成犯罪的，移送司法机关追究刑事责任。

5. 档案整理

（1）立卷建档

凡记录稽核过程、反映稽核结果、证实稽核结论的文件、数据资料及工作底稿都应由稽核组立卷归档。归档的材料种类、份数及每份材料的张数均应完整齐全。

稽核档案包括：稽核档案通知书、稽核方案、被稽核单位自查报告及补充报告、工作底稿、调阅资料清单、各种证明材料、进点会谈记录、稽核报告、稽核整改意见书、稽核处理决定、被稽核单位反馈意见、复议申请、复议决定等。

（2）建立档案目录

归档的案卷应该编写案卷目录。编目应该按照稽核工作流程及问题的类型、特点及相互间的历史联系进行。

（3）制作卷皮并立档

案卷封面应按规定逐项填写清楚。

（4）档案借阅

除本稽核部门人员外，其他人员借阅稽核档案，应经稽核部门负责人批准。

二、商业银行非现场稽核

1. 非现场稽核的概念

银行非现场稽核是通过银行的计算机网络系统传送的数据信息或核算部门提供的纸介质会计资料进行的监控，对本行和下属营业机构业务经营活动进行稽核检查的一种稽核监督方式。通过连续地收集和分析银行业务经营的各种数据和非现场稽核指标，按规定程序进行审核、整理和趋势分析，对经营风险经过质询、核实后及时准确地预测银行的经营风险状况，定期完成经营风险非现场稽核监控报告，为行领导提供决策参考依据，为有关业务部门的现场稽核提供预警信号。

2. 非现场稽核的对象与内容

非现场稽核的对象是商业银行下属的实行会计单独核算的各级机构。实行总行统一管理，各行按管辖范围进行监测的原则。总行负责非现场稽核工作的组织、管理和领导，根据不同时期工作重点，确定监测指标，利用计算机软件，并在合规、效益、风险性等方面对全辖的经营管理状况进行监测分析。

非现场稽核的主要内容包括两个方面。

1）监控方面，包括：对银行资金筹集、头寸管理、交易、拆借、调度、回收全过程的资金风险监控；贷款发放、贷款使用、本息回收的贷款管理监控；财务收支、会计核算、票证管理的财务会计监控；外汇交易、结售汇、国际结算、境外账户管理等外汇业务风险监控、支付结算、资金清算、账务核算和授信授权的监控。

2）执行情况方面，包括：执行国家金融法律法规、总行业务工作方针政策、规章制度和各项禁令情况；执行资产负债比例管理各项控制指标状况；各项本外币资产、负债的质量及风险状况；执行财务指标状况；其他需要稽核的事项。

非现场稽核应与内部评级、现场稽核工作紧密结合。非现场稽核的分析资料应在本部门内部传阅以作为内部评级和进行现场稽核的参考依据。

第三节　商业银行会计核算监督

一、会计核算监督的意义和作用

金融企业核算监督，就是对金融企业内部会计工作的审查和核实，是运用专门的方法对金融企业业务活动和财务活动所进行的事中、事后监督，是会计监督职能的具体体现，是日常监督。加强会计核算监督，对保证各项政策、法规和有关制度的贯彻落实，减少和避免会计差错，提高会计工作质量，揭露各种弊端，打击经济犯罪，保证国家财产安全具有重要意义。

会计核算监督所起的作用包括：

1）对会计的核算处理发挥验证作用。金融企业会计检查监督，是以国家方针、政策、法令和有关制度为依据，以账务核算、内外账务核对和财务收支为重点，通过对记录和反映金融企业业务活动和财务收支的各种凭证、账簿及报表的检查，来验证核算资料是否真实、准确、及时，账务处理是否正确，有无差错，业务核算是否合理合法，有无弄虚作假、贪污舞弊现象。通过验证，才能对会计核算进行全面总结，肯定成绩，找出不足，改进工作，提高核算质量。

2）发现问题，揭示弊端，具有暴露作用。金融企业会计检查监督的主要目的是发现问题，改进工作。在会计检查中，可以通过各种方法，查明在金融企业业务活动中和财务活动中，违反党和国家的方针、政策、法令及有关制度办法，违反国家财经纪律的行为；可以发现在会计工作中存在的工作质量差、资金周转慢、经济效益低、损失浪费严重等问题；可以发现在会计工作中存在的管理偏松、监督不力、有章不循的现象；可以揭露会计工作中的各种弊端和会计人员的失职及违法行为。通过检查，把暴露出来的问题和弊端搞清楚，需要改进的进行改进，需要纠正的进行纠正，需要处理的进行处理，需要查处的进行查处，从而推动会计工作向前发展。

3）堵塞漏洞，完善制度，具有防护作用。金融企业会计检查监督不仅仅是发现问题，揭示弊端，更重要的是堵塞漏洞，减少损失，提高效益。对于检查出来的问题和现象，要深入进行剖析，找出产生问题的原因、造成弊端的因素，看究竟是属于哪种情况，是制度上的问题，还是管理上的问题；是客观因素还是主观因素；是内部原因还是外部原因。从而总结经验教训，完善制度，堵塞漏洞，做到防患于未然，保护国家财产、物资、资金安全，体现会计检查的防护作用。

二、会计核算业务的监督内容和监督方式

会计核算业务的监督内容为纸介质或电子数据信息形式的会计凭证及附件，账、表、簿，会计核算系统工作日志和其他需要监督的会计资料，即所有发生的业务必须经过监督检查。

会计核算业务的监督方式是审查业务凭证、客户业务相关信息、勾对流水清单、审阅计算机系统日志、核对账表等对纸介质会计资料实施的会计核算监督。

会计核算监督应事中和事后监督相结合。事中监督，是指核算业务处理过程中，核算部门或相应人员采取复核、审批、认证等方式开展的监督。事后监督，是指核算业务发生后，对核算结果实施的复核和审验。

会计核算监督采取集中监督和分散监督相结合的方法。集中监督，是指监督部门对全辖各部门会计核算业务进行统一监督。分散监督，是指各业务部门对本部门会计核算业务自行开展的监督。

三、会计核算监督人员应具备的条件、职责与权利

1. 会计核算监督会计人员应具备的条件

会计核算监督对于加强会计核算管理，规范会计核算监督行为，提高会计核算监督水平意义深远，监督人员的业务水平和业务素质尤为重要，会计核算监督人员应具备的条件要严格审查。

1）良好的思想品德，坚持原则，忠于职守，认真负责。

2）熟悉相关的政策法规及各项业务规章制度，具有检查和分析问题的能力。

3）具备较高的业务水平，较丰富的实际工作经验和较强的计算机操作技能。

4）具备从事会计工作所需的专业能力，熟悉相关会计核算工作。

5）未发生过重大业务差错，无不良记录。

2. 会计核算监督人员的主要职责

会计核算监督人员职责要明确，贯彻执行要认真：

1）审查核算部门会计核算业务的合规性、准确性、完整性、及时性。

2）监督核算部门贯彻执行国家有关财经法规和人民银行各项会计规章制度及操作规程。

3）严格按照监督办法和具体业务监督流程的要求，认真负责地实施监督。

4）记录每日监督过程和方法，分析和反映会计核算监督工作情况和监督结果。

5）跟踪差错的处理和纠正情况，发现特殊情况及时向监督部门主管反映。

3. 会计核算监督人员享有的权利

为保证会计核算顺利进行，赋予监督人员相应的权利也是必要的。

1）要求核算部门提供必要的会计资料，对有关会计事项和问题作出解释。

2）有权反映和督促纠正监督过程中发现的违反国家法律、法规或有关规章制度的事项。

3）对监督过程中发现的会计核算差错，向核算部门提出限期整改的要求。

4）对监督过程中发现的重大差错、事故和舞弊行为，特殊情况下可直接向本行行长或上级行报告。

4. 会计核算监督人员不应有的行为

会计核算监督人员有应做的也有不能做的，不得有下列行为：

1）同时兼职核算岗位或参与核算部门的会计核算。

2）违反审核程序或超越权限实施会计核算监督。

3）代替被监督对象更改差错。

4）隐瞒、迟报重大差错、事故和舞弊行为。

5）向无关人员泄露会计核算监督情况。

四、会计核算监督的内容

1. 交接会计资料

监督部门应指定专人接收、返还纸介质会计资料，严格履行交接手续。核算部门应不迟于每个工作日上午将上一个工作日的纸介质会计资料送达或被监督数据信息传递至监督部门，确因特殊情况不能按时送达的，应由核算部门说明原因并经其主管行长批准后，适当延长时间。

核算部门送达的纸介质会计资料，应按照规定进行排序整理后移交；定期移交的纸介质会计资料，能装订成册的，装订后移交；监督人员不得对接收到的纸介质会计资料进行涂改、污损、抽换、删减等处理。

通过计算机系统发送和接收被监督数据信息时，应采取实名操作、授权认证、数据加密等安全措施。

2. 实施监督

监督部门应于收到会计资料后一个工作日内完成监督。监督部门依据影像信息进行监督的，应与原始资料进行核对。

3. 记载监督事项

监督人员应对监督完毕的会计资料予以确认，并及时记载会计核算监督工作日志，详细记录监督内容、监督过程中发现的问题及相关重要事项的监督情况。

4. 发出监督通知书

监督人员对监督中发现的违规情况，应填写纸质或电子形式的“会计核算监督通知书”，经部门主管审批确认后，及时传送核算部门。核算部门收到“会计核算监督通知书”后，要及时查明原因，落实处理结果，由会计主管在“会计核算监督通知书”上签章确认，在规定时限内返还监督部门。监督部门收到返还的“会计核算监督通知书”后，应核实核算部门处理情况。

5. 分析监督结果

监督部门应对监督过程中发现的违规情况进行归类统计分析，提出整改意见或建议，定期向核算部门通报；应加强对日常监督结果的分析应用，开展会计核算风险评估和预警，提出完善会计规章制度、会计管理和内部控制的意见和建议。

监督部门应依据监督过程中发现的违规情况的性质及对资金安全的影响程度，将违规情况分为三类：

1）规范性问题。是指违规操作，但未造成账务处理错误、未形成资金风险隐患的情况。

2）核算差错。是指违反会计核算规章制度，造成账务处理错误的情况。

3）事故。是指违反法律法规和相关规章制度，性质严重或造成资金损失的情况。

6. 处理会计资料

监督部门对监督完毕不需返还的纸介质会计资料，按会计档案管理要求装订保管；对核算部门要求返还的纸介质会计资料，应于监督工作结束次日返还。返还核算部门的纸介质会计资料，由核算部门装订保管。通过影像方式实施监督，不需移交的纸介质会计资料，由核算部门按会计档案管理要求装订保管。监督过程中形成的纸介质会计资料，由监督部门参照相同或类似会计档案保管要求进行处理。监督部门对影像信息、监督数据备份等监督工作形成的数据信息，按会计档案管理要求保管。

五、监督工作管理

对于会计核算监督工作要建立健全监督管理制度，进一步加强监督的完整性。

1）重大差错和事故报告制度。监督人员在监督过程中发现重大差错或事故，必须及时向本部门主管报告，由部门主管向主管行长报告。特殊情况下可直接向本行行长或上级行报告。

2）监督工作情况反馈制度。应定期总结监督工作情况，针对存在的问题提出意见和建议，向相关部门和主管行长反馈。

3）授权审批制度。监督人员签发“会计核算监督通知书”、监督系统参数修改等重要事项应经本部门主管审批或授权审批后办理。

4）现场监督管理制度。现场监督应采取定期和不定期相结合的方式开展。监督部门进行现场监督前，应向核算部门发出由监督部门主管签章确认的会计核算现场监督通知书，明确监督时间、监督人员和监督内容等。监督人员应及时记录现场监督情况。

5）监督系统使用管理制度。要加强对监督系统的操作管理、用户管理等日常管理，确保会计监督系统安全运行。

6）会计资料传递交接制度。应规范会计资料传递交接手续，明确各方责任，防止会计资料丢失、泄密。

7）岗位责任制度。会计核算监督应建立健全岗位责任制，明确各岗位的基本职责。

8）岗位轮换制度。监督人员应实行定期轮岗，岗位轮换时要办理交接手续。

9）会计档案管理制度。会计核算监督应做好相关会计档案的归档、保管、调阅、移交等工作，确保会计档案安全完整。

10）主管检查制度。部门主管应定期或不定期检查监督工作开展情况和各项规章制度执行情况，针对发现问题改进和规范监督工作，确保监督质量。

11）工作协调制度。监督部门应加强与核算部门的沟通协调，建立良好的工作配合机制。

监督人员应加强业务学习，提高监督水平。会计财务部门负责监督人员综合性业务、相应专项业务的培训。

监督工作实行“谁监督，谁负责”的原则。对监督人员因不认真履行监督职责、工作严重失职造成的损失追究监督责任；对发现问题隐瞒不报或袒护责任人的行为，要从严处理。

本 章 小 结

银行会计稽核是指由商业银行各级稽核部门对下级行或本行的各项财务收支、会计核算或其他特定项目，依照规定进行的规范化的检查、审计、评价、监督及稽核处理活动。会计核算监督是指对会计业务核算全过程进行的审核、控制和检验。会计核算监督分为现场稽核、监督和非现场稽核、监督。核算部门内设的监督机构和监督岗位适时开展现场监督；稽核、监督部门以非现场监督为主，经分管行长授权可开展现场监督。

现场稽核是稽核检查人员亲临现场，检验银行财务报表数据的准确性和可靠性，评估银行管理和内部控制的质量，检查银行遵守法律法规的情况，考察银行的整体经营管理水平。

现场稽核包括稽核准备、稽核实施、稽核报告、稽核处理、稽核档案整理五个阶段。

银行非现场稽核是通过银行的计算机网络系统传送的数据信息或核算部门提供的纸介质会计资料进行的监控，对本行和下属营业机构业务经营活动进行稽核检查的一种稽核监督方式。通过连续地收集和分析银行业务经营的各种数据和非现场稽核指标，按规定程序进行审核、整理和趋势分析，对经营风险经过质询、核实后及时准确地预测银行的经营风险状况，定期完成经营风险非现场稽核监控报告，为行领导提供决策参考依据，为有关业务部门的现场稽核提供预警信号。

金融企业核算监督，就是对金融企业内部会计工作的审查和核实，是运用专门的方法对金融企业业务活动和财务活动所进行的事中、事后监督，是会计监督职能的具体体现，是日常监督。会计核算业务的监督方式是审查业务凭证、客户业务相关信息、勾对流水清单、审阅计算机系统日志、核对账表等对纸介质会计资料实施的会计核算监督。

会计核算监督应事中和事后监督相结合。事中监督，是指核算业务处理过程中，核算部门或相应人员采取复核、审批、认证等方式开展的监督。事后监督，是指核算业务发生后，对核算结果实施的复核和审验。会计核算监督采取集中监督和分散监督相结合的方法。集中监督，是指监督部门对全辖各部门会计核算业务进行统一监督。分散监督，是指各业务部门对本部门会计核算业务自行开展的监督。

基 本 概 念

商业银行会计稽核　现场稽核　非现场稽核　会计核算监督

复习思考题

1．什么是商业银行会计稽核？商业银行会计稽核的目的是什么？
2．稽核、监督人员的职权和职责是什么？
3．现场稽核包括哪几个阶段？各个阶段的工作有哪些？
4．什么是非现场稽核？非现场稽核的对象和内容是什么？
5．什么是会计核算监督？会计核算监督的作用是什么？
6．简述会计核算监督的内容。
7．简述会计核算监督的管理。

参考文献

程婵娟，2008．银行会计学．2 版．北京：科学出版社．

程婵娟，李纪建，2007．商业银行会计实务．北京：清华大学出版社．

郭福春，陶再平，2015．互联网金融概论．北京：中国金融出版社．

贺英，钱红华，2008．银行会计学．上海：复旦大学出版社．

贺瑛，钱红华，张慧珏，2002．银行会计．上海：上海财经大学出版社．

胡建忠，熊振敏，2004．商业银行会计．北京：中国金融出版社．

华俊，孙俪，2001．银行会计学教程．上海：立信会计出版社．

蒋树宽，2003．金融会计新编．广州：广东经济出版社．

康国彬，2008．银行会计学．北京：清华大学出版社．

李博，董亮，2013．互联网金融的模式与发展，5．

钱逢胜，2001．商业银行会计．上海：上海财经大学出版社．

钱伟艳，2004．建设银行会计．哈尔滨：哈尔滨出版社．

史浩，2016．互联网金融支付．北京：中国金融出版社．

孙烨，崔澜，修雪丹，2007．银行会计学．上海：上海财经大学出版社．

唐宴春，2002．金融企业会计（修订版）．北京：中国金融出版社．

王保平，2009．商业银行会计实务．北京：中国财政经济出版社．

王敏，2002．金融企业会计．北京：经济科学出版社．

王晓枫，2008．金融企业会计．大连：东北财经大学出版社．

杨华，2003．银行会计学．北京：中国金融出版社．

于春红，陈晶萍，2009．银行会计学．北京：对外经济贸易大学出版社．

于希文，王允平，2009．银行会计学．北京：中国金融出版社．

章颖薇，2008．金融企业会计．成都：西南财经大学出版社．

赵贵峰，2009．商业银行会计学．北京：清华大学出版社．

中国人民银行会计司，2002．支付结算制度汇编．北京：新华出版社．

中国人民银行支付结算管理办公室，2003．人民币银行支付结算管理办法．北京：新华出版社．

中国人民银行支付结算司，2004．新版票据与结算凭证使用手册．北京：中国金融出版社．